高等院校旅游管理专业系列教材 Gaodeng Yuanxiao Lüyou Guanli Zhuanye Xilie Jiaocai

主编◆王 咏

旅行社业务与管理

Travel Agency Operation and Management

安徽师范大学出版社

图书在版编目（CIP）数据

旅行社业务与管理/王咏主编．—芜湖：安徽师范大学出版社，2010.8
ISBN 978-7-81141-005-1

Ⅰ．①旅…　Ⅱ．①王…　Ⅲ．①旅行社—企业管理　Ⅳ．①F590.63

中国版本图书馆 CIP 数据核字（2010）第 165331 号

旅行社业务与管理

王咏　主编

出 版 人：张传开
责任编辑：胡志恒
装帧设计：王　芳

出版发行：安徽师范大学出版社
芜湖市九华南路 189 号安徽师范大学花津校区　　邮政编码：241002
发 行 部：0553-3883578　5910327　5910310（传真）　E-mail：asdcbsfxb@126.com
经　　销：全国新华书店
印　　刷：芜湖新欣传媒有限公司
版　　次：2010 年 8 月第 1 版
印　　次：2010 年 8 月第 1 次印刷
规　　格：787×960　1/16
印　　张：21.75
字　　数：356 千
书　　号：ISBN 978-7-81141-005-1
定　　价：36.00 元

总　序

改革开放30年,我国国民经济与社会发展取得了举世瞩目的伟大成就。国富民强,和谐安定催生旅游业的快速发展,我国旅游业从小到大,从弱到强,已经实现了从旅游资源大国向亚洲旅游大国进而向世界旅游大国的历史性跨越,正积极向世界旅游强国的目标迈进。

入境旅游快速增长。从1978年至2007年,我国入境旅游接待从180.92万人次增加到13 187.33万人次,增长71.9倍,年均增幅达15.9%;过夜旅游人数从72万人次增加到5 471.98万人次,增长75倍,年均增幅16.1%,高出同期世界旅游同类指标12个百分点;旅游外汇收入从2.63亿美元增加到419.19亿美元,增长158.4倍,年均增幅达到19.1%,高出同期世界旅游同类指标10个百分点。我国已经成为世界第四大入境旅游接待国。

国内旅游持续攀升。1993年至2007年的15年间,我国国内旅游接待从4.1亿人次增长到16.1亿人次,年均增速达到10.3%;国内旅游收入从864亿元增长到7 771亿元,年均增幅达到17%。我国已经形成世界上最大的国内旅游市场。

出境旅游蓬勃发展。自1997年起,我国在试办港澳游、边境游的基础上,正式开展中国公民自费出境旅游业务。之后,出境旅游目的地的数量逐步增加,截至2007年底,除香港、澳门两个特别行政区外,已有132个国家成为我国公民出境旅游目的地。中国公民出境旅游人数增速迅猛,2007年已达到4 095.4万人次,是2000年的3.9倍,其中因私出境旅游人数达到3 492.4万人次,已占到出境总人数的85%。我国已经成为亚洲最大的出境旅游客源国。

旅游企业日益增加。经过30年的培育和发展,旅游业基本形成了多方位、多层面、多维度的产业体系格局。到2007年末,全国已有旅行社18 943家,其中国际旅行社1 797家;星级饭店13 583家;旅游景区(点)超过20 000家,其中国家等级旅游区(点)3 100余家,4A级以上等级旅游区(点)928家;国家旅游度假区12家;优秀旅游城市307个,旅游强县17个;工农业旅游示范点1 098家;国家重点风景名胜区187个,国家级自然保护区303个,国家森林公园627个,国家地质公园138个,世界地质公园20个,列入《世界遗产名录》的世界遗产35处。

科教兴旅迫在眉睫。当前,中国旅游业进入了新的发展阶段。中国将全面推进旅游业转型升级,实现从世界旅游大国向世界旅游强国的新跨越,当务之急是加快实施科教兴旅、人才强旅战略,培养和建设一支高素质的旅游人才队伍。因此,中国旅游业发展将对旅游教育产生重大影响。中国旅游教育将面临前所未有的重大发展机遇和挑战,涉及旅游人才需求和旅游人才供给的许多方面。

旅游人才需求连年走高。从需求层面看,中国旅游业持续快速发展需要大量旅游人才。据预测,到2010年,中国旅游主体人才占旅游直接从业人员的比重将达到24.7%。到2015年,我国旅游直接就业人数将达到1 700万人,间接就业人数将达到8 300万人,旅游就业总量将达到1亿人。中国旅游业产业规模扩大及对旅游就业的强劲拉动使旅游人才需求连年走高。

旅游人才供给持续升温。从供给层面看,旅游教育是旅游产业发展的基础性支持和持续推动力。至2007年,全国举办旅游教育的院校共有1 711所,在校生为77.38万人,旅游专业教师3.32万人,其中高等旅游院校770所,在校生39.74万人,教师1.69万人;中等职业学校941所,在校学生37.64万人,教师1.63万人。据统计,目前招收旅游管理博士的院校有11所,招收旅游管理硕士的有90所,开设与旅游相关的专业(方向)近30个,逐步形成了涵盖博士、硕士、本科、专科(含高职)各层面的旅游教育体系。

旅游高等教育是我国旅游教育体系的重要组成部分,与旅游经济和社会发展的关系密切,是一种直接为旅游业发展服务的特殊类型的高等教育,肩负着为中国旅游业培养中高级专门旅游人才的重任。

旅游教材建设刻不容缓。教材建设是院校人才培育的基础。目前,我国旅游教材建设已有一定的规模和基础。在各级行政管理部门、院校和出版社的共同努力下,已出版了一批高等旅游管理专业教材。但从整体性看,已有的多数教材有以下缺憾:一是专业性不足,相当多的旅游教材"脱胎"于各自相关专业母体的痕迹比较严重，旅游专业特点凸显不够；二是系统性不足，多数版本的教材只有4—8本，涵盖整个旅游管理专业的系列教材比较缺乏；三是适宜性不足，从高等院校旅游管理专业的历届毕业生的就业现状来看，由于实际操作能力不强以及旅游行业就业的相对低门槛特性，旅游管理专业学生逐渐丧失旅游行业就业竞争力，部分旅游高等院校教育并非以适应社会需要为目标，以培养技术应用能力为主线来设计学生的知识、能力、素质结构和培养方案，以致强调理论教学和实践训练并重不够，培养出来的毕业生直接上岗工作的能力不强。另外，目前的多数教材普遍存在内容交叉、重叠、陈旧，编的多，写的少；引用的成果多，研究性成果少；理论性的多，操作性的少；继承的多，创新的少等现象。有鉴于此，在安徽人民出版社安徽师范大学编辑部的策划下，成立了高等院校旅游管理专业教材编委会。经过高等院校旅游管理专业教材编委会精心组织和相关高校教师的认真编写，推出一套结构合理、内容精辟、信息前沿、案例丰富的高等教育旅游管理专业系列教材。

本套系列教材有三个特点：一是专业系统性。旅游高等教育系列教材计划出版28本，涵盖高等院校旅游管理专业全部教育教学内容，避免各院校使用教材分散，常出现一个专业使用多个版本的教材而不利于专业教学的一体化和系统化。二是实践应用性。本套教材充分体现了旅游高等教育的人才培养应用型特色和能力本位，调整了新形势下旅游人才必须具备的能力基础和技术基础，突出了旅游人才的创新素质和创新能力的培养。三是参与广泛性。在对旅游专业的人才培养模式和教学内容体系改革进行充分调查研究和论证的基础上，充分吸收高等院校旅游管理专业在探索培养技术应用型专门人才方面取得成功经验和教学成果的骨干教师参加编写。

本套教材适用于高等院校旅游管理专业使用，同时对旅游行业的工作者与旅游爱好者有重要参考价值。本系列教材是作者在百忙之中完成，我感谢我的同事们的敬业精神。同时，对于系列教材总体框架设计可能存在的缺憾，对于每本教材的疏漏与不足，我并代表作者表示歉意，恳切希望广大读者批评指正，不断推动旅游高等教育教材建设的发展与提高。

章锦河

2009年11月18日

前 言

旅游作为一项长期客观存在的人类活动,具有悠久的历史。在旅游业中最具有行业特征和代表性的旅行社业务,从19世纪40年代至今取得长足的发展。第二次世界大战后,世界局势的相对稳定、经济的快速增长及科学技术的不断创新,促使世界范围内旅游业的繁荣,也为旅行社的发展带来前所未有的机遇,遍布全球的旅行社网络已经形成。我国旅行社业在改革开放后发展迅速,2008年底,全国有国际旅行社1 970家,国内旅行社18 721家,总计20 691家。随着2009年5月1日《旅行社条例》正式施行,旅行社准入门槛降低,可以预见,在未来的一段时间内,旅行社行业规模还将不断扩大,企业竞争将进一步激烈。在这一背景下,特编写《旅行社业务与管理》一书。

本书主要有以下特点:

第一,时代性。随着社会、经济的发展,旅行社的经营理念、管理方法等也起着深刻的变化,本书吸收近年来我国旅行社管理研究中的新成果、新数据,针对我国旅行社业务与管理中出现的新特点,有较为鲜明的时代特征。如本书中体现了《旅行社条例》中的新理念和新要求。

第二,全面性。本书以旅行社运营的流程为基本框架,系统介绍了旅行社的产生、发展、设立,旅行社的文化建设和品牌管理、经营战略和计划管理,旅行社市场细分和市场定位,旅行社产品开发设计、价格管理、促销管理、销售管理,旅行社全面质量管理、人力资源开发与管理、财务管理与风险管理等,涵盖内容广泛。考虑到旅行社发展的现实需要和未来发展趋势,本书还新设了“旅行社与信息技术”一章的内容。

第三,创新性和实践性。本书没有从简单的部门分工的角度,按照旅行社“前台”、“外联部”、“计调部”等部门职责进行内容的划分,因为这种划分已不能完整地对旅行社业务与管理进行全面的描述。本书从旅游管理者的角度,介绍了旅行社业务与管理的理论及实践,探讨了国内外旅行社业的一些热点问题及旅行社实际经营过程中遇到的实际问题,更加贴近现代旅行社企业管理的实际。本书力求创新教材编写模式,利用图表、案例等辅助形式强化对知识点与技能点的理解,增加教材的说服力和可读性,对于学生学会联系实际及通过分析案例来解决实际问题具有较大的意义。

本书是集体创作的结果,主编王咏,副主编刘云霞,编写人员的分工是:第一章、第五章、第八章由王咏编写,第二章、第十章由翁冰清编写,第三章、第九章由张启权编写,第四章由刘云霞编写,第六章由马海波编写,第七章由项华编写,第十一章由徐华玉编写,第十二章由宣秦倩编写。全书由王咏、徐华玉、张启权设计、修改框架及大纲,王咏负责统稿,刘云霞协助统稿。

编写过程中,本书参考和引用了国内外许多专家、学者的论著及研究成果,在此表示诚挚的感谢!由于本书部分章节内容出自编者讲稿,讲稿形成有一个日积月累的过程,期间疏于著录,现在很难确切标注出文献出处,在此,向这些作者表示由衷的歉意!

由于编者水平所限,书中的观点、文字等难免出现疏漏和错误之处,恳请专家、学者及广大读者批评指正,以便日后完善。

王　咏

2010 年 1 月

目　录

第一章 概述

旅行社诞生于19世纪40年代,作为旅游业的重要纽带和客源的组织者,在促进现代旅游业发展中起着重要的作用。本章阐述了旅行社业务与管理中的基本概念和基本知识,为以后各章具体内容的深入学习打下基础。

通过本章的学习,应了解旅行社产生和发展的历史,熟悉旅行社的涵义、分类、职能和基本业务,掌握旅行社的性质、特点及旅行社的设立条件和程序。

第一节 旅行社的产生和发展

旅游业发展是社会生产发展到一定水平的产物,是在旅游活动日益商品化的基础上产生的。旅行社的产生与经济、科技及社会分工发展密不可分,同时也是旅行长期发展的必然结果。

一、国际上旅行社的产生和发展

(一)旅行社产生的背景

18世纪中叶在英国发生的工业革命使整个世界经济和社会结构发生变化,同时也影响了旅行的发展。工业革命的影响集中体现在3个方面:①经济方面:机器大工业代替了工场手工业,生产技术革新,生产力提高,社会财富迅速增加,有产阶级规模日趋扩大,同时工人阶级经过斗争,工资增长,带薪假期增加,出游客观条件具备。②交通运输上:工业革命以前,人们主要依靠步行、风力、畜力旅行,工业革命促进了交通运输业的发展。1769 年,瓦特发明了蒸汽机,并运用到交通运输工具上;18 世纪末,蒸汽机轮船问世并在 19 世纪迅速发展,1825 年第一台蒸汽机车(火车)投入运营,为旅行开创了新局面,旅行的规模扩大,速度提高,费用降低。火车、大型高速轮船成为主要旅游交通工具。同时,铁路沿线相应出现了供人吃饭、住宿用的客栈、餐馆等相关的服务企业,人们出行更加方便。③生活方式上:工业的发展使大量人口流向城市,改变了一部分人的生活方式。紧张的生活节奏、拥挤的生活环境让人们需要回归自然,缓解压力。

但是,当时,绝大多数人甚至是一些新兴的资本家都没有旅行的经验,语言不通、货币兑换等方面存在着障碍,旅游需求真正得到满足的不是很多。需要有人为他们提供专业化的旅行服务。从经济学的角度来看,伴随着巨大而富有潜力的近代旅游需求的产生,市场上出现了潜在的获利机会。在这种背景下,被称为"世界旅行社之父"的托马斯·库克登上历史舞台,他是第一位真正将组织旅行活动作为自己正式职业的人。

(二)旅行社的产生

1841 年 7 月,英国英格兰的牧师托马斯·库克(Thomas Cook)创造性地包租了一辆列车,载运 500 多人从莱斯特(Leicester)到拉夫伯勒(Loughborough)参加一次禁酒大会。包括往返交通费、一支演奏赞歌的乐队、一顿带火腿的野外午餐和午后茶点,每人仅需要付 1 先令。这次活动体现了参加人员的规模性和广泛性,具备了现代旅行社组团的基本特征;同时库克在这次活动中作为发起人、筹备者、组织者以及陪同者,自始至终随团陪同,开创了旅行社的全程陪同业务,所以这此活动被认为是近代旅行代理活动的开端。

1845 年,托马斯·库克旅行社成立,正式开办商业性的旅行代理业务,服务宗旨是"为一切旅游公众服务"。1865 年,"托马斯·库克父子公司"(又名通济隆旅行社)成立,1872 年组织游客进行环球旅游。19 世纪末,托马斯·库克父子公司已经发展为一个国际化的大型旅游公司,经营业务主要由旅游、银行和航运 3 部分组成,代理机构遍布世界各地。

(三)旅行社的发展

在托马斯·库克成立第一家旅行社后,越来越多的人认识到旅游市场蕴藏的潜力和机会，世界各国特别是发达国家一些类似的旅游组织和机构也先后成立。

1850年，美国成立运通公司；1857年、1885年英国成立登山俱乐部、帐篷俱乐部；1890年法国成立观光俱乐部；1893年日本成立“喜宾会”，专门接待外国游客，1926年正式定名为“日本交通公社”。到20世纪初叶，世界旅行社三大巨头形成，它们是美国的运通公司、英国的托马斯·库克公司（通济隆旅行社）和比利时等国的铁路卧车旅行社。

第二次世界大战后，世界经济的恢复和迅速发展，中产阶级群体迅速扩大，工人收入提高，工时缩短，特别是20世纪60年代，带薪休假制普遍化，社会化大众旅游普及世界各地，为旅行社业发展提供了极为有利的条件，至今，遍布世界各地的旅游服务网已经形成。同时旅行社在全球的普及和发展，也为人们出行带来了方便，从而促进世界旅游业的发展。

20世纪90年代以来，国际上旅行社发展出现新的态势。欧美旅游发达国家的旅行社呈现出两级分化的趋势，大规模和小规模的旅行社共同构成旅行社行业。同时，旅行社一方面广泛运用计算机网络进行订房、订餐、订车等服务，实现即时业务联系，另一方面借助信息技术在企业内部科学管理，高效完成票据分发和信息处理等事务。此外，随着旅游市场规模的扩大，发达国家旅行社行业规模也不断扩大，产业集中度大大提升，欧美位于前十名的大型旅行社营业收入均已占到其全国旅行社营业收入总额的40%以上，企业竞争实力大大增强。

纵观西方旅游发达国家的旅行社发展史，可以清晰地看到一个由国际大环境推动、由旅游者消费需求及旅游经济创新活动引导，受企业组织制度变迁和产业政策影响的西方旅行社业发展进程（图1－1）。

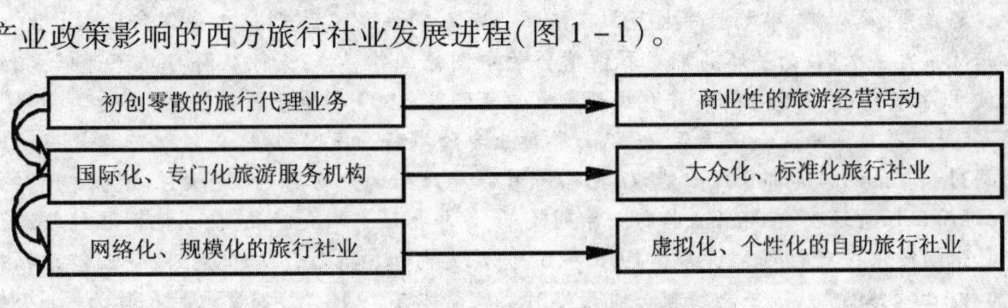

图1－1　西方旅行社业发展进程

二、中国旅行社的产生和发展

(一)旅行社的产生

中国近代旅游业起步较晚。20世纪初,英国的通济隆、美国运通公司等一些外国旅行社在上海、北平、南京等地设立分支机构,提供旅游服务。同时中国的各界人士也纷纷出国留学考察和经商,为我国旅行社的产生打下了基础。

中国旅行社的创办人是著名的爱国民族资本家和金融家陈光甫。1923年8月,上海商业储蓄银行总经理陈光甫创设旅行部,旅行部的主要职责是"导客以应办之事,助人以必需之便"。经办客务运输和旅游旅馆,并为留学生办理出国手续,对出国留学生应注意的事项给予指导。1927年,旅行部正式独立出来,更名为"中国旅行社"。中国旅行社自创办之初就一直遵循着以下宗旨:发扬国光;便利旅行;阐扬名胜;提倡游览;辅助工商;服务社会。直至抗战爆发的1937年,中国旅行社发展壮大为一个拥有资本50万元、85个分支机构和招待所、近千名员工,业务范围和影响遍及海内外的国际性旅行社,形成了客运(代售车票、船票、机票)、货运、招待所三大主营产业。

陈光甫与他的经营理念

去一家洋行买船票,只因受到外籍职员未必故意的冷落,便萌生念头,要让自己的同胞享受跟洋人同等的旅行服务;几年后,真就有一家新机构在他手里开业,且传承至今——这并非虚构的故事:那家成立于1923年8月的上海银行旅行部,就是今日香港中国旅行社的前身;其创办者,就是银行家陈光甫。开创中国人自办旅行社的历史,在陈光甫一生中,虽只是个小插曲,却颇能反映他的为人和作派。

陈光甫,名辉德,字光甫。生于江苏镇江一商人家庭。12岁到汉口一洋行学徒。23岁由岳父推荐去美国,为圣路易斯世界博览会的中国馆工作。接着,他从补习功课开始,相继就读于两所学院,1906年转入宾夕法尼亚大学商学院,1909年毕业。其间,曾在美国的银行实习,并与孔祥熙结交。回国后,任职南洋劝业会外事科。民国初年,曾任江苏都督府财政司副司长。他向江苏都督提出建议,把裕苏官银局改组为江苏银行,遂被任命为该行副监督,继而出任总经理,在经营上推行一系列改革,才华初显。不久时局变化,他因拒绝给新任都督张勋提供存户名单,被免职。1915年6月,陈光甫和庄得之合伙创办上海商业储蓄银行(简称"上海银行"),陈任总经理。因开办时实收资本不到10万元,故被时人称为"小小银行"。3年后,上海银行资本增至30万元,在当年总共27家全国性银行里,仍属最少的一家。

经过陈光甫的苦心经营,1922年上海银行资本额增至250万元,与浙江兴业银行并列全国第五位;存款达到1 345万元,在全国商业银行中居第四位。至1926年,上海银行与浙江兴业银行、浙江实业银行并称"南三行",陈光甫本人则跻身于"江浙财团"的首脑人物之列。

人争近利,我图远功;人嫌细微,我宁繁琐。

——陈光甫(转引自《勇于开拓和革新的银行家陈光甫》)

本行欲在某地发展,先在某处办旅行社,取得社会上一部分同情后,即办银行,故旅行社为银行之先锋队。

——陈光甫(转引自《早期之中国旅行社》)

银行一事是为耐劳守苦者终身之职业,但绝非吾人投机发财之地。

——陈光甫(转引自《陈光甫与上海银行》)

资料来源:中国20世纪百年百人排行榜(91):陈光甫[EB/OL]. http://www. xianwang. com/mb/grjl/11399. html.

中国旅行社的创举

中国旅行社在经营实践中多有创举,无论是经营模式,还是业务范围,均发生巨大的变化,实现了超常规发展,有些甚至成为中国旅游发展史上的标志性事件。

(1)创办招待所。在多年的经营实践中,陈光甫敏锐地意识到旅馆与旅行的密切关联性,提议为普通旅客提供带卧房、浴室的客房服务,催生中国旅行社萌发创办招待所的意向。早在1931年,中旅沈阳分社就利用空房布置客房,试办招待所首获成功。随后,1932年中旅迅速做出了扩大招待所经营的决策,总计投资100多万元,在全国各交通枢纽和主要城市创办招待所20处。值得一提的是,中旅采用"招待所"这一提法,当初主要是为了突出招待所与旧式旅馆的完全不同,这不仅是当今"招待所"一词的来历,更是现代中国旅游饭店的雏形,堪称中国旅游业的一大创举。

(2)开拓国际旅游。随着国内旅游业务的稳步发展,中旅转而大力拓展国际旅游业务,由此开创了中国旅游企业进军国际旅游业之先河。首先,1928年中旅与英国的通济隆世界旅行社订立合作协议,凡中旅旅客赴欧美各地旅行均委托该社及其分支机构代为接待,这使得中旅的服务范围可以通达世界各地;其后双方扩大代理范围,明确对方旅客来访双方互为服务的义务。这一代理合作方式先后推广至欧美、日本、苏联等国的旅行社,成为近代中外旅行社合作的典范。其次,1931年、1935年先后应日本邀请,中国旅行社派员参加了东京举行的"欧亚客票联运会议"和"东亚观光会议",增进了世界各国旅行社之间的合作,使中国旅游企业首次获得国际权威旅行机构的承认。再次,继首次办理赴日本观樱游览团后,1936年8月成功地承办了柏林奥运会中国体育代表团旅行事宜,并组团分海陆两路参观游览柏林及返程顺道游历欧洲各国,从此首开欧洲游览组团业务;同时,中旅还承接了欧美、日本、苏联、东南亚等各国参访团及散客来华游览服务。

(3)首开货运业务。中旅的货运业务最早是从旅客小件行李接送逐步发展到代理大宗货物运物。早在1933年,中国旅行社曾向当时的铁道部申请试办铁路货运和包裹运输业务,1934年得到正式批准以后,中旅的货运业务随之发展异常迅速,从代理铁路货物运输进一步发展到代理铁路、公路、水路、航空的货物运输以及联合运输,货运业务很快成为中旅三大主营业务之一和新的利润增长点,中旅也成为当时国内知名的货运代理商。这一时期中旅的货运业务包括:代办国内外货物运输、报关、仓储、保险及进出口货物联运等;货运范围以上海等大城市为中心,辐射西南、西北各省及邻国口岸。

资料来源:唐跃工. 陈光甫首创中国旅行社及其旅游管理思想述论[J],湖南商学院学报,2006,13(6).

（二）旅行社的发展

随着中国第一家旅行社的创办，全国各地先后出现不少类似的旅游企业，如1935年成立的中国汽车旅行社，1937年成立的萍踪旅行团、现代旅行社等。但是由于当时中国战事不断，它们大都自然解体。

1949年11月19日新中国第一家旅行社"华侨服务社"成立，之后泉州、福州、天津、沈阳、上海等地也先后成立了华侨服务社。1957年3月，全国各地华侨服务社在北京开会决定在社名上增加"旅行"二字，并于4月22日在北京成立"华侨旅行服务社总社"，1969年因文革原因被短期撤销，1972年8月，总社重新恢复。1974年经国务院批准，成立了中国旅行社，并与华侨旅行社合署办公，统称中国旅行社。1954年4月"中国国际旅行社"总社在北京成立，并在天津、上海、杭州等地成立分社。1980年6月，"中国青年旅行社"总社成立，邮电、教育、铁路等系统也相继成立了旅行社。改革开放之前，我国旅行社基本是政治性接待机构，改革开放之后特别是1984年旅行社外联权下放后，全国各行业和地区性旅行社才迅速发展。

1978年至1988年的10年间，来华旅游入境人数和国际旅游外汇收入保持了较高的增长幅度，入境旅游总体上仍处于供不应求的卖方市场。1989年入境旅游人数自1978年来首次出现负增长，海外来华人数仅为2 450余万，比1988年减少23%，旅行社业很快进入供过于求的买方市场，迫使旅行社经营者改变原有的经营观念，调整经营策略，入境旅游在经历了两年的恢复期后于1991年走出了困境，并且呈加速发展的趋势。近年来，我国入境旅游发展步伐趋缓，2003年和2008年，因为SARS及席卷全球的金融危机的影响，入境旅游再次出现负增长。2009年5月1日起施行的《旅行社条例》规定，旅行社既可以经营国内旅游业务，也可以经营国际旅游业务，对旅行社发展入境旅游无疑有很大的促进作用。

我国国内旅游是入境旅游的延伸和发展，国内旅游市场已经成为世界上最大的旅游市场。十多年来，国内旅游在人口基数庞大的情况下高比例快速增长，已成为旅行社主导业务。但是旅行社发展国内业务时也存在着产品雷同、竞争无序、"零负团费"低价运作、市场不够规范、利润率低等问题。

入境旅游、国内旅游为出境游发展打下基础，近年来我国出境旅游迅速发展，出境人数几乎都是保持两位数的增长。出境旅游是我国居民生活水平提高的标志之一，也有利于我国旅游业参与国际竞争。国家也推出了出境旅游业务,允许部分旅行社组织中国居民出境旅游。由于市场需求大、经营操作主动性强、利润相对较高等特点,出境旅游成为旅行社新的经济增长点。目前,随着美国、中国台湾等国家和地区出境旅游目的地的进一步开放,随着人们经济收入的增长,出境旅游将继续保持蓬勃的发展势头。

旅行社数量增长迅速。改革开放前,基本是国旅、中旅、青旅系统垄断旅游市场。1985 年国务院颁布《旅行社管理暂行条例》,明确了我国旅行社的企业性质,并以业务范围将旅行社划分为三类,旅行社数目大增。截至 1988 年底,我国旅行社总数已达到 1 573 家,其中一类社 44 家,二类社 811 家,打破了国、中、青对市场的垄断,提高了入境旅游的接待能力。1996 年,《旅行社管理条例》颁布,重新对旅行社进行分类,旅行社数量达到 4 253 家;2008 年,旅行社数目已达 20 691 万家。随着《旅行社条例》实施,旅行社发展将会进一步加快。

第二节 旅行社的涵义及分类

随着旅行社的发展,其涵义在不断地发生变化。旅行社的分类制度,是不同国家、不同地区旅行社业分工体系的具体体现。

一、旅行社的涵义

据国务院 1996 年 10 月颁布的《旅行社管理条例》规定:“旅行社,是指有营利目的,从事旅游业务的企业。”其中的旅游业务是指“为旅游者代办出境、入境和签证手续,招徕、接待旅游者,为旅游者安排食宿等有偿服务的经营活动”。根据《旅行社管理条例》,旅行社还应包括从事旅游业务的旅游公司、旅游服务公司、旅游咨询公司或其他同类性质的企业。

2009 年 5 月 1 日《旅行社条例》开始施行,条例规定:“旅行社,是指从事招徕、组织、接待旅游者等活动,为旅游者提供相关旅游服务,开展国内旅游业务、入境旅游业务或者出境旅游业务的企业法人。”

2009 年 5 月 3 日施行的《旅行社条例实施细则》规定,旅行社提供的相关旅游服务主要包括:安排交通服务;安排住宿服务;安排餐饮服务;安排观光游览、休闲度假等服务;导游、领队服务;旅游咨询、旅游活动设计服务。旅行社还可以接受委托,提供下列旅游服务:接受旅游者的委托,代订交通客票、代订住宿和代办出境、入境、签证手续等;接受机关、事业单位和社会团体的委托,为其差旅、考察、会议、展览等公务活动,代办交通、住宿、餐饮、会务等事务;接受企业委托，为其各类商务活动、奖励旅游等，代办交通、住宿、餐饮、会务、观光游览、休闲度假等事务；其他旅游服务。其中出境、签证手续等服务，应当由具备出境旅游业务经营权的旅行社代办。

《旅行社条例》所称的国内旅游业务是指旅行社招徕、组织和接待中国内地居民在境内旅游的业务。入境旅游业务是指旅行社招徕、组织、接待外国旅游者来我国旅游，香港特别行政区、澳门特别行政区旅游者来内地旅游，台湾地区居民来大陆旅游，以及招徕、组织、接待在中国内地的外国人，在内地的香港特别行政区、澳门特别行政区居民和在大陆的台湾地区居民在境内旅游的业务。出境旅游业务是指旅行社招徕、组织、接待中国内地居民出国旅游，赴香港特别行政区、澳门特别行政区和台湾地区旅游，以及招徕、组织、接待在中国内地的外国人、在内地的香港特别行政区、澳门特别行政区居民和在大陆的台湾地区居民出境旅游的业务。

二、旅行社的分类

（一）国际上旅行社的分类

国际上依照不同的标准可以将旅行社划分为不同的类型。从现在的情况来看，一般有下面几种划分方式。

1. 按业务经营的范围划分

按照旅游业务经营范围来划分，可分为国际旅行社和国内旅行社，适用国际上较多国家旅行社的分类。一般说来，国际旅行社实力比较雄厚，所从事的旅游业务全面，不仅有国际旅游业务，还有国内旅游业务。国内旅行社主要业务是组织本国或外国居民在国内旅游，实力相对较弱。

2. 按业务经营的性质划分

按旅游业务经营的性质来划分的，旅行社可以分为旅游批发商和旅游零售商。在一些旅游发达国家，这样的分类比较常见。

旅游批发商是一种销售企业，大批量购买、组合各类不同的旅游产品，并且予以出售。批发商进行市场调查，生产和设计旅游产品，从饭店、交通、餐饮等单位购买各种单项旅游产品，然后组合成完整的旅游线路，制定价格，开展促销，印制产品目录分发给各地的旅游零售商，委托他们向居民与社会团体销售。

旅游零售商，即旅游代理商，是直接面对旅游者并向其推销旅游产品或为旅游者购买旅游产品提供方便的旅行社。他们作为批发商的代理，负责宣传和推销从批发商那里批发的旅游产品而自己并不生产产品。旅游零售商的特点是收入主要来自批发商给的佣金并且直接和旅游者见面。

按业务经营的性质也可将旅行社分为旅游批发商、旅游经营商和旅游零售商。旅游经营商指以组织和批发包价旅游产品为主要经营业务,同时兼营旅游产品的零售业务。与批发商一样,经营商购买各种单项旅游产品,进行组合,但是与批发商又有区别:旅游批发商不从事零售业务,经营商一方面通过零售商销售产品,另一方面直接从事销售;批发商一般不进行实地接待,经营商进行实地接待,有的经营商用自己的汽车、饭店等接待游客,有的从其他供应商那里租来汽车等进行接待。

3. 按照招徕和接待客源的程序划分

按旅行社招徕和接待客源的程序或服务形式划分,旅行社可以分为组团旅行社和接待旅行社。

组团旅行社又称组团社,是直接接受旅游团的旅游预订,制定接待计划,下达给接待旅行社接待,并提供全程陪同导游服务或领队服务的旅行社。组团社在业务关系上居于主动地位,是接待旅行社的销售对象,为接团社提供客源。国际旅游中,组团社也可以接受境外旅行社的旅游预订。

接待旅行社又称地接社、接团社,受组团社委托,按照接待计划委派地方陪同导游人员,负责组织安排旅游团在当地参观游览等活动的旅行社。

实际运营中,组团旅行社与接待旅行社在业务运作过程中,角色并非固定不变,可以互换,彼此之间可以互为市场,互为客源渠道。

在旅游业发达的国家,旅游出入境业务大都是同时发展,旅行社一边接待外国、外地的旅游者,一边输出旅游者,这样可以达到一种平衡。在一些发展中国家,往往是输出旅游者少,而接待的多,接待和输出不平衡,依赖境外组团社,不利于参加国际间的竞争。

(二)我国旅行社的分类

1. 一二三类旅行社

1985 年公布的《旅行社管理暂行条例》,把我国旅行社分为三类:

第一类旅行社,经营对外招徕并接待外国人、华侨、港澳同胞、台湾同胞来中国、归国或回内地旅游业务。

第二类旅行社,不对外招徕,只经营接待第一类旅行社或其他涉外部门组织的外国人、华侨、港澳同胞、台湾同胞来中国、归国或回内地旅游业务。

第三类旅行社,经营中国公民国内旅游业务。

这种划分方式是按照旅行社招徕接待程序和旅行社经营范围的结合方式来划分的。在后来的业务开展过程中造成了很大的混乱。一方面是划分本身的混乱,一、二类旅行社划分的标准是旅游接待程序的分段,一、二类与三类划分的标准是接待对象的不同。另一方面是接待程序使一类旅行社和二类旅行社形成割裂,使得一类社无法保证接待质量而不愿把旅游者交给二类社,二类社得不到一类社的团队而自行想法在境外组团,三类社在此情形下也不甘寂寞……所以在市场化逐渐深入、与国际接轨呼声渐高的背景下,1996 年前后,在旅游行政部门的干预下,进行了一、二、三类社升降类工作,并改组分类方式。

2. 国际社、国内社

1996 年 10 月我国公布实施《旅行社管理条例》,把旅行社分为两类:国际旅行社和国内旅行社。这种划分是单纯按照旅行社的业务经营范围划分,取消了处于矛盾地位的二类旅行社。

国际旅行社。国际旅行社是经营入境旅游业务、出境旅游业务和国内旅游业务的旅行社。但其中出境旅游为特许经营业务。国际旅行社具体可经营下列业务:①招徕外国旅游者来中国,华侨与香港、澳门、台湾同胞归国及回内地旅游,为其安排交通、游览、住宿、饮食、购物、娱乐及提供导游等相关服务;②招徕我国旅游者在国内旅游,为其安排交通、游览、住宿、饮食、购物、娱乐及提供导游等相关服务;③经国家旅游局批准,招徕、组织中华人民共和国境内居民到外国和香港、澳门、台湾地区旅游,为其安排领队及委托接待服务;④经国家旅游局批准,招徕、组织中华人民共和国境内居民到规定的与我国接壤国家的边境地区旅游,为其安排领队及委托接待服务;⑤经批准,接受旅游者委托,为旅游者代办入境、出境及签证手续;⑥为旅游者代购、代订国内外交通客票和提供行李服务;⑦其他经国家旅游局规定的旅游业务。2002 年 7 月国家旅游局发布公告,批准国际旅行社中的国旅总社等为经营中国公民出国旅游业务的组团社,明确规范中国公民出国旅游业务经营主体,鼓励集团化经营,为中国公民出国旅游提供便利。

国内旅行社是经营国内居民国内旅游的旅行社。具体可经营下列业务:①招徕我国旅游者在国内旅游,为其安排交通、游览、住宿、饮食、购物、娱乐及提供导游等相关服务;②为我国旅游者代购、代订国内外交通客票和提供行李服务;③其他经国家旅游局规定的与国内旅游有关的业务。

按照2009年实行的《旅行社条例》规定，不再以业务范围对旅行社进行分类，取消了国内旅行社经营入境旅游业务的限制，除出境旅游业务需要另外取得许可外，旅行社既可以经营国内旅游业务，也可以经营入境旅游业务。对旅行社实行统一的市场准入条件、统一的经营行为规范要求和统一的监管措施，以利于企业经营能力的拓展。

第三节　旅行社的性质、特点、职能和基本业务

虽然不同国家和地区对旅行社有不同的理解，但是对旅行社的基本认识有共同之处：旅行社是通过为人们提供旅行服务来获得有偿服务的专门机构。

一、旅行社的性质和特点

（一）旅行社的性质

旅行社依托各类旅游吸引物和旅游供应设施，进行市场销售，并为旅游者提供导游及其他各类服务。其性质如下。

1. 依托性

旅行社本身没有更多的生产资料，主要是依托各种旅游吸引物和旅游供给设施提供各种旅游产品和服务。

2. 综合性

旅行社凭借多种资源来综合开发旅游产品，旅行社服务涉及到旅游需求的全部内容。

3. 生产性

组织产品、创新产品，是旅行社根本性的功能，也是旅行社竞争力的一个方面。

4. 经营性

旅行社产品在市场上销售，要完成从产品到商品的转化，完成从资源到效益的转化。

5. 服务性

生产性使旅行社与工业生产企业有相同之处，经营性使其与商业企业有相同之处，服务性则是更为突出的性质，使旅行社有别于工商企业，与其他服务性

企业类似。

6. 经济性

作为企业组织,经济性是根本性质,经济功能也是旅行社的主要功能。同时,旅行社也有社会功能、文化功能、政治功能和外交功能。

(二)旅行社的特点

1. 旅游产品的生产者和销售者

一个人要外出旅游,需要购买种种旅游服务产品,如预订一间饭店客房、一顿午餐、一张机票,或者是从旅行社购买到某些城市或国家的休闲度假旅游。前者是旅行社简单的产品,后者则是旅行社经过设计组合而成的较复杂的产品。旅行社就是根据旅游者的要求来设计、组合线路,安排和销售旅游产品的企业。

2. 各种旅游服务部门的纽带

旅行社受旅游景点、饭店、餐馆、航空公司、铁路、旅游车队、游船公司、娱乐场所、保险公司等各种旅游供应商的委托,将食宿行游购娱等各种服务组合起来向旅游者出售,连结起旅游服务供应者和旅游消费者,旅行社具有纽带的作用。

3. 依靠销售旅游产品而获取利润

旅行社将付出劳务和其他费用后而得到的旅游产品销售给旅游者。在正常情况下,收入减去旅行社的各项开支后还有盈余,这部分盈余即为旅行社的利润。旅行社是通过销售旅游产品获取利润的企业。

二、旅行社的职能

(一)生产职能

作为为旅游者提供旅游中介服务的企业,旅行社在通过市场调查,掌握目标市场的需求特点后,以低于市场的价格向饭店、旅游交通和其他有关部门批量购买不同目标市场旅游者所需的各种服务项目,然后进行主题设计与组装加工,并融入旅行社自身的服务内容,进而形成具有自身特色的旅游产品。旅行社在其自身产品的生产过程中,利用了餐馆、酒店、交通、景点、娱乐及旅游目的地旅行社等旅游企业的产品与服务,但并不是将各种产品简单叠加,而是加入了自身的设计,并由导游人员串联起整个旅游过程。从这种意义而言,旅行社具有和制造业类似的生产职能。这种职能体现在其生产的流程中,旅行社完整的生产流程包括市场调查、市场细分、目标市场的确定、市场定位、产品设计、服务采购、接待服务和售后服务等。

(二)销售与促销职能

二战后全球和平的环境为旅游业发展提供了良好的环境,旅游供给和旅游需求大规模持续增长,旅游产品极大丰富,旅游者出行有了更多的选择。而旅游者在决策前信息的收集与选择及出行过程中遇到了很多的障碍,既包括了因信息的庞大繁杂而带来的障碍,也包括因语言、民族、环境等因素而带来的跨文化障碍,还包括政策、国别等形成的外交障碍等,这在长距离旅游如国际旅游、团体包价旅游时更为明显。旅行社在沟通不同背景下不同民族文化时,通过其中介作用与专业技能,在旅游目的地与旅游市场之间形成良好的销售渠道,为旅游者出行提供了便利,对旅游目的地产品有独特的、不可替代的促销作用。

(三)组织协调职能

旅行社的产品具有综合性。旅行社在其生产过程中,与酒店、交通、景点、旅游娱乐、纪念品商店等企业存在密切的合作关系,在许多国家和地区,旅行社还要与各地接待社进行大量合作,共同完成对旅游者的服务工作。这些众多的部门与旅行社之间的关系是一种在市场经济下平等互利的合作关系。旅游产品的生产与消费具有同一性,又具有异质性,为了保证旅游者的体验质量,旅行社需要通过经济合同、商业信用、公共关系等手段进行大量的组织协调工作,确保合作各方通过提高旅游者的满意程度而实现各自利益。这就需要旅行社与旅游业各有关部门及其他相关行业协同合作,保障旅游活动过程中各环节服务的衔接与落实。

(四)分配职能

旅行社作为旅游者的代理,通过旅游产品的销售而实现对景区、酒店、交通等企业产品的销售;同时,旅行社又作为酒店、交通、景点等企业的代理,通过销售旅游产品满足旅游者的旅游需求。对参与旅游产品生产与销售的酒店、交通、景点等各类企业而言,旅行社要分配旅游产品销售所得利润;对旅游者来说，旅行社要把有限的时间资源、物质资源合理分配，以使旅游者得到最大程度的满意。因此旅行社具有分配职能。

（五）提供专业信息的职能

旅行社在酒店、交通、景点等企业与旅游消费者之间充当代理与中介的作用，因此对双方都有提供专业信息的职能。对酒店、交通、景点等企业，旅行社作为一种特殊的消费者直接和旅游消费者接触，为这些企业提供了特定旅游细分市场的最新消息，是这些企业的重要的销售渠道。另一方面，当今世界旅游竞争激烈，市场需求广泛，信息产业高度发达，旅行社通过其专业化的旅游信息加工与创新能力，为旅游消费者提供了专业的咨询与选择。据英国旅游协会2004年进行的一项调查结果表明，在互联网条件下，旅行社专业人士设计一条量身定做旅游产品的所费时间是非旅行社专业的受过高等教育、应用互联网技巧熟练人士的1/3左右。

三、旅行社的基本业务

旅行社的基本业务按照业务流程可分为市场调查、产品开发、服务采购、接待服务和售后服务等环节，而质量管理、风险控制、成本费用利润管理、人事管理等都是旅行社涉及到每个业务环节的基本任务。

（一）市场调查业务

市场经济条件下市场调查是任何企业开展业务的第一步基础性工作，旅行社业务也不例外。旅行社在市场调查的基础上，根据自身战略目标、竞争态势及本企业可利用的资源，做好市场细分、确定目标市场、进行市场定位等工作，为旅行社开发适销对路的旅游产品做好准备。

（二）产品开发业务

旅行社产品开发是在市场调查的基础上进行的，在综合考虑旅行社战略、市场需求特点与竞争对手产品状况等因素的前提下开发出相应的旅游产品。旅行社产品开发包括产品设计、产品试产与试销、产品投放市场和产品效果检测评价等环节。产品试产与试销是指先在市场上对刚设计出的新产品进行小批量投放。产品投放市场是把经过试产试销的旅行社产品大规模投放市场。

产品效果检测评价指的是在产品服务的过程中及结束后，对产品质量的各个环节进行调查、跟踪并不断改进产品质量的过程。

（三）服务采购业务

设计出旅行社产品以后，旅行社向交通、酒店、景点等上游旅游服务企业采购旅游产品的组成部分，同时也要向旅游线路沿途的各地接待旅行社采购当地旅游接待服务。

（四）产品销售业务

在设计好产品、完成旅游服务采购后，旅行社紧接着就是进行旅游产品销售与推广业务，这部分业务包括产品价格的制定、销售战略与渠道的选择、旅游促销设计等内容，其根本目的是促成更多旅游者购买与消费旅行社产品。

（五）旅游接待服务

旅行社产品价值的最终实现，依靠的是旅游接待服务，包括团体旅游接待和散客旅游接待。团体旅游接待服务包括对旅游团队食、宿、行、游、购、娱的具体组织过程，散客旅游接待服务包括单项代理服务、旅游咨询服务和选择性旅游服务等内容。

第四节　旅行社的设立

经营旅行社业务，应当按照相关法律法规的要求，进行旅行社开设之前的审批。2009 年实施的《旅行社条例》及《旅行社条例实施细则》中对旅行社、旅行社分社、旅行社服务网点及外商投资旅行社的设立做出详细的规定。

一、旅行社的设立条件和程序

（一）设立条件

1. 经营场所

有固定的经营场所。申请者拥有产权的营业用房，或者申请者租用的、租期不少于 1 年的营业用房；营业用房应当满足申请者业务经营的需要。

2. 营业设施

有必要的营业设施。包括:两部以上的直线固定电话;传真机、复印机;具备与旅游行政管理部门及其他旅游经营者联网条件的计算机。

3. 经营范围

申请设立的旅行社,可以经营国内旅游业务和入境旅游业务。旅行社取得经营许可满两年,且未因侵害旅游者合法权益受到行政机关罚款以上处罚的,可以申请经营出境旅游业务。

旅行社分社的经营范围不得超出设立分社的旅行社的经营范围。

旅行社服务网点应当在设立分社的旅行社的经营范围内,招徕旅游者、提供旅游咨询服务。

4. 注册资本和质量保证金

有不少于30万元的注册资本。经营国内旅游业务和入境旅游业务的旅行社,应当存入质量保证金20万元;经营出境旅游业务的旅行社,应当增存质量保证金120万元。

(二)设立程序

1. 经营国内和入境旅游业务的旅行社设立程序

申请设立旅行社,经营国内旅游业务和入境旅游业务的,应当向所在地省、自治区、直辖市旅游行政管理部门或者其委托的设区的市(含州、盟)级旅游行政管理部门提出申请,并提交符合规定的场所、设施、注册资本等相关证明文件。

所需证明文件包括:①设立申请书,内容包括申请设立的旅行社的中英文名称及英文缩写,设立地址,企业形式、出资人、出资额和出资方式,申请人、受理申请部门的全称、申请书名称和申请的时间;②法定代表人履历表及身份证明;③企业章程;④依法设立的验资机构出具的验资证明;⑤经营场所的证明;⑥营业设施、设备的证明或者说明;⑦工商行政管理部门出具的《企业名称预先核准通知书》。

审批程序:省级旅游行政管理部门或其委托的市级旅游行政管理部门受理当事人的申请并作出许可或者不予许可的决定。受理申请的旅游行政管理部门可以对申请人的经营场所、营业设施、设备进行现场检查,或者委托下级旅游行政管理部门检查。受理申请的旅游行政管理部门应当自受理申请之日起20

个工作日内作出许可或者不予许可的决定。予以许可的,向申请人颁发旅行社业务经营许可证,申请人持旅行社业务经营许可证向工商行政管理部门办理设立登记;不予许可的,书面通知申请人并说明理由。

2. 经营出境业务的旅行社设立程序

所需证明文件:旅行社申请出境旅游业务的,应当向国务院旅游行政主管部门提交原许可的旅游行政管理部门出具的证明其经营旅行社业务满两年、且连续两年未因侵害旅游者合法权益受到行政机关罚款以上处罚的文件。

审批程序:申请经营出境旅游业务的,应当向国务院旅游行政主管部门或者其委托的省、自治区、直辖市旅游行政管理部门提出申请,受理申请的旅游行政管理部门应当自受理申请之日起20个工作日内作出许可或者不予许可的决定。予以许可的,向申请人换发旅行社业务经营许可证,旅行社应当持换发的旅行社业务经营许可证到工商行政管理部门办理经营范围变更登记;不予许可的,书面通知申请人并说明理由。

(三)质量保证金的交纳

旅行社应当自取得旅行社业务经营许可证之日起3个工作日内,在国务院旅游行政主管部门指定的银行开设专门的质量保证金账户,存入质量保证金,或者向作出许可的旅游行政管理部门提交依法取得的担保额度不低于相应质量保证金数额的银行担保。质量保证金的利息属于旅行社所有。

二、旅行社分支机构的设立

旅行社的分支机构有两种类型:旅行社分社和旅行社服务网点。这两种分支机构不具有法人资格,以设立分社、服务网点的旅行社(简称设立社)的名义从事《旅行社条例》规定的经营活动,其经营活动的责任和后果,由设立社承担。

设立社应当与分社、服务网点的员工,订立劳动合同。设立社应当加强对分社和服务网点的管理,对分社实行统一的人事、财务、招徕、接待制度规范,对服务网点实行统一管理、统一财务、统一招徕和统一咨询服务规范。

(一)旅行社分社的设立

1. 设立条件

分社的经营场所、营业设施应当符合对旅行社设立的经营场所和营业设施的要求。

分社的名称中应当包含设立社名称、分社所在地地名和“分社”或者“分公司”字样。

分社的经营范围不得超出设立分社的旅行社的经营范围。

2. 资金要求

旅行社每设立一个经营国内旅游业务和入境旅游业务的分社，应当向其质量保证金账户增存5万元；每设立一个经营出境旅游业务的分社，应当向其质量保证金账户增存30万元。

3. 设立程序

旅行社分社的设立不受地域限制。旅行社设立分社的，应当持旅行社业务经营许可证副本向分社所在地的工商行政管理部门办理设立登记，并自设立登记之日起3个工作日内向分社所在地的旅游行政管理部门备案。

设立社向分社所在地工商行政管理部门办理分社设立登记后，应当持下列文件向分社所在地与工商登记同级的旅游行政管理部门备案：①设立社的旅行社业务经营许可证副本和企业法人营业执照副本；②分社的《营业执照》；③分社经理的履历表和身份证明；④增存质量保证金的证明文件。

分社所在地没有与工商登记同级的旅游行政管理部门的，向上一级旅游行政管理部门备案。分社备案后，受理备案的旅游行政管理部门应当向旅行社颁发《旅行社分社备案登记证明》。

（二）服务网点的设立

旅行社服务网点是指旅行社设立的，为旅行社招徕旅游者，并以旅行社的名义与旅游者签订旅游合同的门市部等机构。

1. 设立条件

设立社设立服务网点的区域范围，应当在设立社所在地的设区的市的行政区划内，不得在规定的区域范围外，设立服务网点。

服务网点应当设在方便旅游者认识和出入的公众场所。服务网点的名称、标牌应当包括设立社名称、服务网点所在地地名等，不得含有使消费者误解为是旅行社或者分社的内容，也不得作易使消费者误解的简称。

旅行社服务网点应当在设立社的经营范围内，招徕旅游者、提供旅游咨询服务。服务网点专门招徕旅游者、提供旅游咨询，应当接受旅行社的统一管理，不得从事招徕、咨询以外的活动。

2. 设立程序

旅行社服务网点应当依法向工商行政管理部门办理设立登记手续，并向所在地的旅游行政管理部门备案。

设立社向服务网点所在地工商行政管理部门办理服务网点设立登记后，应当在3个工作日内，持下列文件向服务网点所在地与工商登记同级的旅游行政管理部门备案：①设立社的旅行社业务经营许可证副本和企业法人营业执照副本；②服务网点的《营业执照》；③服务网点经理的履历表和身份证明。

没有同级的旅游行政管理部门的，向上一级旅游行政管理部门备案。服务网点备案后，受理备案的旅游行政管理部门应当向旅行社颁发《旅行社服务网点备案登记证明》。

三、其他事宜

旅行社变更名称、经营场所、法定代表人等登记事项或者终止经营的，应当到工商行政管理部门办理相应的变更登记或者注销登记，并在登记办理完毕之日起10个工作日内，向原许可的旅游行政管理部门备案，换领或者交回旅行社业务经营许可证。

四、外商投资旅行社的设立

为兑现入世承诺，我国一步步放宽了对外商投资旅行社进驻国内开办旅行社的条件，目前，美国运通、德国途易、日航、全日空、格里菲、丽星邮轮等外国旅游企业已纷纷在我国成立了外商投资旅行社。

外商投资旅行社适用《旅行社条例》中第三章的规定；第三章没有规定的，适用《旅行社条例》其他有关规定。

外商投资旅行社，包括中外合资经营旅行社、中外合作经营旅行社和外资旅行社。

（一）设立条件

外商投资旅行社已基本上与我国旅行社享受同等待遇。《旅行社条例》第二章中对旅行社经营场所、营业设施、注册资本和质量保证金等设立条件的要求适用于外商投资旅行社。只是在第三章《外商投资旅行社》中对外商投资旅行社审批程序和经营范围另有规定。根据我国入世承诺,《旅行社条例》删除了关于外商投资旅行社注册资本最低限额、投资者条件的特殊要求,取消了关于外商投资旅行社不得设立分支机构的限制。

未经批准,旅行社不得引进外商投资。

(二)设立程序

设立外商投资旅行社,由投资者向国务院旅游行政主管部门提出申请,并提交符合《旅行社条例》规定条件的相关证明文件。国务院旅游行政主管部门应当自受理申请之日起 30 个工作日内审查完毕。同意设立的,出具外商投资旅行社业务许可审定意见书;不同意设立的,书面通知申请人并说明理由。

申请人持外商投资旅行社业务许可审定意见书、章程,合资、合作双方签订的合同向国务院商务主管部门提出设立外商投资企业的申请。国务院商务主管部门应当依照有关法律、法规的规定,作出批准或者不予批准的决定。予以批准的,颁发外商投资企业批准证书,并通知申请人向国务院旅游行政主管部门领取旅行社业务经营许可证,申请人持旅行社业务经营许可证和外商投资企业批准证书向工商行政管理部门办理设立登记;不予批准的,书面通知申请人并说明理由。

(三)经营范围

外商投资旅行社不得经营中国内地居民出国旅游业务以及赴香港特别行政区、澳门特别行政区和台湾地区旅游的业务,但是国务院决定或者我国签署的自由贸易协定和内地与香港、澳门关于建立更紧密经贸关系的安排另有规定的除外。

春秋成功的选址

今天的春秋旅行社是以上海春秋旅行社有限责任公司、上海春秋国际旅行社有限公司、上海春秋包机旅行社有限公司和春秋航空有限公司为主体,由上海本部的会议展览、因私出境咨询服务、导游服务、教育培训中心等专业公司和境内 31 家、境外 7 家全资子分公司共同构成的春秋联合体,目前员工(含导游)2 000 余人。2003 年春秋完成营业收入 16.7 亿元,2004 年 1—9 月份累计营业收入达 23 亿元。上海本部自 1994 年起连续 9 年蝉联“国内旅行社百强第一”、分公司北京春秋 2002 年度获得国内旅游第 11 强、成都春秋获国内旅游第 94 强,三亚、重庆、长沙、青岛、济南、武汉等全资子公司均已跻身当地省、市国内旅行社五强、十佳之列。春秋旅行社已经初步形成了旅游主业网络化、规模化的经营特色。

如此辉煌的事业,是怎么开始的呢?如果您知道上海春秋旅行社是 1981 年以 3 000 元自筹资金,诞生在2平方米铁皮亭中的,不知道有什么样的感慨?

从1981年创立开始,25年以来上海春秋旅行社一直着眼于学习国际大旅行社的运行规律,紧贴市场,依靠创新超越自我。其中,最重要的经验之一就是:不眷恋团体市场而定位散客。20世纪80年代,上海春秋旅行社创社后组成的第一个旅游团就是由散客构成的苏州一日游。

为什么散客愿意到春秋报名?春秋人很明白:散客成团会有顾虑、要承担风险,因此,春秋一开始就选择紧靠南京路步行街的、有"十里南京路,一个新世界"之称的新世界旁,设立了第一个门市——西藏路门市,其旨在通过在旺市地段建立自己的门市,以打消或者减少旅游者的顾虑。25年的发展成就,无疑证明了这是一个英明的战略选择。因为,迄今为止,西藏路营业部都是春秋众多门市中接待人数最多、营业收入最高的。

资料来源:徐云松,左红丽.门市操作实务[M].北京:旅游教育出版社,2006.

复习思考题

1. 为什么说旅行社的产生是历史的必然?
2. 旅行社的性质有哪些?
3. 旅行社有什么特点?
4. 旅行社的职能和基本业务是什么?
5. 申请设立旅行社需要哪些条件?
6. 目前外资旅行社的经营范围是如何规定的?

主要参考文献

戴斌,杜江.旅行社管理[M].第2版.北京:高等教育出版社,2005.

徐东文.旅行社经营与管理[M].北京:高等教育出版社,2001.

郭鲁芳.旅行社经营管理[M].大连:东北财经大学出版社,2002.

杜江,戴斌.旅行社管理比较研究[M].北京:旅游教育出版社,2000.

魏小安.旅行社开放(第三稿)2[EB/OL]. http://bbs.yahtour.com/blog/blog.php? do=showone&uid=211&type=blog&itemid=1475

李宏.欧美旅行社行业分工进程与内在机制研究[J].旅游学刊,2001(3).

旅行社条例.2009年5月1日施行.

旅行社条例实施细则.2009年5月3日施行.

陈建斌.旅行社经营与管理[M].广州:中山大学出版社,2007.

2008年度全国旅行社业务年检情况通报[EB/OL]. http://www.gov.cn/gzdt/2009-08/19/content_1396766.htm.

第二章
旅行社企业文化建设和品牌管理

旅行社企业文化贯穿于旅行社发展战略、生产经营管理之中，是旅行社生存发展的灵魂。品牌是社会地位与自我价值的体现，是企业所提供产品具有优异品质的象征，也体现顾客的认同与信任，21世纪是品牌经济的世纪，产品间的竞争由价格逐渐转向品牌的竞争。企业文化建设与品牌管理是影响企业成功与否的关键因素。

通过本章的学习，应了解旅行社组织设计的基本原则和结构，熟悉旅行社企业文化的涵义、特点、构成要素、旅行社企业文化建设的作用，掌握品牌的涵义、旅行社品牌设计的原则和特征、旅行社品牌管理的必要性和旅行社的品牌建设策略。

第一节 旅行社企业文化建设

企业文化是一个企业在长期的发展过程中被全体成员所共同接受的价值观念、思维方式、工作作风、行为准则等群体意识的总称。企业通过培养、塑造这种文化，来影响成员的工作态度，引导实现组织目标。

一、旅行社企业文化的涵义

对于企业文化，几乎每个企业管理者都有自己的定义。一般而言，企业文化有广义和狭义两种理解。广义的企业文化是指企业生产经营活动中所创造的物质文化和精神文化的总和，其中物质文化可称为“硬文化”，精神文化可称为“软文化”。狭义的企业文化主要是指企业的精神文化，也就是指企业在长期的生产经营中形成的特有的共同理想、信念、价值观、行为准则和道德规范等精神要素的总和。任何一个企业都有自己特殊的环境条件和历史传统,因此形成自己独特的哲学信仰、意识形态、价值取向和行为方式,从而形成了自己特定的企业文化。本书主要是从狭义上分析旅行社企业文化。

二、旅行社企业文化的构成要素

旅行社企业文化有着丰富的内容,其中最能体现旅行社文化特征的内容主要有企业价值观、企业精神、企业道德规范、企业规章制度、企业形象和企业素养。

(一)企业价值观

企业价值观就是企业内部管理层和全体员工对该企业的生产、经营和服务等活动以及指导这些活动的一般看法或基本观点。它包括企业存在的意义和目的、组织中各项规章制度的必要性与作用、企业中各级和各部门的各种不同岗位上的人们的行为与组织利益之间的关系等等。针对旅行社行业特点,倡导和培育正确的旅行社企业和员工价值观,有着积极的意义。

(二)企业精神

企业精神是指企业全体成员经过共同努力和长期培养而逐步形成的,认识和看待事物的共同心理趋势、价值取向和主导意识。企业精神是企业文化的核心,它反映了一个企业的基本素养和精神风貌,成为凝聚全体成员共同奋斗的精神源泉。成功的旅行社应当树立积极的企业精神,如服务精神、协作精神、创新精神、竞争精神等等。

(三)企业道德规范

企业道德是以人们的内心信念和善恶观来调整和评价企业及员工活动的行为规范的总称。它规范企业内部员工与员工的关系,形成良好的企业风尚;规范员工与游客的关系,培养员工良好的职业操守。旅行社作为服务企业,要有针对性地在员工中强化职业道德教育,使员工自觉维护企业声誉和旅游者权益。

（四）企业制度

企业制度是企业行为准则的总称，既包括企业章程、企业体制、工作程序、行为规范等显性制度文化，也包括制度思想、观念等隐性的制度文化。企业制度文化具有目标性、稳定性和连续性特征，其内容主要体现了企业各机构、企业员工的权利和义务。企业制度在执行上具有权威性和强制性，是企业目标实现的保障。

（五）企业形象

企业形象是指企业及其员工在社会公众心目中留下的印象和获得的评价。旅行社的形象就是企业的招牌，对于企业良性发展至关重要。企业形象包括了无形形象和有形形象两个方面，其中无形形象包括了企业的经营能力、经营特色、服务质量、工作效率等；有形形象包括了企业的标识、建筑、员工制服、办公环境等等。旅行社只有对内、对外树立良好的形象，才能广泛招揽人才、吸引游客，促进旅行社的不断发展。

（六）企业素养

企业素养包括企业中各层级员工的基本思想素养、文化水平、工作能力及态度、身体状况等等。其中，基本思想素养的水平越高，企业中的价值观念、敬业精神、道德修养的基础就越深厚，企业文化的内容就越丰富。因此，企业文化必须要包含企业运作成功所必要的基本素养。

三、旅行社企业文化的特点

（一）系统性

企业文化具有系统性，它是由相互联系、相互作用的不同部分结合而成的有机整体。首先，企业文化的建设立足于整个社会，而具体表现在企业的各个层面上；其次，企业文化的组成要素以一定的方式排列，按照严密的程序结合在一起，以形成整体大于局部总和的特点；第三，企业有自己的目标体系，这是企业前进的内动力。企业文化把企业目标内化为企业的价值系统，通过价值系统的运动推动企业目标的实现。

（二）无形性

企业文化内化为共同的理想、价值观念和行为准则，贯穿在员工的思维方式和行为态度中，它对员工的影响是长期的、潜移默化的。它通过无形整合的文化力——信念的力量、道德的力量、心理的力量来约束和激励员工努力工作。企业文化的无形性可以通过有形的载体表现出来，例如：员工的行为、举止、精神面貌等。

（三）多样性

每个企业都有不同的经营理念、经营方式、经营范围、经营特色等，这使构建企业文化的基础差别很大，因此企业文化具有鲜明的个性。企业文化有共同的特征和属性，但每个企业文化的差异性则构成了企业文化的多样性。从企业文化多样性出发，对企业文化的共性和个性的认识才能更深刻。

（四）可塑性

企业文化的形成是一个复杂的文化演变过程，既有文化传统的继承、历史经验的吸取，又有人的主观能动性，而后者在企业文化形成的过程中显得更为重要，国内外许多企业文化的变迁都说明了这一点。即使在企业文化形成后，由于内外环境的交互作用，人们还是需要对它不断更新，以保持活力。

（五）软约束性

企业文化以各种形式熏陶、感染、吸引员工，使员工对企业目标、行为规范以及价值观念产生认同，从而自觉遵守组织中共同的价值观、行为准则，这种约束不是强制性的，而是通过群体意识的影响力，使员工在遵守企业文化时，会得到群体的认同和赞扬，产生心理的平衡感和满足感；而违反时，群体的谴责和压力会使他们产生挫折感和失落感。

四、旅行社企业文化的建设

企业文化对旅行社的兴衰、发展所起的作用越来越显著。越来越多的管理者意识到企业的生存与发展需要企业文化的推动。

(一)提炼旅行社的核心价值观

旅行社业是旅游业中最具活力和能动性的一个行业,旅行社将旅游业中的食、住、行、游、娱、购连接起来,直接或间接地带动其他行业的发展。旅行社的业务是人对人、面对面的服务工作,其向旅游者提供的商品不同于普通的商品,而是旅游者的一段经历、一种感受,所以旅行社要从服务对象的需求出发,结合自身的特点,认真研究自身发展状况,通过调研分析,提炼出旅行社的价值观体系,总结出可以促进旅行社长足发展的战略目标和经营理念。

(二)重视物质文化方面的建设

企业文化以物质为载体,涵盖了旅行社的线路设计、办公设施、广告策划等,外化地反映一家旅行社的总体特征,也是游客对旅行社直观印象的起点。旅行社应根据自身特点和市场需求,对物质形象进行定位和塑造。一方面,应对旅行社的办公环境进行改善,形成整洁、美观、易于识别的外部形象,有利于博得游客的信赖;另一方面,应改善旅游产品的质量,确立服务至上的原则。旅游业是服务性行业,服务质量是企业的生命,因此要不断提高服务质量,满足游客多样化的需求。

(三)注重精神文化方面的建设

旅行社精神文化是整个企业文化建设的核心。首先,旅行社应结合自身的特点,确立以人为本的企业核心价值观,一方面,把员工的利益放在重要的位置上,充分发挥员工的工作积极性,形成培养人才、使用人才、留住人才的科学机制;另一方面,把客户的需求放在首位,为客人提供满足其需求的个性化服务。其次,要注意培养员工参与、协作、奉献的团队精神以及对企业的忠诚和自豪感。

五、旅行社企业文化建设的作用

旅行社企业文化建设既可以促进旅行社生产经营的发展,又可以推动社会文化的发展,它不仅适应了旅行社经济活动的需要,还渗透到旅行社日常经营管理的各个领域和活动之中。

（一）形成良好引导力

企业文化体现了企业的精神、理想、信念。这种信念一旦被员工接受，便会产生一种归属感和自豪感，把自己视为企业中不可缺少的一员，从而培育员工“以公司为家”的精神，将个人的发展与企业的目标结合起来，积极参与企业的各项生产经营活动，完成自己分担的工作任务，为达到企业的发展目标、创造企业的良好社会形象而努力。企业文化发挥着无形的导向功能，把企业与个人的意志统一起来，使企业更快、更好、更稳定地生存与发展。

（二）形成严格约束力

企业文化以各种形式约束员工，使员工对企业目标、行为规范以及价值观念产生认同，严格按照企业的规则程序办事，并能够实现企业的各项目标，使生产经营中员工人际关系得到调节，处理好相互之间的关系。约束力能够提高员工的自觉性、积极性、主动性和自我约束力，使员工明确工作意义和工作方法，从而提高员工的责任感和使命感。

（三）形成内在凝聚力

企业文化是一种“粘合剂”，可以把广大员工紧紧地粘合、团结在一起，围绕企业发展目标，凝结成极大的群体合力，产生出奋发进取的集体意识，有效地推动企业生产经营的发展。它可以得到企业上下员工的内在认同，从而在生产经营实践中形成新的共同价值观和行为准则，使员工目标明确、步调一致。它可以改善人与人之间的关系，使员工情感交融，亲密相交，对企业产生一种依恋之情，形成企业的内聚力、向心力。

（四）形成核心竞争力

企业文化是核心竞争力的保障，企业的核心竞争力是由人创造的，而企业文化又是企业和企业员工的精神力量。如果没有企业文化的感染和约束，企业就像一盘散沙，毫无凝聚力，更不用说竞争力了。企业文化在不知不觉中影响着企业员工的价值观、思维方式，进而改变他们的行为。另外，核心竞争力来源于企业文化，形成核心竞争力的技术、知识、产品都是在企业文化的共同价值下产生的，企业文化为掌握专有知识和技能的员工营造发挥其技能、开启其潜能的良好工作氛围。企业必须重视文化战略,以企业文化推动企业发展,这是提高企业核心竞争力的关键因素。

(五)形成强大激励力

企业文化所形成的文化氛围和价值导向是一种精神激励,能够调动与激发员工的工作积极性、主动性和创造性。良好的企业文化氛围可以把人们的潜在智慧诱发出来,使员工的能力得到全面发展,并提高下属机构和员工的自主管理能力、自主经营能力及活力,增强企业的整体执行力。

(六)形成协调与辐射力

优秀的企业文化,不仅能够在企业内部各个方面协调关系,沟通情况,化解矛盾,增进感情,提高认同感,齐心协力办好企业,而且可以辐射到企业以外的领域,如对相关企业的潜在影响,对社区文明建设、家庭文明建设等都会有所促进。若各个企业都注重企业文化建设,还会在社会上、在合作伙伴之间和区域之间协调、沟通好关系,推动企业经营健康发展的同时,也为社会文明进步做出贡献。

中国国际旅行社企业文化

国旅文化、国旅精神是CITS五十年历史形成的宝贵财富,是国旅总社重要的无形资产,它培育了一代又一代国旅人。

国旅精神:诚信为本、服务至上、拼搏奉献、永争第一。

国旅口号:“中国国旅　天下一家”。

专业创造价值:在客户眼里,国旅50年积累的经验和专业服务增加了旅游的价值。

工作提升生活:在国旅员工眼里,工作在国旅,不但提升自身生活品质,而且以“国旅人”而自豪。

经营保证回报:在股东眼里,能够获得稳定而有竞争力的回报。

核心理念:发展是企业第一要务。

人文理念:企业靠人,人企合一。

发展理念:高起点,高水平,高效益,可持续发展。

质量理念:质量是品牌,质量是生命,质量是效益。

营销理念:诚信为本,客户至上,真诚伙伴,互利共赢。

人才理念:发展的企业为人才的发展提供广阔的平台;发展的人才为企业的发展创造无限的空间;只有人的全面发展,才会有企业的更快发展。

从业理念:忠诚企业,敬业爱岗,快乐工作,提升生活。

发展目标:中国旅游产业领域中拥有旗舰地位的企业集团。

愿景目标:中央企业群体中最具市场竞争力的旅行社集团;中国最强的跨国旅游运营

商;全球最为著名的旅游业品牌之一。

资料来源:关于国旅企业文化[EB/OL]. http://www.cits.cn/cits/about_culture.htm.

第二节　旅行社的组织管理

旅行社组织管理,也有人称之为企业内部管理。在旅行社组织结构与形式确定后,其功能的发挥就取决于组织管理,取决于企业领导的组织管理水平高低。从一定意义上讲,制定何种管理制度,采用何种管理手段,与企业领导者如何看待人有着密切联系。

组织管理的根本目的是根据旅行社的具体情况,充分调动员工的工作积极性与创造性,并把这种宝贵的人力资源与企业目标有机结合起来,使企业实现经济效益与社会效益的最大化。因此,组织管理的关键是正确处理企业内员工的责权利相统一问题。

一、旅行社组织机构设计原则

作为一个组织,旅行社在经营运作之前,首先要科学设计旅行社的组织机构。旅行社在组织机构设计过程中应遵循以下原则。

(一)目标任务原则

就是根据旅行社的经营目标来确定旅行社的组织机构。不论部门怎样设计,最终都是要完成旅行社的销售功能、对旅游者的接待服务功能以及内部管理职能等,相应地,旅行社就要有相关部门来完成这些职能,实现这些目标。可以将旅行社的各类业务与管理职能分解到各个部门和各个岗位,按需设岗,确定旅行社的组织结构。不同旅行社因为业务范围的不同和客源结构的差异,具体部门的岗位设计可能不尽相同,但只要是能够很好地实现旅行社的经营目标,组织结构就是合理的。

(二)按岗定人原则

确定部门与岗位之后,旅行社的人力资源管理部门就要选择适合的人员去填充到相应的部门与岗位之中去。在这一环节中,关键是确实选择到适合的人员。我们要任人唯贤、择优录用,避免任人唯亲与其他不正之风。同时,现在某些企业中存在一种“人才高消费”的现象,盲目追求聘用人员的高学历。事实上，旅行社行业是个很重实践的行业，有些岗位对知识的要求并不高，而对技能与操作的要求则比较高。学历高的人不一定能够安心本职工作，也不一定比学历相对低一些的人干得更出色。所以，旅行社的人力资源管理者一定要端正态度，纠正"人才高消费"的错误观念，要选择知识、技能和个性特征适合岗位的人员。

（三）责、权、利统一原则

要调动员工的积极性，很重要的一点就是要将各岗位的责任、权利、利益明确规定下来，避免发生问题之后就事论事，一事一议。那样，很容易使员工产生不公平的感觉，也会在一事当前时产生推诿等低效率现象。规定明确的职责范围，确定何事该由谁负责、完成了有何利益、不完成又有何惩罚；同时，要给予员工充分信任，赋予员工在完成工作时的充分权利，避免部门之间、人员之间的掣肘。

（四）精干高效原则

组织机构设计中最忌讳机构臃肿、人浮于事。由于尚未根本摆脱计划经济体制的影响，某些旅行社中不同程度地存在着"一线紧、二线松、三线肿"的现象。机构臃肿，不仅会增加企业的负担，同时，也会引起劳动生产率的降低。因此，要严格控制旅行社员工的整体规模，尤其要注意一、二线员工的数量配比，尽量减少职能部门闲散人员。同时，要实行满负荷工作法，制定科学、合理、详细的岗位职责，培养一支勤奋高效的员工队伍。

（五）系统整体原则

系统整体原则是由组织的本质决定的。旅行社组织作为一个开放的系统，就必须运用系统原理来研究其要素之间的联系，确保组织整体目标的实现。这个原则要求组织必须结构完整，除了决策子系统和执行子系统外，当前要特别强调反馈子系统和监督子系统的建设。内部监督机制不健全与缺乏双向信息沟通是造成旅行社决策失误、产品质量不高、经济效益不好的重要原因之一。系统整体原则还要求根据组织目标建立和调整组织结构，按质按量确定管理人员。调动员工的积极性和主动性，只有这样才能保证旅行社每项组织活动的有效性。

(六)管理幅度合理原则

管理幅度是指一名上级领导者所能直接领导的下级人数。组织之所以能形成某种形式的组织,其基本原因在于管理幅度的限制。管理层次决定组织的纵向结构,管理幅度则体现组织的横向结构。组织的设置必须遵守管理幅度合理原则。管理幅度的大小取决于多种因素,主要取决于旅行社领导者职务的复杂程度和领导者个人素质。管理幅度越大,管理层次(等级)越小;而管理幅度越小,管理层次越多。

(七)统一指挥原则

要建立垂直关系的统一指挥系统,使上下级之间组成一条等级链(指挥链),即指令信息和信息反馈的传递通道。为确保统一指挥,这个指挥链不能中断。任何下级只有一个上级直接指挥。不允许越级指挥,但可以越级检查;不允许下级超过直属上级接受更高一级的命令,不越级请示,但可以越级反映情况。各职能部门在内部同样执行统一指挥原则。在外部,它是同级直线指挥系统的参谋或顾问,只有对下层次的业务指导关系,无指挥权。

(八)权责对等原则

等级链上的每一环节,都应贯彻权责对等原则,做到有职有权,有权有责。权责不对等对组织的效能损害极大。有权无责或权大责小容易产生瞎指挥、滥用权利的官僚主义,有责无权或责大权小会严重挫伤员工的积极性,两者都会使组织缺乏活力。

(九)协调原则

旅行社组织各个部分形成整体,统一行动,互相协调,才能保证实现旅行社目标。因此,协调是组织的一项基本指导原则。整个组织结构的等级链以及每一等级附属的职能参谋部门之间都要符合协调原则,前者为纵向协调,后者为横向协调。由于等级链具有明确的权责关系,因此纵向协调较易实现,而横向协调则困难很多。这就必须:①使各项职能业务标准化,并明确横向流程,通过工作保证体系进行横向协调;②把职务相近的部门合并,并组成若干个系统,每个系统由一个主管人员领导;③设立系统管理机构,进行横向协调。

二、旅行社的组织结构

相对于其他企业而言,中国旅行社的组织层级结构一般都比较简单。多数旅行社通常只有总经理、部门经理、员工等三个层次。管理跨度(指一个管理者所管理的下属数量)差别很大,有些旅行社的某些部门人员较多,但多数旅行社管理人员的管理跨度较小。

(一)直线制

中国旅行社传统的组织机构模式是按照旅行社内部业务分工进行部门设置的。这种组织结构,也被称为直线式组织结构(图2-1)。在这种组织结构模式中,除去人事部和财务部等职能部门以外的各业务部门的分工情况如下:

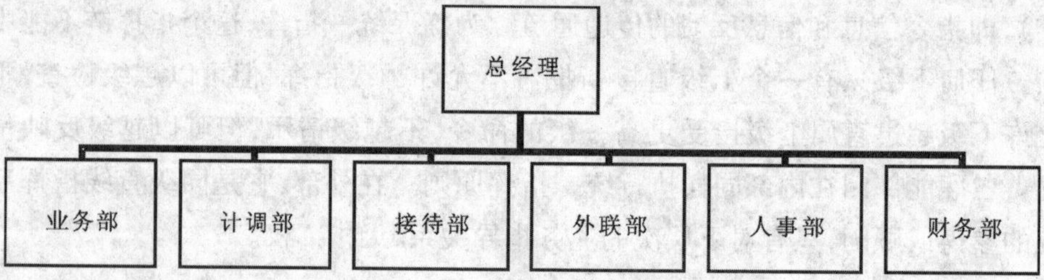

图2-1 直线制组织结构

1. 业务部

业务部是旅行社多功能的、带有拓展业务性质的综合部门,它同时具有某些职能部门的特征。主要承担招徕组团、地接、散客旅游和票务等旅行社业务工作。在旅行社的所有部门中,综合业务部的业务范围最广,服务项目最细。

2. 计调部

计调部全称为计划调度部,是旅行社接待业务的调度中心,主要职责是负责接待服务的计划工作和一切关系的调度工作。由于旅行社提供的是综合性的服务,各方面、各环节之间的协调与配合就显得尤为重要了。计调工作是旅行社接待工作的保障。

3. 接待部

接待部由不同语种的导游人员为主体组成,主要负责具体接待计划的制定与落实,为旅游团(者)提供导游和陪同服务,接待前来咨询的客人和来访的其他人员等。

4. 外联部

旅行社的外联部又被称为市场部、销售部,或市场营销部。外联部的主要业务就是设计和销售旅行社产品,以及对外宣传和联系工作。

5. 人事部

人事部又称为人力资源部,是旅行社的重要职能部门,在旅行社的日常经营运作中发挥着其他部门所不能替代的作用,例如员工招聘、员工培训、人事组配、薪酬福利、评核奖惩、员工激励、组织设计、协调整合企业文化等。

6. 财务部

财务部是旅行社管理中不可缺少的部门。财务部的职能主要有:积极筹措资金,保证企业正常生产经营;进行成本效益管理,实现企业利润最大化;提供财务监督,确保企业合法经营;分配利润,协调各方利益关系。财务部工作所依据的计划是旅行社的经营计划,可以说,财务管理在旅行社管理中处于中心位置。

这种组织结构是比较传统的一种结构方式,在中国旅行社行业中长期以来一直居于主导地位,改革开放初期,中国几乎所有旅行社都采用这种方式,现在,仍然有很多规模较小的旅行社还在沿用这种组织结构。它的特点是组织中各个层次按垂直系统排列,命令和信息是从最高层到最低层垂直下达和传递的,各级管理人员对所属下级拥有直接的一切职权,统一指挥各种业务。这样的划分,看起来隶属关系简单,信息流畅,责任明确,管理效率高,但由于旅行社业务本身具有连续性与不可分性,这种人为的划分使部门之间的协调难度加大,各部门往往会因为部门利益而忽视企业的整体利益,而且,各部门容易由于业务分工的不同而产生利益分配上的矛盾,不利于企业长期向前发展。

(二)职能制

职能制是指总经理领导各职能部门,职能部门在本部门的职能范围内又分别领导业务部门有关人员的组织形式。

职能制的优点是:管理职能分工化,可以充分发挥专业人员的作用,协助上级指挥,管理较细;可以大大减少上级的指挥工作量,使其集中精力去抓大事。职能制的缺点是:违反集中统一指挥的原则,往往会形成多头领导,令业务部门无所适从;不利于建立责任制,导致影响管理效能。

(三)直线职能制

在旅行社管理实践中,直线式以及职能式组织的弊端越来越明显地表现出来。因此,许多旅行社转而采用另一种组织结构——直线职能制(图2-2),这种形式是在“直线制”和“职能制”的基础上发展而来的。它的特点是把旅行社所有的机构和部门分为两大类:一类是业务部门,有自身特定的接待和供应业务内容,如计调部、外联部、接待部。业务部门按等级链的原则进行组织,形成垂直系统,实行直线指挥,因而称直线制。另一类是职能部门,职能部门不直接从事接待和供应业务,而是为业务部门服务,执行自身某种管理职能的部门。职能部门按分工和专业化的原则执行某一项管理职能,发挥职能机构的专业管理作用和专业管理人员的专长。旅行社的人事部、财务部等都属职能部门。直线制和职能制相结合形成了“直线-职能制”,有效地减少了部门间的冲突,提高了工作效率。

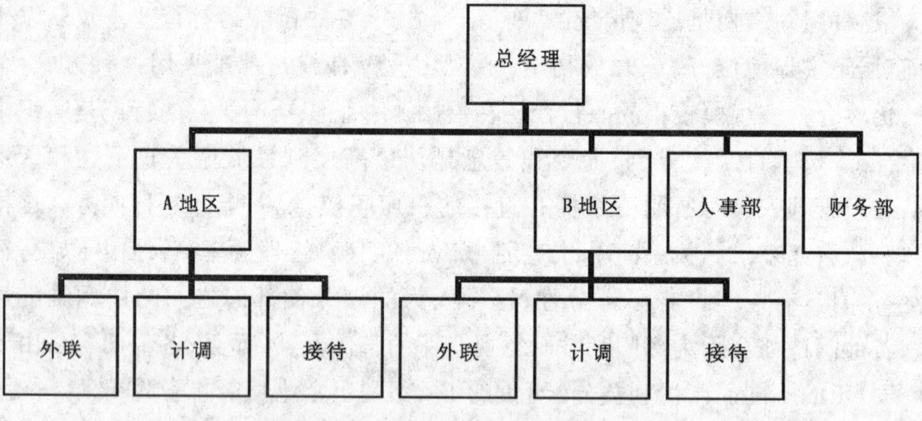

图2-2 直线职能制组织结构

此外,在中国旅行社企业中,也有采用混合设部方式的(图2-3)。这种方式对于各个市场部没有明确的地域划分,有利于在旅行社内部引入竞争机制,但是增加了管理难度。

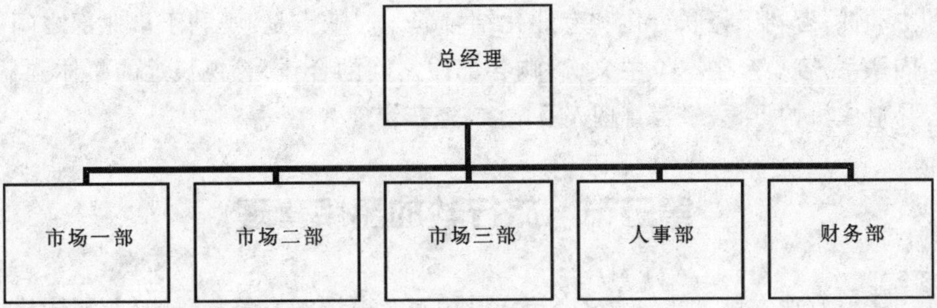

图2-3 混合式组织结构

(四)事业部制

这种组织结构是在总公司领导下设立几个事业部。各事业部是为特定的产品而设立的,各事业部内部在经营管理上拥有自主权和独立性(图2-4)。它的组织特点是:公司集中决策,事业部分散经营,每个事业部实行独立核算。事业部组织形式是一种适用于大型旅行社和集团化经营的旅行社组织形式,其特点是突出分权管理。

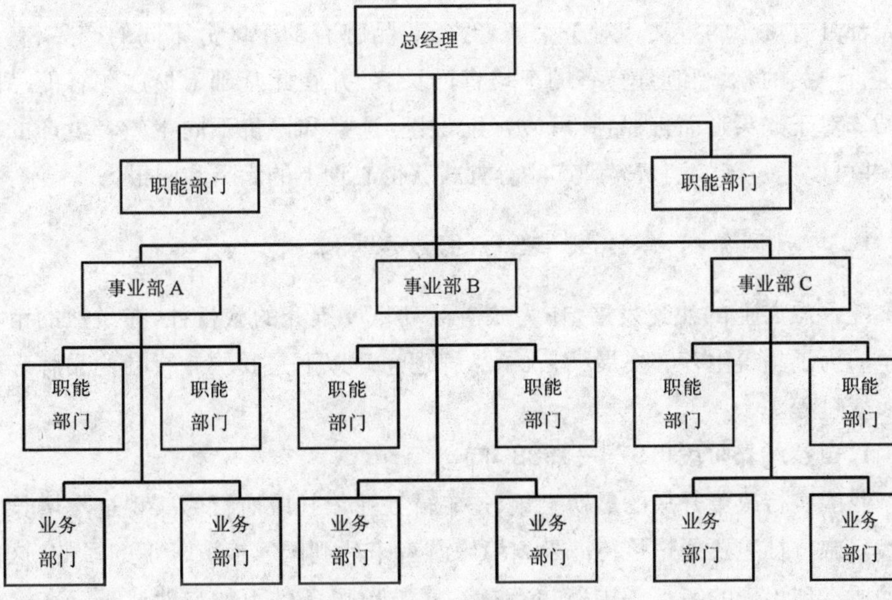

图2-4 事业部制组织结构

事业部制的优点是:可以减轻高层管理人员的负担,集中精力考虑企业的重大经营决策和发展战略,成为真正的决策层;有利于发挥各事业部的积极性和主动性;有利于将联合化和专业化结合起来。缺点是:不利于事业部之间的横向联系,容易产生本位主义,影响各部门之间的合作,忽视长远的整体利益;容易造成机构重叠,经营管理人员增多,经营管理费用增高。

第三节 旅行社的品牌管理

在旅游业发展如火如荼的今天,国际旅游市场的竞争日益激烈,我国旅行社要想提升竞争层次、增高竞争力,就一定要从战略的角度重视品牌打造,实施品牌经营战略。

一、品牌的涵义

(一)品牌的基本概念

品牌是用来识别一个或一群卖主的产品和劳务,并使之与竞争者的产品和劳务相区别的名称、符号、标记、图案、色彩或其他组合。品牌对于生产者和购买者都具有重要的意义。对于生产者来说,品牌有助于区分不同的产品、有助于进行产品的介绍和促销、有助于培育回头客,并在此基础上形成顾客的品牌忠诚。对于购买者而言,品牌可以帮助识别、选择和评价不同生产者生产的产品,并可以通过诸如消费名牌产品等方式获得心理上的满足和回报。

(二)我国旅行社业品牌理念的演变过程

随着旅游业的快速发展,作为旅游活动重要媒介的旅行社,在激烈的市场竞争中为了赢得生存和发展,引入了品牌理念。以下是我国旅行社业品牌理念的演变过程。

1. 自然增长阶段(1978—1988年)

我国实行改革开放的最初十年,是旅行社业依托政府行为实现自然增长的时代。旅行社主要通过接待海外入境旅游者来达到国家换取外汇的目的,这一时期所表现出来的特点是国际旅行社在卖方市场条件下的自然成长。在这个阶段形成了“国、中、青”三家名气最大、人气最旺的旅行社,国外旅行社的团队大多流向这三家旅行社。就企业牌子的市场认可度看,“国、中、青”显然是这个阶段最大的品牌。另外,在这个阶段也形成了一些特色鲜明,市场增长率、市场占有率都比较高的旅游线路，如长江三峡游线路等，诞生了一批明星旅游城市。

2. 企业化经营时代(1988—1995 年)

1988 年至 1995 年，是旅行社全部从政府体制中分离出来并全面进入企业化经营的时代。同时，随着国内旅游的兴起，我国旅行社开始从经营单一的国际旅游转入兼营国内旅游，并使部分专门从事国内旅游经营的国内社得到初步发展。这个阶段，随着多家旅行社的开设以及国家对旅行社推行企业化经营的改革，旅行社的主体意识、生存意识、市场意识得到加强。这些意识的变化，为以市场发展为目标的品牌意识的诞生作了一定的铺垫。

3. 调整阶段(1995—2000 年)

1995 年至 2000 年，是我国的旅行社队伍迅速扩大并不断进行调整的阶段，在政策规范和市场的催生下，强调旅行社的水平分工和公平竞争。在这个阶段，新的旅行社管理条例与细则、质量保证金制度、导游等级制度等大量针对旅行社经营与管理的制度相继出台，使旅行社经营的法律环境与秩序获得了极大的加强。旅行社的自我保护意识、质量意识、风险意识有了明显的提升。

4. 品牌时代(2000 年之后)

进入 21 世纪，随着中旅、国旅和康辉等几大国际旅行社集团的加速崛起，我国旅行社对品牌化、网络化、规模化的追求日益加强。特别是在加入 WTO 以后，以品牌为核心已成为旅行社企业重组和资源重新配置的重要机制，同时以品牌扩张为核心的市场竞争也普遍受到重视。

二、旅行社品牌设计的原则与特征

(一)旅行社品牌设计的原则

在进行旅行社品牌设计时，应遵循以下原则：

1. 品牌名称的地域性

旅行社品牌名称的地域性越强，越容易被旅游消费者所牢记，越容易在全国范围内推广，最终国际化。

2. 品牌打造的体系性

旅行社在打造品牌时应注意整体性。首先，应开发出针对不同群体的旅游项目，如妇女、儿童、老人、残疾人等等，并针对不同的人群设计不同的线路，辅以有针对性的服务。其次，可以将旅行社行业运作的各方面进行特性化，比如在设计时,设计出不同特色的产品;在销售时,着力推广、形成销售网络的品牌;在维护权益时,进行商标注册,赢得专利保护等等。一个旅行社只有在业务环节的方方面面形成自身的特色并被消费者感知,才能形成自身独一无二的品牌形象,也才能为消费者所熟知。

3. 品牌定位的清晰性

在旅游大众化的今天,各旅行社推出的旅游产品大同小异,目标消费群界定不清。这就需要旅行社经营者去开发、设计独特的旅游产品,并强化其特色,并将该特色通过自己的服务带给消费者。只有这样,才能使消费者明确区分不同的服务,才能获得消费者的品牌信仰。

4. 品牌内涵的丰富性

品牌内涵是指产品设计者为日后营销产品专门设计的一种方便市场销售所展示的特殊含义。一个具有丰富内容的品牌会使旅游消费者长期地关注该企业的一举一动。

5. 品牌标识的特色性

品牌标识是企业品牌的标记,标识设计的好坏直接影响到消费者对旅游产品的印象。品牌标识不应过于复杂,会让人们不易识别;也不应过于简单,没有特色,而应在简单明了的基础上增加旅行社的特点,使人印象深刻。总之,旅行社品牌标识的设计应遵循特色性原则。

(二)旅行社品牌的特征

旅行社品牌具有以下主要特征:

1. 企业整体品牌特征鲜明

旅行社属于服务型企业,而且无形化服务特征明显。因此,旅行社品牌建设应多关注企业整体品牌建设,而非某个单一产品品牌的建设。

2. 品牌化过程难度大

旅行社资源的公共性增加了其产品品牌化的难度,这是因为由旅游公共资源所生产出的产品,不可能产生绝对的垄断并拥有专利保护权,这就使其产品的品牌化过程的难度加大。

3. 品牌确立过程的透明性

旅行社品牌确立的过程也是培育旅游消费者忠诚度的过程,具有明显的同步性。这个特征使旅行社的品牌建设一开始就置身于社会,具有相当的透明度。

4. 品牌的脆弱性

在旅行社的产品中，由人提供的无形服务的好坏直接影响旅行社的形象，而人是有感情的，情绪波动大，是难以控制的因素。因此，旅行社的品牌更像一个易碎品。

基于以上四点，旅行社应结合品牌建设的规律，充分考虑本企业的优势和劣势，强化服务人员队伍的管理，并在此基础上，运用一定的策略技巧，实施自己的品牌建设。例如，可以利用一切可见的统一标识展示企业形象，通过具体的服务环节全面展示企业的服务质量，采用多种媒体宣传手段大力宣传企业的产品特色。

三、旅行社品牌管理的必要性

越来越多的消费者在产品需求上由原来仅仅满足其实用需求的"实物产品"逐渐转变为能同时满足精神需求的"品牌商品"。如果旅游消费者选择了优质的品牌旅行社，就是获得了一个开心愉快的旅程。作为服务企业性质的旅行社有必要加强品牌经营，增强竞争实力，赢得客源市场。

（一）旅游消费者认知的需要

旅游消费品市场是一个高度的信息不对称市场。旅行社作为服务性企业与工业企业最大的不同即产品的无形性，且生产与消费同步，旅游者无法像使用有形产品那样事先检测消费对象，在购买前无法与同类企业的产品比较，消费主要是依据企业的知名度及在社会上的口碑、影响力决定，认为好的公司一定有优质的产品。此类旅行社的品牌与企业名称一致，可以给消费者明晰的指引。例如：中青旅、中旅、国旅、广之旅、招商、春秋、康辉等。

（二）与外资旅行社竞争的需要

我国目前旅行社数量虽多，但总体实力薄弱，还没有日本交通公社、美国运通那样的超大旅游集团。加入了 WTO 后，我国旅行社面对的竞争对手是一批国际化、集团化、网络化经营程度很高的大型企业集团，他们资金、技术力量雄厚，拥有较成熟的管理经验与良好的运行机制，我国的旅行社面临巨大的市场冲击。国内旅行社只有实施品牌经营，才能在国际竞争中立于不败之地。

(三)旅行社市场竞争的需要

如今旅行社之间产品同质化现象严重,大家都在卖相同的常规产品,很难形成特色,于是市场的竞争主要演变为价格的竞争。旅行社靠低价甚至低于成本的报价吸引顾客,同时,为了节约成本必然会降低服务标准,比如降低饭店星级、餐饮标准、用车车型等,有的地接社导游上团没津贴反而要交人头费,以致导游不得不擅自增加购物次数,因而引发的各类旅游投诉屡见不鲜。这种以价格为导向的低层次竞争严重损害了企业的形象,旅行社唯有转向品牌的竞争,靠高品质才能真正提高市场占有率和竞争力。

(四)吸引人才的需要

品牌旅行社因其强大的社会影响力能激发员工的工作热情与动力。国际大品牌的形象和美誉不仅可以吸引更多优秀人才、实现自我价值,还能满足员工的自豪感、增强其自信心,是提高员工忠诚度的重要条件。

品牌意识是旅行社业竞争态势和现代服务营销观念的产物。随着发达国家市场从自由竞争渐入不完全竞争和垄断竞争,以及向市场经济过渡的发展中国家市场化程度的快速提高,品牌已进入国际化竞争的时代。在这样一个品牌制胜的时代,仅仅靠产品本身已不足以保证旅行社的生存与发展。在发育完善的旅行社市场上,旅行社经营管理的最终目标是创造并保持顾客。为了达到这一目标,在各种非价格竞争策略中,品牌是扩大市场份额、降低市场营销费用、构建消费者对本企业产品忠诚度的有效手段。

四、旅行社的品牌策略

在对旅行社进行品牌建设时,应把握以下几种策略。

(一)品牌的本质——质量

质量是品牌的本质、基础,也是品牌的生命和灵魂。品牌的显著特征就是能提供更高的、可感觉的质量。产品质量是旅行社创品牌的根本,是使顾客产生信任感和追随度的最直接原因,是品牌大厦的根基。把好质量关应从以下几个方面入手:

1. 充分考虑顾客的实际需要

产品要从多方面、多层次、多角度地考虑顾客需要,进而进行设计。

2. 建立独特的质量形象

每个旅行社的产品都很难做到各个方面都优秀,应做好定位,抓住独特的卖点,树立独特的质量形象,如安全、个性化服务等。

3. 随时掌握消费者对质量要求的变化趋势

消费者对旅游产品的质量要求是不断变化的,旅行社要注意倾听旅游者和专家的意见,要经常对市场进行调查,做市场分析和预测。品牌旅行社一般都不仅是适应市场,还十分注意培育市场、开发市场。

(二)品牌的支持者——服务

为旅行者提供优质、完善、到位的服务是旅行社接近消费者、打动消费者最近的途径,也是品牌树立的途径。优质的服务可以减少或避免消费者的购买风险,为顾客提供超值满足。因此,服务是创品牌的利器。旅行社在强化服务意识时应注意:

1. 树立"品牌就是服务"的意识

旅行社必须树立全心全意为旅行者服务的意识,旅行社越为消费者着想,离成功就越近。

2. 深入理解"顾客至上"的含义

"顾客至上"是要不断推出新的、高质量的产品;要讲信用,一诺千金;要认真对待和处理顾客的批评和挑剔;要对顾客一视同仁。

3. 系统完善的全过程服务

"售前"、"售中"、"售后"都要提供优质的服务。

4. 优化服务措施,加强培训工作

要加强对计调、导游、司机等人员的培训,健全培训网络,完善设施,不断优化服务措施。

(三)品牌的脸面——形象

形象是品牌表现出来的特征,反映了品牌实力与品牌实质。品牌形象由顾客评价,是赢得顾客忠诚的重要途径。设计与打造好品牌形象还直接影响着旅行社员工的凝聚力和生存环境。

(四)品牌的依托——文化

品牌的背后是文化,旅行社产品既体现着旅游资源厚重的文化,也同时体现着旅行社的企业文化。品牌文化是文化物质在品牌中的沉积,是品牌活动中的一切文化现象。品牌包含着文化,品牌以文化来增强附加值,文化支撑着品牌的丰富内涵,品牌展示、张扬着其代表的独特文化魅力,文化和品牌相辅相成,相映成辉。旅行社在建设产品品牌时必须做足文化这篇文章。

复习思考题

1. 旅行社企业文化的构成要素有哪些?
2. 简述旅行社企业文化的特点。
3. 旅行社组织结构有哪些?
4. 旅行社品牌设计的原则有哪些?
5. 简述旅行社品牌策略。

主要参考文献

刘晓杰. 旅行社经营与管理[M]. 北京:化学工业出版社,2007.

戴斌,杜江. 旅行社管理[M]. 北京:高等教育出版社,2002.

徐东文. 旅行社经营与管理[M]. 北京:高等教育出版社,2001.

王润良. 关于企业文化作用与功能的探讨. 企业文化[EB/OL],http://www.wzxzmy.com/show_news_detail.asp? id=158.

段长青. 浅议旅行社如何做品牌[EB/OL]. http://www.jidiao.net/space-2414-do-thread-id-1082

第三章
旅行社经营战略与计划管理

旅行社是在一个动态的市场环境中生存和发展的,在其经营活动中,旅行社不但要创造旅游者的需求、满足旅游者的需要,还要根据客源市场与市场环境的变化,制定旅行社经营战略和计划,并在经营活动中对之实施管理。因此,经营战略与计划管理便是旅行社管理的主要内容,是旅行社在开展各项业务工作之前的首要任务,同时,具备一定的经营战略思想和制定详细的计划,也是旅行社建立现代企业文化的重要体现。

通过本章的学习,应了解经营战略和计划管理在旅行社经营活动中的重要意义,熟悉经营战略和计划管理的基本概念、特征和内容分类,掌握旅行社应具备的经营战略思想和计划管理的方法,并能够把经营战略和计划管理的基本思想贯彻落实到旅行社具体业务中去,指导旅行社产品开发、计调、销售、接待、质量管理等具体工作,实现旅行社既定的经营目标。

第一节　旅行社经营战略的概念与特征

经营是旅行社最基本的活动,是旅行社赖以生存和发展的第一职能。旅行社的经营是指旅行社以市场为对象、以生产和交换为手段,为使其总体目标及技术经济活动适应与满足外部环境,并达到均衡状态而实施的一系列有组织的活动。旅行社对这些活动的管理称之为经营管理。旅行社的经营管理贯穿于旅行社生产的全过程。

一、旅行社经营战略的概念

在旅行社的经营管理活动中，经营战略是中心环节。“战略”一词最早来源于军事，其含义是“将军指挥军队的艺术”，战略与企业经营相联系并得到广泛应用是最近几年的事情。对于企业经营战略的理解，目前主要有以下三种观点：第一种观点认为企业经营战略就是企业经营的战略决策。决策的主要内容是企业的长远发展目标、实现这种目标所采取的经营方针以及由目标和方针决定的对企业资源的分配。第二种观点认为企业经营战略是企业经营的战略规划。它表现为企业经营目标的规划以及为实现这种目标所需的资源取得、利用和处理方针。第三种观点认为企业经营战略是企业产品—市场战略。其主要内容是企业在特定的经营领域开发新的产品与市场，有计划地提高本企业现有产品在市场中的地位。

根据以上人们对企业的认识，结合我国旅行社的具体情况，可以得出旅行社经营战略的定义：旅行社经营战略是在社会主义市场经济条件下，根据旅行社内外环境以及可取得资源的情况，为求得企业自下而上和长期稳定的发展，而对企业发展目标、实现目标的途径和手段所做的总体策划。一般来说，旅行社经营战略既是旅行社经营思想、经营理念的集中体现，又是制定旅行社规划和计划的基础。

二、旅行社经营战略的特征

（一）全局性

旅行社经营战略是以旅行社经营活动的全局为研究对象，根据企业总体发展的需要制定的。它所规定的是旅行社的总体发展行动以及总体发展效果，是指导整个企业一切经营活动的总策划。从这个意义上讲，旅行社经营战略不是对企业经营活动或外界经营环境的短期波动做出的反应，也不是对旅行社经营活动中局部出现的问题和变化所提出的对策，而是从旅行社经营的全局出发，使旅行社的经营战略与国家的经济、技术和社会发展战略相协调，与国家发展的总目标相适应。

（二）未来性

旅行社经营战略的着眼点不是企业当前的经营问题，而是企业经营发展的未来。企业经营战略既是旅行社谋求长远发展的反映,又是对未来较长时期内企业生存与发展的筹划。因此,旅行社经营战略的制定要着眼于企业未来的生存和发展,研究企业经营的方向性和结构性问题,研究规划的重点问题。从这个意义上讲,旅行社经营战略的制定,要建立在翔实的调查研究和科学的综合分析的基础之上。

(三)目标性

旅行社经营战略是与战略目标相联系的。旅行社经营战略的目标,是旅行社在一定时期内要取得的预期成果。目标性要求经营战略规定一定的项目内容,并且具有量化的时限、质量和效益。经营战略的目标性主要体现在综合性、时效性、层次性和阶段性上。

(四)竞争性

旅行社经营战略的目的是要抵御经营对手的竞争,并在激烈的旅游市场竞争中壮大自己的实力,使本企业在与竞争对手进行市场与资源的争夺中占有相对优势。从这个意义上讲,旅行社经营战略就是针对来自外部环境、市场结构和竞争者等各个方面的挑战而制定的长期行动方案。同时,科学的企业经营战略也是在激烈的竞争环境和严峻的挑战中形成与发展起来的。

三、影响旅行社经营战略的因素

(一)社会需求

社会需求的存在为旅行社的生存与发展提供了机会,但由于社会需求受一定时期内政治、经济、技术和社会因素的影响而不断发生变化,又直接影响着旅行社经营战略的形成。社会需求的变化一方面为旅行社经营活动的发展提供了现实与潜在的市场机会,另一方面也孕育着现实与潜在的市场风险。从这个意义上讲,研究一定时期内社会需求总量的运动与结构性变化,便成为制定旅行社经营战略的前提和出发点。

一定时期内的社会需求表现为市场需求,其实质是顾客需求。顾客是旅行社产品的购买者。一般说来,旅行社与顾客之间存在着四种基本关系。从服务的角度来看,旅行社与顾客具有服务与被服务的关系;从商品货币的角度来看,旅行社与顾客具有购买与销售的关系；从消费意愿的角度来看，旅行社与顾客具有选择与被选择的关系；从市场竞争角度来看，旅行社与顾客具有争夺与被争夺的关系。以上四种关系充分说明，顾客分析对于旅行社制定经营战略十分重要。旅行社经营战略的制定，要充分认识和了解顾客需求的内容、趋势及在旅游产品消费中所表现出来的特点和规律。只有全面掌握了旅游者的规模结构、消费心理、消费习惯和消费层次，旅行社才能充分运用各种经营对策去开发、启动市场，才能充分满足旅游者的需要，实现旅行社的经营目标。

（二）供应者

旅行社在其经营活动中必须拥有大量的供应者或供应商。旅行社的供应者包括企业维持正常经营活动的各种要素（人、财、物、信息、技术等）的供给单位，这些单位主要有旅游饭店、旅游汽车公司、航空公司、旅游参观点、铁路公司等企业。这些供应商就其经济职能来说，有的是以旅游业务为其主要经济职能，有的是以其他业务为其经济职能。但是它们的基本经济要求是与旅行社建立稳定、合理的交易关系，并通过这种商品与服务的交易取得一定的经济利益。在旅行社经营活动中，提供服务要素的数量与质量，直接影响着旅行社服务经营的规模与服务质量。因此，从这个意义上讲，旅行社供应者所处的市场情况、市场结构便成为影响旅行社经营战略制定的第二因素。就目前我国旅游业发展状况而言，旅行社供应商所提供的服务要素除了在特定地区的旅游旺季之外，供应紧张的局面已经消失，这有利于旅行社在其经营活动中取得一定的成本优势。

（三）竞争者

在旅行社经营过程中，存在着大量的竞争者。竞争者的存在，不仅给旅行社带来经营风险，同时也能给企业带来经营机会。一般来讲，竞争者是指与本旅行社争夺市场与资源的经营对手，是那些提供相同或相似服务的企业。在旅行社经营活动中，不论竞争对手的性质如何，企业与竞争者都存在着两种关系。一是相互争夺客源市场的关系；客源市场的规模和结构直接决定着旅行社的经营规模和经营水平。不同的旅行社为了各自的经济利益，为了生存与发展，都会在特定的客源市场上、特定的顾客群体中，争夺更多的市场份额。不仅要争夺对手占有的客源市场，还要积极争夺潜在的客源市场。二是相互削弱经营能力的关系:在一个特定时期内,由于客源市场的有限性和稳定性,旅行社在其竞争活动中,都具有削弱竞争对手争夺市场能力的愿望,并由此而产生了控制竞争对手的各种经济和非经济的行为。因此,竞争对手的经营思想、经营战略、经营计划、经营策略,以及行业内主要竞争对手的情况和本企业的竞争地位,便成为影响旅行社经营战略制定的又一个重要因素。

(四)企业经营能力

不断变化的市场环境为旅行社的经营带来了可以利用的潜在市场机会,而旅行社能否将这种潜在市场机会转变为企业机会,则取决于旅行社的经营能力。旅行社经营能力是指旅行社能够满足客源市场需求,维持企业生存和发展的各种经营能力以及这些经营能力的组合状态。旅行社经营能力是制定经营战略的物质基础,主要包括旅行社的经营管理水平、业务人员的能力及其结构、物力和资金等资源结构、产品结构、旅游网络化及专业化状态、企业外界联合结构和企业内部的组织结构等。旅行社具备了较强的企业经营能力,就能不断地满足客源市场的需求,适应旅游需求的变化,保持市场竞争的地位。因此,旅行社经营能力是旅行社经营战略中的主导因素。

第二节 旅行社经营的战略思想

旅行社经营活动中具有两种经营要素:一种是“显性要素”,如旅行社的人员、资金、技术和设备等;一种是“隐性要素”,如旅行社经营战略的思想、观念、机制和方法。大量的实践证明,在现代旅行社经营过程中,“隐性要素”比“显性要素”更为重要。

一、旅行社经营战略思想的涵义

旅行社经营战略是根据其经营战略思想制定的。旅行社经营的战略思想是指正确认识企业外部环境和内部条件,指导企业决策、贯彻企业方针、实现企业目标、求得企业生存和发展的思想,即企业经营活动的基本指导思想。它是由一系列观念组成的。可以从以下几个方面来理解和把握旅行社经营的战略思想。

(一)旅行社经营的战略思想是旅行社经营的哲学

在相同的市场环境下,不同的旅行社之所以存在着经营绩效上的差异,主要是因为经营思想、经营观念和经营机制的差异。因此,旅行社经营的战略思想是旅行社经营的哲学,在旅行社经营过程中发挥着重要的作用。

(二)旅行社经营的战略思想着眼点是未来

旅行社经营战略的核心是研究企业未来的生存与发展,而旅行社经营的战略思想又是企业制定经营战略的基础,有什么样的经营战略思想就会有什么样的经营战略。从这个意义上讲,旅行社经营战略思想必须着眼于明天。

(三)旅行社经营的战略思想体现了旅行社经营的重点

旅行社的经营战略思想,从一个侧面反映着企业经营的重点,如有的旅行社是为了扩大市场占有率,有的是为了提高市场知名度,有的是为了提高产品质量。但不论旅行社经营的战略思想如何表述,都体现着旅行社经营的重点以及旅行社领导人的战略眼光。

二、旅行社经营的战略观念

旅行社经营的战略思想是通过其经营观念体现的。根据我国旅行社经营的现状,我国旅行社应树立以下战略观念。

(一)市场观念

市场是旅行社生存与发展的空间。旅行社的经营规模、经营绩效都是与客源市场的规模和结构相联系的。因此,市场观念是旅行社经营战略观念的中心。所谓市场观念是指旅行社对市场及顾客的认识和应有的态度。根据客源市场的演变过程,旅行社对市场的认识大体经过了三个阶段:第一阶段是卖方市场、买方风险的生产中心型;第二阶段是买方市场、卖方风险的需求中心型;第三阶段是生态均衡型,主要表现为满足市场需要与创造市场需要相互作用、相互结合,形成双重的市场运行机制。就目前我国旅行社经营现状而言,需求中心型的市场状态已经形成。因此,旅行社要树立正确的市场观念,就要消除生产中心论的观念,从重视买方利益出发设计旅游产品;同时树立创造性经营以满足市场需求的观念，不断吸引和满足顾客多样化和个性化的需求。

（二）时机观念

时机是时间和机会的统一体。旅行社经营战略的时机是指市场环境的时间变化给企业带来的市场机会。时机观念是指利用环境的时间变化所形成的机会，提高企业经营效益的思想认识。从社会属性上看，时机具有客观性和物质性，是不以人们意志为转移的客观现象；从经济属性上看，时机具有经济性，是一种资源，如同资金、技术、劳动力一样是有价值的；从自然属性上看，时机具有不可存储性，时机作为物质运动的一种形式，具有其自身产生、发展和消失的运动过程。无论你利用还是不利用，它照样按其自身的运动轨迹存在与消失。

时机的各种属性决定了时机观念在旅行社经营战略中的重要。时机是旅行社获得生存与发展的有力手段，是企业产生经营绩效的客观条件。掌握并利用了时机，企业就会产生较好的经营效益，相反失掉了时机，企业便会产生危机。因此，在旅行社经营战略制定过程中，企业决策者要善于捕捉时机、选择时机、利用时机、调控时机和创造时机。

（三）竞争观念

在市场经济条件下，竞争力是旅行社经营成败的关键。旅行社的竞争是指在市场经济条件下，各旅行社之间为争夺客源市场、市场地位和经济利益而形成的斗争。物质利益的驱动、市场机会的有限性、企业个体的差异性和旅游产品的可选择性，是旅行社竞争存在的四个基本条件。所谓竞争观念，即旅行社在特定的市场环境下，对竞争的性质、手段、方法、结果的思想认识及态度。

旅行社之间的竞争具有四个特性：首先，竞争具有客观性，竞争不是人们的主观愿望，而是市场经济条件下客观存在的矛盾运动方式；其次，竞争具有排他性，参与竞争的双方都希望排斥对方，使自己取得竞争优势；再次，竞争具有风险性，竞争是经济实力的较量，竞争愈激烈，经营风险就愈大；最后，竞争具有公平性，在正常的竞争环境下，市场向每家旅行社提供了大体均等的竞争机会，谁掌握了时机，谁就能在竞争中取胜。

根据我国目前旅行社经营的现状，竞争观念要求旅行社在市场竞争中必须具有超越单纯价格竞争的新的竞争思路。这些竞争新思路主要包括：以创新取胜、以优质取胜、以价廉取胜、以服务取胜、以快速取胜、以促销取胜等。

(四)创新观念

产品创新与经营创新对作为企业的旅行社来说是十分重要的。所谓创新是指企业根据潜在的市场机会,对服务要素、经营组织、旅游路线和服务项目进行重新设计与组合,以取得不同于先前的经营绩效的活动过程。一般来讲,旅行社的产品创新与经营创新的内容主要有三个:一是产品创新,如新产品的开发、老产品的改造等;二是市场创新,如扩大原有的客源市场份额、开发新的客源市场等;三是组织创新,如新的旅游网络和旅游协作体系的创建,以及新的经营组织的建立等。

经营战略的失误

2007 年,旅游市场生意火爆,国内某著名旅行社充分利用旅游业务现金流丰富的特点,将旅游业务过程沉淀下的资金拿到金融市场上去做理财,并在证券市场大牛市的时候取得了丰厚的投资收益,从此就确定了“旅游沉淀资金——金融理财获取收益”的业务运营模式。然而,天有不测风云,2008 年,证券市场大跌,该企业不但没有获得预想的收益,反而背负了大量的债务,导致企业经营出现危机。

某市一个著名旅行社实力雄厚,在旅游市场利润率越来越低的情况下,为了获得更高的投资回报,进入了房地产业等与旅游业务丝毫不相关的行业,虽然短时间内获得了较好的投资回报,但是,2008 年,随着房地产市场陷入低谷,该旅行社被“套牢”,资金流陷入了困境。同时,由于深陷房地产市场,该旅行社旅游主业的市场地位却被竞争对手远远地抛在了后面,错失了发展的良机。现在,该旅行社处于进退两难的尴尬境地。

资料来源:张道顺.现代旅行社管理手册[M].北京:旅游教育出版社,2006.

第三节 旅行社计划管理

企业的生产经营活动是否能取得绩效,在很大程度上取决于企业计划管理工作的好坏。计划是企业生产经营活动的主要依据,是企业管理的重要组成部分,也是全体企业成员共同奋斗的行动纲领。

一、旅行社计划管理的地位与作用

(一)旅行社计划的涵义

计划,就是对未来一定时期内的工作、目标进行全面设想与谋划,是为实现一定目标而作的科学预测,并且形成文字作为书面方案。就企业来说,计划管理即对制定的计划进行全面的组织、指挥、协调、监督和控制等实施计划的全过程活动，是实现企业生产经营目标的必要手段。通过有效的计划管理，以实现计划所定的目标。因此，可以说计划管理职能实质上是企业管理的首要职能和必经的途径。

（二）旅行社计划管理的意义

旅行社的一切经营服务活动都应在计划的统一要求和指导下进行。旅行社经营活动的计划性，是根据国家和地方旅游主管部门的政策、规划要求，按照市场需要而定的。计划管理既是整个国家经济管理的重要部分，也是企业本身创造效益的迫切需要，它具有十分重要的意义。

1. 旅行社企业现代化大生产得以顺利进行的重要保证

旅行社要取得好的经济效益，就必须有一个统一的严密的计划，作为全体职工的行动纲领，否则企业就难以统一指挥，甚至陷入混乱状态。

2. 旅行社企业经济健康发展的重要保证

旅行社各部门、各岗位，只有按照企业整体计划的各项要求，按质、按量、按时完成，才能保证整体计划的圆满实现。各部门的经营活动可以有自己的独创思维和格局，但它不能违背总体计划部署的要求，自搞一套，而是要服从、服务于企业整体计划的要求。

3. 提高旅行社企业经济效益的重要保证

搞好计划管理，要求充分挖掘和利用企业人力、财力、物力等资源，降低成本，提高劳动生产率，以较少的人力、财力、物力换取较多的经济效益。企业计划管理得好，企业计划的利益目标就能保证实现，计划管理不好，就会给企业整个经营活动带来混乱，企业的利益就得不到保证。因此，计划管理也是企业赖以生存、发展的基础。

（三）旅行社计划管理的作用

1. 分解、实施、落实计划的作用

旅行社计划管理的第一步，是在制定、确定企业计划的基础上，为切实保证计划的实施，首先提高职工贯彻执行计划的责任心，使职工以主人翁的姿态去自觉落实计划所确定的方向目标。第二步，是把计划分解到各个层次、各个部门，把任务按季、月、周、日以至小时，具体合理地分配到部门、科组和个人，从而保证计划中各项指标按时、按质、按量地顺利完成。第三步，是要创造、提供实现计划的良好条件和环境，诸如贯彻授权管理、人才配置等，让下属有一定的权力，有较好的人力去贯彻执行计划。

2. 监督、控制、调节计划实施的作用

计划管理具有在计划实施过程中监督、控制、调节的职能。首先是监督企业各部门、各环节在实施计划中的进展情况，洞察计划实施中发生的各种问题，为保证企业计划正常、健康地实施和实现做好预期准备工作。其次，通过对整个经营活动进行控制，调节好各部门、各环节之间的关系，达到优化管理，实现整体计划。

3. 总结、评估、考核计划实施的作用

计划管理在计划实施的期末，对企业各部门、各环节实施计划的最终结果进行总结，选出实施计划中好的经验和典型，检查、考核和评估各部门、各环节、各岗位完成计划的实绩，拉开差距进行奖励，为来年计划的制定、实施和取得更好绩效创造一个良好的条件。这是体现计划管理有始有终的一个重要作用。

（四）旅行社计划管理的过程

旅行社对经营计划的管理是通过经营计划的编制、实施和控制来实现的。因此，旅行社经营计划管理的过程，可以划分为计划准备、计划编制和计划实施与控制三个阶段。

1. 计划准备阶段

计划准备阶段的工作主要有两项：一是市场分析，二是机会研究。市场分析主要是对旅行社经营环境和客源市场的状态进行科学地调查、分析与研究。市场分析是旅行社经营计划编制的基础，也是旅行社经营目标确定的基本依据。在一个特定的时间内，旅游市场的变化会对旅行社的经营产生一定的影响，因此，根据客源市场的变化，分析掌握整个市场以及旅行社行业的经营状况和发展方向，同时结合本企业近年来的经营实绩及变化趋势，做出年度的经营预测，便成为市场分析的主要任务。机会研究是根据市场环境的发展，结合本旅行社的优势与劣势，确定企业利用市场机会的程度与经营走向，为经营计划的编制提供调节因素。

2. 计划编制阶段

旅行社经营计划的编制主要有两项工作：一是确定经营目标，二是确定经营方案。经营目标是旅行社经营计划的核心，它由各种定性目标和定量目标构成。在一般情况下,经营目标是在市场预测的基础上,根据旅行社经营战略、经营思想和经营方针,经过自下而上的充分研究讨论确定出来,它是一个预期的结果。实现目标可以有多种途径,必须制定与经营目标实现途径相适应的多种经营方案,在不同的经营方案中,目标分解、经营项目和经营预算是必不可少的内容。

3. 实施与控制阶段

旅行社经营计划的实施与控制主要有四项工作:一是下达落实经营计划,二是组织实施,三是检查、反馈与控制,四是总结。

二、旅行社计划管理的原则

旅行社的计划管理,在服从国家利益、遵守国家政策、法令、法规和统筹兼顾、顾全大局的首要原则下,还应该坚持以下八个原则。

(一)相关性原则

首先,旅行社发展和国家整个国民经济的发展紧密相连,行业发展应符合国民经济总体需要,服从、服务于国民经济的发展计划,旅行社的计划管理也必须顾及这个大前提。第二,相关性也反映在旅行社必须在国家有关旅游行业的政策、法令、法规指导下进行经营服务活动,而不能游离,特别是不可违背政策、法令、法规行事。第三,旅行社的发展计划和国家旅游局、地方旅游主管部门的旅游发展规划紧密相关,要符合、适应总体规划的要求。第四,旅行社的计划制定和管理,还涉及同行业的协作、交往,特别在市场经济激烈竞争的条件下,不应忽视与同行业之间的相关性。第五,从业务角度看,旅行社的经营服务还要和交通运输、餐饮住宿等相关行业紧密协作,必须顾及这些相关行业。

(二)连续性原则

事物的发展运动,都有其自身的规律。同一事物的过去、现在和未来,一般说来其规律和本质是在不同条件、不同形式下具有相互连接、延续的性质,例如旅游活动是随着人民生活水平的提高而不断高涨的,其消费需求和样式也不断升华。根据这个规律,可以从20世纪80年代和90年代我国旅游消费增长的比例与规律以及我国经济增长的速度预测到今后旅游大致增长的趋势、比例。连续性原则,为制定旅行社短期、长期发展计划提供了一个科学预测的依据。

（三）因果性原则

事物之间普遍存在的因果联系，是一切事物运作结果好与差的根本原因。好的原因一般会引出好的结果。坚持优质服务、信誉第一的企业宗旨，并且切实贯彻实施，是创造好业绩的关键。因此，一种好或差的结果，一般总是由现实原因引起的，只有把握、运用好现实原因，才可以取得预想的好结果，这就是因果原则发挥的重要作用。旅行社计划管理就是要从因果联系的原则出发，把握运用现实原因，催化、促进积极因素的发展，充分实现好的结果。

（四）阶段性原则

计划的制定和实施要注意阶段性原则。任何计划要实现其预期目标，都要分成几个段落，不能一蹴而就。阶段计划目标不是随意、简单划分确定的，而是要对客观实际作科学分析。分段目标确定不正确，总体预期计划目标就难以实现。所以把总体计划的目标科学、客观地分解到各个阶段是制定计划、实施计划的重要原则。

（五）完整性原则

一个企业的总体计划目标必然涉及企业各个方面、各个部门的工作，在制定计划时如果疏忽了一个方面，则会影响全局。所以，计划管理必须具有完整性，把各项任务纳入计划轨道，使每个部门、环节，甚至每个岗位都有目标要求，都有章可循。旅行社的计划具体有接待计划、导游计划、质监计划、人员培养计划、财务计划、流动资金周转率、备用奖金创利率、思想政治教育、精神文明建设以及经营国际旅游业务和出境旅游业务的所有创汇计划等，这些都是为总目标服务的一系列配套指标，从而形成了一个为实现预期总目标的完整计划。

（六）市场适应性原则

在计划经济体制向市场经济体制转换的条件下，旅游业正面临一个全新的外部环境。因此，旅行社计划的制定、实施和管理，必须适应这个新环境，企业决策应该符合这个根本性变化，一切按市场经济规律办事。旅行社计划管理的市场适应性原则，关键是要进行市场调查，掌握大量市场信息，制定开拓旅游新线路、新项目的发展策略，并采取促进产品销售的广告、公关、价格、竞争等有效手段。而了解、掌握游客消费的新需求，及时推出新产品，则是制定计划、加强管理、参与竞争的一个重要方面。

（七）民主性原则

计划管理的民主性原则，体现在计划管理的全过程，特别是计划的制定，应该充分体现民主性原则。计划、目标的确定绝不应该只是少数决策者、领导层的主观意念，而必须充分发动群众参与，上下结合、广泛研讨。只有大家参与制定的计划，才能实现自觉贯彻执行计划，努力去争取计划的实现。否则，领导单独确定的计划目标，职工难以以主人翁意识去实施、实现。因此旅行社制定计划要充分发动全体领导、员工，通过多次上上下下讨论、论证，统一思想，最后确定下来。同时在计划实施、管理、监督、协调、控制和计划实行情况的考核评估中，都应体现群众参与的民主气氛。

（八）可行性原则

计划的可行性，应该反映企业科学决策的预见性和拼搏精神，还应建立在企业人、财、物现状和上年度计划完成情况及市场变化的客观实际的基础上。制定计划首先要科学预测，考虑到这个计划目标是否可能达到，没有科学依据的任意翻一番、翻几番，明显达不到的计划指标，会挫伤人的积极性。但是，科学预测不能忽视员工的潜在能力而把指标定得过低，不花大力气就可以实现的计划达不到应该追求的好效益，也会影响员工的积极性。所以，旅行社计划目标既要避免唾手可得的低指标，又要避免脱离实际的过高要求，要制定出能激励员工奋发拼搏，敢于攀登高峰，经过努力能实现的指标来。这样的目标既有高效果，又是可行的。

三、旅行社计划管理的分类

旅行社计划也同各行各业的企业计划一样，种类甚多，按不同的标准，有不同的分类方法，这些计划都是企业总体计划的组成部分，是实现总体目标的保证。

（一）按计划内容划分

旅行社企业计划，不论是长期、短期等期限性计划，还是总体和局部等规模性计划，以及各项专项计划，都属于“计划内容”的范畴。但这里所指的计划内容，一般是指业务经营、有关管理等具体计划，主要有以下项目。

1. 销售计划

旅行社销售计划是用于市场开发、组织客源和产品销售的计划，是旅行社接待服务活动的基础。销售计划的主要内容包括各种旅游产品和服务项目。在确定销售价格的基础上，通过各种渠道确定销售对象、预测销售及所需费用、销售收入和销售利润。其作用是规定计划期内的经营目标，掌握所需耗费的资金，确定具体销售策略，为旅行社的接待安排提供可靠的依据。

旅行社产品销售计划包括七项内容：调查分析，环境预测，综合分析，确定产品销售目标，编制产品销售预算，编制产品营销组合计划，确定计划的监测、评价和控制方法。

2. 接待服务计划

旅行社根据销售计划编制接待服务计划（表3－1）。旅行社在编制接待服务计划时，一是应该制定地方接待服务计划，即地方接待社根据组团社的客源预报计划，去编制相应的接待服务计划；二是制定组团接待服务计划，即根据自己编制的销售计划组织客源，然后根据日程安排，向各地接待社通报客源情况，由其他地方接待社接待。组团社向地方接待社报接待计划一般为年度、季度、月度预报，预报时间越长，其准确性越低。一般规定全程导游在抵达下一个城市前一天，再次向接待社通报团队情况。制定接待计划应着重接待人员的安排、餐厅用餐、饭店住宿、景点游览、行程交通、安全对策等等。

表3－1 组团社“SSS－C－C010418内宾团”接团计划

成都××旅行社、重庆××旅行社国内部、武汉××旅行社国内部及本社接待、财务各部：

现将我社组织的SSS－C－C010418内宾团一行33＋2人（中宾）计划发给贵社，请贵社接计划后按约以内宾标准团接待。订妥车、船票，按计划内容安排游览，并做好上、下站联络。如有更改请立即通知我社和下站接团社。团款已按约预汇80%，差额部分由全陪现付结清。此团系重点团，请各社予以关照！

一、日程：

第1天：4月18日（星期三）上海—成都K290次，宿火车
第2天：4月19日（星期四）途中宿火车
第3天：4月20日（星期五）上午11：22抵成都，成都—乐山—峨眉，宿峨眉大酒店
第4天：4月21日（星期六）峨眉观光，“索道登金顶”，宿峨眉大酒店
第5天：4月22日（星期日）上午峨眉—成都，下午市区景点，宿成都大酒店
第6天：4月23日（星期一）成都—都江堰—成都，下午成都—重庆K927次，宿火车
第7天：4月24日（星期二）上午×时×分抵渝，市内景点，宿海港饭店
第8天：4月25日（星期三）上午10时乘“扬子江”游轮游三峡，宿扬子江号
第9天：4月26日（星期四）观光，宿扬子江号
第10天：4月27日（星期五）观光，宿扬子江号

续表

第 11 天:4 月 28 日(星期六)约晚上 7:00 抵武汉,宿江汉饭店
第 12 天:4 月 29 日(星期日)市内观光,晚上 × 时乘 × 号客轮赴沪,宿 × 号客轮
第 13 天:4 月 30 日(星期一)赴沪途中,宿 × 号客轮
第 14 天:5 月 1 日(星期二)赴沪途中,宿 × 号客轮
第 15 天:5 月 2 日(星期三)上午 × 时 × 分抵达上海
二、注意事项:
1. 请成都 × × 一定订妥 4 月 23 日(星期一)K927 次硬卧 33 + 2 张;
2. 请重庆 × × 国内部订妥 4 月 25 日(星期三)"扬子江"号游船票 33 + 2 张;
3. 请武汉 × × 确保 4 月 29 日江申号客轮三等返沪船票 33 + 2 张;
4. 客人名单中 7、8 喜素食;
5. 请成都 × × 于 4 月 20 日晚餐加标准每人 30 元作为欢迎;
6. 请武汉 × × 于 4 月 29 日中餐加标准每人 30 元作为欢迎;
7. 各地请一律派空调车观光;
8. 各地赠送当地小礼品和矿泉水,费用与我社结算。
三、联系人:

成都 × × 旅行社联系人 × × ×	电话:028 - 12345678	传真:028 - 12345678
重庆 × × 旅行社联系人 × × ×	电话:0811 - 12345678	传真:0811 - 12345678
本社联系人 × × ×, × × ×	电话:021 - 12345678	传真:021 - 12345678

注:客人名单附后。

3. 财务计划

旅行社的财务计划通常包括:①营业收入计划,旅行社的营业收入计划是在销售计划和接待服务计划的基础上制定的,它是旅行社经营的重要组成部分。②营业成本计划,旅行社成本计划分组团成本计划和接团成本计划,是旅行社对本企业计划期内成本消耗所做出的全面安排。③营业利润计划,这是企业在计划期内对应实现利润总额、利润分配和利润率等计划指标所做出的安排,是旅行社经营计划的核心。旅行社的其他计划都是为营业利润计划服务的。④营业费用计划,这是企业在计划期内对各项费用开支所做的安排,它也是影响到旅行社利润的重要因素。旅行社营业费用可分为固定费用和变动费用两种。根据用途划分,可分为折旧费用、人员工资、水电燃料消耗、维修费用、广告宣传、交际费用等等。

4. 质量计划

旅行社为了保证优质服务的监督控制,应该编制服务质量指标计划。在质量计划中应列出指标的计划数字,以量化的手段保证服务质量。

旅行社服务质量计划是旅行社根据国家旅游局对旅游服务质量所作的规定,以将服务质量提高到游客满意的水平为要求而作的计划。旅行社的服务质量包括产品质量和劳务质量两个方面。产品质量计划包括线路景点、住宿设施、餐饮标准、交通运输和旅游商品适销与否等方面;劳务质量计划包括直接为

游客服务的门市操作、导游带团、汽车司机、饭店服务员以及商店售货员等相关服务人员的服务意识、服务态度、服务技能、风度修养等方面的要求。

旅行社服务质量计划还包括具体的质量保证措施，如制定服务质量标准，建立质量监督检查机制，制定确保质量的工作规范和行为规范，明确各项工作的操作程序，确定服务质量优劣的奖惩办法等等。

5. 人员培养计划

服务要求高质量这一特殊性使得对人员的培养显得尤为重要。因此，企业对人员的培养应该制定专门的计划，有目的、有步骤地培育一支能够胜任旅游工作的员工队伍。培养的对象、培养的内容、培养的要求、培养的方法和时间等都要列入计划。企业制定带有战略性的人才培养计划，是为企业向更高层次、更大规模发展，并与国际旅游接轨的一项重要举措。

6. 作业计划

作业计划是企业各项业务计划贯彻实施中的执行性、操作性计划，在发达国家早已普遍应用，并被认为是企业管理中不可缺少的一项计划内容。由于我国的计划管理起步比较晚，水平还比较低，许多旅行社对作业计划的制定还不够重视。为了适应旅行社行业新发展的要求，每个社都需要编制具体的作业计划。旅行社的作业计划规定到业务部门各个工种的作业人员，如门市售票人员、接待操作人员、导游人员、票务人员、质监人员和车队驾驶员等。

7. 滚动计划

企业编制具有一定期限的计划，特别是长期的计划，一般很难对今后计划期内企业的外部条件和内部因素变动做出完全准确的预测。当企业计划实施一个时期后，随着市场情况的变化和企业内部条件的变化，要对还没实施的计划部分进行必要的调整、修改、补充，形成一个新的阶段计划，这就是滚动计划。滚动计划法多用于长期计划中，由于经济形势的快变、多变，即使是企业年度计划，也需要随之变化。这种计划每间隔一段时间就需要重复进行一次，形成了周期性的向前滚动，这就是滚动计划出现的缘由。

当然，旅行社的计划内容除了上述七种，还有人事计划、后勤计划和精神文明建设计划等等，都是企业应该制定的计划。

(二)按计划时间划分

计划按期限划分，一般分为长期计划、年度计划等几种。

1. 长期计划

长期计划是为未来发展方向和奋斗目标所制定的战略性计划，它是企业在长时期内指导全局工作的纲领性计划，也是更有效地安排年度计划的依据。旅行社长期计划的主要内容包括：①企业今后发展方向的总体设想；②企业营业收入、创利、创汇的奋斗目标；③旅游景点、线路的创新开拓设想；④企业提高现代化管理水平的目标和设想；⑤企业实施现代化以及与世界旅游业接轨的设想；⑥企业员工队伍培养、建设的设想、目标；⑦职工生活福利设施、待遇的改进和提高的设想；⑧其他有关发展的重大项目、规划等等。

2. 年度计划

年度综合性计划是企业职工在计划年度内从事生产经营活动的行动纲领。旅行社的年度计划所包含的内容多而全，它以营销计划为先导，以接待服务计划为中心，以人员培训计划为基础，以工作规范、行为规范等规章制度建设为控制，以优质服务措施和全面质量监督管理机制为保证，以财务的营业收入、成本、创利计划为归结，有机结合成为一个整体计划。企业年度计划的各个组成部分是相互关联、相互制约、相互促进的。因此，年度计划的实施应该做好综合平衡，注重完整性。企业各个局部的计划必须服从企业总体计划，以保证企业整体计划的圆满完成。

（三）按计划范围划分

旅行社计划按范围一般可分为企业整体范围、部门局部范围和岗位个人或专项单列计划范围三个方面。

1. 企业整体计划

企业整体计划是建立在各个局部计划基础上的综合性计划，它包括企业人、财、物、产、供、销等各个内容，明确了一定期限内的企业总目标，因此是全体企业职工的行动纲领。

2. 部门局部计划

部门局部计划是根据企业整体计划的总目标，确定本部门应执行、完成的目标任务，是本部门职工共同要完成的任务。各部门以切实完成本部门的目标任务来保证企业整体计划的实现。

3. 岗位个人或专项单列计划

岗位个人或专项单列计划是较小范围内的计划。部门计划必然要分解到各个班组和个人，以保证部门计划的落实、完成。专项单列计划是根据企业的各种需要或特殊任务而专列的计划方案。虽然这种计划涉及的人员、期限不是很多、很长，但也是企业整体计划中的一个重要部分。

（四）按计划性质划分

可分为综合计划和局部、单项专门计划两大类。单项专门计划是为了解决某个局部和某项专门任务的计划；综合计划是各个局部、单项计划综合构成的整体计划。从制定计划的各种外部条件来看，计划按性质又可大致分为指令性计划、指导性计划、市场性计划。

四、旅行社计划管理的方法

目前，旅行社计划管理常用的方法是“戴明循环管理法”，“戴明循环管理法”又称 PDCA 计划循环法。PDCA 是英文 Plan（计划）、Do（执行）、Check（检查）、Action（总结处理）四个单词的第一个字母，它的基本原理是做任何一项工作，首先要有个设想，根据设想提出一个计划，然后根据计划规定去执行、检查和总结，最后通过工作循环，一步一步地提高水平，把工作越做越好。

（一）归口管理，落实计划

旅行社计划制定后，加强计划实施过程中的归口管理，是实现计划目标的根本途径。计划管理的主要方法如下。

1. 全程控制法

企业计划的制定，仅仅是计划工作整个过程的开始。计划制定后的关键是执行和控制。控制的重点应该放在：一是通过思想政治教育，把旅行社全体员工的心凝聚起来，围绕企业计划这个共同的奋斗目标，正确处理好国家、集体、个人三者的利害关系，这是创造效益的无穷力量。二是通过健全企业各项规章制度，把员工的工作规范、行为规范都纳入计划所需的轨道，严格做到企业规范要求。三是通过计划管理与经济责任制的紧密结合，把分解到各个部门和个人的企业总体目标，通过经济责任制度的保障层层落实，保证企业总体计划的实现。四是通过会议汇报研究、现场视察指导和反馈信息等控制手段，及时掌握计划实施的进程，并对计划执行中出现的问题及时予以解决。

2. 定额管理法

旅行社计划管理中所实行的定额,亦即计划定额,是指在一定条件下所投入的人力、物力、财力和消耗上所规定的数额和标准。这是计划管理中十分重要的基础工作。旅行社定额的名目,有投入服务的劳动定额,有服务质量的达标定额,有各种物资的消耗定额,有营业收入款项定期到位定额等。企业的总体计划目标确定后,必须层层实施分解后的总体计划,量化定额到各个部门。计划实施的整个过程,就是对量化定额随时进行检查、加以督促的过程。定额管理是保证总体计划实现的一个重要措施。

3. 比例确定法

旅行社计划的接待人数、营业收入和利润收益等指标之间一般是成一定比例的。根据这个比例,可以随时从统计数字中了解到哪些部门的发展比例是正常的,哪些部门、哪些地方失常了,可以及时注意纠偏。比例法是企业计划完整实施的一个保证。

4. 原始记录和定期统计报表工作

旅行社各项业务活动都应该按规定做好原始资料记录工作,这是统计工作的基础和依据。统计报表工作是一定时间内对各项经营服务在数量上的综合计算工作,它所形成的报表是经营服务的重要信息反馈,是领导者调节、指导和控制计划实施的重要依据。原始记录和统计报表应该注意完全真实性和高度准确性,违反这个要求,必然会给领导者决策带来严重的后果。

(二)健全规章制度,保证计划实施

旅行社计划的完成,必须依靠各项规章制度来保证。旅行社保障计划实施的规章制度一般分为考勤制度、定额管理制度、劳动管理制度、责任考核制度、成绩评估制度、奖惩制度、统计分析制度等。这些制度的制定和完善可保证计划的执行。计划的执行是计划管理的主体,这关系到旅行社制定的经营目标和计划的实现。旅行社计划经讨论通过后,要按职能和业务部门的分工将各项计划指标逐级落实到各执行部门和个人,并要求执行部门和个人都要制定出完成计划的具体有效措施,把计划变成每个职工的行动纲领和奋斗目标。在计划执行中,旅行社的各级管理者要用细致的思想工作和强有力的组织措施来保证各项制度的落实,真正使制度起到计划执行的保证作用,同时还要把执行部门和个人的责、权、利结合起来,运用经济杠杆充分调动广大职工的积极性、主动性

和创造性，推动各项计划指标的完成。

1. 人力资源部

①组织人事方面：制定组织人事工作计划并组织实施；合理调整职工队伍的人员结构；建立、健全员工的考勤、考核、聘任、晋升、奖惩制度和各项规章制度；建立干部考绩档案，对不称职的干部及时调整。②教育培训方面：建立岗前职业教育制度；制定岗前职业教育内容；分部门开展上岗前的业务培训；新进人员由老同志带队实习，合格上岗；淡季培训安排；业余（兼职）导游招聘考核；技术工种培训；建立干部专业知识更新考核档案；高层次领导的全面培训。

2. 销售部

①确定营销人员的职责：广告宣传、咨询接待、业务洽谈等。②营销人员必须掌握的业务技能：了解各条线路、景点、餐饮、住宿、交通和风土人情。③加强横向关系的交流，及时掌握最新信息。④完善专线产品，扩大新的旅游线路。⑤对海外、外地客户的咨询、报价必须在24小时内给予回答。⑥协助财务做好收款工作，必须一团一清，杜绝欠款现象。

3. 接待部

①确定接待人员主要职责。②制定工作程序及服务规范。③树立服务意识、宾客至上、信誉第一的宗旨。④根据销售部及横向旅行社的计划，做好各接待人员的协调工作，做到工作无差错。⑤团队结束后，团队资料集中归档。

4. 质量监督部

①强化质量反馈，做到每团必访。②质量部按每个团队上门质访或发函征求服务质量意见。③召开服务质量座谈会，请主要客户代表定期参加。④质检部门派员跟团质量访问，一般在团队离开出发点时访问领队和部分游客，实地采录第一手服务质量情况。⑤每周、每旬或每月出一期质量周报，将所有国际、国内团队中游客的意见反映详细记载下来，建立文字档案，分送有关领导。⑥建立员工服务质量档案，按照每团反映出的正反两方面的情况归到每个人的服务质量档案，并定期打印出来，由总经理签署意见，及时与导游及接待人员见面。

5. 财务部

①会计工作岗位责任制。②出纳岗位责任制。③现金管理制度。④对银行业务管理制度。⑤资金管理制度。⑥发票管理制度。⑦会计档案保管制度。

(三)监督计划的实施

旅行社对计划实施进行检查、监督是计划管理的职能之一,是全面计划管理重要的组成部分。它是检验各项工作是否符合计划规定的要求和目标,并可及时采取有效措施,保证计划工作顺利进行的重要保证。通过对计划执行情况的检查和监督,管理人员可以对计划执行情况进行评比、总结并交流工作中的经验教训,同时还可以判断计划是否符合实际情况,作为以后调整和修改的一项依据。监督计划实施最好的方法就是检查计划执行是否按规定的时间完成,完成的质量如何,各项计划指标和历史同期相比较产生的变化及其增减原因,计划执行中是否采取过有效的措施以及所取得的效果。检查的方法也可以通过以下各种形式进行。

1. 会议检查

通过定期或不定期召开的各种会议,了解质量管理部门的工作情况,或不定期地召开各类座谈会,听取来自客户的意见,研究分析计划的执行情况和存在的问题,及时解决执行计划中所出现的问题。

2. 现场检查

旅行社质量管理人员对现场的工作活动进行直接的检查和监督,直接听取客人意见,这样能真实、直接地了解计划的执行情况和存在的问题。一旦发现偏差或发现不符合计划要求时,能立即采取措施纠正偏差。现场检查人员必须具有相应的权力和责任,以达到检查的目的。

3. 统计报表检查

指企业通过各种统计报表进行监督、检查计划的执行情况的方法。这种检查方法能用资料准确地反映计划执行的进度。

以上所有计划检查的情况都须形成文字,写出检查报告。这样旅行社的计划通过执行、检查和总结,就能顺利地达到预定的目标,同时也进一步提高了旅行社的计划管理水平。

五、旅行社计划制定者的具体要求

旅行社计划制定者就是旅行社企业的最高领导层和最高决策者。他们具备的才能和素质决定着企业的生存发展方向和事业奋斗目标。对计划制定者的要求,一般是综合性的高要求,包括政治素质、业务才能、思想作风和道德品质等许多方面。重点提出以下三点要求。

(一)抽象思维能力

抽象思维在帮助人们观察事物、概括推理、认识事物发展的本质方面具有十分重要作用。抽象思维也可称为逻辑思维,它借助于概念、判断和推理,反映事物的本质,揭示事物的内部规律。抽象思维是在人类长期实践的基础上形成的。它意味着人的认识能力的一种飞跃,是人类可以认识世界、改造世界的重要标志。旅行社的高层决策者,运用抽象思维能力,可以根据现实一些细小微妙的变化,看到今后发展变化的必然趋势,从而形成一种创造性思维。在这样的条件下制定出来的企业计划,可以避免“近视”的现象,使企业计划符合时代发展潮流,充满创新举措,提出一个鼓舞人心的目标。每个企业计划制定者在运筹、谋划未来行动时,应该具有较好的抽象思维能力。

(二)熟悉业务,掌握相关知识

这是一个常规性要求。制定企业计划的人如果对本身业务不很熟悉,不很精通,就不可能制定出合理的企业计划。尤其是旅行社行业,它所包括的业务涉及面很广,所需掌握的知识很多。旅行社的招徕、营销、接团、发团、导游、线路、景点、票务、财务和质监等,领导者应该样样熟悉、精通,才能在计划决策中正确把握、筹划。因此,旅行社计划制定者面临着繁重的学习任务,不仅要熟悉我国历史,精通名胜古迹、古典建筑、园林花木和民俗风情等与旅游相关的知识,还要涉猎旅游美学、心理学、运筹学和公关学等学科知识。尤其是在我国旅游业要与国际旅游接轨的新形势要求下,旅游管理手段、方法都要改革创新,需要掌握现代的科学手段和理论知识。只有精通业务,掌握各种相关知识的人,才能制定出符合新时期要求的企业计划来。

(三)对行业的历史、改革和发展要有充分的了解

由于计划具有连续性,它是过去的继续,也是未来的延伸,所以制定计划不能脱离过去的实际,应该为今后发展奠定基础。计划制定者对企业的历史要有充分的了解,要研究企业过去的发展规律和特点。掌握企业以往的经验以及存在的问题和不足,从而保持、发扬过去的好传统,矫正、调节存在的问题,克服、消除各种弊端。这样,谋划的新计划、新目标才有扎实的基础。

我国旅行社行业的发展，是在改革开放不断深化中取得的，旅行社决策者对深化改革应该具有高度自觉的意识和创造力。过去对旅游活动一些传统的错误观点和做法，还会在某些方面存在一定的潜在影响，因此旅行社要在企业体制、经营机制和分配格局等方面，着力改革探索，冲出旧模式的束缚，走出一条具有中国特色社会主义的旅行社之路。

制定计划，抓住机会

某市将在下一年承办一次大型的体育盛会，A旅行社认识到这是一个重要的机遇，在体育盛会进行期间及开始前、结束后的一段时间内，必将出现一次旅游热潮，尤其是市郊的名胜古迹观光游、城市风光游等旅游项目，可能会大受欢迎。为了抓住这一重要机遇，必须提前做好准备。于是它首先收集了有关体育盛会的详细资料，掌握了这次体育盛会的时间进度安排。同时，对有可能到来的游客数量进行估计，并了解了其他旅行社可能采取的措施。在这一基础上，制定出本旅行社迎接旅游高潮的行动计划。在制定计划中，发现根据对本旅行社可能增加的业务种类、业务数量的初步估计，旅行社内目前已有的人员供给不足，因此必须制定人力资源计划，以保证人力资源的供应。于是，旅行社的经理和人力资源部门人员一起分折了可能增加的业务量所需的人力资源总量，再对社内人力资源的供给状况进行了调查。结果发现，目前社内正式员工数量难以满足旺季到来期间的要求，但如果再招聘正式员工则成本太高，而且在旺季到来之前以及旺季过去之后，会造成人员供过于求，增加人力成本。

因此，A旅行社决定从现在开始储备临时人员，招聘一批兼职导游。于是A旅行社制定了先招聘兼职导游，再对其进行针对性培训以应对旅游旺季到来时人力资源不足的状况。这样，该旅行社就为迎接机遇到来做了充分的准备。在经过这一旅游旺季后，旅行社还对比计划和实际的情况，寻找差距，检验人力资源计划预测的准确性，为下一次制定计划打下了基础。

资料来源：梁智. 旅行社运行与管理[M]. 大连：东北财经大学出版社，2001.

复习思考题

1. 旅行社经营战略的含义和特征是什么？
2. 旅行社应具备哪些经营战略思想？
3. 什么是旅行社经营计划管理？
4. 旅行社计划管理的作用有哪些？
5. 旅行社计划管理的原则有哪些？
6. 对旅行社计划制定者的具体要求有哪些？
7. 旅行社计划管理的方法有哪些？

主要参考文献

崔卫华.现代旅行社实务[M].沈阳:辽宁科学技术出版社,2000.

张红.旅行社经营管理实例评析[M].天津:南开大学出版社,2000.

杜江.旅行社经营管理[M].北京:旅游教育出版社,2002.

同程旅游网[EB/OL].http://www.17u.net.

中国旅游网[EB/OL].http://www.cnta.com.

第四章 旅行社市场细分和市场定位

现代旅游市场竞争日益激烈，旅游者的旅游需求日趋个性化和多元化，任何一家旅行社都不可能满足所有旅游者的需求。旅行社最大的失误之一就是把整个旅游市场看作一个同质的市场，用一种产品和服务满足所有旅游者的需求。因此，旅行社必须进行营销调研，对旅游市场进行细分。旅游市场细分在旅游目标市场的选择中占有重要的地位和作用，是旅游企业长期发展的关键，也是决定旅游企业营销成败的关键。旅游企业根据市场的需求、自身的优势、竞争对手的经营情况，从细分市场中选择一个或几个市场作为本旅行社的目标市场，并通过市场定位策略，在旅游消费者的心目中树立本旅行社的形象，最终实现旅行社的经营目标。

通过本章的学习，应了解旅行社市场细分的程序、旅行社目标市场评估因素。熟悉旅行社市场细分的涵义、作用及要求，旅行社市场定位的概念及程序。掌握旅行社市场细分的依据、旅行社目标市场策略、影响旅行社目标市场选择的因素及旅行社市场定位的策略。

第一节 旅行社市场细分

市场细分是一个企业辨别具有不同欲望和需求的消费者群体，并加以分类的活动。随着个性化时代的到来，市场需求千差万别，影响需求的因素又错综复杂，企业在进行市场细分时，没有统一的标准和模式，各企业应根据顾客需求的特点、行业经营的实际情况等综合考虑，灵活选择细分依据，以获得对企业经营具有价值的细分市场。

一、旅行社市场细分的涵义

市场细分的概念是美国市场学家温德尔·史密斯(Wendell R. Smith)于20世纪50年代中期提出来的,是指营销者通过市场调研,依据消费者的需要和欲望、购买行为和购买习惯等方面的差异,把某一产品的市场整体划分为若干消费者群的市场分类过程。每一个消费者群就是一个细分市场,每一个细分市场都是由具有类似需求倾向的消费者构成的群体。

旅行社市场细分是指旅行社根据旅游者之间不同的旅游需求,把旅游市场划分为若干个子市场,从中选择自己目标市场的方法。每个子市场就是一个细分市场,他们具有类似的需求特征、购买行为和消费习惯,不同的细分市场对旅行社产品的需求存在明显的差异。

旅行社的市场细分不是由人们主观意志决定的,而是由旅游需求的多元化以及商品经济内在矛盾的发展引起的。人们的需求存在着差异性和类似性,这就决定了组成市场的各个部分既可按类似性进行聚合,又可按差异性进行细分。

任何一家旅行社都没有精力也没有足够的实力面向整个国际、国内市场,满足所有消费者的需要。因此,有必要将旅游消费者市场按不同消费特点细分为几个群体,把需求基本相同的旅游者群看成是一个细分市场。由于旅游者的性别、年龄、收入、兴趣、偏好和价值观等各不相同,从而形成旅游需求的差异性很大。虽然如此,也应看到,旅游者群体内也有十分相似的消费特点。旅行社可通过辨明具有不同需求的旅游者群,将整体旅游市场划分为不同特点的细分市场。如度假、观光、会议、商务、探亲访友、文化交流、宗教、探险、考古和体育等旅游市场。在同一市场中,旅游者的需求即使有差别,但旅游吸引物属同一类型,旅游者对旅游过程中需要的服务基本相同。例如同是商务会议旅游市场,所住的宾馆都需要有会议厅,有同声传译、电讯设施等,消费水平一般较高,同时商务会议活动外常伴有游览观光的安排。同样,在不同类型的细分市场中,旅游吸引物不同,旅游者需要的设施、服务也不尽相同,如以宗教为目的和以探亲访友为目的的旅游者在吸引物、设施、服务等方面的要求就有很大的差异。探亲访友旅游者以与亲友相聚为主要吸引物,他们的住宿条件要求不高,有些人食住亲友家中,而购物消费则相对要多些,这与宗教或体育等旅游市场的需求存在较明显的差别。

对于旅行社的市场细分，可以从以下三个方面把握。

（一）旅行社各个细分市场具有不同的需求差异

旅行社不同的细分市场代表不同的旅游消费者群，各个组群的旅游消费者在旅游需求上具有明显的差别，这是旅行社市场细分的核心。例如，客源市场按照旅游目的可分为观光类旅游市场、会议和商务类旅游市场、度假类旅游市场等。这样细分的意义在于，明确不同出行动机的旅游消费者对旅游产品内容和服务要求的差异。

（二）旅行社同一个细分市场具有相同的消费特征

旅行社同一个细分市场内的旅游消费者群，在一个或几个方面具有相同的需求特征，即使有差异也是很小的。例如，会议和商务类市场的旅游者特点是旅游者身份地位较高、购买力强、停留时间长，对住宿、饮食条件要求高，需要优质的服务，消费水平也高，旅游收益大。

（三）旅行社的市场细分是分解与聚合的统一

旅行社的市场细分不是简单地将一个整体客源市场加以分解，完整的市场细分是市场分解与市场聚合的统一。市场分解是将客源市场上具有不同消费需求的旅游者按细分因素加以归类；市场聚合是将旅行社产品特性最容易做出反应的旅游者群体集合成群，并一直聚合到足以实现旅行社目标利润所需的市场规模为止。

在现代旅游市场竞争激烈的情况下，任何一家旅行社要占领一定市场份额并得到发展，必须善于分析潜在需求，善于寻找市场机会，在有利于本企业发展的细分市场上，积极、充分发挥企业经营组合的力量，以获得企业的最佳经营效果。

二、旅行社市场细分的作用

（一）有助于旅行社发现最佳的市场机会

旅行社通过市场研究和市场细分，可以更充分地了解不同旅游者或不同旅游者群体的需要。旅游市场上存在着大量的市场机会，但这些市场机会能否成为旅行社最佳的市场机会，取决于旅行社资源的潜力、市场的适应性和市场的选择性。在旅行社竞争日益激烈的今天，一些无论是在实力、人才还是知名度、核心竞争力方面都不能与国内大社相比的小规模旅行社，要想在旅游市场上分得“一杯羹”，就必须通过市场细分，在众多的市场机会中，选择与旅行社资源潜力相适应的最佳市场，避免与大社、强社正面较量。

（二）有助于旅行社制定市场竞争策略

在买方市场的状态下，各家旅行社为了争夺客源，市场竞争激烈。通过市场细分，能够增强旅行社的适应能力和应变能力。旅行社在较小的细分市场上开展营销活动，有利于增强市场调研的针对性，市场信息反馈也较快，旅行社易于掌握旅游消费需求的特点及其变化。这就有助于旅行社及时、正确地规划和调整旅游产品结构、产品价格、销售渠道和促销活动，使旅游产品和服务适销对路，并迅速送达目标市场，扩大销售。

（三）有利于提高经济效益

建立在市场细分基础上的旅行社营销，一方面避免了在整体市场上分散使用力量，旅行社有限的人力、财力、物力资源能够集中使用于一个或几个细分市场，不仅费用得到降低，竞争能力也会因此而得到提高；另一方面，进行市场细分，易于看清楚每一个细分市场上各个竞争者的优势和弱点，有利于旅行社确立自己的目标市场，增强竞争能力，提高经济效益。

三、旅行社市场细分的依据

旅游需求的差异性是旅行社市场细分的基础。但是，旅游需求的差异性按什么标准去细分，却没有一个统一的规定。各个不同的旅行社可以根据企业的具体情况，以及经营的市场范围来确定细分的标准。一般情况下，旅行社市场细分的依据有以下四大类。

（一）按地理环境细分

市场细分的地理环境标准是指旅行社依据地理因素将整个旅游市场分为不同的细分市场。即按照旅游者所处的地理位置、自然环境来细分市场，具体变量包括国家、地区、距离、城市、乡村、城市规模、人口密度、气候带和地形地貌等。

不同地理环境下的旅游需求者，由于自然条件、文化传统和社会经济发展水平的差异，对旅游需求的偏好与消费习惯具有明显的差别，并因此形成不同的旅游需求特点。需要说明的是，处于同一地理环境的旅游者的旅游需求仍然会存在很大的差异，因此，旅行社选择目标市场，还必须同时根据其他因素进一步细分市场。

1. 按地区细分

地区变量是细分旅游市场最基本的变量，具体又分为洲别、国别和地区等变量。从国际旅游市场看，世界旅游组织（WTO）将全世界划分为6大旅游区域，即欧洲旅游区，美洲旅游区，东亚及太平洋旅游区，南亚旅游区，中东旅游区，非洲旅游区。其中欧洲旅游区域的旅游市场最为繁荣，其次是美洲旅游市场，东亚及太平洋地区的旅游市场发展速度最快。

2. 按气候因素细分

构成自然旅游资源的重要因素中，地形地貌与气候起主导作用。往往以气候为主导因素的自然旅游资源是最具有吸引力的。美国和加拿大游客把中美洲加勒比海地区和夏威夷当作度假圣地，主要是那里的气候宜人，并为旅游者提供海滩、日光等良好的自然条件。我国北方冬季寒冷，而南方广东、福建、海南等地冬季天气良好，气候温和，很适宜北方旅游者冬季去旅游，反之，江南一带冬季少冰雪，北方的冰雕和冰上运动便吸引着南方的广大旅游者。哈尔滨的“冰雪节”、吉林的“雾凇节”都以其独特的北国风光成为颇具魅力的吸引源。

3. 按人口密度和都市化程度细分

世界各国的人口密度悬殊很大，有的国家虽然地域辽阔，但人口数量少，无论是发展国内旅游还是发展国际旅游都要受到人口密度的限制；而像日本、韩国等人口众多、国土面积狭小、人口密度大的国家，其出国旅游的可能性就要大得多。近一个多世纪来，世界各国人口的地区分布中出现的一个重要变化是，乡村人口逐步向工业化地区和都市转移。一般说来，城市居民要求旅游的人数比乡村多，占城市总人口比例也比乡村高。这是因为，首先，城市居民收入一般比乡村居民高，产生旅游需求的经济条件较好；其次，交通发达，旅游信息灵通，人们进行旅游的社会条件比乡村更充分；第三，城市人口稠密度高，环境质量差，污染严重，迫使城市居民产生出外一段时间的愿望以调节环境的需要。因此，在旅游者中，城市居民出游的比例总是高于乡村。

(二)按人口结构特点细分

该标准是市场细分中最常用的标准,既直接又十分有效。其分析变量非常明确,包括性别、年龄、职业、收入、家庭结构、家庭人数、种族、民族、宗教、国籍、社会阶层、受教育程度及文化与血缘关系等,旅游者的需求与爱好往往同这些因素有着十分密切的关系。

1. 年龄和生命周期

按年龄不同划分旅游市场,可以从微观角度帮助研究、分析具体旅游者的购买行为,以便有的放矢地开发目标市场,避免盲目行事,事倍功半。不同年龄段的人对旅游内容、旅游价格、旅游时间、旅游方式等有很明显的需求区别,随着年龄的增长需求也不断发生变化。

(1)老年旅游市场。老年人的旅游喜欢故地重游和怀旧活动,瞻仰历史古迹,品尝特色风味,重视食宿条件和交通条件,旅行节奏较慢,注重安全性和舒适性。

(2)中年旅游市场。这一年龄段的旅游者人数最多,潜力最大。

(3)青年旅游市场。青年人富有朝气,精力旺盛,体力充沛,喜欢选择刺激性、探险性的旅游项目。可对其进一步细分为已婚青年旅游市场、青年团体旅游市场、新婚蜜月旅游市场、单身青年旅游市场等。

(4)儿童旅游市场。小孩子生性活泼好动,多对知识性、趣味性、娱乐性旅游项目感兴趣,对美食、旅游纪念品也有浓厚兴趣,兴趣广泛。

2. 家庭结构与家庭生命周期

家庭是社会的细胞,也是消费的基本单位。一般说来,没有小孩的家庭进行旅游活动的可能性更大,旅游费用也较高,而小孩年龄大于15岁的家庭比小于15岁的家庭外出旅游的机会更多些,有子女的家庭在选择旅游目的地、活动内容和旅游时间上多考虑子女的条件。旅行社可根据各种家庭对旅游的不同需求来细分市场。除此之外,家庭生命周期对旅游市场的需求也会产生一定的影响,可以分为6个阶段:其一是年轻的单身汉,没有家庭负担,有好玩的倾向,也有空闲时间,他们喜好运动、旅游,但经济条件不甚富裕;其二是没有小孩的年轻夫妇,他们新婚不久,有较高的购买力,有空闲时间可以外出旅游,是一个很有潜力的旅游市场;其三是有小孩的年轻夫妇,孩子小,家庭有负担,很少空闲时间,难以外出旅游;其四是成年夫妇,有七八岁的小孩,如果家庭收入好,则常以小包价的方式旅游;其五是中年夫妇,小孩已长大自立,家庭收入好,往往选择观光旅游、游船旅游的方式;最后一个阶段是老年夫妇,他们有相当的储蓄,对休养旅游很感兴趣,许多采取出国旅游方式。

3. 按性别细分

不同性别对旅游的需求不同,可细分为男性旅游市场和女性旅游市场。男性旅游者与女性旅游者对旅游服务和项目的需求表现出一定的差别。近年来,随着妇女社会地位的提高,妇女收入不断增加,外出旅游的妇女也在不断增加,她们注重人身财产安全,常结伴出游,喜好购物,对价格较敏感。因此,女性将成为旅游市场的重要客源目标。

4. 按社会阶层及文化程度细分

人们的社会地位、职业和受教育程度不同,在旅游产品需求上也各有特色。旅游是较高层次的精神消费活动,参与旅游活动客观上要求旅游消费者具有一定的社会地位、经济收入和文化水平。随着人们生活水平的不断上升,旅游需求与日俱增,同时需求内容也在不断变化。在西方企业中,管理人员大部分受过高等教育,喜欢旅游,而且有较多公务旅行的机会。现代旅游包括各个阶层的人们,豪华旅游为富豪绅士提供高消费的旅游,经济旅游则为满足一般职工需求服务。根据各种社会阶层可以划分为各种旅游市场,如职工旅游市场、农民旅游市场、科教旅游市场等。

(三)按旅游者心理行为细分

心理行为属消费者主观心态所导致的行为,比较复杂难测。可从旅游者的个性特征、生活方式等方面去分析。

生活方式是人们在所处社会环境中逐渐形成的,按生活方式细分市场主要是根据人们的习惯活动、消费倾向、对周围事物的看法以及人们所处生活周期来划分。由于人们生活方式的不同必然带来需求的差异,把生活方式雷同的旅游者作为一个市场群体,有计划地提供符合该市场需求的产品和服务,对于有针对性地满足顾客需要、扩大企业的市场占有率非常重要。用这种方法细分市场需要心理学家和市场学家共同进行研究。

(四)按购买行为细分

购买行为包括购买动机、购买时机、购买状态、购买频率、品牌信赖程度、服务敏感程度及广告敏感程度等。

1. 按旅游目的细分

以旅游目的来细分市场是一种非常基本的方法,它为旅游产品的开发设计和营销组合的制定提供了主要依据,由此可以确定旅游产品的主要类别。主要可细分为以下几类细分市场:

(1)观光旅游市场。主要是以观光、游览为目的,到本国或异国观赏自然风光、名胜古迹,了解各地风俗习惯、民族风情,以陶冶性情和增长知识。观光旅游市场是传统的旅游市场。

(2)会议、商务旅游市场。这种旅游市场的特点是旅游者身份地位较高、购买力强、停留时间长、旅游收益大。商务旅游者需要高档的住宿条件和优质的服务,消费水平也高。会议、商务旅游者往往在工作之余会参与观光旅游活动。

(3)度假旅游市场。其主要目的是休养生息。旅游者喜欢到海滨、山林等地享受清新空气与幽静环境。度假旅游者的最大需求是健康与娱乐。这一市场的旅游者停留时间长,且重复旅游者占比例较大。

(4)奖励旅游市场。奖励性旅游者的旅游费用开支多是大公司、企业、协会对员工的奖励资助,它为社会收入较低的阶层提供了旅游机会,故发展潜力很大。加强奖励旅游市场的开发,尤其在旅游淡季更具有意义。

(5)探亲访友旅游市场。这一市场旅游者的目的是探亲访友或寻根问祖,只是为了旧地重游、探访亲友、追根求源、寻求文化渊源。探亲访友旅游者并不在意住宿条件和美味佳肴,一般停留时间较长,对价格较敏感。

(6)体育旅游市场。这一市场旅游者的目的是希望通过旅游增强自己的身体素质。体育旅游的形式多样,可根据旅游地的自然条件和气候条件,开展以强身健体、锻炼意志为主要目的的各种活动,如登山旅游、森林旅游、水上运动、驱车运动、骑马旅游和观看、参与各种运动会等。

(7)文艺旅游市场。在现代旅游市场中,文化艺术旅游是重要的组成部分,这类旅游者主要是以欣赏异国的文化艺术和节庆活动为主要目的。旅行社应组织各种不同的具有特色的文化娱乐项目,以满足旅游者的不同需求。

2. 按购买时间和方式细分

即根据旅游者出游的时间、购买旅游产品的渠道及旅游方式来划分旅游市场。由于旅游活动的时间性、季节性非常突出,按购买时间可划分为旺季、淡季及平季的旅游市场,还可以分出寒暑假市场以及节假日市场(如春节、元旦、国庆、双休日等)。购买方式是指旅游者购买旅游产品过程的组织形式和所通过的渠道形式,依此可分为团体旅游市场和散客旅游市场,其中散客旅游市场已发展成为世界旅游市场的主体。

3. 按购买数量和频率细分

按旅游者购买旅游产品的数量和频率特征来细分,可分为较少旅游者、多次旅游者和经常旅游者。通过分析细分市场可以发现形成旅游者购买数量差异的深层次原因。

4. 按消费者所追求的利益细分

市场学家认为要结合旅游者消费某种产品和服务时所追求的利益来细分市场,更有助于确定企业的经营方向。例如,地位追求者在购买旅游产品时考虑其能否提高自己的声望;时髦人物参加旅游是为了顺应潮流、赶时髦;思想保守者则偏爱信任大型的、有名望的企业及其所提供的产品;理性强的人则追求经济、价值等方面的利益,他们讲究效用,关心是否合算;享乐主义者主要考虑感官上的利益。

四、旅行社市场细分的要求

由于旅行社的市场细分是一个发现市场机会和寻找目标市场的过程,为了使细分市场具有真正的实用价值,保证细分市场能为旅行社制定有效的营销战略和策略服务,能从市场细分中获得最大的收益。因此,旅行社的细分市场应符合以下四个方面的要求。

(一)细分市场要具有可衡量性

旅行社在细分市场时,用来划分细分市场的各个因素以及指标,必须是可以衡量的,也就是说,通过市场细分后各细分市场必须具有明显的差异性,细分市场对旅游产品的需求偏好具有明显的特征,而且这些特征是可以通过一定的尺度来测定的。只有这样,细分出来的市场才能具有明显的区别。

(二)细分市场要具有可进入性

旅行社要保证利用其人力、物力和财力等资源能够比较容易地进入细分市场。旅行社经细分后的市场必须是值得旅行社去占领的,同时也应该是能够占领的。如果旅行社没有能力通过自己的营销活动去影响旅游者,那么这样的细分市场将是没有意义的。可进入性主要表现在三个方面:一是旅行社具有进入这些细分市场的资源条件和经营能力;二是旅行社能够通过广告宣传把旅游产品信息传递给市场中的大多数旅游者;三是旅游产品能够经过一定的销售渠道抵达细分市场。

(三)细分市场要具有适度规模

一个细分市场是否具有经营价值,主要取决于这个市场的规模、消费水平以及旅行社的经营能力。在市场细分过程中,旅行社要根据经营能力来确定细分市场的规模。市场规模不能过大也不能过小。细分市场规模过大,旅行社无法有效地集中营销力量,开展经营活动;细分市场规模过小,则不利于旅行社发挥企业资源优势,扩大经营规模。

需要说明的是,旅游市场细分不是越细越好,在实施细分策略时,应考虑细分出的市场具有一定规模和发展潜力,使企业有利可图。当市场细分太细时,可能会给旅行社带来不利影响,这时可以略去某些细分市场,把某几个细分市场集中在一起,减少细分市场的数目。这样能够降低旅行社的营销费用,扩大旅游产品的适销范围,有利于提高市场竞争力。同时,在细分市场时应从本旅行社的具体情况出发,对于不同的产品选择不同的细分标准。

(四)细分市场要具有发展潜力

旅行社选择的目标市场不仅能为企业当前经营创造利益,而且还能为旅行社的未来发展带来长远利益。要做到这一点,细分市场不但要具有相对的稳定性,而且还必须要具有一定的发展潜力。因此,旅行社在市场细分时,必须考虑所选择的细分市场的市场状态以及需求发展的阶段。如果旅行社所选择的细分市场已处于成熟阶段,不具有长期发展的潜力,旅行社经营的风险将会因此随着时间的推移而增加,这将不利于旅行社的长期发展。

五、旅行社市场细分的程序

(一)确定旅行社经营的市场范围

旅行社在确定经营领域与经营战略目标之后,一般要确定其经营的市场范围。可以这样说,确定旅行社经营的市场范围是旅行社市场细分的基础和前提。旅行社在旅游营销调研的基础上，根据旅游市场的需求情况，结合旅行社自身的资源条件和经营能力，选择市场范围。所选择的市场范围不宜过大，也不宜过小。

(二)了解市场需求

旅行社经营的市场范围确定后，应通过各种形式的市场调研，充分了解市场范围内的现实和潜在旅游者的目前需求和潜在需求，为旅游市场细分提供可靠的依据。

(三)确定市场细分的因素与标准

旅行社要确定市场细分因素与细分标准，必须将旅行社经营的市场范围内所涉及的现实需求和潜在需求全部罗列出来，并加以归类。旅行社首先应找出各个细分市场都具有的共同需求因素，确定需求因素的重要程度，剔除对旅游市场影响不大的共同因素，找出各类旅游者典型的需求特征，并据此决定市场细分的标准。

(四)确定细分市场的名称

旅行社可根据各个细分市场旅游需求的典型特征，利用形象化的语言为各个可能存在的细分市场确定名称。一般来讲，细分市场的名称是细分因素与细分标准复合的产物。

(五)分析各个细分市场的经营机会

旅行社根据细分因素与细分标准对市场进行细分之后，还要对所有的细分市场的经营机会进行分析。一般来讲，细分市场的经营机会是与细分市场的需求规模和竞争强度相联系的，需求规模愈大、竞争强度愈弱，细分市场的经营机会就愈好，否则就愈差。旅行社对各个细分市场的分析要与旅游者结构、人口地区分布、消费习惯和经济条件等特点联系起来，以便掌握各个细分市场的规模，评估各个细分市场的潜力，最后确定旅行社的目标市场。

第二节 旅行社目标市场选择

通过市场细分揭示了旅行社面临的细分市场机会，接着就要对这些细分市场进行评估，并确定旅行社准备向哪些细分市场提供产品，选定什么市场作为旅行社经营的方向。

旅行社的目标市场，是指旅行社准备用其产品与服务来充分满足的一组或几组特定的旅游者群体。或者说，目标市场是旅行社准备在其中从事经营活动的一个或几个特定的细分市场。

选择目标市场是现代旅行社经营管理的重要内容。旅行社要获得最佳经济效益，就必须把满足旅游者需求放在首位，只有满足旅游者的各种需要，旅行社才能生存与发展。但是旅游者的需求千差万别，旅行社受企业资源和管理能力的制约，不可能满足所有旅游者的需要。因此，旅行社只有从本企业的条件出发，扬长避短，选择为一个或几个细分市场服务，才能实现旅行社的经营目标。与此同时，并非所有的细分市场对旅行社都具有同等的经营吸引力，或者说，并不是每一个细分市场都是旅行社愿意或能够进入的。旅行社只有选择经营吸引力大且能够进入的细分市场作为自己的目标市场，才能充分发挥企业资源优势，并形成市场竞争的优势。因此，旅行社在做出营销决策前，必须选定目标市场，这是旅行社确定发展战略和市场营销组合的关键，直接关系到旅行社营销的兴衰成败。

一、旅行社目标市场评估因素

（一）市场规模与发展潜力

旅行社在选择目标市场时，必须考虑各个细分市场的规模与发展潜力，也就是每个细分市场的现实客源量与未来客源量。旅行社市场规模的大小有两个数字可作评价的标准，即人口总数和出游率。目标市场的人口数是影响客源量的重要因素，在人口较多的国家，即使出游率较低，客源量也是相当大的。如亚洲各国中，印度人均国民生产总值虽然较低，出游率不高，但拥有 10 亿多的人口数量，近年来出国旅游的人数还是相当可观的，南亚、东南亚和西亚各国都将印度作为亚洲重要的目标市场。西欧的卢森堡，虽然人均国民生产总值较高，居民出游率高达 80% 左右，但人口不足百万，不能构成大的目标市场。

如果目标市场规模过大，也会形成多家旅行社在同一细分市场竞争的局面，这样既增加了市场竞争的强度和经营风险，又加大了旅行社经营的费用，使一些旅行社的经营处于不利的地位。

强调目标市场的规模与发展潜力,并不是一味强调它的绝对规模,而是强调目标市场是否具有适度规模和发展潜力。在这里,适度规模是一个相对概念,即相对于旅行社资源与经营能力的市场规模。旅行社满足旅游消费者的现实需求,还要发掘尚未满足的、潜在的旅游需求,这些意味着旅行社的潜在市场和效益。

(二)国民可自由支配收入水平

可自由支配收入是维持和扩大旅游者绝对数量的决定性因素之一,不具备购买力的市场尽管有潜在的需求也不能作为目标市场。人均国民生产总值与居民可自由支配收入之间存在着密切的相关关系,较高的人均国民生产总值常常体现着较多的居民可自由支配收入。在我国,还可参照居民存款余额这一指标来进行测定。例如广东、北京、上海等地区居民储蓄存款额普遍高于全国其他地区,其出游者也较其他地方多。

(三)国际贸易状况

目标市场国的外汇储备量是影响居民出游率、出游量的重要因素,基本上经济发达、国力强盛的国家,一般都有较多的贸易顺差,该国外汇储备多,进而使该国货币坚挺或升值,从而增加国民出游。例如,20 世纪 80 年代日本外贸顺差巨大,为了避免与别国在贸易上产生磨擦,日本政府积极鼓励国民出境旅游。1987 年 6 月 2 日日本运输省发表“5 年海外旅行倍增计划”,使得出国旅游人数由此前的年 550 万人,猛增至 1 100 多万人。有关方面还采取方便国民出游的措施积极引导,如国外购物回国可减税等。相反,一国如贸易逆差,外汇储备减少,货币贬值,则会影响国民的出游。如 1997 年 5 月爆发的金融危机影响到俄罗斯,使卢布大幅度贬值。俄政府为解决危机,提出增加收入,减少外汇流失,实行紧缩政策,这对国民的出境旅游产生了巨大影响。

(四)带薪假期的长短

外出旅行除了需要财力外,还需要一定的时间。从目前国际旅游市场的情况看,绝大多数旅游者是利用带薪假期出游的。因而,旅游客源地居民带薪假期的长短成为重要的影响目标市场客源的因素。例如,我国在“春节”、“十一”的长假,极大地带动了国内和出境旅游市场的发展。世界一些经济发达国家一般都拥有较长的带薪假期,如瑞典、德国、丹麦、美国都在30天以上,法国、日本、新加坡、新西兰等国均在20天以上。

(五)与旅游目的地的距离

指旅游客源地与旅游目的地之间的空间距离和时间距离。距离的远近直接影响旅游的两个基本条件:旅游费用和时间,在国际旅游中,远程国际旅游的国际交通费,占国际旅游者总开支的20%~30%。因而,从目前世界旅游情况看,周边国家来的游客量一般远大于远距离国家的游客量,因为距离近,省时、省力、省钱。如欧洲国家的国民在周边国家旅游的人数占出国旅游者总数的80%。日本出境游的游客中,70%在东亚和东南亚等周边地区,只有30%左右的旅游者选择欧美国家。

(六)对旅游目的地的了解程度

旅游者往往对自己了解的国家比较青睐。据观察,世界上主要客源国的旅游者选择目的地的一般规律是:首先选择本区域内比较了解和感兴趣的同家与地区,如日本选择中国,韩国选择东南亚各国,英国选择西班牙、法国、意大利等国。其次选择区域外比较了解和感兴趣的国家和地区,如法国选择法语国家,英国选择英联邦国家和印度、新西兰等前殖民地国家等。最后,选择区域外的目的地国家和地区途经的国家和地区。如日本选择去欧洲途中经过的中亚和中东等国家。

二、旅行社目标市场策略

(一)整体化市场策略

又称无差异目标市场策略,是旅行社把整个客源市场作为目标市场来经营的一种营销策略。也就是说,旅行社以旅游市场总体为服务对象,以一种产品、一种市场组合,吸引所有旅游者的市场营销策略。

这种策略是旅行社把整个市场看作一个大的目标市场,不进行市场细分。虽然客源市场可以按许多因素与标准细分,但如果客源市场对产品的要求不存在实质性的或有经济意义的差别时,旅行社就可采用无差异的目标市场策略。该策略适用于那些垄断性强、吸引力大的旅游产品,如故宫、秦始皇兵马俑等。

（二）细分化市场策略

又称差异性目标市场策略，是指旅行社针对不同细分市场的需求，设计不同的旅游产品，采取不同的组合营销手段的策略。在决定采取此种策略前，旅行社要对细分的市场进行认真的评价，以确保每个细分市场都有一定的容量。

（三）密集性目标市场策略

指旅行社只选择一两个细分市场作为经营目标，制定一套经营方案，并集中力量在这些细分市场上占有绝对份额的策略。密集性目标市场策略是中、小型旅行社经常采取的一种目标市场策略。

三、影响旅行社目标市场策略选择的因素

旅行社在选择旅游目标市场策略时，除了应考虑这三种策略的优缺点和适应性以外，还应考虑下列因素：

（一）旅行社自身的资源条件和经营能力

包括旅行社的人力、财力、物力以及创新能力、竞争能力、管理能力和营销能力等。如果旅行社自身的资源条件好、经营能力强，就可以选择差异性目标市场策略。相反，如果旅行社自身的资源条件差、经营能力有限，则不应把整个旅游市场作为自己的目标市场，而选择集中性目标市场策略比较适宜。

（二）旅游产品特点

旅行社可根据所经营的旅游产品的特性，采取不同的旅游目标市场策略。对于替代性很强、差异性较小的旅游产品，旅行社可采用无差异性目标市场策略。如对某些产品，所有旅游者具有大体相同的需求特征，这些产品尽管有质量上的差别，但旅游者并不过分挑剔，竞争焦点一般集中在价格上，对这种产品适合采取无差异性目标市场策略。对于旅游需求差异性较大的旅游产品，旅行社则宜采用差异性目标市场策略或集中性目标市场策略。

（三）旅游产品生命周期

处在生命周期不同阶段的旅游产品宜采用不同的旅游目标市场策略。一

般来说，当旅游产品处于导入期或成长期时，由于竞争者较少，旅游市场潜在需求量较大，旅行社宜采用无差异性目标市场策略，也可采用集中性目标市场策略，集中精力开发适合这一细分市场的旅游产品；当旅游产品进入成熟期，同类产品增加，市场竞争者较多，旅游市场需求变化多端，旅行社宜采用差异性目标市场策略；当旅游产品进入衰退期，旅行社宜采用集中性目标市场策略，集中力量经营一个或几个细分市场，以节约旅行社的营销成本。

（四）竞争者的策略

旅行社在选择目标市场策略时，要考虑竞争对手的市场策略，应尽量避免同对手采取相同的市场策略，以防止加剧竞争。当竞争者采用无差异性目标市场策略时，旅行社应采用差异性目标市场策略或集中性目标市场策略与之抗衡；反之，当竞争者采用差异性市场策略时，旅行社就应进一步细分市场，采用更有效的差异性目标市场策略或集中性目标市场策略，如果竞争对手实力较弱，也可考虑采用无差异性目标市场策略。

第三节 旅行社市场定位策略

企业选定了目标市场后，就要在目标市场上进行产品的市场定位，这是旅行社全面战略计划中的一个重要组成部分，关系到企业及其产品如何与众不同，与竞争者相比是多么的突出。

一、旅行社市场定位的概念

市场定位，就是根据竞争者现有产品在市场上所处的位置，针对消费者或用户对该种产品某种特征或属性的重视程度，强有力地塑造出本企业产品与众不同的、给人印象鲜明的个性或形象，并把这种形象生动地传递给顾客，从而使该产品在市场上确定适当的位置。市场定位并不是对一件产品本身做些什么，而是要在潜在消费者的心目中做些什么。市场定位的实质是使本企业与其他企业严格区分开来，使顾客明显感觉和认识到这种差别，从而在顾客心目中占有特殊的位置。

旅行社的市场定位，是指旅行社确定的经营因素与竞争者所对应的经营因素相比较的差异，以及由此而形成的目标市场消费群体对本企业价值的评价和认识。具体讲,旅行社市场定位是旅行社针对竞争者现有产品在目标市场上的经营状况,根据目标市场需求群体对竞争者产品特征或属性的重视程度,来树立本企业产品的特色与形象,并把这种特色与形象传递给目标市场群体,从而使本企业在目标市场上确立一定的市场位置。旅行社市场定位的主要目的,是通过一定的产品形象或市场形象的建立,与目标市场上的竞争者加以区别,创造更多的市场机会,占有更高的市场份额。

传统的观念认为,市场定位就是在每一个细分市场上生产不同的产品,实行产品差异化。事实上,市场定位与产品差异化有本质的区别。市场定位是通过为自己的产品创立鲜明的个性,从而塑造出独特的市场形象来实现的。一项产品是多个因素的综合反映,包括性能、构造、成分、包装、形状、质量等,市场定位就是要强化或放大某些产品因素,从而形成与众不同的独特形象。产品差异化是实现市场定位的手段,但并不是市场定位的全部内容。市场定位不仅强调产品差异,而且要通过产品差异建立独特的市场形象,赢得顾客的认同。市场定位中所指的产品差异化,不是从生产者角度出发单纯追求产品变异,而是在对市场分析和细分化的基础上,寻求建立某种产品特色,因而它是现代市场营销观念的体现。

二、旅行社市场定位程序

旅行社市场定位,实质上是将本企业置于某一选定的细分市场之中。旅行社市场定位的目的,就是要使旅游者能把本企业与其他竞争者区分开来。因此,旅行社在进行市场定位时,必须研究旅行社的竞争潜力、竞争对手的市场位置以及所表现出来的特征,同时确定自己的市场地位并有效地向目标市场表明本企业市场定位的观念。旅行社在进行市场定位时,主要应遵循以下三个步骤:

(一)收集有关信息

旅行社的市场定位是建立在对相关信息和资料分析研究基础之上的,因此,信息收集是旅行社进行市场定位的重要环节。这些信息应该能够回答以下的问题:

(1)目标市场旅游者群体的需求特点,以及主要的或敏感的需求特性是什么?旅游产品的哪些特性对目标市场最为重要?哪些产品特色最能引起旅游者的兴趣?

(2)在目标市场经营的其他旅行社的产品情况如何?其特点何在?

(3)目标市场上的哪些需求没有得到充分满足?

(4)与竞争对手相比,本企业产品的优势与劣势有哪些?

(二)分析并确定竞争对手的市场位置

旅行社在全面掌握了主要竞争对手的各种有关信息后,要运用市场细分的因素对竞争对手的产品加以描述,从而正确地确定竞争对手在特定目标市场上的位置。一般来说,在确定竞争对手的市场位置时,要综合考虑各种细分因素及细分标准,全面评估竞争对手的市场定位。全面分析竞争对手的信息主要包括竞争对手的市场目标、财务状况、组织结构、产品特色、产品价格、服务质量和管理水平等方面的内容。

(三)确定本旅行社的市场位置

旅行社在确定了竞争对手的市场位置后,可以进一步按这些细分因素与标准全面分析目标市场中哪些需求还没有得到充分满足,目前哪些产品要素在市场上还存在空白点,然后再确定本旅行社的市场位置。

由于旅行社是通过市场定位区别于竞争对手并形成企业市场形象的,因此,市场定位所选择的定位要素,必须充分符合目标市场群体的利益与需求特点,必须是目标市场旅游者群体十分重视和关注的要素。

(四)企业形象的具体设计和传递

旅行社可通过图片、文字、色彩、音响等手段,将构思的形象具体创造出来。旅行社市场定位必须通过积极主动地与消费者沟通,选择合适的促销工具和大众传媒,将产品的特性和企业形象传递给旅游消费者,使其能够有效地区分本旅行社与其他竞争者的差别,促使旅游消费者认同、喜欢和偏爱本旅行社的产品。只有这样,市场定位才能取得较好的效果。

三、旅行社市场定位策略

旅行社能否与目标顾客实现心灵的双向沟通,创造性地塑造出能够为目标顾客高度注意、认同和乐意接受的鲜明个性和独特的市场形象,以在目标顾客心目中拉大与竞争对手的差别,将是旅行社市场定位成败的关键。为了成功地进行市场定位,旅行社就要相应地采取适当的定位策略。旅行社市场定位的策略有很多,常用的有以下几种。

(一)领先定位

领先定位是旅行社通过展示其独一无二的属性,在消费者心目中占据领先的位置。这是最容易实施的一种定位策略,但要求旅行社在产品质量、价格或服务等方面具有绝对的优势。由于实力雄厚、绝对领先的旅行社毕竟还是少数,因此,众多的旅行社要依据其他方法进行定位。

(二)比附定位

比附定位是指旅行社以竞争者产品为参照物,依附竞争者定位。实践证明,与原来处于领导地位的第一品牌进行正面竞争往往非常困难,而且以失败告终者居多。因此,比附定位避开第一位,抢占第二位。由于大多数商品或服务的促销宣传都不甘声称自己居人之后,少数定位于第二的品牌反而给消费者留下深刻印象,比附定位最经典的案例就是美国汽车出租公司——艾维斯(Avis)公司的定位。该公司最先承认不如第一位的赫兹(Hertz)公司后,获得了顾客的广泛认可,营业额扶摇直上。国内一些大旅行社提出了成为“中国的运通”的口号,目的无非是利用美国运通公司良好的旅游批发商形象来获得国际旅游者的认可。这种定位策略的优点是,旅行社能够迅速占领市场,并在消费者心目中树立一定形象。这种定位策略的市场风险小,成功率较高,很多企业定位时选择此策略。

(三)逆向定位

逆向定位是借助于有名气的竞争对手的声誉来引起消费者对自己的关注、同情和支持,以便在市场竞争中占有一席之地的市场定位策略。逆向定位强调并宣传定位对象是消费者心目中第一位形象的对立面和相反面,同时开辟一个新的易于消费者接受的心理形象阶梯。应用逆向定位取得成功最著名的是美国七喜汽水公司。当时,美国的饮料市场中以可乐最为畅销,其中可口可乐完全占据了市场的垄断地位,其他品牌难以插足,七喜汽水也自知不可能与之正面抗衡。为此它巧妙地应用了逆向定位策略,在更新消费者观念上大做文章,创造了一种新的消费观念，即把饮料分为可乐型和非可乐型两种，可口可乐是可乐型饮料的代表，而七喜汽水则是非可乐型饮料的代表，并展开了大规模的广告宣传活动，使七喜成为非可乐型饮料市场中首屈一指的名牌饮料，从而突破可口可乐和百事可乐垄断饮料市场的局面，使企业获得了空前成功。

（四）空隙定位

空隙定位是在人们的心目中寻找一个空隙乘虚而入，以树立一个与众不同、个性鲜明的主题形象。空隙定位的依据是多种多样的。例如，麦当劳的目标只瞄准 17 岁以下的孩子，尤其是儿童，“小丑”罗纳德是其定位的精髓。而肯德基则定位于 21 岁以上的年轻人，其店堂氛围幽雅、温馨。此谓占领年龄空隙。有的旅行社采取薄利多销的策略，给人实惠；有的旅行社则面向高档客源市场，优质高价，此谓占领价格空隙。此外，有的旅行社专门为女性市场推出产品，此谓占领性别空隙。

（五）重新定位

重新定位是指旅行社改变目标消费者对其原有的印象，使目标消费者对其建立新的认识。重新定位一般是对销路少、市场反应差的产品进行的二次定位，这种定位旨在使旅行社摆脱困境，重新获得增长与活力。旅游市场瞬息万变，旅行社一旦发现原有旅游产品在消费者心目中不再具有特色，或竞争优势削弱，可以通过重新定位赋予产品更新的特点，或通过媒体传播信息，改变旅游产品在消费者心目中的印象，调整旅游产品在消费者心目中的位置。严格地说，重新定位并非一种独立的定位方法，而是旅行社应当采取的再定位策略。

天津康辉旅行社市场细分和市场定位

天津康辉旅行社成立于 1988 年，是一家全民所有制的国际旅行社。2001 年，该旅行社进行了股份制改造，并更名为天津康辉旅行社责任有限公司，成为一家有限责任制企业。成立之初，该旅行社的规模很小，主要经营一些单项旅游服务业务，在天津市旅游市场上的份额微乎其微，经济效益一直很低。1991 年，在认真分析了当时的宏观环境特征和行业环境特点后，天津康辉旅行社的经营战略实施了调整。分析发现当时天津的旅游者主要来自日本、西欧、北美、东南亚等国家及我国的香港、澳门、台湾等地区，其中，日本游客占来津入境旅游者的比重最大。由于当时国内旅游刚刚出现，来津的国内旅游者人数很少，天津市居民外出旅游的人数也不多。也就是说，当时天津市的主要旅游客源为入境游客，国内旅游客源尚不能形成具有一定规模的消费市场。

在此基础上，天津康辉旅行社经理张孝坤及其同事们又分析了天津康辉旅行社的内部环境，认为当时的天津康辉旅行社人力资源、财力资源和销售渠道均十分有限，难以在各个旅游细分市场上与大型旅行社展开全面的竞争。因此，他们经过反复的讨论和研究，决定采取不对称的竞争战略和“有所为，有所不为”的经营战略。

根据这些战略，天津康辉旅行社暂时放弃了国内旅游市场，而将全部资源用于入境旅游产品的开发与经营。在入境旅游市场上，采取以日本和西欧地区为主要目标市场，以北美地区、我国的港澳台地区和东南亚地区为辅助市场的经营战略，重点开发日本和德国两大市场。旅行社的市场营销费用主要用在开拓日本和德国两大客源市场，并投入大部分人力资源及财力资源设计和开发最能够适应日、德两国旅游者需求的旅游产品。很快，天津康辉旅行社就同日本和德国的几家实力雄厚的旅行社建立起比较牢固的合作关系，在上述国家的旅游市场中崭露头角，并获得较好的经济效益，使旅行社的实力有所增长。在此基础上，旅行社又先后和美国、中国香港、东南亚的一些旅行社建立起合作关系，形成了一个以日、德两国为重点，覆盖亚、欧、美的入境旅游销售渠道网络。

20世纪90年代后期，我国公民的出境旅游和国内旅游开始出现排浪式的发展，出境旅游市场和国内旅游市场已经形成较大的规模。张总经理和他的领导班子认真分析了旅游市场出现的新形势，认为出境旅游市场是一个发展潜力大、经济效益好的市场，必须下大力气进行开发和经营，而国内旅游市场则相对复杂。在国内旅游者中，既有对价格十分敏感的大量中低水平旅游消费者，也有追求质量和品位的高档旅游者；既有消费水平较高的中、长途旅游者，也有消费水平较低的短程旅游者。根据对旅游市场的分析，张总经理决定对旅行社的经营战略进行调整，制定了“巩固入境旅游市场，重点开发出境旅游市场，适当开发国内旅游市场”的经营战略。在此战略下，确定了在国内旅游方面，以中高档旅游客源为主要目标市场，重点开发中、长线旅游产品的策略。在新的经营战略指导下，旅行社成立了公民旅游中心，负责经营出境旅游和国内旅游，大力开发出境旅游产品和中高档的中、长线国内旅游产品。在宣传促销费用方面，重点投向出境旅游市场和中高档国内旅游市场。另外，在入境旅游市场上，仍保持一定的促销费用投入。天津康辉旅行社采取的这种经营战略，避免了同那些以低端旅游产品为主要经营业务和以低档旅游消费群体为目标市场的众多旅行社的竞争，既节省了资源，又避免了得不偿失的恶性削价竞争，使旅行社赢得了可观的经济效益和宝贵的市场份额。

一般来讲，旅行社希望抓住所有的市场机会，占有更大的市场份额，从而赢得更多的经营收入。这种愿望无可厚非。然而，世间的任何事物都有相互对立又相互依存的两个方面，旅游市场也不例外。一方面，旅游市场广阔而复杂，各个旅游消费群体有着千差万别的旅游需求，不同的细分市场给旅行社带来的赢利大小也不同；另一方面，旅行社的财力资源、人力资源、销售渠道、旅游采购协作网络等经营所必需的资源却常常稀缺，难以承担开发和经营所有细分市场的重任。因此，作为旅行社的经营者，面对复杂的旅游市场竞争局面，必须保持清醒的头脑，理性地看待不同的市场机会，绝不能超越自身的资源条件，盲目地扩大经营范围，这只会使企业在经营中顾此失彼，捉襟见肘，蒙受损失。

天津康辉旅行社的成功之处，在于制定、实施了一项理性的经营战略。面对诱人的各种细分市场，主动放弃了客源众多但经济效益较低且占用人力资源较多的低档国内旅游市场。根据旅行社自身的资源条件和所处的市场环境，制定了以中高档国内旅游市场和出境旅游市场为重点，适当经营入境旅游市场的经营战略。正是在这种经营战略的指导下，天津康辉旅行社取得了可喜的经营效益，获得了稳定的发展。

复习思考题

1. 什么是旅行社的市场细分？旅行社市场细分有哪些依据？
2. 为什么旅行社要对市场进行细分？
3. 旅行社目标市场策略有哪些？
4. 旅行社在选择目标市场时应考虑哪些因素？
5. 什么是旅行社的市场定位？旅行社的市场定位策略有哪些？

主要参考文献

齐洪利，孙文学. 旅行社经营管理[M]. 大连：大连理工大学出版社，2006.
陈小春. 旅行社管理学[M]. 北京：中国旅游出版社，2003.
程遂营，刘荣. 旅行社经营管理[M]. 郑州：郑州大学出版社，2002.
何忠诚. 旅行社管理[M]. 广州：广东旅游出版社，2002.
林南枝. 旅游市场学[M]. 天津：南开大学出版社，2002.
纪宝成. 市场营销学教程[M]. 北京：中国人民大学出版社，1999.
苘茂兰，孙平. 旅行社经营管理[M]. 济南：山东大学出版社，2005.
姜若愚. 旅行社市场营销[M]. 大连：东北财经大学出版社，2002.

第五章
旅行社产品开发

为了实现经营战略和计划，创造、建立并保持与旅游者之间有益的交换关系，旅行社要综合运用营销组合中产品（product）、价格（price）、销售渠道（place）和促销（promotion）这4个可控制因素，识别、预测和满足旅游者要求并获得利润。旅行社产品策略是营销策略的基础与核心，决定和影响着其他策略的制定与选择。旅行社产品的种类、数量、质量及能否满足旅游者的需求是旅行社业务与管理中重要内容之一。旅行社是以赢利为目的的企业，以旅游者为中心进行经营，若没有出色的产品就不会有满意的顾客，因此，如何开发设计出令旅游者满意的产品对旅行社来说十分重要。旅行社应在自身资源、能力、条件允许的范围内，推出符合目标市场需求的产品。

通过本章的学习，应了解旅行社产品的涵义、构成和特征，熟悉旅行社产品的类型，掌握旅行社产品开发与设计的原则、策略及开发程序。

第一节 旅行社产品的内涵和特点

旅行社是为人们提供与旅行相关的产品和服务的企业，分析旅行社产品的内涵、构成要素、旅行社产品的特点及其生命周期有利于深刻认识旅行社产品，从而开发设计出有针对性的产品。

一、旅行社产品的涵义

科特勒（Kotler）和福克斯（Fox）给产品定义为："产品是任何为了引起注意、

获得、使用或满足某种需求或需要而可以提供给市场的东西。它包括了实物、过程、服务、人员、位置、组织和计策。产品的别名应该是供给、价值或利益。”一般说来,产品是向市场提供的物质实体和非物质形态的服务,是能满足买主某种需求和利益的一个整体事物,包括有形和无形两种形态。

旅行社产品是一种特殊的产品。有人将旅游产品叫做旅行社产品,也有人把旅游线路作为旅行社的产品。博德－波维(Baud－Bovy)将旅游产品定义为:“在特定区域内被特定的游客利用的若干旅游设施和服务的总和。它的要素可以被分为三类:目的地的资源、目的地的设施,以及从住地到目的地的交通。”考虑到旅行社的企业性质,凡是旅行社向旅游者销售的能满足旅游者旅游需求的任何产品和服务都属于旅行社产品,它是吸引游客外出旅游和评价旅游满意程度的前提和基础。

旅行社产品有的简单,有的复杂,前者如旅行社向旅游者提供的一张机票、一晚住宿、一次导游、几张旅游景点门票等方面的单项服务,复杂的如旅行社为旅游者组织的一次出国观光旅游。旅行社产品是一个整体概念,单项服务只是旅行社产品的特殊形式。旅行社产品不仅指为旅游者提供的某一单项产品或服务,也不仅是旅行社提供的各种产品和服务的简单相加,而是在一次旅游活动中实现由一系列单项产品和服务有机组合成的综合产品。这些产品和服务之间相互关联,紧密配合。

据《旅行社条例》规定:“旅行社,是指从事招徕、组织、接待旅游者等活动,为旅游者提供相关旅游服务,开展国内旅游业务、入境旅游业务或者出境旅游业务的企业法人。”从中可以看出:一方面,旅行社主要提供的是服务形态的产品,这种服务与旅游设施、旅游资源结合在一起,即使是为旅游者提供的一张机票,也包含了旅行社由预定到销售这一系列的服务;另一方面,旅行社是以赢利为目的的企业,旅行社提供的产品是有偿的。所以,从供给者即旅游经营者的角度来看,旅行社产品是指旅行社凭借一定的旅游资源和旅游设施,向旅游者提供的能满足旅游者旅游需求的各种有偿服务。从需求者即旅游者的角度来看:旅行社产品指旅游者花费一定的时间、费用和精力,通过旅行社获得的一段旅游经历。这段经历包括旅游者从离开居住地开始,到旅游活动结束后这段时间里所有时间范围和空间跨度中对所接触的事物、事件和各种服务的综合感受。在旅游者眼中,旅行社产品不仅仅是旅游者从旅行社购买的某项服务,而是对所有产品和服务的整体感受。所以在旅行社产品生产与销售过程中,各环节要紧密配合,按质按量地组织好整个旅游活动,才会使旅游者需求得到满足,获得良好的旅游经历。

二、旅行社产品的构成要素

从不同的角度分析,旅行社产品构成要素不同。从旅游需求者的立场看,它是一种整体产品,是以目的地活动为基础的有形和无形要素的组合,这个组合是可以用一定价格购得的一种经历。从旅行社的角度来看,旅行社提供的产品分为3个层次:核心产品、有形产品和外延产品。

(一)从需求的角度划分

从旅游者角度考虑,旅行社产品作为整体产品由5个要素组成。

1.目的地景物和环境

主要指旅游吸引物,是一切能够吸引旅游者的旅游资源及条件,它是构成旅行社产品的基本要素。旅游吸引物是旅游者选择目的地的决定因素,也是旅行社能否进行旅游开发的先决条件。它的数量和质量决定了一个国家或地区旅游业的存在和发展。一个国家或地区拥有的旅游吸引物越丰富,越有特色,对旅游者的吸引力越大。它存在形式有很多种,既可以是某种物质实体,也可以是一些事物或现象。目的地景物和环境主要包括这些因素:

自然景物。目的地的风光、气候和其他地理特征,主要是目的地的自然资源。

人造景物。包括历史建筑和现代建筑景观、考古发现、纪念碑、步行大道、公园和园林、会议中心、海滨广场、滑雪场、高尔夫球场、特产商店和主题零售区等。

文化吸引物。历史和民俗、宗教和艺术、戏剧、音乐、舞蹈和其他娱乐活动等,这些吸引物中有些可发展成为特殊活动、节庆和露天表演等。

社会吸引物。当地居民的生活方式、语言和社会交往机会等。

旅游吸引物还可以有不同的划分方法,如根据国家旅游局和中国科学院地理研究所主编的《中国旅游资源普查规范》,将其分为六类。其中,自然旅游资源包括三类:地文景观类、水域风光类和生物景观类,如山水、气候、河流、森林、动植物等;人文吸引物包括三类:古迹建筑类、消闲求知和健身类、购物类,既包括有形的古迹、建筑等实物,又包括民俗、事件活动等无形的吸引等。

2. 目的地设施

目的地设施指旅游目的地内直接或间接向旅游者提供服务所凭借的设施、设备和相关的条件,它是构成旅行社产品的必备要素,是旅行社取得效益、旅游者顺利完成旅游活动的基本条件。目的地设施主要包括:

旅游服务设施。直接为旅游者提供服务的设施。有饭店、度假村、公寓、别墅、露营地、公园、旅店、农场和招待所等住宿设施;餐馆、酒吧和咖啡屋等从快餐店到豪华餐馆的各种餐饮设施;出租车、大客车、租赁汽车和租赁自行车等交通设施;百货商店、纪念品商店、旅行零售代理店和露营用品店等零售场所;美发厅、问讯处等其他服务设施。

旅游基础设施。间接为旅游者提供服务,是旅游业深度发展的后盾。包括城镇道路、供水、供电、供热、排污系统,邮电通讯、交通运输、环境保护、物资供应系统、城区景区绿化、美化、道路标识、停车场及银行和治安管理机构等。

3. 旅游服务

旅游服务是旅行社产品的核心。旅游者购买旅游产品,除了少量的物质消耗与旅游纪念品的购买外,大量消费的是无形的旅游服务。

旅游服务包括旅行社的导游讲解和生活服务,交通部门的客运服务,饭店餐馆的食宿服务,商业零售部门的购物服务,景点的接待服务等。旅游服务是服务人员面对面向客人提供的,所以服务人员的服务态度和服务技能特别重要。服务态度表现为服务人员有主动的服务意识、尊重与理解旅游者等,是旅游者最为关心的内容。服务技能可分为操作技能和智力技能,前者如饭店餐饮工作人员如何提供合乎规范的餐饮服务,旅行社怎样按照一定的规程与其他企业签订合同,后者如导游人员的带团、讲解、应变技能等。

旅游服务还可以分为售前、售中和售后服务。售前服务是旅游活动前的准备服务,如旅游线路设计、预定服务等;售中服务指旅行社在旅游活动中为游客提供的食、宿、行、游、娱、购等服务;售后服务是旅行社在旅游活动结束后向旅游者提供的问候、意见征询、物品转递等服务。

4. 可进入性

指旅游者进入旅游目的地的难易程度,是构成旅游产品的基本因素之一,将旅行社产品的各个组成部分连接起来,影响旅游者到达目的地的费用、速度和便捷性。主要包括以下几方面内容。

(1)政府政策法规。如政府对旅游业的重视程度,对交通运营的法规性控制幅度等。若政府重视旅游业发展,势必会放宽对旅游开发的限制,增大对旅游业的投入。政府关于旅游业的政策会影响到旅游者的目的地选择,如改革开放初期我国政府基本上不鼓励开发出境旅游产品,而随着旅游市场的逐渐放开,到2008年底,已开放中国公民出境旅游目的地国家和地区共达137个,其中已实施96个,这会对我国旅行社产品设计特别是出境产品的设计产生很大的促进作用。

(2)交通通讯条件。交通条件包括公路、机场、铁路和海港等基础设施状况,对外交通联系的方便程度,交通工具的种类、数量与质量,交通管理状况,运营的价格等;通讯条件包括通讯设施的规模、配套状况和完善程度等。会影响旅游者到达目的地的客流量大小和快捷程度。

(3)各种手续的办理。包括出入境手续办理的难易程度、服务的效率和频率等,会对游客目的地的选择、游客数量,旅行社产品的成本、吸引力等产生影响。

(4)旅游地经营管理状况。包括旅游信息的传播、景点的布局、经营管理主体旅游线路的组合与设计等。

(5)旅游地社会承载力。主要指当地社会经济发展水平,当地居民对旅游开发及旅游者的态度、社会治安状况、人口密度等。

5. 提供给旅游者的价格

任何一次对目的地访问都有一个价格,这个价格是用于旅行、住宿和有选择地体验当地景物所需的一系列费用的总和。由于多数旅游目的地提供的产品多种多样,吸引的游客不尽相同,因此旅行社产品的价格多种多样。而且价格随着季节、国际上汇率的变化、旅行的距离和对设施与服务的选择不同而有所变化。

(二)从供给的角度划分

从旅行社产品本身考虑,包含核心产品(Core Product)、有形产品(Tangible Product)和外延产品(Augmented Product)3个层面的内容。

1. 核心产品

旅游者购买某种产品时,并不是为了占有或获取产品本身,而是为了获得能满足某种旅游需求的效用或利益。核心产品即是为特定市场的特定旅游需求设计的服务和利益,是旅行社产品的最基本、最主要的部分。旅游者购买的核心内容是其得到的利益和服务。例如旅游者通过旅行社购买为期14夜的夏威夷度假产品,核心产品就是旅游者通过旅行社的服务而在度假中获得的充分放松与休息。

2. 有形产品

也称实际产品,是核心产品借以实现的形式,即向市场提供的实体和服务的形象,是旅行社围绕产品的核心利益建立的实际部分。如向市场提供的实体和劳务的外观、质量、款式、特点、商标及包装等,旅行社产品的基本效用必须通过这些具体的形式得以实现。旅行社在设计产品时应首先着眼于旅游者购买产品时所追求的利益,再寻求利益得以实现的具体形式,以求更好地满足旅游者需要。上述赴夏威夷度假的例子中,有形产品就是这次度假的主题名称、来回的交通、住宿的酒店及宣传手册等。

3. 附加产品

附加产品或外延产品的概念来源于对市场需求的深入认识,因为消费者购买目的是为了满足某种需要,希望得到与满足该项需要有关的一切服务与利益。附加产品表达了正式报价之外的附加价值这一概念,是旅行社使自己的产品区别于竞争对手产品的重要机会。美国学者西奥多·莱维特曾经指出:"新的竞争不是发生在各个公司的工厂生产什么产品,而是发生在其产品能提供何种附加利益(如包装、服务、广告、顾客咨询、融资、送货、仓储及具有其他价值的形式)。"旅行社提供给旅游者在购买之前、之中和之后的附加服务和利益,是产品的延伸或辅助部分,主要包括付款方式、信誉与保证、售后服务等,可以使产品更具吸引力。例如,上述夏威夷度假产品的例子中,附加产品为旅行社门市安排登记的人员、旅行社的计算机预定系统以及旅行社负责处理问讯与投诉的顾客服务部门等,所有这些服务是产品附加的价值。

任何一种产品都是一个整体系统,不单用于满足某种需求,还包括与此有关的其他辅助利益,产品的外形、外延部分等因素决定了旅游者对产品的评价。如某家旅行社推出海南冬季避寒度假游,核心部分是旅游者通过度假获得休息、放松、娱乐;有形部分是这次度假的主题名称、往返的交通、提供住宿的酒店、提供餐饮的餐馆、景点的接送等;外延部分是旅游前的促销、门市的咨询服务、电脑预定、旅游后的回访、投诉的处理等,有些是有形的,如赠送的目的地景点或娱乐场所的一张门票,有的是无形的,如服务人员的良好态度等。

旅行社在进行产品营销管理时,应注重产品的整体效能,在有形产品和延伸产品上形成自身的特点，与其他竞争者明显区别开来，赢得竞争优势。

发展核心产品

发展核心产品是发达国家一些旅行社所采取的重要产品战略，奉行这种产品战略的旅行社一般拥有比较成熟的市场，它们注重发展自己的核心产品。例如英国和澳大利亚合资的STA旅行社和丹麦的Kilroy旅行社主要发展青年和学生旅游产品，将其作为核心产品，法国的新疆界旅行社（Nouvelles Frontières）则将探亲访友旅游（VFR）和远程旅游作为其核心产品。

三、旅行社产品的特点

旅行社产品是一种以服务为主的综合性产品，既具有作为服务产品的共性，又有其自身的特点。

（一）综合性

综合性是旅行社产品最基本的特性。旅行社产品包括的内容多种多样，以满足旅游者“食、宿、行、游、娱、购”等各方面的需求，是由旅游吸引物、餐饮、住宿、娱乐等组成的综合性产品。产品组成形式丰富，既包括有形的产品——如旅游纪念品；又包括以物质为载体的无形产品——如交通住宿服务；还有完全以服务形式表现出来的无形产品——如导游讲解等，同时，这些产品既可以单项服务形式出售给旅游者，又可以进行不同的排列组合后出售。

此外，综合性还表现在旅行社产品不仅涉及旅游业中的各个部门和行业，还涉及到旅游业之外其他间接为旅游者提供产品与服务的单位，既涉及经济领域，又涉及自然、历史和社会等非经济领域；既有物质资料生产部门，又有非物质资料生产部门，如工业、农业、建筑业、食品业及商业、海关、园林、卫生和公安等。所以旅行社产品是多种因素综合作用的结果，它的开发与销售涉及面广，受制约的因素也较多。

（二）无形性

也称不可感知性。服务在本质上是非实体的，是一系列的行为和过程。旅行社产品中虽然有一定比例的物质产品，但导游接待等无形的服务占很大比重，而且客房预定、线路组合、日程安排等更是旅游产品的重要部分。与有形的消费品或工艺品相比，旅行社产品具有非常明显的无形性和质量后效性，旅游者在消费前无法触摸或感受到它的存在，其质量高低也只有在旅游活动结束后根据切身感受才能做出评价。

(三)生产与消费的不可分离性

又称生产和消费的同步性。有形的消费品或工业品生产从生产、流通到消费要经过一系列的环节,最初的生产与最终的消费之间具有一定的时间间隔。但是旅行社产品生产与消费是不可分离的,旅游者只有来到生产地点后才会消费到旅行社产品。旅游服务的完成需要生产者和消费者共同参与,旅行社产品的生产过程(包括饭店、景点、餐饮、导游提供服务的过程等)也就是旅游者消费的过程。

当然,生产与消费的不可分并不意味着消费与购买不可分,事实上,在包价旅游中,几乎所有的旅行社产品都是提前购买的。旅行社营销工作的主要目的之一是设法使购买与消费的时间拉开距离。这样有利于旅行社尽早定购,用较低的成本获取较高的利润。

(四)不可储存性

旅行社产品的效用和价值不仅表现为空间上的不可分离,还表现为时间上的不可储存,服务的无形性和生产与消费的不可分离性使得旅行社产品不能像有形产品一样储存起来以备未来销售。旅游者购买了旅行社产品之后,旅行社只是在规定的时间内交付有关产品的使用权,产品的效用是不能够储存起来留待日后出售。旅行社生产出来的产品如果不在当时被消费掉,就会造成机会的丧失、设施的闲置和折旧的发生。如饭店的客房、航空公司的机座一日不出售就有一日的损失。

(五)不可转移性

又称缺乏所有权,指在服务的生产和消费过程中,不涉及任何东西所有权的转移。旅行社产品中有很大一部分属于公共产品,进入流通领域后并未随着产品的交付而产生转移,产品仍固定在原来的方位上。旅游者在进行旅游消费以后,旅游产品的所有权并未发生转移,旅游者只获得使用权,且这种使用权是公共的,其他游客也可拥有这种使用权,旅游者购买的主要是一种经历与感受。旅行社提供的服务是无形和不可储存的,服务在交易完成后就消失了,旅游者并没有“实质性”地拥有服务。

(六)易受影响性

又称脆弱性,其直接成因是旅行社产品的综合性。

旅行社产品价值的实现要受多种因素的影响和制约。从供给者角度来说,由于旅行社本身并没有太多的“原材料”,除了导游服务以外,其它的生产原料都靠采购来实现,旅行社生产产品的过程实际是组装原料的过程,任何一个采购部门的原料发生诸如价格、质量等的变化都会影响到整个产品。从需求方面说,旅游者对旅行社产品的认知易受影响。认知是认识主体对客体的一种感受,旅游者只有对旅游产品有一个较好的认知才可能产生旅游动机,进而实现旅游活动。作为认识主体的旅游者,由于受到其知识背景、所处生活环境等因素的影响,对旅行社产品的认知都会有差别,也极易受到各种因素的影响。比如,游客经常会因为朋友的推荐而选择一条旅游线路,也会因为旅行社接待人员的一个不礼貌的行为而放弃某家旅行社。在旅游过程中也经常会有这样的现象,对于同一个导游的相同服务,在旅游团中的反映却总会存在一些差异。此外,旅行社产品的易受影响性还表现在旅游活动涉及到人与自然、人与社会和人与人之间的诸多关系,因此诸如经济、政治、自然灾害,汇率升降、国际关系等因素都可能会影响旅游需求变化进而影响旅行社产品的生产和消费。

针对这一特征,旅行社一方面要加强与相关部门联系,建立稳定的旅游产品生产网络,争取获得足够和低价的旅游供给,另一方面要注重产品的质量建设,以质量来取得旅游者的认可。

(七)异质性

也称差异性,是指服务的构成成分及其质量水平经常变化,很难统一界定。旅行社产品主要是无形的服务,是由“人”提供的,由于人类个性的存在,使得对于服务质量的检验很难采用统一的标准。一方面,不同的服务者素质不同,提供的服务水准不同;即使是同一服务人员,不同时间、不同心情、不同身体健康状况下提供的服务水平也不尽相同;而且,由于旅游者直接参与服务的生产和消费过程,其本身的因素也会直接影响服务的质量和效果。另一方面,旅游资源、旅游设施等在不同的时间构成内容、发挥功用也有差别。如有的景点被破坏,就无法再接待游客,有的景象只能在特定时节才能遇到。这些都决定了旅行社产品在质量上的差异。

另外，旅行社产品还有季节性、文化娱乐性、后效性等特点。

四、旅行社产品的生命周期

(一)生命周期的涵义

产品生命周期(Product Life Cycle)是指产品从被开发生产开始，到最后被淘汰出市场，大体经历了类似人类生命模式的周期性规律。正如科特勒所说，产品生命周期有四层含义：

(1)产品有一个有限的生命；

(2)产品销售经过不同的阶段，每一阶段都对销售者提出不同的挑战；

(3)在产品生命周期不同的阶段，产品利润有高有低；

(4)在产品生命周期的不同阶段，产品需要不同的营销、财务、制造、购买和人事战略。

和其他产品一样，旅行社产品也有一个有限的生命，要经历不同的生命周期阶段。了解生命周期理论，有利于及时调整旅行社的产品组合策略，淘汰不合时宜的产品，引入新产品，适时对产品进行更新换代，有针对性地采取不同的产品决策。

(二)生命周期的不同阶段

一般说来，一个典型的生命周期具有五个不同的阶段(图5-1)。

1. 产品开发阶段

产品生命周期始于企业发现新产品的构思时，当产品被开发时，销售利润为零，企业投资成本不断增长。

2. 产品引进阶段

公司开发出一个新产品，并在市场上推出。这时公司需要投入大量的费用用于产品推广，产品销售增长缓慢，利润几乎没有。

3. 产品成长阶段

在前一时期强大的宣传攻势下，产品被市场迅速接受，销售快速增长，利润大量增加。

4. 产品成熟阶段

因为产品已被大多数的购买者所接受，销售增长开始减慢。为了对抗竞争者,维护产品的地位,产品的营销费用日益增长,因此这个阶段的利润稳定或出现下降。

5. 产品衰退阶段

这一阶段产品销售下降的趋势增强,最终出现负增长,利润也开始下降。

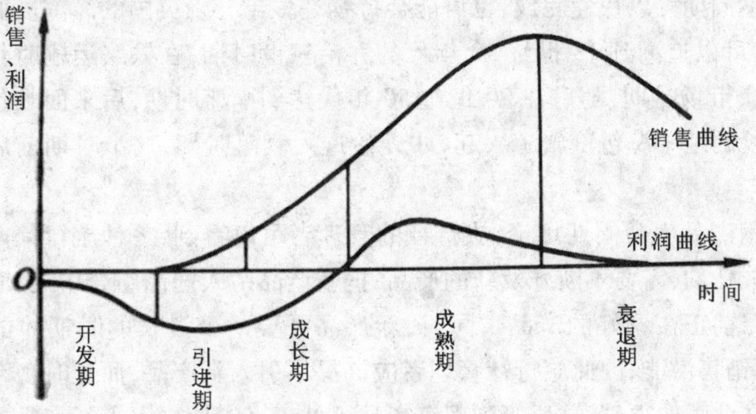

图5－1　产品的生命周期

一个典型的产品生命周期曲线会呈S型,但并非所有的产品生命周期都是这个形状。有的产品进入或退出市场都很快,也有的已进入衰退期,但在强大的促销活动或对产品的重新定位作用下,又重新进入成长期。

产品生命周期理论说明,大多数产品最终都将走向衰落,不再有盈利能力,因此,任何企业都需要一方面尽力延长现有产品的生命周期,另一方面不断寻找新的市场机会,开发新产品。任何一家企业都不可能把自己企业的命运仅仅维系在一种产品上,都会有一个产品的组合。在这个产品组合中,由于不同产品的引入、成长、成熟与衰退期的长短与变化是极为不同的,因此形成了一个企业混合的生命周期形式。当其中的一个产品走向衰退时,其他产品可能正处于它们的成长或成熟阶段,这可以使企业随时都具有满足顾客需求的产品,而不会由于某一产品的衰退而使企业陷于危机。

(三)旅行社产品的生命周期

旅行社产品也符合产品生命周期的上述规律。当一个旅行社有了新产品构思,并向市场推出这个新产品,往往在开始时成长缓慢,这个时期是旅游者逐步认识产品,并试用与评价产品的阶段。如果被证实是个好产品,它将进入一个快速成长阶段,这种成功将会刺激竞争者和模仿者的出现,最后大多数潜在旅游者会试用并采用它或竞争者的品牌。在这个阶段,销售水平处于一个稳定的阶段。最后,一个新的替代品被引入,现有产品不再符合潮流,销量下降,最终退出市场。

上述周期可以快速完成,也可能会持续许多年。以英国的海滨度假产品为例,最早可以追溯到18世纪90年代的乔治三世时期,在铁路运输时代来临时进入大众市场时期,随后在20世纪50年代达到鼎盛时期,后来面临包机的发展与廉价的地中海包价旅游兴起,才开始进入衰落时期,这个时期前后经历了200多年。

运用产品生命周期理论,旅行社的管理者可以看到,一种旅行社产品不会永远是成功的,需要不断开发新的产品,把新产品引入产品组合中,及时替代某些可能目前正在看好的产品。同时,新产品需要一个漫长的时期才能成长起来,发挥销售潜能,因此旅行社管理者应该提早引入新产品,而这时现存的产品可能正在曲线的顶端,这比等到现存产品已处于衰退期再引入新产品要积极主动得多。

第二节 旅行社产品的类型

旅游者因国籍、年龄、文化背景、身份和收入等方面的差异导致旅游需求的多种多样。动机是需求的表现形式,访古寻根、探险猎奇、观光览胜、体育健身、了解异地文化风情等都可以成为旅游动机。从不同的角度,可以对旅行社产品进行不同的分类,旅行社要开发不同的产品适应旅游者不同的需求。

一、按照旅游者组织形式划分

可分为团体旅游和散客旅游。

(一)团体旅游(Group Tour)

一般由10人或10人以上的旅游者组成,是一种主要由旅行社安排旅游行程的旅游形式。

(二)散客旅游(Independent Tour)

散客是指相对于团队而言的自行结伴、自助旅游者,他们根据自己的兴趣爱好,按照自己的意愿和思考自行决定旅游路线和旅游内容。散客旅游又称自助或半自助旅游,是一种主要是由旅游者自行安排旅游行程,零星现付各项旅游费用的旅游形式。近些年来,散客旅游市场在世界市场得到很大的发展,已成为世界旅游市场的主体。散客旅游对于旅行社而言主要承办个人或家庭的旅游计划,负责对散客的接待和服务,让散客能够在旅行社的帮助下,自主自由的安排旅游活动。

团体旅游与散客旅游在行程安排主体、付款方式、自由程度、价格等方面都有所不同。但是并不意味着散客旅游一定不经过旅行社,相反,散客可以通过旅行社获得旅游咨询和订房、订机票、导游等旅游服务。

二、按照产品构成内容划分

主要分为全包价旅游、半包价旅游、小包价旅游、零包价旅游和单项服务等,旅行社产品的构成内容逐渐减少。

(一)全包价旅游(Full Package Tour)

全包价旅游指旅游者采取一次性预付费用的方式,将食、宿、行等各种相关旅游服务全部委托给一家旅行社办理。全包价旅游是我国旅行社产品的重要形式,包括的旅游服务项目通常有提供规定等级的饭店客房、一日三餐、固定的室内游览用车、导游翻译服务、交通集散地接送服务、20 千克的行李服务及游览场所门票和文娱活动入场券等。

(二)半包价旅游(Half - package Tour)

半包价旅游是指在全包价旅游的基础上,扣除中晚餐费用的一种包价形式。它是与全包价旅游相比较而存在的一种旅游形式。半包价旅游可以满足旅游者在用餐方面不同需求,旅游者在目的地可自由选择中、晚餐,费用现付。同时,半包价旅游与全包价旅游相比,产品直观价格降低,价格竞争力较强。

(三)小包价旅游(Mini - package Tour)

也称可选择性旅游(Optional Tour),由可选择部分和非可选择部分组成,非可选择部分包括住房、早餐、交通集散地接送和城市间交通服务等,旅游费用旅游者要提前支付;可选择部分包括导游、风味餐、参观游览和节目欣赏等,费用可预付也可现付,旅游者可以根据时间、兴趣和经济情况自由选择。

通常情况下,提供小包价旅游产品的旅行社将所有旅游项目单列定价并印出服务券,每张服务券上标明服务项目的内容及价格,旅游者可以根据自己的时间、兴趣爱好和经济情况等自由选择。它的特点是:人数不多(每批游客一般在10人以下),灵活方便,明码标价,经济实惠,手续简便。小包价旅游形式最早是由海外的旅行商向我国旅行社提出的,后来逐渐推广到全国。

(四)零包价旅游(Zero Package Tour)

又称"团体进出、分散接待",旅游者除了必须随团前往和离开外,在目的地的旅游活动是自由的。这种独特的产品形态在旅游发达国家比较常见,旅行社将去同一旅游目的地的旅游者组织起来共同在同一口岸乘同一航班出、入境,但旅游者在目的地的活动如同散客般完全自由。旅游者参加零包价旅游可以获得团体折扣的机票价格,并可以由旅行社统一代办旅游签证。广东地区出现的"自由行"产品就属于这种类型。

(五)单项服务(Single Service)

也称单项委托服务,是旅行社根据旅游者具体要求而提供的各种按单项计价的服务。旅游者需求的多样性决定了单项委托服务内容的广泛性,而常规的服务项目有:导游服务,交通集散地接送服务,代办签证、签证延期、签证分离、旅行证,代订饭店客房,代购交通票据,代联系参观文娱活动,代办行李托运和代办保险等。

旅游者可以通过旅行社购买一种或几种单项服务,可以采取当地委托、联程委托和国际委托等不同的方式交给旅行社办理。单项服务的对象广泛,包价旅游团中个别旅游者的特殊要求可视为单项服务,但单项服务的主要对象是散客,随着散客旅游的迅猛发展,为旅行社单项服务提供了广阔的前景。近年来,旅行社委托代办业务日趋重要,许多旅行社都成立了散客部或综合业务部来专门办理单项服务。

三、按照产品档次划分

可分为高档旅游(豪华等)、中档旅游(标准等)和低档旅游(经济等)三种。

(一)豪华等旅游

要优先安排,提供优质优价的设施和服务。它不仅包括饭店、餐饮、交通的豪华标准,还要求提供高水平的导游、司机等服务。豪华旅游的人均效益较高。

(二)标准等旅游

各旅行社较为普遍采用的一种旅游产品形式。对海外旅游者来说,旅行社要提供相应语言的导游服务;在旅游者旅游过程中,提供的全部餐饮中需有部分西餐;游览时需要向他们提供较高档次的空调大客车、空调面包车或小轿车;15 人以上的团体实行领队减免办法。

(三)经济等旅游团

一般在 15 人以上,价格低于标准等旅游的价格。两者的不同之处在于提供给前者的服务档次低于后者,而游览的项目基本相同。如标准等提供的住房应该是三星级以上饭店,双人标准间(带有洗澡间),而经济等提供的住房则是三星级以下饭店,双人间或三人间、四人间(可能不带洗澡间),用餐标准也较低。

四、按照旅游目的划分

按照旅游目的及方式,旅行社产品可分为以休闲为目的的观光旅游,度假旅游,奖励、康复、新婚、探亲、公务、商务、探险、文化修学、科学考察、宗教朝圣、购物、体育健身和游船等专项旅游。

(一)观光旅游

主要是为了满足旅游者观赏游览自然风光、城市风光和名胜古迹等目的的旅行社产品。观光旅游产品的种类很多,传统的观光旅游产品包括自然风光、名胜古迹、民俗风情等各种旅游吸引物;现在各种新的微缩景观、国家公园、主题公园、野生动物园和海洋观光等形式也不断涌现。

(二)度假旅游

度假旅游是旅游者利用假期进行休养和消遣的旅游方式,如森林旅游、海滨旅游、度假区旅游和野营旅游等。随着经济的发展,人们的生活节奏的加快,近年来度假旅游比传统的观光旅游发展更为迅速,人们希望利用假期到清静、优美的地方来充分放松和休息。度假旅游者以散客为多,消费水平较高。度假地要求景色优美、设施完善、气候适宜、交通通讯便捷。

(三)专项旅游

对旅游者来说观光旅游是从欣赏景观或感受从未有过的见闻中获得知识和乐趣,是一种被动的参观式旅游。而现在的旅游者越来越追求个性,特别是年轻人不再满足仅仅被领到景点前听导游人员的讲解,希望投身到更积极、活跃、更有冒险性的旅游活动中去,参加漂流、探险、潜水、打猎、烹饪、朝圣和文化研究等参与性较强的专项旅游活动。虽然专项旅游产品投资较大,经营管理较复杂,但这些旅游活动时间长,消费高,重访率较高,潜在客源市场大,前景广阔。

商务旅游

商务旅游指人们为了联系业务、经营洽谈、会晤或交流信息而外出旅游。是专项旅游中较为重要的一种形式。商务旅游在城市开展较多,时间虽短但比较频繁,消费额高。在国际上,由旅行社安排商务活动是通行做法,国外几乎所有大旅行社的主要业务都是商务旅游。商务旅行者是旅游客源中富有的一群,他们消费能力强,需求档次高,对交通、住房设施和服务的要求相对较高,从其身上获取的利润要远远大于其他游客。发展商务旅行,不仅是旅行社自身发展的要求,还是我国加入 WTO 以后,境外商务客人增多,我国社会经济发展、商务活动增多的要求。例如,运通旅行社是美国政府指定的少数几家“政府采购”的旅行社之一,其便捷的服务、良好的信誉、服务项目的繁多及无微不至的服务作风,深得商家和商务旅行者的好评。长远看来,商务旅游将是旅行社业务发展的一个很重要的领域。

五、我国旅行社产品的主要形式

虽然旅行社产品的类型非常丰富,但长期以来,我国旅行社行业却形成了“团体、全包价、标准等、文化观光”旅游一统天下的局面。

(一)形成原因

对旅游者来说,出门旅游有求安全的心理需求,与散客旅游相比,参加团体旅游可以获得安全感。我国幅员辽阔、自然环境多种多样、民族众多,旅游者对安全性的重视促成了团体旅游的重要地位。对旅行社而言,团体旅游人数多,利润相对较大;旅行社组织管理比较简单,接团程序格式化,操作简便;客房、机票的预定时间长,并可得到一定的数量折扣。

经济性是团体旅游产品形成的重要原因。部分旅游者对低价格的持续追求导致这一产品形式长期存在,全包价旅游产品价格优惠、方便省心。对旅行社来说,全包价旅游一次性提前收取整个旅游活动中的全部费用,计价、结算比较方便,可提高工作效率,较能适应我国旅行社组织管理水平不高的现状。

标准等和豪华等相比,对服务的要求较低,较适应当前我国旅游设施设备及服务水平的现状。经济等客人消费较低,旅行社的营业额和利润不大。

文化观光旅游居多,一是因我国文化旅游观光资源丰富,秀丽的山水风光、悠久的历史古迹和丰富多彩的民俗风情是发展文化观光型旅游产品的优势所在,这些资源品位高,尤其对较少了解中国的海外旅游者吸引力强;二是因为地理条件的限制,我国海滨度假、高山滑雪等度假旅游资源较少;三是观光旅游产品投资无须太多,开发起来相对容易,而专项旅游对设施、服务要求很高,经营管理较为困难。

(二)不足之处

我国旅游业发展初期处于客源充足、竞争力小的卖方市场,这种产品可以满足市场需求,也比较适合我国旅游资源特点、旅游业发展水平和旅行社供应能力。但目前旅行社之间的竞争越来越激烈,这种传统的单一产品形式暴露了我国旅行社市场开发、营销能力的不足,已渐渐失去优势。

1. 旅游者的再访率低、来访者层面窄

这种产品内容单一,缺少变化,再访价值低,对回头客缺少吸引力。购买者大多是中等收入的中老年旅游者,对于广阔旅游市场中其他部分吸引力较弱,标准等、传统的观光旅游也不能满足不同游客越来越多的需求。

2. 旅游者参与程度不强

团体包价旅游安排好了全部游览项目,游客处于被动的地位,个体受到团体的限制,不能自主地安排自己的旅游活动,和现代旅游日益强调旅游者的参与性不符。

3. 易造成恶性竞争

目前我国旅行社数量增加迅猛,经营相同或相近的旅游产品,难以发挥自身优势,竞争加剧,甚至出现“零团费”、“负团费”现象,不利于旅行社业的发展,2008 年度全国旅行社净利率仅为 0.51%。竞争激烈、利润率低的重要原因

是旅行社千军万马挤在团体包价旅游这个狭窄的业务范围内，而散客方式的休闲、探亲访友、商务旅游、会展旅游等大片市场空间，却开发得还不够。

“零团费”、“负团费”

旅游“零团费”、“负团费”是旅行社以等于甚至低于旅行社产品成本的价格出售旅行社产品，旅游者在旅游目的地的吃、住、行等费用和旅行社的利润，通过旅游者参加自费旅游项目和购物等方式收取的一种旅游现象。其实质是降低旅行社产品的直观价格吸引旅游者，再用一种不透明的方式从旅游者身上赚取利润的一种价格策略，是旅游社行业恶性竞争的后果，是市场经济环境中旅行社产品供大于求的必然表现。

旅游“零团费”、“负团费”是由中国台湾旅游商“发明”的一种经营方式，自20世纪90年代中后期开始影响内地的旅游业，对我国东南亚出境游以及国内海南游造成的危害尤其严重。“零团费”、“负团费”不仅将经营风险转嫁给了地接社和导游，也给旅游业带来严重后果，特别是不利于旅游业良性健康发展，伤害旅游业的公平竞争性，使旅行社陷入低价竞争的泥潭，也极大地损害了旅游目的地在旅游者心目中的形象。目前，旅游行政管理部门、旅游企业和专家学者等都在积极思考或采取一些对策来取消旅游“零团费”、“负团费”的现象。

资料来源：顾金梅，赵小莉．旅游“零团费”、“负团费”现象的成因及对策研究[J]．焦作师范高等专科学校学报．2008，24(1)．

4．不适应世界旅游发展趋势

世界旅游的趋势是散客化、个性化，旅游者越来越不满足于传统旅行社服务的团队模式，追求符合个性化的旅游服务。目前，全世界散客旅游所占比重与传统的团体旅游相比越来越高，已达80%左右。这是旅游者心理需求个性化、国际旅游者旅游经验日趋丰富、信息与科技的推动等因素综合作用的结果。中国的入境游客增长缓慢，和旅行社较少为散客提供个性化服务、旅游者很难获得必要的服务和信息、旅行不够方便有关。旅行社必须适应散客为主的旅游市场，以面向个体提供服务、提升服务的附加值和档次来提高吸引力。服务质量或服务的多样性、服务的可供选择性，将取代价格成为主要的竞争手段。仅以打价格战争取客源，与旅游发展趋势背道而驰，也是不能持久、两败俱伤的竞争方式。

近年来，一些旅行社逐渐开始注重新产品的开发，如以“乡村旅游”、“欧洲糖尿病老人健康游”等针对性更强的专项旅游及“广深珠‘自由人’”等灵活包价的形式开发新产品、开拓新市场。

丰富多彩的老年旅游产品

2004年9月欧洲旅游开放的时候，自诩聪明的旅行社选择把橄榄枝抛向白领精英。旅行社盘算得很好，大家都憋了这么久，大门一开，那些有经济实力和欧洲情结的冲动派一定会最先蜂拥而上,自己坐等收钱就好。不过也有旅行社另辟蹊径,打出了“欧洲开放,父母先行”的亲情牌。结果,“夕阳红”轻取“少壮派”,银发团占据了欧洲首发团的绝对主力,后来那些卖得最好的8国、10国乃至12国团,虽然有“拉练团”的弊病,倒也迎合了老爸老妈们想要一次多看几个欧洲国家的普遍心态。类似的案例还在发生,2008年7月初台湾游启航时,老年游客再度发力,引领了各地首发团的半壁江山。

渐渐地,大家都清楚了旅游圈里的“行动时间表”——春节和国庆,大部队是上班族,因为好不容易凑了个假期;七八月暑期档,主力是亲子游;年历上的其他时间,雷打不动的活跃派就要属老年人了。有了这个前提,就有了各种名目的包装法则:福寿团、养生团、夕阳红、爸妈团、银发团、安心游……至于老年人对于旅行的消费能力,不需要有任何担心,根据调查,至少有60%的老年游都是子女奉上的孝礼。相比起花旗参、脑白金、液晶电视或者麻将机来,旅行礼包虽属一次性消费,带给父母的快乐却可以一直回味下去。

对于旅行,老爸老妈最大的优势无疑就是时间上的自由,随时可以出发,时间可长可短。时间和旅费都不愁,只要身体状况尚可,当然可以“天高任鸟飞”,况且旅行还能增加见识、强健身体。在国外,欧美发达国家相继步入老龄社会,老年旅游也呈现五花八门,除了最安全的随团旅游之外,他们会从瑞士开着房车穿越阿尔卑斯、中亚和帕米尔高原,一路到达北京;或者组织一个哈雷摩托团,带着已经不妙龄的老伴一起横穿美国;或者利用年轻时一直积累到老的信用卡积分,换取一场环球旅行。至于我们的老爸老妈,未必要和老外一样一步到位玩得这么激情澎湃,不过要明确一点:通常情况下,旅行要比人参更养生,每年出行2~3次,哪怕只是简单的看山望水,也能起到调养身心的作用。

很多人觉得老年人很持重,其实有过带老年团经历的导游知道,“老小孩”的性格在旅行中很容易扩散蔓延,老爸老妈们比年轻人更容易打成一片,团队晚餐时,一个话筒就能串出一台歌舞喧天的晚会;一次旅行下来,相识了一帮老友,没等回家就要策划下一场“老友记”。至于骑马射箭、下海深潜、白水漂流这些激进的项目,体质过硬的爸妈们想要一试身手的也不在少数。一直有一种观点——爸妈们在安顿好自己的子女、一切不必再操心的情况下,就迎来了人生的第二次身心解放,同时也解放了年轻时的兴趣和梦想,旅行自然也在其中。

我们还可以鼓励老爸老妈把自己平日里小心积攒下来的兴趣爱好释放到旅行中去,喜欢古玩,就多往太原、西安、成都、洛阳这些有文化底蕴的城市转转;喜欢建筑,就得奔着欧洲去;喜欢古迹,就去江南古村、徽派古镇、云冈石窟;喜欢海,就彻彻底底在海南、泰国、菲律宾发几天呆……

爸妈的旅行中,怀旧是一个重要的主题。于是就有旅行社借势推出“北大荒怀旧专列”、“喀秋莎之夜”、“新疆农垦之旅”等旅游线路——在开往东北的专列上,甚至还每人分发一个有历史感的搪瓷杯子和卡其布小背包,就是要帮助老爸老妈重温激情燃烧的岁月。当然,更重要的是,如果时间有闲,一定记得和老爸老妈一起去旅行,因为旅行是亲情最好的发酵剂和放大镜,途中的关爱与感动,比家里的柴米油盐自然更有记忆的空间。

资料来源:老爸老妈顺利远游全攻略[EB/OL].YOKA时尚网,http://www.yoka.com/life/travel/2008/092399678.shtml.

第三节 旅行社产品的开发与设计

旅行社产品的开发受到一定因素的影响,既要以本国或本地的旅游吸引物、旅游设施等因素为依据，又要研究旅游者的不同需求，考虑到旅行社自身的特点。旅行社产品开发与设计要以有效利用资源、为旅游者服务和利于旅行社发展为指导，遵循开发原则，制定有效的开发策略。

一、影响旅行社产品开发设计的因素

（一）外部因素

指旅行社自身无法直接控制的因素，但是这些因素共同作用的结果会影响一个国家或地区旅游业的发展水平，进而对旅行社产品的开发设计产生影响。

1. 资源禀赋

指一个国家或地区拥有旅游资源的状况，包括自然资源、人文资源和社会资源等。这些是旅行社产品开发设计的基本条件。如果旅游资源独具特色、有强烈的吸引力，旅行社就可能开发出优势明显、竞争力强的产品。

2. 设施状况

指与旅游者旅行生活密切相关的服务设施和服务网络的配置状况，主要包括交通、住宿、餐饮、娱乐、供水、供电等基础设施和旅游服务设施。它们是旅游者实现旅游目的的中间媒介，会丰富旅游者的旅游生活，保障旅游活动顺利进行。无论一个国家或地区旅游资源如何丰富，但如果不具备起码的设施，会影响旅行社的接待能力，很难形成有吸引力的旅行社产品。

3. 服务水平

旅行社产品涉及的旅游服务不仅由旅行社提供，还涉及到交通、食宿等相关部门。旅行社设计旅游路线、安排导游讲解与提供生活服务只是所有服务中的一个重要部分。其他部门服务人员态度的好坏、效率的高低也会影响到旅行社产品的开发设计与产品质量的高低。

4. 可进入性

可进入性决定了旅行社产品开发设计的难易程度。政府对旅游业的重视程度，交通通讯条件是否完善，出入境手续办理的方便程度，社会经济发展水平、治安状况、本国本地居民对旅游者的态度等都会给产品开发设计带来影响。

5. 旅游需求

旅游需求指具有一定余暇时间和支付能力的消费者，为了满足对旅游活动的欲望，在一定时间和价格的条件下，可能购买的旅游产品的数量。旅游需求与人们的购买能力有直接关系，同时反映了旅游者对旅游产品的购买愿望，从而决定了旅行社产品的开发方向。

旅游需求的差异集中体现在经济水平、出行距离与旅游偏好三个大的方面。经济水平特别是可自由支配收入不同，旅游需求有着显著的差别。受距离阻力的影响，离客源地越近的旅游目的地受访的机会越大，而旅游资源离客源地越远，旅游需求越小，但旅游者对旅游产品的价格敏感程度下降。由于旅游者所处的自然与社会文化背景不同，旅游偏好的具体表现形式有着巨大的差别，旅游需求多种多样。

游客需求分析是产品设计的重要参考资料

在市场环境中打拼的旅行社，对市场需求必须保持自身的洞察力。在产品策划过程中，要想避免市场判断的失误，关注与研究消费者的需求变化是必要的前提。

从1993年开始，中国的旅行社经营的出境游业务中“泰马新港澳15日游”线路产品就连年火暴。而到了2003年春节，这条线路产品则几乎无人问津。同样的情况还体现在欧洲游线路上，欧洲5国游的销售高过欧洲10国游，这说明多数游客的消费习惯已经发生了很大变化。在经济刚起步，难得出国之时产生的“一次多去几个国家”的消费心理，在经济持续发展、有了一些出国旅游经验后，“破败不堪的旅游”已经让位给了“品质旅游”和“舒适旅游”的消费选择。

把对客人的了解融入产品的设计工作中，需要做的具体工作有很多，在确定对某条线路产品进行开发、进入潜意识思维阶段时，首先要做的就是理清头绪、把准脉搏，做到思路清晰。其中，应该做的最重要的一件事，就是揣摩客人的心理，以游客的心境来进行入位思考。比如，我们要对荷兰的旅游线路进行策划创意，不应急于确定线路、测算价格，而应首先从调动自我心理表象，了解分析一个普通游客要知道荷兰的事情一般会从哪里入手，然后再确定线路产品中内容的取舍。

客人对荷兰的了解	产品设计启发
荷兰的国花是郁金香	我们的行程设计中应有参观鲜花市场
荷兰有国际法院	国际法院理所应当包含在日程中
宇航员能看到荷兰的拦海大坝	拦海大坝一定要去
荷兰许多人把自行车作为交通工具	考虑安排游客在游览时骑一段自行车
荷兰最伟大的画家是梵高	梵高的展览馆要安排参观

当然，仅仅了解游客想要看什么还是远远不够的。好的策划、好的产品设计，还应当主动想到客人未曾想到的枝节末端，让客人在满意的感觉之外，又生出“超值”的感觉。有些时候，一些虽然微小但却奇妙的构思，就会得到客人的认同和夸赞。许多例子都可以说明这点。英国的一家电冰箱厂商在最新研制的冰箱中，增加了“提醒主人食品是否过期”的功能，顾客在购买时便产生了“方便实用超值”的印象。这样的做法对厂家来说实际上并不难做

到。它只是将成熟的自动识别条形码技术用在了冰箱上。而因为想在了顾客之前,就会让客人因"出人意料"而予以认可。

资料来源:万剑敏.旅行社产品设计[M].北京:旅游教育出版社,2008.

(二)内部因素

内部因素是旅行社自身条件即旅行社的综合竞争力,包括旅行社的经营目标、发展战略、人力资源状况、财力状况、协作网络的广度与稳定程度、接待能力和信誉度等。一般来说,旅行社产品的设计要符合自己的实力,不能过分超越或低于自身的实力,造成接待能力不足或人力财力的浪费。

超级旅行团,旅行真是难

四川ZL旅行社承办的由成都发往昆明的"蓝叶号旅游专列五日游",组团人数逾千人,是旅行团里的"巨无霸",但缺点却无处不在,致使游客怨声载道。首先,无端浪费时间。由于此团是一个超级旅行团,抵达昆明后,仅来火车站接客的大客车就达二十多辆,还要求统一行动,因交通拥挤不堪,光编队过程便耗费了游客一个多小时。而且,大型车队行使起来并不快,比正常行车多花半个小时,导致游览景点的时间大大缩短。其次,吃饭也成了大问题。在"七彩云南"吃自助餐时,因人太多分两轮轮换吃,由于旅行社负责人安排不当,吃饭场面混乱,浪费惊人,气氛紧张,以致最后一批客人吃饭时无碗可拿、无饭可吃、无菜可夹,只有乱哄哄地胡抢。再次,组织工作漏洞大。团队下榻滇池边的福保文化城时居然有二三百人安排不上铺位,第二天又因双方接待单位闹矛盾,大队人马被迫搬出福保文化城,被安置在荒郊野外并非二星级标准的疗养院。在"世博会"吉鑫园大宴会厅里集体进餐时,组织方竟要求游客以不进餐方式向接待方施压,游客成了双方纠纷的筹码。而且,因人太多导游已形同虚设,几乎见不到导游的身影了。

营销超级旅行团要慎之又慎。超级旅行团声势浩大,规模庞大,具有很好的市场轰动效应,对于宣传旅游,树立企业形象,推出旅游产品都颇具优势。但营销这种"巨无霸"有许许多多难以想象的困难。在我国现阶段的基础设施条件下,千余人的吃住行要整齐划一,还要快速优质,相当困难,大部分景点还不适宜于千余人同时到达、迅速散开、同步离去的要求,再加上管理效率不高,极有可能造成混乱,最后破坏了旅行社的声誉。

资料来源:张红,李天顺.旅行社经营管理实例评析[M].天津:南开大学出版社,2001。

二、旅行社产品开发设计的原则

(一)市场原则

市场是对某种商品具有购买欲望和能力的全体。市场原则是要求旅行社在开发新产品之前,要对市场进行充分的调研,预测市场需求的趋势和数量,分析旅游者的旅游动机。以旅游市场作为产品开发的出发点,才能针对不同目标市场旅游者的需求，设计出适销对路的产品，最大限度地满足旅游者的要求，提高产品的使用价值。市场原则具体体现在以下几个方面。

1. 根据市场需求变化的状况开发产品

旅游者的需求是千差万别同时又是千变万化的，不同细分市场的旅游需求是不同的，但也有一些相对稳定的因素，如：求新、求奇、增长见闻，从紧张的生活中解脱出来以舒缓身心，有效利用时间而不太劳累，购买物美价廉的商品，安全的"冒险"等身心需求。旅行社可以根据旅游者这些相对稳定且有代表性的需求特点，结合不同时期的不同风尚和潮流，设计出适合市场需求的旅游产品。

2. 根据旅游者或中间商的要求开发产品

旅行社可以直接根据旅游者或客源地旅游中间商的要求，设计专门的旅游产品，满足特定消费者的要求，从而开拓自己的市场。

3. 创造性地引导旅游消费

旅游社审时度势，不断刺激消费需求，创造性地引导旅游消费。这也是对市场原则的运用，并不与之相矛盾，创造性地引导旅游消费是旅行社在对市场需求有深入了解的基础上，把旅游者的隐性消费需求变为显性消费需求。

（二）效益原则

效益原则是指以同等数量的消耗获得相对较高的效益，或以相对较低的消耗获得同等的效益。旅行社在强调经济效益的同时，还要重视社会效益和环境效益，以求得综合效益的提高。

旅行社在进行产品开发设计时，首先要进行产品可行性研究，对今后一段时期内目标市场的需求及客源增长情况进行预测，选择优秀旅游产品重点开发。其次，在开发过程中，精打细算、合理利用资金，控制好成本，例如，通过充分发挥协作网络的作用，降低采购价格。第三，要及时了解供求关系的变化，以便对产品进行调整，减少对销路不好的产品的投入，避免不必要的浪费。

旅行社产品开发的效益原则，还体现在旅行社产品的总体结构应尽可能保证接待能力与实际接待量之间的均衡，减少因接待能力闲置造成的经济损失。由于旅行社产品具有明显的季节性变化的特点，而旅行社接待能力是基本恒定的，在淡季时往往形成设施人力闲置，而旺季旅游接待人满为患的局面。为此旅行社可以通过产品的优化组合和必要的辅助手段，如价格调节等使旅游需求尽可能与旅行社的接待能力趋于平衡。

江南农村游

土色土香的农舍,虽没有城市宾馆的豪华设施,但中国庭院式的建筑特色,充满了江南水乡特有的诗情画意。农舍面依小河,河岸柳色依依,饭后茶余漫步河堤,观赏田野风光,秧苗碧绿,菜花金黄,桃花火红,对外国游人来说,富有东方情调。河中鱼虾泛游,随时可以垂钓,其乐无穷。河岸古老的风车在慢悠悠地转动,牛力水车在老牛牵引下拉水,脚踏水车任意比试,到处是欢歌笑语及照相机的"咔嚓"快门声。到农家,手工织布和小车纺纱,特别吸引不少女宾排队等着上机操作,纺纱织布看起来容易,操作起来并不简单,在农妇的尽心指导下,好不容易有点成绩,越试越来劲,久久不愿离去。

晚上,客人们分成若干小组,被农民请到家里做客。主妇端上粽子、汤圆、馄饨、鱼虾和农村时令蔬菜,客人们吃得眉开眼笑,都说比五星级宾馆里的山珍海味要好吃得多。饭后,或清茶一杯,或时鲜瓜果,与农村老爷爷老奶奶谈谈话,与孩子们逗逗趣,生活气息像一杯酽酽的茶。

外国游客特别喜欢宽敞明亮的三间一套的房间。中间是客厅,靠墙摆一张大八仙桌,两边是靠背椅,墙正中挂着寿星图,左右红纸对联,写的都是祝福吉祥一类的内容。卧房摆着三面雕花的大木床,床上有湘绣花布枕头,窗帘是蓝底白花的土布,门窗玻璃上贴着红纸剪成的窗花。游客离开时,依然兴味未尽。

这就是江苏某旅行社为游客推出的乡村生态旅游产品。

"观光农业旅游",又称"乡村旅游"或"绿色旅游",是以欣赏田野风光作为旅游对象的特色旅游产品,在目前国际国内旅游业中,此类产品成为热销的旅游产品之一。

发展农业观光旅游,投资少,见效快,不仅经济效益可观,而且有较好的社会效益,它以别具一格的魅力,清新淡雅的情调,吸引着越来越多的国内外游客。

现代社会人们喜好大自然,"环保"和"绿色"更是人们刻意追求的。本例成功之处,在于抓住游客的心理时尚,真正按市场需求设计和推出游客喜爱的旅游项目。

我国是农业大国,农业门类繁多,地域特色和民族特色显著,发展农业观光旅游具有得天独厚的条件。发展乡村旅游,不需要付出多大的经济代价,却可以收到相当好的社会效益和经济效益,是一项很有生命力的旅游项目。

资料来源:

张红, 李天顺. 旅行社经营管理实例评析 [M]. 天津: 南开大学出版社, 2001: 33-34.

(三)旅游线路安排合理原则

旅游线路是旅行社根据市场需求,结合旅游资源和接待服务的实际状况,为旅游者设计的包括整个旅游过程中全部旅游项目内容和服务的旅行游览线路。旅游线路安排是否合理关系到旅游者的旅行效果、关系到旅行社产品是否有吸引力。

1. 独特性与多样性相结合

确定线路名称时要体现独特性。旅游线路名称是线路的性质、主要内容和设计思路等内容的高度概括,一般应有独特的主题,并且要针对不同性质的旅游团确定不同的主题。如“草原风光游”、“中国名酒考察旅游”等都有自己鲜明的主题。在确定线路名称时应综合考虑各种因素,力求主题突出、体现简约、时代感强、富有吸引力等。如“烹饪王国游”这一线路名称表示了这是一条面向美食爱好者推出,遍尝中华名菜,欣赏烹饪技艺,又可游览各地风光的旅游线路。

同时,旅行社还应围绕主题安排多种多样的旅游项目,让旅游者从不同侧面了解旅游目的地的文化和生活,领略美好的景色,满足旅游者休息、娱乐和求知的欲望。旅游线路中具体旅游项目的内容、地点及各项活动安排应丰富多彩、特色鲜明、节奏感强、富有吸引力。活动内容切忌重复,尤其在殿堂、庙宇的安排上,更应仔细、慎重。因为我国这类古建筑不胜枚举,而它们对一般旅游者来说,往往是大同小异。“白天看庙,晚上睡觉”的安排要尽量避免,旅游者白天观赏风景、参加各种活动,晚上可以观赏文化演出、品尝当地美食、拜访当地居民、参加各种文娱活动等,可获得更多不同的经历。

“烹饪王国游”

广州——参观烹饪表演
——品尝广东名菜
——品尝广东式点心
——广东早茶
成都——品尝川味小吃
——观看川菜烹饪表演
——品尝四川名菜
北京——仿膳宫廷菜
——北京饭店谭家菜
——香港美食城(早茶、小吃)
——前门梨园剧场(北京地方风味小吃)
南京——参观南京旅游学校烹饪专业
——夫子庙食品街(江苏风味小吃)
——品尝淮扬风味
无锡——品尝太湖船菜
上海——品尝上海风味

另外,要注意发挥景点的不同功能,针对层次各异、类型有别的旅游者安排不同的旅游活动。如海滨旅游区除有沙滩浴场、游泳等主题特征外,还可以开发划船、垂钓和海上体育娱乐等活动内容,这样可以对旅游资源进行综合开发和多种利用。

旅行社产品定名要慎重

留意时下的出境游广告可以发现，一些旅行社的广告内容，包括产品名称、语言修饰上出现的瑕疵和硬伤错误并不罕见。

一些旅行社从业人员往往是在对线路产品所涉及的内容懵懵懂懂的时候，就匆匆为产品定名。例如，一家旅行社广告中推出的一条定名为“雪山佛国尼泊尔5日游”的线路产品，就暴露了一种急不可耐的心理和自身知识层面的严重不足。尼泊尔国家鲜明独特的徽记，就是“全世界唯一的印度教国家”。尼泊尔全国有90%的人口信仰印度教，印度教教徒和印度教建筑比比皆是。在这个“神比人多、庙比民房多”的国家，虽然也有一些佛教建筑的遗存，但把尼泊尔说成是“雪山佛国”，怕是无论在哪都找不到佐证的。这样明显的定位错误，仅仅用“笔误”恐怕是说不过去的。

2005年以来，几家旅行社推出的西班牙、葡萄牙旅游线路，可以说在出境市场中形成了较为抢眼的亮点，吸引了为数不少的游人的关注。但是很遗憾，多家旅行社的线路，却都用的是“葡萄牙拉美风情8日游”之类十分奇怪的名字。让人实在不能理解的是，明明是推销富含市场新意的西班牙、葡萄牙的线路，为何要将“拉美”拉来陪绑呢？从广告营造的虚幻的“拉美风情”回到现实中，我们可以真切地看到，无论是西班牙也好，葡萄牙也好，它们都始终保持了国家民族文化自身的原真性。500多年前在完成了对拉美国家的侵占后，并没有形成拉美文化的回流，从而在西班牙、葡萄牙本土上出现“拉美风情”的盛景，且从旅行社的具体安排来看，游览的是原汁原味的西、葡城市，参加的是地道的西、葡纯真生活体验，与“拉美风情”实在是毫不相干。旅行社的产品设计者还忽略了一点，在世界旅游发展的大形势当中，最能够吸引游人的应该是原住民、原生态的文化，而不会是变异了的文化。把“拉美风情”贴在西班牙、葡萄牙的线路产品上，怕只会坏了游人寻真的兴致。

另一家出境游旅行社广告中推出的“琴海之旅”线路产品，好像也有“语不惊人死不休”的追求。谁都知道，“爱琴海”是按照英文“Aegean sea”一词对译而来。作为一个完整的名词，“爱琴海”压根无法去做“琴海”那样的省略。“琴海”一词的发明，不但不会方便游人的选择，反而只会把人们的头脑弄晕。这则“琴海之旅”的广告，不仅名称费解，诠释的地理位置也很是含混。地理意义上的爱琴海是在希腊与土耳其之间，与第三国无涉。而这则广告中，“琴海之旅”却不仅包括希腊，还包括埃及线路，甚至南非、肯尼亚的线路也悉数列入进来。原本对爱琴海并不陌生的游客，看到这样的广告，想必清醒的头脑也会变得混沌起来。

出境游旅行社广告中出现的这些纰漏和错误，不仅弱化了线路产品的影响力，影响了游客的正确选择，也必然会影响到旅行社的形象，使人们对旅行社的功力产生怀疑。当然，广告的瑕疵错误并不排除有旅行社人漫不经心、粗枝大叶的原因，但出境游旅行社人内功修炼上的欠缺，也无法遮掩地暴露出来。

资料来源：魏敏. 旅游市场营销[M]. 长沙：中南大学出版社，2005.

2. 旅游点结构布局得当

从形式上看，旅游线路是以一定的交通方式将线路各节点进行合理连接。节点是构成旅游线路的基本空间单元，一个线路节点通常为一个有特色的旅游点。旅游线路如何走向、怎样停顿，关系到旅游者的旅游效果。旅游线路设计时，应慎重选择构成线路的各个旅游点、优化点线结构、合理构筑空间布局。

择点适量。目前,短期廉价是大众旅游者的目标,出境旅游时间一般在1周至2周之间,而国内旅游一般在4~7天之间,省内游在1~2天之间。一般说来,在时间一定的情况下,过多地安排旅游景点,容易使旅游者感到疲劳,达不到休息和娱乐的目的,也不利于旅游者深入细致地了解旅游目的地。同时,择点过多对旅行社产品的销售也会产生不利的影响,不利于旅游线路再销售,旅游回头客减少。

山东"黄金海岸之旅"日程安排

D1:在青岛接团,住青岛;
D2:游海滨、崂山,住青岛;
D3:乘汽车去蓬莱游览,住烟台;
D4:游威海、刘公岛,晚上送团。
这一线路只安排了青岛、烟台、威海、蓬莱4个地方,突出了主要海岸景观,短小精悍。

避免重复。杜绝重游同一旅游点,避免安排过多性质相同或景色相近的旅游点,尽量避免经过重复的旅游线路。因为根据效益递减规律,重复会影响一般旅游者的满足程度。

节点间距离适中。同一旅游线路各旅游地间的距离不宜太远,否则大量的时间和金钱会耗费在旅途中,旅游成本上升。一般说来,城市间交通线上时间耗费不能超过全部旅程时间的1/3。

顺序科学。在交通安排合理的前提下,同一线路旅游点的游览顺序应由一般的旅游点逐步过渡到吸引力较大的旅游点,中间适当穿插些吸引力较大的景点,使旅游者渐入佳境,保持旅游的兴奋点,游兴不绝。如对境外旅游者来说,"广州—桂林—西安—北京"这一线的组合便优于其逆向组合。另外,结合不同的重大国际时事,可以对旅游线路的安排进行调整。例如,对来华旅游者来说,可以安排"西安—北京—上海—桂林—香港"一线,这是因为美国前总统克林顿访问中国是按照这一顺序安排的,"总统之旅"的安排顺序就会对美国游客产生较大的吸引力。

错落有致。既要突出旅游地的特色,又要考虑旅游线路的整体效果。在编排线路时应尽量选择不同种类的景点(专业考察旅游另当别论),或把相似的景点隔开,使整条线路错落有致。有所选择,有所舍弃,是旅游线路设计之道。

康西草原、龙庆峡、八达岭二日游

D1:直抵康西草原游览;
D2:早晨乘中巴去龙庆峡游览,午饭后再乘中巴抵八达岭,游长城后,再乘坐长途汽车进京。

这一线路的第一站康西草原，一处融山、水、草原为一体的天然草场风景区，住宿于蒙古包或仿清小楼、民族式家庭小院，品尝蒙古特色的烤全羊、手扒肉、宫廷活鱼等，别具特色；第二站龙庆峡蓄水成湖，是以划船登山为主要内容的旅游区，素有“小三峡”、“小漓江”的美誉；最后一站游览雄伟壮观、举世闻名的八达岭长城，使旅游达到高潮。这一旅游线路的设计优于逆向设计。

3. 交通、食宿安排合理

服务设施有保障。旅游线路途经旅游点的各种交通、住宿、餐饮等服务设施必须得到保障，这是旅行社向旅游者提供旅游服务的物质保证，缺少这种保证的旅游点，一般不应考虑编入旅游线路。

交通工具的选择应以迅速、舒适、安全和方便为基本标准。具体安排上，长途旅行一般应乘坐飞机，汽车适宜短途旅游，火车、轮船适合中程旅游。交通工具的选择应与旅游的内容相结合，一些特殊活动可使用游船、游艇、竹筏和自行车等。同时要保证交通安排的衔接，减少候机(车、船)的时间。

食宿安排应遵循经济实惠、环境优雅、交通便利、物美价廉、富有地方或民族特色等原则进行合理安排。还要留出购物时间，购物通常在游客总花费中占据30%左右，需要遵循时间合理、能满足大部分游客的需要，不重复，不单调，不紧张，不疲惫的原则适当安排。此外在筹划娱乐活动时注意，娱乐活动要丰富多彩，雅俗共赏，健康文明，体现民族文化的主旋律和文化交流的目的。

三、旅行社产品开发设计的策略与程序

(一)旅行社产品开发策略

1. 全面型开发策略

旅行社开发多种旅游产品，以适应多个市场的不同需求。这种开发策略可满足不同旅游者的需求，占据较多的市场份额；但经营成本较高，需要旅行社有较强的实力。

2. 重点产品型开发策略

指旅行社集中精力开发一种产品，推向不同的市场，把整个客源市场作为目标市场来经营的一种营销策略。虽然目标市场可以按照不同标准细分为许多个，但是如果客源市场对产品的要求不存在实质性的差别时，旅行社就可以采用这种策略。

采用这种策略的条件是:①整个客源市场的需求虽然有差别,但是需求的相似程度较大;②客源市场的需求虽有实质上的差别,但各个需求差别群体的经济规模较小,不足以使旅行社通过某个细分市场的经营取得效益;③旅行社内部业内竞争程度较低,客源市场的需求强度较高。

旅行社采用这种市场策略的优势是成本较低。一般说来,重点产品型开发策略使旅行社向市场提供标准化的产品,可以大大降低产品开发、广告促销、市场调研以及市场管理的各项费用。但这种单一的产品策略忽视市场需求的差异性,满足不了旅游者的多样化需求,不利于在市场竞争中取得优势。产品容易被效仿,竞争力不强,产品本身也容易受到各种因素的影响。当其他旅行社也采用这一策略时,市场竞争必然更加激烈,某些市场部分消费者的需求得不到满足,容易使旅行社失去市场机会。

3. 重点市场型开发策略

指旅行社只选取一两个细分市场作为经营目标,制定一套经营方案,集中力量在目标市场上占有绝对份额的策略。旅行社只向某特定的目标市场提供其所需的各种产品。这种策略有利于旅行社集中财力、物力对某一特定市场进行调研,投其所好开发满足这个市场的多层次、多样化的产品。

细分市场具有明显的、实质性的需求差异;旅行社规模较小,且经营能力有限时往往采用这种策略。与重点产品型开发策略相反,这种策略的优点在于目标市场极为明确、集中,有助于旅行社提高产品的市场形象和占有率,同时降低产品经营成本。不足之处是经营风险较大,由于目标市场单一,市场规模有限,旅行社产品的销量可能会受到限制,一旦这个市场有所波动就立即会影响到旅行社的效益甚至整个旅行社的经营。

4. 特殊市场特殊产品型策略

指旅行社有针对性地选择一些目标市场,针对其明显的需求差异推出不同的产品。这种策略适用于 3 种情况:①客源市场的需求存在着明显的差异;②按细分因素与细分标准划分的各类客源市场都具有一定的经营价值;③旅行社规模较大,且旅行社经营能力足以占领更多的细分市场。

这种策略的优势在于针对性强,旅行社有针对性地根据不同的市场开发不同的产品,产品试销对路,满足市场需求的程度高,对扩大旅行社的市场占有率十分有利。但是这样会增加旅行社的各种经营成本和经营费用,因为旅行社要向不同的细分市场提供不同的产品、制定并且实行不同的经营方案、建立不同的销售网络等，需要较大的经济投入，成本较高。

5. 组合策略

旅行社综合前几种策略的优势，考虑到自身的情况，不同时间、不同背景下有目的、有重点地选取适当的产品开发策略。

旅行社产品创新的具体策略分析

1. 旅游线路设计方面的创新：辅以主题

对常规旅游线路进行创新是旅行社进行产品创新的常用方式。这要求在充分把握细分市场需求的基础上，对各类传统旅游供应商提供的产品巧妙地进行组合，以做到人无我有、人有我特。较理想的做法是辅以某个有吸引力的主题，哪怕有许多旅游内容与老线路重叠。如同样是到北京旅游，某旅行社利用北京当时正在建设奥运会场馆的机会推出"先睹为快：北京奥运场馆工地建设游"。实际上该线路只是在原来"北京四日游"参观内容的基础上作少许调整，把参观奥运场馆（鸟巢、水立方）建设工地作为游览内容之一，但是通过抢占先机，倡导了奥运精神，颇受市场欢迎。再如同样是到海南、阳朔旅游，深圳某旅行社针对大龄青年以"旅游+交友"的方式推出，在时间安排上则利用周末，周五下班后出发，周一还能准时上班，不影响工作。这比单纯的北京、海南、桂林数日游显然有新意得多。以某地为旅游目的地的旅游线路均可设计成采用这种包含特定主题和特殊目的的方式，并且同一旅游目的地，可设计成多个不同的主题以满足不同年龄层次、不同爱好者的需求，使消费者的关注点转移到特殊目的地上，从而形成新亮点。

2. 旅游服务内涵方面的创新：体现独特

由于旅行社产品组成中物质要素的公共产品性质，旅行社难以在该方面创造产品的差异性，故旅行社要体现自己产品的独特性，应把重点放在服务内涵创新方面，尽管这种创新有相当难度。其主要思路应是迎合需求、注意细节、体现独特，具体包括四方面内容：一是要加强对导游的日常规范管理和培训，提高导游的服务意识和服务技巧；二是要注重培养导游某方面的专业技能，以形成某类产品中服务要素的独特性，以区别于其他旅行社的相关服务。如广东某旅行社1997年以来开发西部的"特种旅游产品"，围绕罗布泊探险这一主题成功开发了一系列产品，依靠的就是旅行社拥有的专业人士所提供的专业导游优势，而其他旅行社却难以模仿。三是争取在旅游产品的设计阶段即注入服务要素，使其成为产品的一部分。这种产品通过突出人文关怀，将赋予产品极大特色。如无锡某旅行社近年来策划的老年人系列旅游产品，其中"千位老人游三峡"线路中随团配备了六名医生，与120急救中心建立随时紧急救援的联系，并对有慢性病的老人进行了特别照顾。深圳某旅行社2001年推出的"千名长者温馨结伴游港澳"也具有类似的特点，产品生产的每一个环节均站在子女的角度去想，取得了良好的经济效益和社会效益。四是通过产品设计中服务内涵的融入，将特殊目的与旅游线路结合起来，可形成若干新的产品形态，如南京某旅行社推出的"英语夏令营"、"赏识亲子夏令营"（赏识教育+旅游线路）等，这些产品形态将使各旅行社产品由原来的价格竞争转变到高层次的特色服务竞争，具有广阔的市场空间。

资料来源：肖光明. 旅行社产品的创新策略及其维持[J]. 经济研究导刊. 2008年(17).

(二)旅行社产品开发程序

1. 产品策划

好的产品需要好的策划,而好的策划离不开大胆的创意。创意就是开发新产品的设想。大多数旅行社都非常重视对产品创意的发掘,因为虽然并不是所有的设想或创意都能变成产品,但寻求尽可能多的创意却可以为开发新产品提供更多的机会。产品创意来源主要有:

旅游需求调查。旅游需求是产品创意的出发点,旅游者是产品信息的最好来源,通过对旅游者的问卷调查,分析旅游者建议书或组织旅游者讨论可以获取大量的第一手资料,促进产品创意的产生;此外,旅行社应重视分析旅游者投诉,产品被旅游者投诉说明产品肯定存在问题,分析旅游投诉,经过综合整理,最后则可转化为创意;另外,还可以从咨询公司、旅行社内部员工和有关报刊等媒介及统计资料中了解旅游者的需求、流向及市场的趋势,寻求产品创意。

竞争对手。分析竞争对手经营的成功与失败之处,往往可以发现新的创意。旅行社要随时注意竞争对手的产品情况,观察分析其销售及游客对它们的评价与反映。

旅行社销售人员及旅游代理商。他们经常与旅游者打交道,了解市场行情与旅游者的需求与心理,也很清楚其他旅行社产品的优势,从他们身上获得的产品创意往往最符合市场的需要。

头脑反向风暴法。该方法是把不同岗位、不同职务、不同部门甚至完全不相关行业的专家或人员召集起来,如媒体工作人员、学校教师等,围绕某一个主题没有限制地各抒己见,在思想的相互激荡中,寻求新产品设计的灵感。头脑反向风暴法要求主持者有高度的把握会议的能力,成员对彼此的观点不作评价,更多的只是表达自己的观点。而产品设计者的任务是通过听取他人的发言,遴选出对产品设计有价值的建议。

提出产品的创意和构思后,要进行评价和筛选,筛选时一般要考虑两个方面的因素:一是该创意是否与旅行社的战略发展目标相适应,如利润目标、销售目标、旅游形象目标等;二是旅行社有无足够的能力开发这种创意,包括资金能力、旅游开发所需要的技术能力、资源供给能力、旅游市场营销能力等。图5-2显示了创意筛选的主要过程。

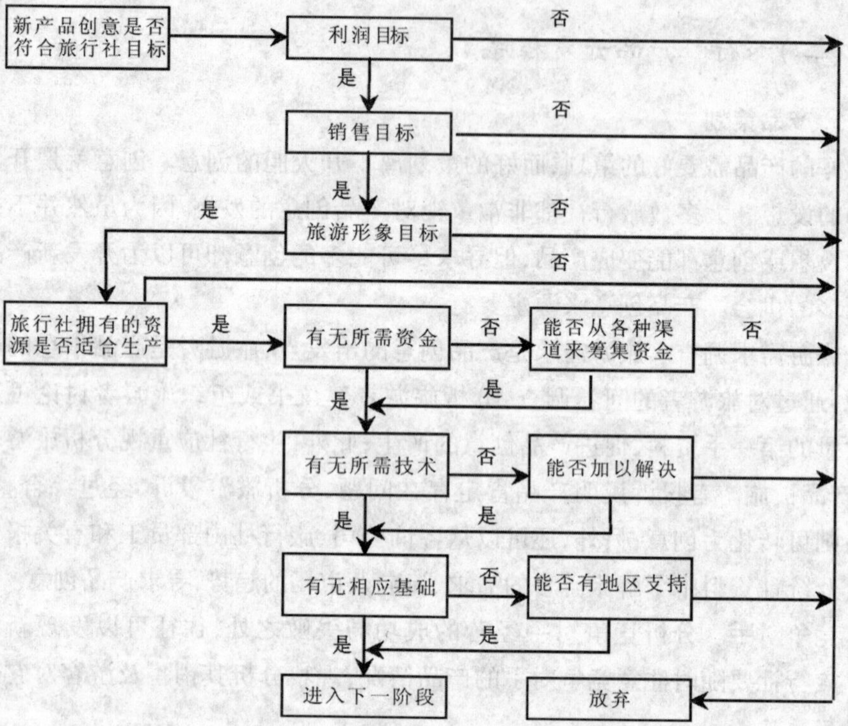

图 5－2 旅行社产品创意筛选的主要过程

也可凭借旅行社的发展目标、业务专长和接待能力等要素对产品创意和构思进行可行性论证（表 5－1），根据可行性指数的大小，决定新产品开发的顺序。

表 5－1　旅行社新产品创意评价表

影响因素	重要性系数	评价等级											得分
		0.0	0.1	0.2	0.3	0.4	0.5	0.6	0.7	0.8	0.9	1.0	
1. 旅行社信誉	0.20									√			0.160
2. 销售前景	0.20										√		0.180
3. 开发能力	0.20								√				0.140
4. 竞争能力	0.15						√						0.075
5. 盈利能力	0.10										√		0.090
6. 人员安排	0.05									√			0.040
7. 财务状况	0.05				√								0.015
8. 采购与供应	0.05										√		0.045
合计	1.00												0.745

（参考分数标准：0.000－0.400 为“劣”；0.400－0.750 为“中”；0.750－1.000 为“良”）

有了好的产品创意，还要进一步策划客源地、客源层次、线路构成要素、日程安排及地接社选择等详细内容，形成了具体的产品概念。旅行社按照对旅游者的吸引力、销售量和收益率等评价因素从中选出最佳产品概念后进行实验，用文字、图片等形式展示在旅游者或旅行代理商面前，让他们进行评估，提出意见，以更好地选择和完善产品。

2. 产品的试产与试销

旅行社产品设计出来以后，一般先少量投放到有代表性的小规模市场上，做一次至数次的试销，增进旅行社对产品销售潜力的了解，检查产品的优劣。试销前应注意几个问题：①确定典型的试销市场；②确定试销时间范围；③试销中应获取的资料，如试用率及再购率、市场普及率、推广费用和游客对产品的意见等；④采取何种方式试销，如出门推广、在旅游贸易展览会上推销等；⑤试销后应采取的行动。

产品初步投放到市场后，旅行社应从市场反应、产品发展潜力、竞争态势、价格和损益平衡等方面对产品进行分析，及时收集反馈意见，对新产品加以改进。但试销也可能暴露新产品信息，所以有的旅行社省去了这一阶段。

3. 正式投放

经过一段时间的试销，如果效果良好，旅行社就可以把新产品全面投入市场，恰当运用销售、促销等市场营销手段，尽量扩大市场占有率，提高产品的销售量和利润率。这一阶段应慎重做出以下决策：产品投入市场的时间，投入地点，客源、产品定位和具体的营销策略。一般的海外旅行社，9 月份左右便要编制下一年度关于各种旅游线路的小册子，因此旅行社最好能在 8 月前就把新产品内容通报给它们。一般一种大规模的旅游产品要提前一年左右时间让海外旅行社知道，而且要对新产品进行详细的介绍，如交通工具情况、食宿情况、参观游览的项目及价格等要一一列出，以利于海外旅行社及时进行招徕、编制产品介绍及广告宣传。

4. 产品的评价改进

产品投入市场并不是产品开发过程的结束，旅行社还应每过一段时间，一般是一个旺季结束、下一个旺季到来之前，对现有产品进行竞争力评价，对产品质量的各环节进行调查、跟踪，不断改进产品质量，选出畅销及竞争力强、潜力大的产品和没有发展前途的产品。

我国旅行社产品开发设计的方法

我国旅行社的产品设计与生产基本上采取两种方法:一种是所谓的“跟风”,即不设计自己的产品,只作为大旅行社的跟随者,通过大旅行社的广告等途径得知一条成熟线路后,与目的地的地接社取得联系,达成合作意向,即可组织第一批旅游者前往。这是一种省时、省力、节省成本的做法,一个产品的“设计与生产”过程只需几小时就可完成,只要能够找到合适的地接社,买到赴目的地的交通票据,就可完成整个产品设计与生产过程。另一种方法是设计与生产自己的产品,这是许多旅行社所不愿采用的方法。它需要旅行社与有关人员对选定的目的地进行考察,与当地供应商谈判与协商,或选取合适的地接社,还要在本地对新产品进行宣传语推销,而旅游者是否认可也不能确定,并且随时都有可能被仿冒。与前一种方法比较起来,这是一种成本颇高的方法,许多中小型旅行社都不愿采用这种方法。

四、我国旅行社应当从西方发达国家借鉴的经验

(一)注重市场调研

与西方旅行社相比,我国旅行社在产品设计与生产过程中最为缺乏的一点就是不进行或不注重市场调研。市场调研的主要目的地是了解消费者的需求,保证设计出的产品能被旅游者认可,具有长久的生命力,注重产品与旅行社的长期利益。而我国旅行社的产品设计过程中,往往缺乏对消费者需求的调查,事实上是经营者主管判断什么产品旅游者可能会需要,就推出产品,并向旅游者推销,希望得到旅游者的认同,或通过跟随大型旅行社,推出已经进入生命周期中成熟阶段的产品,以获得短期利润。应当学习西方旅行社的做法,注重市场调查,注重需求趋势预测,树立消费者至上的营销观念。事实上,旅行社也只有从顾客的需求出发,组织各职能部门进行生产,提高顾客满意度,才会使企业具有长久的生命力与竞争力。

(二)对产品的开发采取审慎的态度

如果从旅行社产品设计与生产的时间上看,西方旅行社在推出一个产品时,至少需要18个月的时间。而我国旅行社的产品设计与生产过程,多则几个月,少则几天就能完成。西方旅行社一旦推出一项产品后,就要长久地维持下去,并不断地经营已有产品,延长产品的生命周期,从长远看事实上是一种节省成本的方法。我国旅行社的产品则大多数来得快去得也快,产品的生命周期较短,不容易建立起自己的品牌,形成特有的风格。因此,我国旅行社应当从长远出发,做好自己的市场定位,管理好旅行社的产品组合,围绕着旅行社的发展战

略开发新的产品,形成自己的品牌。

(三)采用多种市场营销策略

我国旅行社目前多采用价格作为竞争手段,市场营销的其他手段基本上没有体现出来。主要原因是我国旅行社发展历史短,市场环境与制度环境不健全,使得许多旅行社经营不规范。再加上国内旅游者的不成熟,对价格非常敏感,因此价格成为许多旅行社竞争的有利手段。事实上,如果改变一下思路,以市场营销的理论为指导思想,注重产品的市场调研,突出产品的差异化,充分利用产品的外包装(如宣传手册等),重视产品的质量与售后服务,树立起自己的品牌形象,通过创意来提升顾客满意度,将整个服务行为过程品牌化,就可以使旅行社获得强大的竞争力。

(四)注重产品种类与深度的开发

我国绝大多数旅行社实力和规模都比较小,致使开发新旅游产品的平均成本比较高,价格竞争激烈,产品种类单一,大多数为观光产品,独家产品与商务产品等,没有得到充分开发。另外,由于旅行社产品科技含量较低,容易被抄袭,也使得旅行社产品开发不力,许多旅行社不愿付出大量人力物力开发新的产品。实际上,如果能从深层次挖掘旅行社产品的潜力,再加上富有特色的服务,就会增大旅行社产品的差异性与科技含量,也使竞争者难以仿冒。另外,寻找新的产品开发的途径,找到产品新的卖点与切入点,永远领先于市场,形成自己的品牌优势,拥有较高的顾客品牌忠诚度,就会使旅行社的产品具有长远的生命力。

复习思考题

1. 什么是旅行社产品,它的构成要素有哪些?
2. 旅行社产品具有哪些特点?
3. 我国旅行社产品的主要形式是什么?存在哪些不足之处?
4. 影响旅行社产品开发设计的因素有哪些?
5. 旅行社产品开发设计应遵循什么原则?
6. 旅行社产品可以采取哪些策略来开发设计产品?这些策略各有什么优缺点?

7. 我国旅行社可以从发达国家借鉴哪些经验?

主要参考文献

陈建斌. 旅行社经营管理[M]. 广州:中山大学出版社,2007.

崔海雷. 旅行社开发散客旅游的策略研究[J]. 市场周刊 · 理论研究. 2006(10).

邵琪伟在2009年全国旅游工作会议上的讲话[EB/OL]. http://www.cnta.gov.cn/html/2009-2/2009-2-5-9-49-67660_1_1.html.

戴斌,杜江. 旅行社管理[M]. 北京:高等教育出版社,2005.

菲利普 · 科特勒. 营销管理分析、计划、执行和控制. [M]. 梅汝和,梅清豪,张桁,译. 上海:上海人民出版社,1990.

李玲,李志强. 新论旅行社产品的特点[J]. 科技信息,2008(14).

罗辉杰,汪向群. 我国散客旅游市场的现状与对策研究[J]. 商业研究,2003(24).

2008年度全国旅行社业务年检情况通报[EB/OL]. http://www.gov.cn/gzdt/2009-08/19/content_1396766.htm.

李文亮. 从"零团费"和"精王条款"说起[J]. 旅游学刊,2004(6).

吕一林. 市场营销学[M]. 北京:科学出版社,2005.

石峰,许科. 试论旅游线路的法律保护——商业方法专利保护[J]. 商场现代化,2007(05S).

维克多 · 密德尔敦. 旅游营销学[M]. 向萍,等,译. 北京:中国旅游出版社,2001.

世界旅行社发展趋势及北京旅行社业的差距[EB/OL]. http://www.cnta.gov.cn/html/2008-6/2008-6-2-21-16-29-23.html

王健民. 旅行社产品经营智慧[M]. 北京:旅游教育出版社,2008.

徐东文. 旅行社经营与管理[M]. 武汉:武汉大学出版社,2005.

中国旅行社发展现状与发展对策研究课题组. 中国旅行社发展现状与发展对策研究[M]. 北京:旅游教育出版社,2002.

张红,李天顺. 旅行社经营管理实例评析[M]. 天津:南开大学出版社,2001.

第六章
旅行社产品价格管理

旅行社产品的价格管理是旅行社市场营销的重要内容,也是旅行社不断开拓市场的重要手段。旅行社在产品开发与设计之后,一个重要的步骤就是制定产品的价格。旅行社产品的价格不仅影响消费者的购买行为,还直接影响旅行社及其产品的形象,影响旅行社在市场竞争中的地位。

通过本章的学习,应了解旅行社产品价格的类别与特点,熟悉影响旅行社产品价格的因素,掌握旅行社产品的定价方法、定价程序与价格策略。

第一节 旅行社产品价格

旅行社产品价格是旅行社为满足旅游者在空间移动过程中的需要,提供给旅游者的各种有偿服务的货币表现形式。

一、旅行社产品价格的类别

根据不同的标准,旅行社产品的价格可以划分为不同的类别。

根据旅游者对旅行社产品的需求程度的不同,旅行社产品的价格可分为基本旅游价格和非基本旅游价格:基本旅游价格是旅游活动中不可缺少的部分的旅游产品价格,如交通价格、食宿价格等;非基本旅游价格是指旅游活动中对旅游者来说,可购买也可不购买的旅游产品的价格,包括纪念品价格、娱乐服务价格、参加保险的价格等。

根据游览范围的不同,旅行社产品价格可分为国际旅游价格和国内旅游价格。

最具代表性的是根据旅行社产品内容进行的划分。根据这一划分方法，旅行社产品的价格可以分为全包价、半包价、小包价和单项服务收费等。

（一）全包价

旅游全包价一般由三个部分组成：旅游出发地与旅游目的地之间的往返交通费、组团旅行社的服务费和旅游目的地的接待费（简称地接费）。很长一段时间以来，旅游全包价一直是我国旅行社所采用的最主要的价格形式。但是，随着旅游者知识的丰富、旅游经历的增加、新的获取旅游信息手段的出现以及旅游者追求个性化的趋势，其他的旅游价格形式日渐受到旅游者的欢迎。

（二）半包价

旅游半包价是指在旅游全包价中扣除午餐和晚餐费用的价格。在旅游半包价中，旅游者在旅游过程中自行选择午餐和晚餐，并自付餐费。半包价与全包价的区别只是在于午餐和晚餐，其他项目相同。半包价比全包价多了一定的灵活性。

（三）小包价

旅游小包价要求旅游者预付给旅行社的费用仅包括房费、早餐、接送服务、往返交通费以及组团旅行社的服务费，其他旅游费用在旅游的过程中现付。

（四）单项服务收费

单项服务收费又称为委托代办费，即旅行社接受旅游者的委托，提供其所需要的某种旅游服务的收费。我国旅行社单项服务收费的项目主要有九大类，包括：翻译导游费；全程陪同费；接送费；接送汽车费；代办旅华签证、签证延期、签证分离、旅行证等服务的收费；本市内代定饭店、代购交通票、代购文娱票、联系参观等服务的收费；提取、托运行李的服务费；国际回电委托费；国内城市间委托费用，其中包括受托手续费、确认回电费、接送费、接送汽车费、代订饭店费和代订交通票费等。

二、影响旅行社产品价格的因素

影响旅行社产品价格的因素包括旅行社的经营战略、旅行社的营销目标、产品的生产成本、产品的需求弹性、产品的供求关系、汇率变化、竞争对手的行为和国家价格政策等。

(一)旅行社的经营战略

影响旅行社价格的首要因素是旅行社的经营战略。旅行社的经营战略是指旅行社为了适应未来的环境变化,寻求长期生存和稳定发展而制订的总体性和长远性的谋划,是为了实现旅行社的长远目标所选择的发展方向、所确定的行动方针以及资源分配的优先顺序。旅行社的经营战略决定了旅行社在未来3~5年甚至更长时期内的营销战略,营销战略在实施过程中会很大程度上影响产品的价格。

(二)旅行社的营销目标

为了保证旅行社经营战略的实施,旅行社必须制定包括销售量、销售收入、利润率和市场占有率等要素的营销目标。为了达成旅行社的营销目标,旅行社会慎重选定产品的目标市场,并在进行市场定位后实施其营销组合策略。作为营销组合中的一个构成因素,价格不但是旅行社最容易控制的,也是非常有影响力的。通过调节价格,旅行社可以达到其短期特定营销目标。因此,营销的具体目标将成为影响旅行社产品价格的关键因素。

(三)产品的生产成本

旅行社产品的生产成本是制定价格的重要依据,因为生产成本是制定价格的最低界限。旅行社产品的生产成本主要有两个方面的内容:一是旅行社从协作单位采购相关产品的费用;二是旅行社在产品实施过程中所需的有关费用。

(四)产品的需求弹性

需求弹性即需求的价格弹性,它表明需求对价格变动的反映程度。可用如下公式表示:

$$E_p = \left| \frac{\Delta Q}{Q} \div \frac{\Delta P}{P} \right|$$

上式中,E_P 代表需求的价格弹性,Q 为需求量,ΔQ 为需求量变化程度,P 为价格,ΔP 为价格变化程度。由于价格变化与需求变化一般呈现反方向的特点,

所以 E_p 为负数，分析时采用其绝对值。

如果需求弹性系数 $E_p=1$，说明需求变动幅度与价格变动幅度相同，称之为需求的单元弹性。如果需求弹性系数 $E_p>1$，说明需求变动幅度大于价格变动幅度，称之为需求有弹性。如果需求弹性系数 $E_p<1$，说明需求变动幅度小于价格变动幅度，称之为需求无弹性。例如，旅行社产品价格上升1%，而产品需求量减少2%，则其需求弹性系数为2，即说明需求有弹性；旅行社产品价格上升1%，而产品需求量减少0.5%，则其需求弹性系数为0.5，即说明需求无弹性。

一般来说，作为非生活必需品，旅行社产品的需求弹性较大。这就要求旅行社在利用产品价格调节市场需求时，必须考虑到需求弹性的大小，尽量避免价格决策的失误。

黄金周旅游业“滑铁卢”之谜　涨价挡了六成客

刚过去的黄金周令旅游业整体遭遇“滑铁卢”，客源量下滑之快和大，前所未有。金色十月淘不到黄金，给精心准备的经营者“当头一棒”，以后的黄金周怎么办？相信行内人士都在不断地考问自己，考问市场。本报财经新闻版对此展开了全面的市场调查，调查是理性的，结论也是理性的，黄金周业绩不理想，看似因双节合一而偶然，实则是违反价格规律之必然。

首先是门票无度涨价，吓怕游客。本来旺季涨点价，应该！关键要有度，像故宫，前段时间竟有人提出门票值1 000元。动辄100多元以上一张门票，恐怕大多数游客都得三思而后行。著名景点涨高价风一刮，难免殃及池鱼，连累一大片，那些适度涨价的景点，也令不明就里的游客望而生畏，举步艰难。黄金周便成某些旅游企业自吞无度涨价苦果之时。

其次，旅游需求弹性变化太大，经营者始料不及。生存压力若不迫在眉睫，旅游花费多一点少一点，消费者不会太计较。可是今年，楼价上涨远快于个人收入增长，谁还愿意为了购买贵价旅游商品，从而挤压家庭财富，以眼前的愉悦来加重未来的生活负担？

个人收入、家庭财富和物品价格决定了每个家庭的预算，在上述三者的约束之下，家庭决策最终取决于家庭成员的偏好，喜欢什么，不喜欢什么。比照今年与黄金周最密切的行业——旅游与商业，显然，大多数人就近选择了后者，从而造就了购物的火爆、旅游的淡静。

与其临渊羡鱼，弗如退而结网。一位老总说“不如忘了黄金周”，令人叫绝，它不失为一解决之道。正是因为旅游业将黄金周重视到无以复加，才在价格上走火入魔，一味刚性上涨，没有考虑到市场基本面的供求变化，高估了消费者的承受力，等经营者醒悟过来，已是流水落花春去也。

旅游业在黄金周失守，已成过去，没法“过去”的是贯穿于经济生活中的价格规律，既然需求有弹性，那么，黄金周的定价也应该有弹性，可上，也可下。

资料来源：广州日报，2006－10－23，本文有删节.

（五）产品的供求关系

旅行社在制定产品价格时，必须考虑产品价格与旅游市场供给、需求之间

的内在联系,也就是旅行社产品的需求量、供给量和旅行社产品价格的相关关系。其表现如下:

(1)假定在一定时期内供给是一定的,如果需求增加,价格就会上升,如果需求减少,价格就会下降,此为需求规律。

(2)假定在一定时期内需求是一定的,如果供给增加,价格就会下降,如果供给减少,价格就会上升,此为供给规律。

(3)如果价格上涨,市场对这种旅游产品的需求就会减少,出现供过于求的现象。

(4)如果价格下降,市场对这种旅游产品的需求就会增加,出现供不应求的现象。

(六)汇率变化

汇率是两种不同货币之间的比价,也是一国货币单位用另一国货币单位所表示的价格。旅行社产品在国际旅游市场的售价,一方面取决于产品本身的价值,另一方面取决于本国货币与外国货币的比率。在旅行社产品价值不变的情况下,产品售价应与汇率变化呈反比例变化,即为避免由于汇率变化带来的损失,在人民币贬值时,旅行社应适当提高产品的售价;在人民币升值时,为避免因价格的实际上涨而失去客源,旅行社应适当降低产品的售价。在实际经营中,旅行社应根据具体情况采取相应措施:

(1)当人民币升值时,如果需求的汇率弹性(即需求对汇率变化的反映程度)小于1,旅行社应以人民币或其他坚挺货币报价;如果需求的汇率弹性大于1,旅行社则应降低价格或以疲软货币报价,亦可考虑开发新的客源市场。

(2)当人民币贬值时,如果需求的汇率弹性小于1,旅行社应以坚挺货币报价,或者考虑开发新的客源市场;如果需求的汇率弹性大于1,旅行社则应以人民币或其他疲软货币报价。

但是,旅行社的产品销售是一种预约性交易,其价格往往需提前半年或更长的时间报出,而且根据国际惯例,产品价格一经报出,在执行年度要保持相对稳定。因此,如何减少由于汇率变动给旅行社带来的影响,便成为旅行社一个极为重要的课题。

国际上通用的外汇保值措施主要有四种,即选用硬货币保值、价外加汇差、提前汇款和固定汇率。我国旅行社大都选用了固定汇率法,这一措施的核心是在对外报价时增加固定汇率的保值条款，即事先确定汇率，并以此作为对外结算的依据，不受政策性外汇调整的影响。

美元一路贬值　旅行社接待入境游“得不偿失”

1月2日，新年第一个交易日，人民币汇率冲破7.30关口，创下汇改以来第83次新高。昨日16时，1美元兑换人民币7.2684元。“美元的每一次波动，都牵动了旅行社的神经”，省城一家国际社负责人向记者透露，人民币持续升值，让本地出境游渐热，而以美元报价的入境游甚至出现亏损。

1. 人民币升值催热省城出境游

安徽中旅有关人士表示，人民币对美元持续升值，与美元挂钩联动的港币、日元等也相对人民币贬值，前往以美元结算的国家和地区消费更加便宜，催热这些地区的出境游。

该人士告诉记者，去年，合肥市民前往香港、澳门以及东南亚等国旅游的热情高涨。其中，港澳游尤其受欢迎。去年“五一”、“十一”黄金周，省城旅行社港澳游团队几乎全部报满，而一半游客就是为了购物。

2. 一半入境团以美元结算

人民币升值后，我省游客出境旅游更划算了，但其对旅游企业来说并非全是利好。记者从省城多家旅行社了解到，目前合肥的旅行社接待入境团队，一半以上都是以美元结算的，而报价也基本上在前一年的年底就确定，对方会按省城旅行社发给的报价进行广告宣传并招揽游客。

安徽中青旅负责人表示，由于对外团报价的有效期限为一整年，因此理论上旅行社的报价会按下一年预期的美元贬值价格来报价，不过由于旅游市场竞争激烈，旅行社报价并不能完全涵盖所有可能的风险。因此，当人民币升值超过预期、国内景点大幅涨价时，入境游不仅利润会变薄，企业甚至可能出现亏损。

3. 去年损失几十万人民币

记者了解到，美元贬值对合肥的旅行社影响主要有两个方面。一是美元贬值后，外国游客感觉来中国旅游不划算，使省城旅行社入境游客源减少；另一方面，美元在贬值，而国内旅游成本在增加，在双重挤压下，从事出境游的旅行社日子不好过。

“目前我们在和外方合作伙伴签合同时，将报价与美元实时汇率挂钩，这样可以规避汇率变动带来的风险。”安徽中青旅负责人透露，2007年安徽中青旅接待入境团收入有一百多万美元，而去年美元对人民币贬值超过6%，旅行社因此白白损失了几十万元人民币。

资料来源：安徽商报，2008－01－11.

（七）竞争对手的行为

在旅游市场上，竞争严格限制了旅行社产品的价格水平。竞争的压力迫使旅行社要根据竞争对手的价格不断调整产品价格。

（八）国家价格政策

产品价格基本上是受商业性因素的影响而制定出来的，但产品价格也常常受到国家价格政策的影响，旅行社产品也不例外。但是，近年来国家对旅游价格的控制趋于放松，取消了一系列国家干预价格的政策，如最低结算标准、地区差价等，国家旅游行政管理部门更多地致力于旅游市场秩序的建立，因此，国家价格政策对旅游社产品价格的影响在逐渐减小。

三、旅行社产品价格的特点

旅行社产品价格具有相关性强、不易控制和时间波动性大等特点。

（一）相关性强

旅行社的许多产品是由不同的旅游服务供应商提供给旅行社，然后再由旅行社加工组合而成的，具有综合性的特点。因此，对旅行社产品制定合理的价格并实现最终销售，就不仅仅是实现旅行社自身价值的方法，同时也成为其他相关企业实现经营目标的途径。

（二）不易控制

由于旅行社产品具有较强的综合性，旅游业中其他部门和其他相关产业产品价格的调整都会直接或间接作用于旅行社产品的价格。因此，旅行社的价格决策是一种在一定范围内的决策，受到较多的约束。

景区提价催涨国内游团费

"十一"黄金周即临，包括五台山、张家界、九寨沟、九华山、三清山、黄山、庐山、崂山、曲阜三孔、泰山等近三分之二热门景点门票价已经出现不同程度上涨。昨天，广州各大旅行社表示，由于各地旅游景点门票涨价，国内游团费将随之上涨。

近年部分景区门票涨价情况

景区	涨价日期	涨价前	涨价后
武夷山	2007年8月21日	220元	250元
五台山	2007年8月22日	90元	168元
张家界	2005年4月16日	158元	245元
黄山风景区	2005年6月1日	130元	200元
武当山	2005年4月1日	70元	110元
神农架内神农顶门票	2005年4月1日	60元	100元
九寨沟	2005年7月1日	145元	220元
黄龙	2005年7月1日	110元	200元
嵩山少林寺	2005年5月10日	40元	100元

广东中旅有关负责人告诉记者，旅游景区门票竞相涨价，旅游成本必然提升，国内旅游成本中景区门票和航空燃油税占很大比例。据介绍，国内不同类型、不同规模景区出现不同程度涨价，不仅涨幅大，平均上涨幅度约50%，而且速度快，大部分景区两三年一涨，有的甚至是一年一涨。目前，包括黄山、张家界、武夷山等著名景区门票价格均超过200元。

南湖国旅·西部假期的董事副总经理郑年军也表示，2005年发改委发出通知后景区涨价风有所减缓，最近有所抬头。早年，旅游线路报价主要由大交通（往返机票价格）组成，景点门票加上住宿、旅游巴士费用，在整体报价中所占比例不到30%。而随着景点门票涨价，旅游线路报价结构改变，如云南、四川等地部分旅游线路，景点门票及住宿费等所占比例已增加至40%。

旅游景区门票价格一涨再涨，部分旅游旺线价格被迫提升，极大限制参团游客热情。广州旅行社有关人士表示，旅行社在旅游过程中只充当着中介作用，对于景区门票、航空机票、酒店住宿和餐饮等成本无法控制，这些元素价格上涨，必然导致旅游产品价格提升。

资料来源：信息时报，2007－09－04，本文有删节.

（三）时间波动性大

旅行社产品具有不可贮存性，如果不能在特定时间销售出去，就无法实现其价值。一个旅行社即使只有一半人报名，团队也要成行，如果旅行社已经在饭店预定了饭店，此时就要承受退房的损失。因此，旅行社会在需求较少的情况下降低价格刺激需求，以使产品的供求水平达到平衡。另一方面，旅行社产品的需求具有较强的季节性，因而价格的季节波动性较大。

第二节 旅行社产品的价格设计

旅行社在为产品制定价格时，必须考虑定价的依据，并且确定明确具体、现实可行的定价目标，在定价目标的指导下选择恰当的定价方法，确定产品的价格。

一、旅行社产品定价依据

旅行社产品的价格水平一般由三个因素确定：由旅行社产品成本决定的最低价格、由旅游者的购买能力和对产品价值的认识决定的最高价格以及旅行社竞争对手同类产品的价格。合理的旅行社产品价格应定位在上述最高价格与最低价格之间，并受到竞争对手的价格的影响而上下浮动（图6－1）。

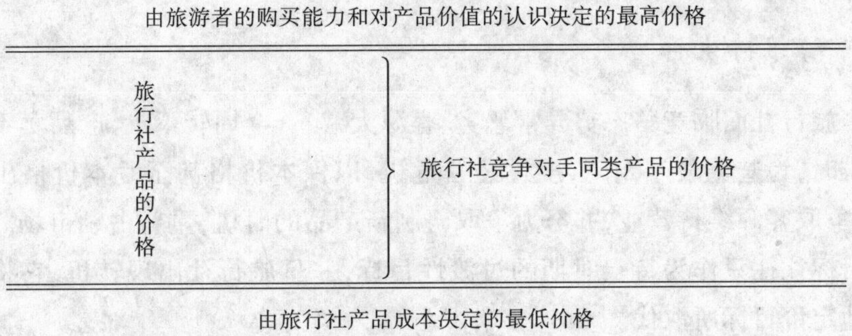

图6－1　旅行社产品价格水平的决定因素

(一)由旅行社产品成本决定的最低价格

以产品成本为依据确定的最低价格也称为保本价格,可以简单表述为变动成本、固定成本与营业税金之和。作为盈利性组织,旅行社产品的价格必须高于保本价格,这也是旅行社能够生存的前提。

(二)由旅游者的购买能力和对产品价值的认识决定的最高价格

旅行社产品的最高价格受两个因素的制约:一是旅游者的购买能力;二是旅游者对产品价值的认识。旅游者的购买能力与其收入密切相关,旅游者对产品价值的认识来源于旅游者的主观判断。比如,作为我国佛教四大名山之一的安徽九华山对于不同的旅游者来说价值是不同的:对于有宗教偏好的人来说,九华山旅游是具有高价值的旅行社产品;而对于没有宗教偏好的人来说,其价值可能偏低。

(三)旅行社竞争对手同类产品的价格

在一个完全垄断的市场上,产品的提供者可以按照上述最高价格来出售。但是,旅行社市场是一个开放的、存在自由竞争的市场,在这种情况下,旅行社产品的定价就必然受到其竞争对手的影响。

二、旅行社产品定价目标

旅行社产品定价目标是指旅行社通过制定特定水平的价格,凭借价格所产生的销售效果去实现预期的目的。旅行社产品定价的目标主要有:维持生存、获得预期收益、产品质量领先、树立品牌形象、扩大市场份额、应对市场竞争等。

（一）维持生存

当旅行社面临竞争态势异常恶劣、客源大减、资金周转不灵、产品卖不出去等困难时，为避免破产倒闭，度过经营危机，以保本价格甚至亏本价格出售产品，以争取客源维持营业，并努力争取研制新产品的时机，重新占领市场。这种定价目标往往只作为特定时期的过渡性目标，一旦旅行社出现转机，它将很快被其他定价目标所取代。

（二）获得预期收益

旅行社生存和发展的前提条件是不断获得利润，有时候旅行社为了保证其利益，会制定一个确保获得预期收益的销售计划。在这个计划里，旅行社估算产品的成本和销量，并在此基础上计算产品的价格。

（三）产品质量领先

当旅行社开发新产品时候，往往会产生较高的开发成本；或者旅行社在提高产品质量时，也会产生较高的成本。为了补偿这部分成本，旅行社通常要制定一个比较高的价格。较高的产品价格，可以维系旅行社的后续运营，可以保证后续产品的高质量。

（四）树立品牌形象

旅行社的品牌形象是旅行社通过长期市场营销等活动，而给予消费者的一种精神感知。旅行社良好的品牌形象会存在于旅游者的心目中，给旅行社带来可观的利润。良好的品牌形象与产品销售、市场占有率、竞争能力等密切相关，这些又会通过价格表现出来。所以旅行社为树立良好的品牌形象，产品价格的制定就要符合品牌形象的要求。

（五）扩大市场份额

市场份额也称市场占有率，是指企业产品的销售量在同类产品销售量中所占的百分比。扩大市场份额可以增加产品的销售量，也就可以为旅行社增加利润总额提供可靠的保证。此外，旅行社在扩大市场份额后，还可以更加充分地享有规模经济带来的益处。

（六）应对市场竞争

在一个竞争激烈的旅游产品市场中，价格是最有效而又最敏感的竞争手段。旅行社如果以竞争对手的价格为基础，再根据自身的条件对自己的产品进行定价，可以有效地应对市场竞争。

三、旅行社产品定价方法

旅行社产品定价方法是旅行社在特定的定价目标指导下，依据对产品成本、竞争对手、消费者认知等状况的研究，运用价格决策理论，对产品价格进行计算的具体方法。旅行社产品定价方法主要包括成本导向定价法，竞争导向定价法和顾客导向定价法三种类型。

（一）成本导向定价法

成本导向定价法是在理解成本的基础上制定价格。成本导向定价法主要有以下几种。

1. 成本加成定价法

成本加成定价法是以单位产品成本加上一定的利润率来确定产品价格的定价法。其定价公式为：

单位产品价格 = 单位产品成本 ×（1 + 利润率）

成本加成定价法是旅行社的一种常见定价方法，其主要优点是计算简便，而且在市场环境基本稳定的情况下能够保证旅行社通过销售此产品获得一定的利润。然而，这种方法是以成本为中心的定价方法，它只能从保证旅行社本身的利益角度制定产品价格，忽视了市场需求多变的现实。所以，利用这种方法制定出来的产品价格有时不能够被广大的旅游者所普遍接受，甚至会因此造成旅行社产品在市场上缺乏竞争力。

2. 目标收益定价法

目标收益定价法是在分析需求、成本、收入和利润之间关系的基础上，力求获得预期的收益。旅行社在定价时首先明确目标收益率和目标利润，然后再预测总成本和销售量，最后确定出产品的价格。其定价公式为：

单位产品价格 =（预计总成本 + 目标利润额）/预计销售量

目标收益定价法的优点是旅行社可以通过这种定价方法保证实现既定的

目标利润和目标收益率，在预定的回收期内收回投资，从而保护了投资者的利益。然而，同成本加成定价法一样，目标收益定价法也是一种从保护旅行社利益的角度出发制定产品价格的方法，没有充分地考虑到市场需求和竞争的实际情况。此外，这种方法是以预计的产品销售量作为计算产品价格的基础。旅行社产品是需求弹性较大的商品，其销售量往往受其价格的影响较大。因此，用这种方法计算出来的产品价格往往难以确保预计销售量的实现。

3. 边际贡献分析定价法

边际贡献分析定价法也称为变动成本定价法，即旅行社所制定的产品价格应包括变动成本及对固定成本的边际贡献。其定价公式为：

单位产品价格 = 单位产品变动成本 + 边际贡献

边际贡献分析定价法主要用于同类产品供过于求，市场竞争激烈，客源不足的时期。此时，旅行社为了保住市场份额，维持旅行社的生存，必须采取这种暂时不计固定成本，以较低价格吸引客户的方法，以图在今后扭转局面。

4. 收支平衡定价法

收支平衡定价法是以保本不保利为原则，计算出总成本与总收入相等时的价格作为旅行社产品的价格，其定价公式为：

单位产品价格 = 固定成本/预计销售量 + 单位变动成本

收支平衡定价法的关键是要正确预测市场销售量，如果实际销售量小于预测销售量，就可能造成旅行社的亏本经营。

（二）需求导向定价法

需求导向定价法是以市场的需求强度和消费者的感受为依据的定价方法，主要包括需求差异定价法和认知价值定价法。

1. 需求差异定价法

需求差异定价法是指旅行社产品价格的确定以需求为依据，首先强调适应旅游者需求的不同特性，而将旅行社的成本补偿放在次要的地位。这种定价方法，就是对同一产品在同一市场上制定两个或两个以上的价格，或使不同产品价格之间的差额大于其成本之间的差额。其好处是可以使旅行社产品定价最大限度地符合市场需求，促进商品销售，有利于旅行社获取最佳的经济效益。

根据需求特性的不同，需求差异定价法通常有以下几种形式：①以顾客为基础的差别定价。它指对同一产品针对不同的顾客，制定不同的价格。比如，旅行社对学生和老年人实行价格上的优惠。②以时间为基础的差别定价。当旅行社产品的需求随时间的变化而变化时，旅行社可对同一产品在不同的时间制定出不同的价格。旅行社产品的需求受到自然条件（主要是气候）和旅游者有无闲暇的限制，需求有明显的季节性特征，再加上我国近年来实施“假日旅游”使旅行社产品需求的季节性更加明显。因此，对同一标准的旅游线路，旅行社可以依据旺季与淡季的需求差别制定不同的价格。③以地点为基础的差别定价。它是指同一产品随着地点的不同而收取不同的价格。比较典型的例子是影剧院、体育场等，其座位不同，票价也不一样。旅行社产品中也存在这种差别定价，比如同一个酒店中同一档次的客房因楼层、朝向、方位的不同而制定不同的价格。④以产品形式为基础的差别定价。对于不同形式的旅行社产品，也许成本有所不同，但它们在价格上的差异并不完全反映成本之间的差异。由于收入、性别和性格等不同，旅游者对产品质量的评判是不同的，这为旅行社实施以产品形式为基础的差别定价提供了条件。为此，旅行社可以把同一产品分作若干不同的形式，比如在同一旅游线路上推出所谓经济团、豪华团等，不同的产品形式对应不同的价格，并且这种价格上的差异与成本差异不成比例。⑤以流转环节为基础的差别定价。比如，对于同一旅游产品，即使是交易量相同，旅游批发商出售给旅游零售商和旅游者的价格往往不同。⑥以交易条件为基础的差别定价。交易条件主要是指交易量大小、交易方式、购买频率、支付手段等。交易条件不同，旅行社可能对产品制定不同的价格。比如，针对散客和团队旅游者，同样的产品旅行社会制定不同的价格。一般来说，十二人以上即可成为一个团队，人数越多，优惠也越多，即产品价格也越低。

2. 认知价值定价法

所谓“认知价值”，也称“感受价值”、“理解价值”，是指消费者对某种商品价值的主观评判。认知价值定价法是指旅行社以旅游者对产品价值的理解度为定价依据，运用各种营销策略和手段，影响旅游者对产品价值的认知，形成对旅行社有利的价值观念，再根据产品在旅游者心目中的价值来制定价格。

（三）竞争导向定价法

竞争导向定价法是以竞争对手的产品价格为定价的基本依据，并结合本旅行社产品的竞争能力制定出有利于市场竞争的价格。其特点是：价格与产品成本和需求不发生直接关系；产品成本或市场需求变化时，如果竞争对手的价格未变，就应维持原价；产品成本或市场需求没有变动，但竞争对手的价格变动了，则相应地调整价格。当然，为了实现旅行社的定价目标和总体经营战略目标，谋求旅行社的生存和发展，旅行社可以在其他营销手段的配合下，将价格定得高于或低于竞争对手的价格，并不一定要求和竞争对手的产品价格完全保持一致。旅行社采用的竞争导向定价法主要包括以下三种。

1. 随行就市定价法

随行就市定价法指旅行社按照行业内的平均现行价格水平进行定价。采用这种定价方法既可以参照同行经验，又可以与同行和平共处，不仅可以体现整个行业的总体价格水平，而且可以满足旅行社对平均利润的追求，避免同行的恶性价格竞争，对经营实力弱的小旅行社较为有利。

2. 竞争价格定价法

从根本上来说，随行就市定价法是一种防御性的定价方法，它在避免价格竞争的同时，也抛弃了价格竞争这一"利器"。竞争价格定价法则反其道而行之，它是根据自身的特点，选取低于或高于竞争者的价格作为自己的产品价格。作为一种进攻性的定价方法，竞争价格定价法多为实力强或具有产品特色的旅行社所采用。

3. 逆向定价法

逆向定价法是旅行社根据竞争对手同类产品的销售情况，先确定价格，然后调整产品的内容和成本。这种方法主要从市场上同类产品的销售行情出发，参考其价格的变化，确定本旅行社的产品价格。其优点是充分考虑到竞争对手的产品价格，因而能够制定出针对性强的产品价格。然而，这种定价方法也存在着明显的缺点，即容易造成产品的质量下降和旅游者的不满，并导致客源减少。

四、旅行社产品定价程序

价格是调节经济利益、传递经济信息、影响经济形象的重要因素。旅行社产品定价的程序主要包括如下几个步骤：

（一）收集有关信息

旅行社应充分收集有关产品供求、竞争状况、经济变化等方面的资料和信息，并对此加以分析、判断、处理，进而为制定合理的价格提供依据。

(二)选择定价目标

选择定价目标,是旅行社定价中首先要解决的问题,它是定价的指导思想。旅行社应根据自己企业的规模、经营状况等内部条件及收集的外部环境、市场状况等信息,来确定适合的定价目标。同时,选择各种定价目标时,要从全局考虑,有所侧重,综合决策。

(三)估算产品成本

成本是定价的最低限度,产品价格高于成本才会有盈利。旅行社应对产品进行估算,进行保本分析,注意成本变化,确定产品的最低价格——保本价格。

(四)分析竞争状况

旅行社在确定价格的同时,要充分了解竞争对手的产品价格、质量、竞争能力等情况,作为定价参考。

(五)测定市场需求

市场需求的测定,通常是对需求的价格弹性进行分析,测定目标市场的需求数量及需求强度,分析旅游者对价格的接受度,以作为制定合适价格的参考。

(六)选定定价方法

旅行社通过以上几个步骤的准备工作后,根据自己的产品情况,选定最有利于实现定价目标的定价方法,最终确定产品的定价。

(七)确定最后价格

价格制定后,还要考虑它是否符合国家相关的政策法令,是否符合消费者心理,根据环境的不同,运用合适的定价,让价格更具吸引力。随着时间的推移和市场竞争环境的变化,还要对定价进行不断的修整,以实现定价目标,提高产品的竞争力。

第三节　旅行社产品的价格策略

旅行社除要根据不同的定价目标,选取不同的定价方法,确定产品的基本价格外，还应注意在不同的情况下，对不同的产品采取灵活的价格策略，以使其更加适应外部环境。

一、阶段定价策略

阶段定价策略是根据旅行社产品生命周期的不同阶段，利用每个阶段产品的不同产量、成本、质量和供求关系等对价格的影响和要求，制定出最有利于本旅行社的价格策略。

(一)产品投入期的定价策略

在旅行社产品的投入期，价格策略主要有撇脂定价策略、渗透定价策略和适中定价策略三种。

撇脂定价策略是一种高价格策略，即在产品上市初期，价格定得很高，目的在于在短期内获取高额利润。这种策略常用于旅行社产品供不应求或者旅游者的需求不受涨价的影响而减少的情况，此时使用高价策略，能在上市之初用高价树立优质形象并迅速收回投资，及时取得利润。

渗透定价策略是一种低价格策略，即在旅行社产品投入市场时，以较低的价格吸引消费者，从而很快打开市场。适宜采取低价策略的一般有：易被仿制的产品；需求弹性较大的产品；市场广阔、销路较广的旅游产品等，一方面利用低廉价格打开销路，同时由于价格低、利润薄，竞争者不愿进入。

适中定价策略既不利用价格来获取高额利润，也不让价格制约占领市场。适中定价策略尽量降低价格在营销手段中的地位，重视在产品市场上更有力或有成本效率的手段。当不存在适合于撇脂定价或渗透定价的环境时，旅行社一般采取适中定价策略。

(二)产品成长期的定价策略

在旅行社产品的成长期，原来的高价或低价逐步转为正常价格。所谓正常价格是指正常纳税后的销售收入能补偿合理成本，并提供不低于行业平均利润的价格水平。

(三)产品成熟期的定价策略

旅行社产品的成熟期，如果旅行社的产品利润明显高于同行业平均水平，应适当降低产品价格,以保护产品竞争力。这样做既可以扩大产品销售、增强竞争能力,又可以推动旅行社从事新产品的开发。

(四)产品衰退期的定价策略

旅行社产品进入衰退期,价格策略应着眼于最大限度地挖掘产品在生命周期最后阶段的经济效益。因此,总的还是采用低价策略。根据具体情况,可分别采取维持价格和驱逐价格两种策略。维持价格策略就是继续保持产品在成熟期间的价格,但在经营上采取一些促销的手法,如加强广告宣传、附赠礼品等。驱逐价格策略就是大幅降价,使价格降到能将竞争者驱逐出市场的地步,以增加市场份额,延长旅游产品的寿命。

二、心理定价策略

心理定价策略主要是在定价中充分利用旅游消费者对价格的心理反应,刺激消费者购买旅游产品。

(一)整数定价

整数定价法主要用于高档豪华的旅行社产品,其价格尽量往上一位,并凑足整数,不要零头或抹去零头。例如,对于某个出境豪华游线路,旅行社通常的报价会是 8 800 元,而不是 7 788 元。但是,在整数定价方法下,价格的高并不是绝对的高,而只是凭借整数价格来给消费者造成高价的印象。

(二)尾数定价

尾数定价法考虑到一些旅游者在心理上常常乐于接受带尾数的价格而不喜欢比其稍高的整数价格。例如,定价为 99 元的商品可能比定价 100 元的商品感觉便宜些。

(三)声望定价

声望定价是利用旅游者“价高质必优”的心理,对在旅游者心目中有信誉的旅游产品制定较高价格。这是因为价格常被当作旅游产品质量直观的反映,特别是旅游者在识别名优产品时,这种心理意识尤为强烈,因此,那些在行业中居于领导地位而且名声极好的旅行社会采用这种定价法。

(四)招揽定价

招揽定价是指将某几种产品的价格定得非常之高,或者非常之低,在引起消费者的好奇心理和观望行为之后,带动其他商品的销售。

(五)吉祥数字定价

吉祥数字定价法就是采取具有吉祥意义的数字作为产品售价的策略。由于民族习惯、社会风俗、文化传统和价值观念的影响,某些数字常常会被赋予一些独特的涵义,旅行社在定价时如能加以巧用,则其产品将因之而得到旅游者的偏爱。比如,在我国文化中,6 和 8 都是吉祥数字,所以我国很多旅行社的产品价格中都包含 6 或者 8。

(六)分级定价

分级定价是旅行社将同一类旅游产品根据质量和包装上的差别分成不同等级,选取其中一种作为标准价格型产品,其余依次排列为低、中、高档产品,再分别为其定价的一种策略。如旅行社推出的北京双飞 5 天标准团、经济团、豪华团和贵宾团的不同定价就是采用分级定价。

(七)关系定价

关系定价是指旅行社制定的价格极低,甚至低于产品成本,旅行社以低价产品来吸引客户,从而达到与客户建立长期关系的目的。在此基础上,旅行社可以获得推销其他正常价格产品,增加销售收入的机会。关系定价注重与客户建立良好的关系,着眼于客户的长期价值和旅行社的长远利益。

三、折扣定价策略

折扣定价是指对基本价格做出一定的让步,直接或间接降低价格,以争取顾客,扩大销量。折扣定价的形式主要有数量折扣、现金折扣、季节折扣和同业折扣等。

(一)数量折扣

数量折扣是指旅行社按照购买者购买数量的多少,分别给予不同的折扣,购买数量越多,折扣越大。其目的是鼓励购买者大量购买,或集中向本旅行社购买。数量折扣具体又分为两种:一是累计数量折扣,即在一定时期内,旅行社产品的购买者的购买总数超过一定数额时,旅行社按购买总数给予一定的折扣;二是非累计数量折扣,即购买者每次购买达到一定数量或购买多种产品达到一定的金额时所给予的价格折扣。

(二)现金折扣

现金折扣是指对现金交易或按期付款的旅行社产品购买者给予价格折扣。若购买者按旅行社规定的付款期以前若干天内付款,旅行社就给予一定的折扣,目的是鼓励购买者提前付款,以尽快收回货款,加速资金周转。如西方国家的旅行社在交易合同中的付款方式上常常使用这类字样“2/15 净 28 天”,这就表示付款期为 28 天,如买方在 15 天内付款,给予 2% 的折扣。

携程游线试行差别定价 比常规报价最多便宜 3 000 元

预订 7 月份的“澳洲游”行程将可比常规报价最多便宜 3 000 元。记者昨日从国内最大在线旅游公司携程网获悉,携程正在革新团队游定价体系,差别定价将首先在澳洲游线路上试行。

记者获悉,近日前往携程预定澳洲游的游客惊讶地发现,前后相差两天预定的同一行程差价竟高达 3 000 余元。面对游客的疑问,携程网度假产品经理徐郅耘表示,这是因为携程正在试行“早预订得优惠”的新策略,提早 2 天预定,就可能省下不少“银子”。

据介绍,新定价策略首先从上海始发的澳大利亚团队开始,凡是前 6 位预订并交付订金的客人,原价 13 100 元的度假产品只需 9 900 元成交,而第 7 至 12 位预订并交付订金的客人也可享受每人 11 300 元起的优惠价。据悉,该系列澳洲“6 晚团队游”由携程翠明国旅提供,包含了往返机票、四星酒店住宿以及悉尼、黄金海岸等澳洲东岸几个旅游热点城市。

记者了解到,澳洲常规线路报价一直维持在 12 000 元以上,对于携程此番分时差别定价,携程度假业务副总裁杨涛解释称,旅客越早预定,企业就越能有效预订旅游资源,从而提高成本控制。

事实上,此举在国内旅游行业尚属“首吃螃蟹”,不过在国际市场上,单订酒店、单订机票以及“机 + 酒”,都可以享受到提早预订带来的优惠。

资料来源:上海青年报,2006 - 05 - 25.

(三)季节折扣

季节折扣指旅行社在旅游淡季时给予购买者的折扣优惠。由于旅游淡季时,旅行社普遍出现客源不足、产品销售困难的情况,因此往往制定出低于旺季时的价格以刺激购买者的消费欲望。

(四)同业折扣

同业折扣是指旅行社根据各类中间商在市场营销中所担负的不同职责给予不同的价格折扣。一般来说,旅游经营商给旅游批发商的折扣较大,给旅游零售商的折扣较小,这有利于促使旅游批发商大量进货,并有可能进行批转业务。使用同业折扣的目的在于刺激各类旅游中间商充分发挥各自组织市场营销活动的功能。

第四节 旅行社产品的价格调整

旅行社为某种产品制定出价格以后,并不意味着大功告成。随着市场营销环境的变化,旅行社必须对现行价格予以适当的调整。

旅行社产品价格调整的动力可能来自于内部,也可能来自于外部。倘若旅行社利用自身的产品或成本优势,主动地对价格予以调整,将价格作为竞争的利器,这称为主动调整价格。有时,价格的调整出于应付竞争的需要,即竞争对手主动调整价格,旅行社也相应地被动调整价格。

一、主动调整价格

(一)降价策略

旅行社主动降价的原因具体表现在以下几个方面:旅行社急需回笼大量现金;旅行社希望通过降价来扩大市场份额;旅行社决定打击竞争对手;旅行社产品需求减少,但是旅行社又无法通过改进产品来扩大销售;旅行社产品的成本降低,费用减少;旅行社出于同中间商建立良好关系的考虑等等。

节后国内游狂降千元 广东旅游业界启动灾后自救

春节刚过,广东旅游市场降价潮不断,多条线路更刷新节后游的低价纪录。据悉,由于春节黄金周国内游市场遭遇雨雪灾害天气重创,广东各大旅行社猛然下调旅游产品价格,力图利用多种促销活动,引领国内游的尽快复苏。

记者13日从此间国内游组团量最大的南湖国旅获悉,春节黄金周刚刚过去,旅游价格也开始大幅度下降,国内游降幅在几百元到上千元不等,最高降幅达两千多元。如海南线双飞4天团降至688元,创节后最低;原价5 099元的东北三省双飞五天团,2月25日出发价为2 699元,降幅高达2 400元,成为节后的"跳水之王"。降至1 099元的华东双飞6天,比节中的1 699元下降了600元；而九寨沟双飞5天更是下降700元，价格低至1 199元。另外，1 358元的桂林双飞四天还实行买一送一的优惠。

除此之外，出境游线路也纷纷加入了“大跳水”行列，降幅普遍超过2 000元，最高降幅超过6 000元。泰国曼谷、芭提雅、大城府双飞六天节后已经降至2 399元，比节中的4 399元降低了2 000元。而经典澳洲大堡礁奇趣八天之旅由21 599降到节后14 699元，狂降6 900元之多。另外，名古屋、大阪、京都、富士山、东京六天游团降至6 489元，埃及、土耳其八天深度之旅降至11 799元，分别比节中的9 389元和14 999元下降2 900元和3 200元。

据业内人士指出，各大旅行社纷纷大打价格牌，以低价来吸引更多游客，力掀一个“畅春游”高潮，这说明节后广东的旅游市场正期待一个复苏期。

今年国家取消了“五一”长假，春节黄金周则成了长线出游的最佳时机。但本应最火的黄金周，却经历冰雪天气的严酷考验，并没有出现业界期待的兴旺场面。旅行社更是损失惨重，由于出省的交通受阻，公路、铁路、民航停运，前往湖南、湖北、广西等地的国内长线旅行团都被迫取消或更改行程。游客大面积退团，国内游组团量比往年下降了30%之多。由于之前看好春节旅游市场，旅行社纷纷在国内各大民航、酒店、景区包下了大量机票、房间和门票。而行程取消，旅行社被迫大量退票和退房。

广东各大旅行社和各大景区积极展开灾后自救行动，纷纷大规模降价，推出多重优惠，借此吸引游客，以弥补黄金周国内游造成的损失。各景区所在地的酒店价格也出现大幅度跳水，以低折扣吸引更多游客。与此同时，航空公司的机票价格从2月9日起已经开始大降价，这也促使国内和出境游线路的出游价格下降。

资料来源：中国新闻网，2008－02－14.

降价最直截了当的方式是将旅行社产品的价格绝对下降，但现实中旅行社更多的是采用各种折扣来降低价格，如上文中提到的数量折扣、现金折扣、季节折扣和同业折扣等形式。此外，变相的降价形式还有：赠送优惠券，实行有奖销售，允许旅游者分期付款，赊销，提高产品档次等。由于这些方式具有较强的灵活性，在市场环境变化的时候，即使取消降价也不会引起旅游者太大的反感，同时又是一种促销策略，因此在现代经营活动中运用越来越广泛。

（二）提价策略

提价确实能够增加旅行社的利润，但却会引起竞争力下降、消费者不满、中间商抱怨，甚至还会受到政府的干预和同行的指责，从而对旅行社产生不利影响。虽然如此，在现实中仍然存在着较多的提价现象。其主要原因是：应付产品成本增加，减少成本压力；适应通货膨胀，减少旅行社的损失；市场需求旺盛，产品供不应求；塑造品牌形象，创造优质效应。

在提价的方式选择上，旅行社应尽可能多采用间接提价，把提价的不良影响降到最低程度，使提价不影响销量和利润，而且能被潜在消费者接受。同时，旅行社在提价时应通过各种渠道向顾客说明提价的原因，配之以产品策略和促销策略，并帮助顾客寻找节约途径，以减少顾客不满，维护旅行社的形象，刺激消费者的需求和购买行为。

二、被动调整价格

由于旅游产品很容易被复制，旅行社往往在推出新产品后很快就遇到竞争对手的进攻，这些竞争对手模仿产品后通过“侵略性的降价”来争夺市场。受到竞争对手进攻后旅行社必须考虑：产品在其生命周期中所处的阶段；产品在旅行社产品投资组合中的重要性；竞争对手的意图和资源；市场对价格和价值的敏感性；成本费用随着销售量和产量变化的情况。对此，旅行社可以有几种选择。

（一）保持价格不变

做出这种选择是因为旅行社认为：如果降价就会使利润减少过多；保持价格不变，市场占有率不会下降太多；以后能收回失掉的市场阵地。旅行社在保持价格不变的同时改进产品、服务、沟通等，运用非价格手段来反击对手。采取这种战略往往比降价和低价经营更合算。

（二）降　价

之所以采取降价的战略是因为旅行社认为：第一，降价可以使销售量和产量增加，从而使成本费用下降；第二，市场对价格很敏感，不降价就会使市场占有率下降；第三，市场占有率下降，以后就难以恢复。但是旅行社在降价之后，应当尽力保持产品质量和服务水平，而不应降低产品质量和服务水平。

（三）提　价

旅行社在提价的同时推出某些新产品，以围攻竞争对手的产品。

在遇到竞争对手的价格进攻时，旅行社花很多时间分析做出哪种选择是不现实的，因为旅行社必须在几天内甚至数小时内明确果断地做出适当的反应。缩短价格反应决策时间的唯一途径是：预料竞争对手的举措，并预先准备适当的对策。

复习思考题

1. 影响旅行社产品价格的因素有哪些？

2. 行程、景点、人数及用房数完全一样的全包价旅游团，是否会有不同的价格，为什么？

3. 在做入境团的计价时，明明是赢利的团队，往往会出现最后结算时却亏损的"怪事"，这是为什么？

4. 针对不同的定价目标，旅行社如何选择适当的定价方法？

主要参考文献

贺学良. 现代旅行社经营管理[M]. 上海：复旦大学出版社，2003.

王坚. 旅行社企业管理[M]. 北京：北京大学出版社，2006.

戴斌，杜江. 旅行社管理[M]. 第2版. 北京：高等教育出版社，2005.

杜江. 旅行社经营与管理[M]. 天津：南开大学出版社，2001.

吴勇，邵国良. 市场营销[M]. 北京：高等教育出版社，2005.

张俐俐. 旅游市场营销[M]. 北京：清华大学出版社，2005.

（英）拉姆斯顿（Lumsdon，L.）. 旅游市场营销[M]. 大连：东北财经大学出版社，2004.

吴昌南. 旅行社价格歧视及其社会福利分析[J]. 科学·经济·社会，2007（3）.

第七章
旅行社促销管理

旅行社的促销管理是旅行社经营管理中的重要环节。旅行社不仅需要高质量的旅游产品,而且还需要符合旅行社自身特点的有效促销策略。促销成功,大量的旅行社产品能销售出去,旅行社就能赢利,发展前途光明;反之,则无赢利,企业就无法生存。所以从旅行社的角度来说,如何随着市场环境的变化,创造出契合企业整体营销战略和战术的促销思路及实施方法,对企业的兴衰存亡有着极其重要的影响。

通过本章的学习,应掌握旅行社促销的涵义,了解旅行社促销的作用;掌握旅行社促销预算和旅行社促销决策的程序管理;熟悉旅行社常用的促销方式的特点和优势;能够初步运用促销组合策略开展旅行社促销活动。

第一节 旅行社促销的涵义和作用

促销即促进销售,就是营销者向消费者传递有关本企业及产品的各种信息,说服或吸引消费者购买其产品,以达到扩大销售的目的。促销实质上是一种沟通活动,即营销者(信息提供者或发送者)发出作为刺激物的各种信息,把信息传递到一个或更多的目标对象(即信息接受者,如听众、观众、读者、消费者或用户等),以影响其态度和行为。

一、旅行社促销的涵义

(一)旅行社促销的涵义

旅行社促销是指旅行社通过各种媒介将旅游产品的有关信息传播给客源

市场中间商和潜在的旅游消费者,促使其了解、信赖并购买,以达到扩大销售目的的一种市场营销活动。旅游促销的根本目的在于激发旅游购买欲望,最终导致购买行为的发生。

潜在的旅游消费者在产生旅游需求后,首先就要了解旅游的各种信息,然后才会有购买行为的发生。对旅行社而言,促销的总目标就是要影响消费行为,把潜在旅游消费者的需求转变成购买行为。为此,旅行社首先要使自己的旅游产品为消费者知道和了解,如果旅游产品是组合产品,就要使消费者了解组合产品的内容、旅游活动的方式、旅游交通条件和旅游活动的范围等。同时,还要让消费者了解产品的特色,并与其他旅行社的产品相区别,力求促使他们购买自己的产品。

旅行社促销一方面是将旅游产品的有关信息传递给旅游消费者,使旅游消费者的需求欲望转变为购买行为;另一方面,在旅行社促销过程中,旅游消费者也会把旅游产品的需求动向反馈给旅行社,使旅行社根据旅游者的需求情况来重组旅游产品。因此,旅行社促销就是旅行社与旅游消费者之间的双向信息沟通过程(图7-1,图7-2)。

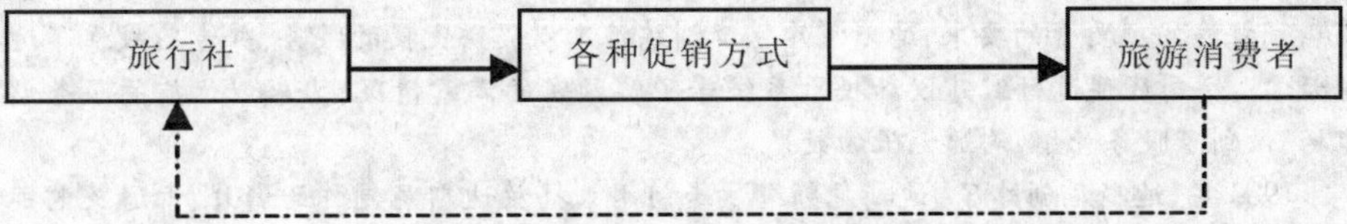

图7-1　直接销售渠道交易双方的信息沟通

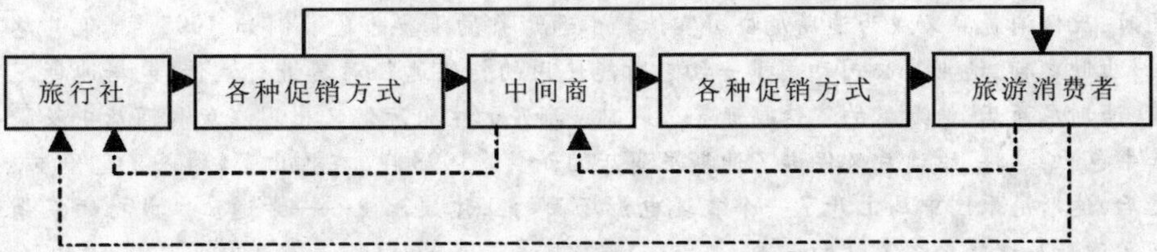

图7-2　间接销售渠道交易双方的信息沟通

(二)旅行社促销的主要方式

旅行社促销的四种主要方式:广告、营业推广、人员推销、公共关系。旅行社可以通过发布广告的形式传播有关旅游产品的信息;可以通过营业推广活动传递刺激购买旅游产品的有关信息;也可以通过人员推销面对面地说服潜在旅游消费者,变潜在消费者为现实消费者;还可以通过公共关系树立或改善旅行社在公众心目中的形象,继而促进旅游产品的销售。这些促销方式的综合运用,被称为促销组合。

迪斯尼成功的促销

谈到美国的旅游景区,许多人可能不知道尼亚加拉瀑布或科罗拉多大峡谷,但是恐怕没有人会不知道迪斯尼乐园。早在1964年,美国总统约翰逊在授予公司创始人沃特·迪斯尼国家自由勋章时,就曾赞许到:"作为一名艺术家,沃特·迪斯尼在旅游娱乐业领域,已经创造出了一个美国大众文化的奇迹。"

从1928年《威利蒸汽船》里倾倒无数世人的欢乐天使米老鼠开始,八十年来迪斯尼不断创造出人见人爱的卡通形象,无论是唐老鸭、三个小猪、白雪公主、辛巴还是花木兰、木须龙,无不是光彩夺目、熠熠生辉的超级巨星。然而走红的并不只是卡通自身而已,作为传递欢乐的载体,迪斯尼公司在传递着它的品牌内涵,树立着品牌形象。

1955年第一家迪斯尼乐园在洛杉矶建成,以后又在佛罗里达、东京、巴黎和香港相继建立了迪斯尼乐园。在每一家乐园里,欢乐、浪漫如同空气一样无所不在,无论是建筑风格、娱乐项目,无不努力营造一个超凡脱俗的梦幻世界。在这里,孩子可以延续他们童年故事中的美梦,而成年人可以拾起他们未泯的童心,体会真实与纯洁。迪斯尼乐园还尽量使用现代化的电子设备,每年补充更新娱乐内容和设施,使乐园成为一个容纳新鲜、纯真的"欢乐王国"。

迪斯尼公司提出了欢乐的四项要素:安全、礼貌、优美和效率。并由此升华出"迪斯尼礼节",围绕这四项要素的要求,迪斯尼斥巨资训练员工以提供优良的服务,并专门成立了迪斯尼大学。公司还通过顾客建议和投诉系统等了解顾客的满意情况,力求以优质的服务创造市场,做到了服务营销,沟通无限的效果。

1983年,迪斯尼创建了"迪斯尼频道",专门用来播放迪斯尼制作的影片、卡通及电视节目来传播迪斯尼信息。1994年通过与台湾博新公司、英国天空电视台签约及收购大都会——美国广播公司,使迪斯尼走向了世界。到1994年,该频道的订购数升到了四百万个。

迪斯尼的形象遍地开花。迪斯尼通过特许经营发展玩偶消费品,每年利润近1亿美元。同时,玩偶消费品又成为迪斯尼公司宣传其卡通形象的重要手段。例如,1995年《玩具总动员》上映之前,迪斯尼公司动用了一切它所能使用的传媒途径对其进行宣传,包括迪斯尼频道、迪斯尼商店、迪斯尼的宣传画册等。同时迪斯尼的主角玩偶又出现在玩具商店中及服装和书包上,这样,卡通片又促进了迪斯尼商店的销售。1993年,在推出了《谁杀了兔子罗杰》之后,迪斯尼乐园中马上开了一个重现电影场面的立体娱乐点——卡通城。成功的促销造就了迪斯尼这样经久不衰的王国。

资料来源:迪斯尼的成功促销. http://jpkc.zjbti.net.cn/scyxx/lya103.htm.

二、旅行社促销的作用

在市场经济条件下,由于竞争和消费者的购买特性,旅游市场日益广阔,潜在旅游消费者不断形成。旅行社要想使旅游产品能在市场上销售,就必须通过促销。市场发展越成熟,促销对产品销售的作用就会越大。

(一)传播信息,沟通供需

即通过促销使旅游消费者了解旅游产品的有关信息。潜在旅游消费者正是通过这些信息,了解、熟悉何种产品在何种条件下能够满足其旅游需求。所以旅行社在组合旅游产品后,就应该尽快地将产品信息传递给旅游中间商和广大旅游消费者,以引起他们的关注。

(二)刺激需求,引导消费

旅游产品作为非一般生活必需品,其消费需求弹性大,波动性强。通过灵活多样的促销方式,可以刺激旅游消费需求,强化特定旅游产品的消费需求。随着经济的发展和人民生活水平的提高,人们生存、发展需要的内容和范围也在不断地扩大,从而形成不断发展的潜在旅游需求。促销可以通过介绍新的旅游产品,展示合乎潮流的旅游消费模式,提供满足消费者旅游需要的承诺,从而唤起消费者的购买欲望,引导好旅游消费。

(三)突出特点,强化竞争优势

面对作为无形服务的旅游产品,消费者很难准确地识别商品的性能、效用。旅游促销是传播旅游产品市场定位的主要手段。旅行社通过促销活动,可以显示自身产品的突出特点,使潜在旅游消费者认识到何种旅游产品更能带来所需的特殊效用和利益,并由此对某种旅游产品形成购买偏好。

(四)稳定销售,加强市场地位

由于旅游市场的激烈竞争,旅行社的产品销售可能起伏不定,市场份额呈现不稳定状态,有时甚至可能出现较大幅度的滑坡现象。旅行社通过生动而有说服力的旅游促销活动,塑造良好的旅游服务形象,赢得更多旅游消费者的厚爱,从而稳定产品的销售,巩固旅行社的市场地位。旅游市场风云多变,一旦出现有碍旅行社发展的因素时,必须通过一定的促销手段,改变自身的消极形象,重塑有利形象,以达到恢复、稳定甚至扩大其市场份额的作用。

由于旅游市场的高度竞争性、旅游产品的无形性及产销同一性,使得促销在旅游产品营销中比其他有形产品的营销发挥着更加突出而重要的作用。2005 年全球总体旅游预算前 10 位的国家中大多数促销预算占到旅游总预算的

60% ~80%。我国旅游促销预算较之以前也有大幅度明显提高。

三江旅游热法国

广西柳州三江侗族自治县拥有丰富的民族风情及程阳侗族风雨桥、马胖鼓楼等重要人文旅游资源。但是三江地处偏僻的大山之中,交通不便,缺乏知名度,以至旅游不旺,外宾罕见。

20世纪90年代初,某国际旅行社针对欧洲人对东方文化的神秘感,在法国推出了桂林—三江风情旅游线的特种旅游产品。经过一段时间促销,该旅行社驻巴黎办事处在检查促销效果时发现收效不大。通过调研,发现法国人特别崇拜时装明星。于是经过一系列策划后,邀请了数名法国当红知名服装模特到中国三江来拍摄广告照片。当法国某著名时装杂志登出了名模们戴着别满毛泽东像章的军帽、背倚侗家木楼悠闲相对和在以侗族风雨桥为背景的水田中赤脚插秧的一组专题照片后,三江在法国的知名度大涨。十余年过去了,由于种种原因,三江县的旅游仍然裹足不前,但惟有法国团是例外,只要到了桂林,法国团多半要去游览三江。法国旅游者希望在品味东方神秘的少数民族风情的同时,能寻觅到当年名模们留下的异国足迹。

陈永发.旅行社经营管理[M].北京:高等教育出版社,2003.

第二节 旅行社促销决策管理

促销决策即促销策略,即对促销对象、促销手段的运用以及对促销效果进行科学的选择、配置、调控以及评价的过程。旅行社促销的目的是将潜在的旅游者转变为实际的旅游产品购买者,促销已成为旅游市场竞争的重要手段。

一、旅行社促销的原则

旅行社促销非常重要,在进行促销时应遵循以下原则。

(一)注意力效应原则

在激烈的旅游市场竞争中,旅行社必须制定有效的旅游促销策略:有针对性地选择目标受众,选择适当的、有创新的促销方式,才可能将人们的注意力从令人眼花缭乱的同类旅游产品的宣传活动中吸引过来,扩大旅游产品和旅行社的知名度。

(二)名牌效应原则

旅游产品的特性决定了旅游产品的质量难评估性。目前我国一些旅行社的服务质量难以令消费者满意。旅行社在进行促销时必须注重名牌效应,增加旅游消费者的信任感，提高企业的信誉度。旅行社一方面要通过内部管理与控制提高产品质量；另一方面要尽量运用广告、公共关系等多种促销手段，加强旅行社形象的长期性持续性的宣传，以获得名牌效应。

（三）特色效应原则

旅行社应进行细致的市场调查分析，明确目标受众的消费需求，突出自己核心竞争力产品的特色，采用适合的促销策略，在旅游消费者心目中建立起鲜明的形象，从而增进旅行社与旅游消费者之间的了解和沟通。

二、旅行社促销预算

旅行社促销预算是指旅行社在一定时期内从事促销活动所需的经费总额和基本使用范围。

在进行旅行社促销时，不论采取何种促销方式，都需要花费一定的资金才能进行。因此，旅行社会面临两个问题：一是预算费用的确定；二是预算费用在各促销方式中的合理分配。没有预算的有效支持，旅行社促销不可能有效地实施。旅行社促销预算是旅行社促销管理中极为重要的决策，因为促销预算过大，导致成本增高，必然影响旅行社的利润水平；促销预算过小，则会影响销售量，进而也会影响利润。旅行社促销预算也是一项非常困难的决策，因为旅行社要面临很多难以把握的不确定性因素。

（一）预算费用的确定

促销预算的制定方法一般有四种。

1. 量力支出法

旅行社根据自己的实际财力，来确定下一个阶段产品促销费用预算。这种方法简单易行。目前国内许多旅行社均采用此法，如有多余钱做广告，没钱则不做广告，没有长期的促销计划。这种方法忽视了促销对旅游产品销售量的影响，导致了年度促销预算的不确定性，给制定长期市场计划带来困难。这种方法既可能导致多支出促销费用，也更可能导致促销费用不足。量力支出法错置了促销原因与销售结果的关系，使那些经营状况本来就不好的旅行社难以取得有效的促销效果。

2. 销售百分比法

旅行社按照销售额(一定时期的销售实绩或预计销售额)或单位产品售价,以一个特定的(现行的或预测的)百分比来安排促销费用。销售百分比法有它的优点,以此法确定的促销费用可以因旅行社的承担能力差异而变动。其次,这种方法鼓励旅行社管理层以促销成本、销售价格和单位利润的关系为先决条件进行决策,又能鼓励竞争的稳定性。但销售百分比法安排促销费用只依据可用的资金,没有考虑各种产品和服务自身的特点或各个地区的市场需要,不能充分利用市场机会,难以实施长期市场计划。

3. 竞争对等法

以竞争对手的大致费用来决定自己的促销预算。这种方法可以保证旅行社促销方面不落后竞争对手,是一种维持与竞争对手均衡关系的方法。这种方法必须建立在对竞争对手足够了解的基础之上,旅行社还要确信竞争对手与自己的情况相似或相同,并且竞争对手的预算是正确的。但不同的旅行社,其声誉、经济实力、机会和目标有很大不同,因而模仿竞争对手有一定的盲目性。采用这种方法的旅行社大都是财力雄厚的大旅行社,资金不足的中、小旅行社使用这种方法具有一定的风险性。这种方法在实际应用中又可分为市场占有率法和增减百分比法。

市场占有率法,即首先计算竞争对手在特定时期的市场占有率及其促销预算,求出竞争对手单位市场占有率的促销费用,并在此基础上,乘以本旅行社预计市场占有率,即得出本旅行社的促销预算,其计算公式为:

$$\text{促销预算}=\frac{\text{竞争对手特定时期促销预算}}{\text{对手市场占有率}}\times\text{本旅行社预计市场占有率}$$

增减百分比法,即根据竞争对手本年促销预算比上年促销预算增减的百分比,作为本旅行社促销预算增减百分比的参考数,其计算公式为:

$$\text{促销预算}=(1\pm\text{竞争对手促销预算增减率})\times\text{本旅行社上年促销预算}$$

4. 目标任务法

这是一种比较科学的方法。使用这种方法首先确定促销目标,然后明确实现旅行社目标所需进行的各项工作,再根据各项工作所需的费用确定预算。采用这一方法应考虑旅游产品所处的不同生命周期阶段的推销特点。如试营业阶段需要大量树立形象的促销费用,迅速增长和稳定饱和阶段只需要有保持知名度的促销费,衰落阶段甚至可以不做广告,将促销费用集中在新产品的开发上。这一方法也应考虑自己与竞争对手产品的差别性。产品差别大,促销费用可以少一些;产品差别小,促销费用可以多一些。另外,还要考虑促销工作对实际销售额增加的可能性大小来确定预算。

显然,目标任务法的最大优点是将促销预算与促销成果联系起来。其缺点是很难判断哪一项任务是为完成某一目标所必须的。如为提高旅行社的知名度,很难说哪一种促销方式是必须的,哪一种促销发生是可以节约的。

(二)预算费用在各促销方式中的分配使用方法

预算费用合理分配使用的目的是能用同量的促销费用创造出更多的销售收入。具体方法是:先按不同客源市场目前和将来可能提供的销售收入大小分配相应的预算费用,除不需要促销的特殊客源市场外;接着再按不同促销方式的作用大小来分配费用的使用,作用大的就多分,作用小的就少分;再按季节分:淡季促销费用可多一些,旺季促销费用可少一些。

三、旅行社促销决策的程序管理

旅行社促销是一种与旅游消费者进行信息沟通的行为过程,也就是通过各种渠道(媒介)向旅游消费者提供和接收反馈信息,激发他们的兴趣和购买欲望,并在他们产生购买行为之前的各阶段提供信息支持。

各种促销信息由于内容、形式、渠道的不同,对旅游消费者的影响效果也不同。要做到成功地与旅游消费者沟通,必须有一个有效的沟通模式,即:由谁来说—说什么事—通过什么渠道传播—传播给谁—产生效果如何。包括旅行社、编码、信息、媒体、旅游者、解码、反应、反馈和干扰九个要素(图7-3)。

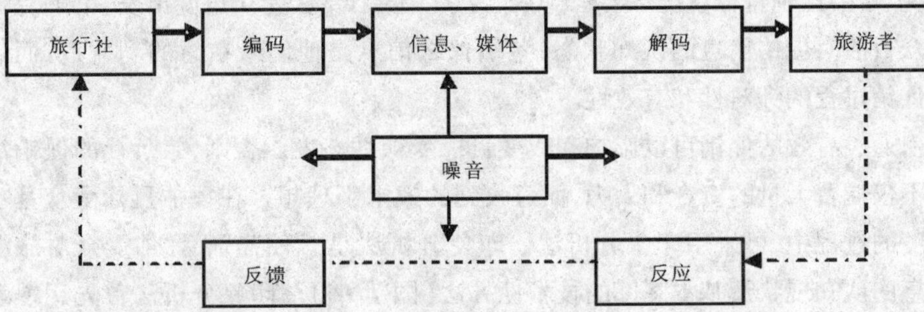

图7-3　九要素沟通模式

旅行社与旅游者是沟通的主要参与者；信息与媒体为主要的沟通模式；编码、解码、反应与反馈反应主要的沟通职能；最后一个要素表示系统的噪音。该模式强调了有效沟通的关键因素：旅行社要知道把信息传播给何种旅游受众，并想得到何种反应；旅行社需根据旅游受众的信息解码方式来对信息进行编码；利用能传播到旅游目标受众的有效媒体来传递旅游产品信息；建立反馈渠道，以便了解旅游者对信息的反应。

要使旅游产品信息有效，旅行社的编码过程必须与旅游者的解码过程相吻合。旅游产品信息必须是旅游者所熟悉的基本信息。旅行社与旅游者的经验领域重叠得越多，信息就越可能产生效果。旅行社的任务就是将信息传递给旅游者。但在旅游市场中存在着大量的噪音，人们每天被数以百计的旅游信息所包围，旅游受众可能因为种种原因得不到旅行社希望他们得到的旅游产品信息。因此旅行社必须设法使这些信息能引起注意。潜在的旅游者注意到信息的可能性如下列公式：

$$\text{注意的可能性}=\frac{\text{所感受到的受益度}-\text{所感受到的受损感}}{\text{为感受到付出的努力}}$$

旅游促销的实质是旅游营销者与旅游产品潜在购买者之间的信息沟通。旅行社促销决策的程序管理应着重把握旅游消费者如何接受和处理旅游产品信息，以及这些信息是如何影响旅游消费者的心理及行为等。

（一）确定目标受众

旅游促销应当有明确的目标受众，包括旅游产品的潜在购买者及旅游者。旅行社应了解旅游者与潜在旅游消费者不同的需求、态度、购买偏好、地理分布状况、年龄性别特征状况、经济实力等因素。促销要从受众角度出发，了解目标受众目前对促销信息的认知状态，鉴别什么信息是他们最在意的利益，从而保证促销过程的针对性和有效性。

通过有效的促销可以影响和改变目标受众的态度。否则，旅行社的促销活动不仅耗费大量的资金和人力，而且收到的效果不理想。在评估目标受众基本态度的过程中，可采用印象分析法。印象分析法是一种鉴别、评估受众对旅游信息的认知现状及基本态度的技术性方法(图 7－4)。印象分析法首先用熟悉量表测量受众对旅游信息的认知程度，当受众对旅游信息不甚了解时，促销的主要目标是让受众知晓。当受众对传播信息比较了解时，可以接着用偏好量表测量受众对事物的喜好程度,如果受众对传播信息的喜好程度较低,促销的主要目标是提高受众对事物的喜好程度。

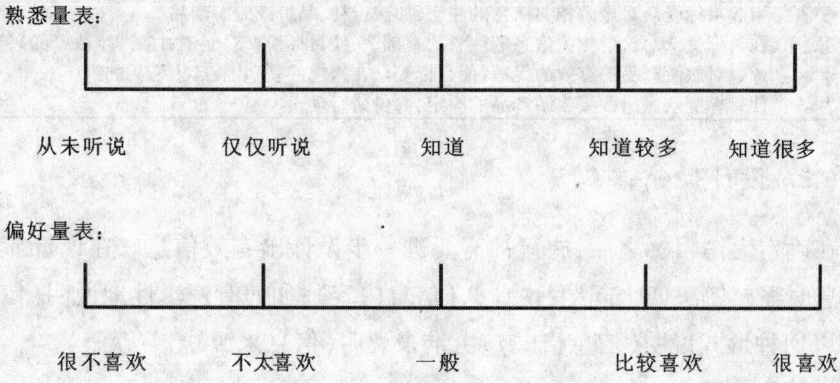

图7-4 印象分析法

(二)确定促销目标

目标市场及其特点一旦明确后,旅行社要衡量受众反应,即目标受众对旅行社及旅游产品所抱态度和发展趋势。最终的反应当然是购买与满意,但旅游消费者的购买行为是漫长决策过程的最后结果。表7-1反映了消费者反应阶段的模式,所有这些模式都假设购买者依次经历认知、情感和行为三个阶段。

表7-1 消费者反应阶段模式

阶段 模式	认知阶段	情感阶段	行为阶段
AIDA 模式	注意 → 兴趣 → 欲望 → 行为 (Attention) (Interest) (Desire) (Action)		
影响的层次模式	知晓认识 → 喜爱 → 偏好 → 确信 → 购买		
创新模式	知晓 → 兴趣 → 评价 → 尝试 → 采用		
信息沟通模式	显露 → 接受 → 认知反应 → 态度 → 意向 → 行为		

旅行社在进行促销活动时,可以寻求目标受众的认知、情感、行为的反应,相应地施加影响,以达到旅游信息传播的目的,从而改变旅游消费者的态度或者使旅游消费者采取行动。

目标受众对传播信息的反应模式中,AIDA 模式描述了注意、兴趣、欲望和行为四种状态。按照这四种状态,可以确定促销目标(表7-2)。

表 7-2 目标受众不同反应下的基本促销目标

反应状态	促销目标
注意	引起目标受众对旅游相关信息的注意,如旅行社、品牌或旅游产品
兴趣	在目标受众对旅游相关信息的注意的基础上,使目标受众对促销对象产生浓厚的兴趣
欲望	通过对旅游产品的有效的促销,使目标受众在兴趣的基础上,产生购买的欲望
行为	使目标受众做出购买旅游产品的决定,并付诸行动

(三)设计促销信息

在确定促销目标之后,旅行社需要进一步设计出有效信息。在设计旅游促销信息时需要解决四个问题:说什么(信息内容);如何有逻辑性地说明(信息结构);以何种形式说明(信息格式);由谁来说明(信息来源)。

1. 信息内容

旅行社向旅游者与潜在旅游消费者传播的宣传主题或诉求、构思或独特的促销建议。一般来说,信息内容包括三种类型:理性诉求、感性诉求和道德诉求。

理性诉求,用于激发受众的自我兴趣。其方式是传达符合旅游者追求兴趣的有关旅游产品的质量、经济性、价值或功能的信息。如关于药物温泉浴治疗皮肤病疗效的介绍,分时度假产品价格的优惠性等相关信息。人们普遍认为旅游消费者对理性诉求反应最强烈。

感性诉求,即通过激起人们某种特殊的感情来推动其购买,如渲染沙漠之旅的神秘。

道德诉求,是指在传递旅游信息中利用公共道德标准规范受众行为。例如,通过传播绿色旅游鼓励受众树立起保护自然的意识,从点滴做起,为留住美好自然做出一份贡献。

2. 信息结构

信息结构主要包括有描述顺序信息结构、一对二争论信息结构、得出结论信息结构三种形式。描述顺序信息结构是指在引出问题时,旅行社可以采取把关键的论点放在开头或结尾两种不同方式阐述有关信息内容;一对二争论信息结构是指旅行社采用是否仅赞誉该产品或是同时提及它的某些缺点的方式来传递有关信息;得出结论信息结构,是指旅行社采用传递给公众确定的结论或者将结论留给公众自己总结这两种不同方式的来进行信息的沟通。

在具体操作时,应避免出现负面影响:当目标受众认为旅行社不可信时,会拒绝接受旅行社沟通的努力;传播的信息较简单或受众很机智时,他们对传播一些显而易见的信息可能会十分恼怒；如果信息是高度私人性的，受众会拒绝依从旅行社所作的结论。

3. 信息格式

旅行社必须创造一种强有力的信息传播形式。在旅游促销沟通中，主要表现为旅行社对促销广告的标题、文稿、插图和颜色，广告播放时的音质与音量，以及促销人员体态语言等方面因素的处理与组织过程。

4. 信息来源

即信息的发送者。在旅行社促销活动中，选择信息来源时，要注意专业性、可信度和喜爱度。信息代言人与所代言的内容要一致，另外，信息由信誉很高的信息来源传播时，会有很强的说服力。

（四）选择信息沟通渠道

旅行社促销的信息沟通渠道分为人员信息沟通渠道与非人员信息沟通渠道两种类型。其中，人员的信息沟通是指促销人员与目标视听顾客之间直接或者通过电话、电视传媒或书信等方式进行旅游信息的沟通。具体包括企业的推销人员、有关专家或社会上其他人同目标购买者所做的接触。人员传播的传播效果好，但传播效率低。

非人员信息沟通是指不需要人员接触或信息反馈的传播媒介，包括媒体、气氛、为强化购买者对产品的了解而设计的氛围和事件。

媒体由印刷媒体（如报纸、杂志、信函）、广播媒体（如收音机、电视）、网络媒体（如电话、电缆、卫星、无线电）、电子媒体（如录音机、录像带、光盘）以及展示媒体（如广告牌、标牌、海报）等组成。绝大多数非人员信息都是从有偿媒体中传出的。

气氛是通过有意营造的环境、氛围来让受众接受、感觉到相关信息的非人员传播渠道。如豪华饭店则用华贵的枝形吊灯与大理石柱，创造一种豪华的气氛。

事件是通过特定的活动来对目标受众传递特别的信息。比如公关部门安排的新闻发布会、大型旅游节开幕式和体育赞助活动等。

（五）提出促销总体预算

旅行社在编制促销预算时，应明确其特定的目标及为实现这些目标所需费用的总额，同时根据本企业的经济实力和促销可能带来的销售利润以及竞争对手的促销费用开支状况等制定出促销总体预算。

(六)确定促销组合

由于单一的促销手段难以使旅行社获得竞争优势,因此旅行社必须将广告、人员推销、营业推广和公共关系有机地结合起来,形成整体的促销策略,以有效地开展促销活动。

(七)衡量促销效果

信息传播者必须对促销活动对目标受众产生的影响程度进行评估,主要包括信息传递效果的评估与销售效果的评估。信息传递效果的评估主要通过向目标受众征求意见或者运用现代科技手段进行测试。销售效果的评估则通过试验法来测试促销带给销售额的增长状况。

(八)管理和协调总体的促销沟通过程

旅游市场营销是一个动态的过程,因此旅行社营销战略的调整、旅游市场环境的变化都会影响到旅游促销的实施。这就要求旅行社要及时协调营销沟通活动,进行必要的促销范围、强度、频度和重点的调整,通过加强对营销沟通过程的管理以不断地提高沟通的效果。

旅行社的婚庆促销

到国外举办婚庆或度蜜月逐渐成为近年来都市年轻一族的结婚时尚,市场需求日趋旺盛。面对婚庆旅行市场如此巨大的潜在商机,北京等地应运而生了旅行社与专业婚庆公司联姻的经营模式。中国妇女旅行社和北京紫房子婚庆公司联手推出“情缘之旅泰国游”和“泰国蜜月六日游”等项目,安排带有吉祥意味的大象代替豪华汽车、证婚人为新人戴上寓意白头到老的泰式联姻环、中式的拜喜堂与泰式的来宾播撒吉祥水仪式相穿插、泰国柚木角楼装饰成新人的洞房等项目,将异国婚礼的特色与中国婚礼的亮点有机地结合在一起,非常符合年轻一代求新求变的口味,给北京旅游市场带来了不小的震动。该线路新人参团价为8 288元,亲友参团为5 800元。虽然价格比普通游要高一些,但该线路浪漫、省心又新颖。而且所有节目均有精心细致的设计和体贴入微的专业安排,消费者感觉物有所值,报名者络绎不绝。

资料来源:旅行社与婚庆公司“联姻”大有可为[EB/OL]. http://www.jidiao.net/space-506-do-blog-id-379.

第三节 旅行社促销组合与促销效果评价

随着旅游市场多元化的发展和竞争的日趋激烈,要求旅行社要更新、更充分地综合利用各种促销方式。旅游促销组合是把各种旅游促销方式,根据促销的需要进行合理选择和组织的过程。

一、旅行社促销组合要素

旅行社促销组合要素是指旅行社在特定促销目标和特定促销预算指导下,旅游促销组合必不可少的方式。旅行社常用的促销方式主要有:广告、营业推广、人员推销和公共关系等。

(一)广 告

广告具有悠久的历史。自从人类社会出现商品交换和市场以来,就产生了广告,比如街头叫卖、悬挂招牌等。随着商品经济和科学技术的发展,广告的形式也日益丰富。15 世纪中叶,美国第一位印刷家威廉·凯克斯顿引出第一张文学广告。1662 年,英国《每日新闻》开始刊登报纸广告。1882 年,哈默在伦敦安装了第一个灯光广告。20 世纪 20 年代出现了广播广告,20 世纪 40 年代出现了电视广告。

1. 广告的概念和作用

顾名思义,广告就是广而告之的意思,这是一种高效的促销方式。它指旅行社通过媒体为其产品作公开宣传,以影响消费者与中间商的购买行为,从而促进旅游产品的销售。

广告是非人员性的促销活动,它可以把旅行社的产品信息广泛地传递给旅游消费者,架起旅行社与旅游消费者之间的桥梁,大大地缩短旅行社与旅游消费者建立联系的时间,不仅引导旅游消费者购买产品,而且可以激励需求,创造需求,从而扩大旅游产品的销售。

2. 广告的种类

根据广告的区分方法不同,可以将广告分为不同的类别。根据目的不同,广告可分为产品广告和企业形象广告;根据内容的不同,广告可分为介绍性广告、说明性广告、分类性广告和比较广告;根据所使用的媒体不同,旅行社常见的广告可分为直接媒体型广告和大众传媒型广告,每种媒体又存在为数众多的载体,如特定的电视节目、杂志等。媒体广告作为重要的旅行社促销方式由来已久,但是要了解和掌握不同媒体的特点。

旅行社的直接媒体型广告主要包括户外广告和直接邮寄。直接媒体型广告具有自主选择宣传对象、广告命中率高、人情味较浓的优点。

户外广告是指通过户外的道路指示牌、建筑物和交通工具等进行宣传。户外广告灵活、可展示较长的时间、醒目、重复性高、费用低,竞争者少。但户外广告针对性不强,内容局限性大,创新余地较小。旅行社要慎重挑选户外广告的地点,广告要尽量张贴在交通口岸和要道以及其他人来人往的地方。

直接邮寄是一种通过商业信件、宣传手册、个性化的名片等邮寄品作宣传的广告形式。直接邮寄促销的优点是针对性强,灵活、方便,虽然不能与目标受众直接接触,但它却可以把大批广告宣传品直接邮寄给目标受众,可以避开同一媒体的广告竞争,往往能产生很好的经济效益。例如,一般说来,一家国内旅行社一次邮寄发出的促销信息资料,应以千计。然而,只要产生千分之一的效果,有一家外地客户旅行社购买了此产品,并且发来 1 ~ 2 个团,此次邮寄促销的全部费用即可收回。如果这家客户旅行社长期购买此产品,或产生的促销效果不只此一家,而是两家、三家,甚至更多的客户,那么此次邮寄促销产生的经济收益则是不可估量的。正因为如此,直接邮寄促销方式几乎被每家旅行社采用。其缺点是形式单调,相对成本较高,由于滥寄容易造成受众反感,特别是当促销信件满天飞的季节,甚至会遭到未拆封就被置之高阁的命运。故而直接邮寄的促销宣传品外观一定要设计得有特色,必须有能引人一睹的魅力。

大众传媒型广告主要包括电视广告、杂志广告、报纸广告、广播广告和网络广告等。

电视作为旅游媒体的优点是广告形象真实生动、感染力强,视听并存、图文并茂,是最富有感染力的广告媒体,而且针对性强、传送及时、覆盖面宽、重复率高。有利于展示旅游景点的特色和魅力以及旅游线路销售信息的及时发布。缺点是播放时间短,制作较难、费用高,越是覆盖面宽、级别高的电视台收费越昂贵,非一般旅行社财力所能及。目前,只有极少数的大旅行社在特定的旅游频道或专门频道中出资进行电视广告宣传。

丹霞景区的广告促销

某县拥有一流的丹霞景区,20 世纪 90 年代初刚开放时,第一年仅有 2 000 余人次游客。第二年五一节前夕,该县旅行社请其附近某城市电视台制作了该丹霞景区的一部专题片,在长达一周的时间里每天晚上新闻联播之前在该市播送,结果五一劳动节那天,该县就接待了 2 000 多人次游客,弄得全县城住宿人满为患,县政府也出动大批干部到旅行社帮忙,电视广告效果真可谓立竿见影。

旅游杂志是以旅游中间商及旅游爱好者为特定读者的广告媒体,具有针对性强，易于携带、保存，同时杂志印刷精美，图文并茂，在其锁定的旅游读者层中信誉度高等优点。但广告周期长、版面受限制，对潜在的旅游者鞭长莫及、影响较小。

报纸是最早使用、最常规、最及时的"有案可查"信息传递工具，传播面广、反复使用率高、读者信任度相对较高、费用相对较低，多数旅行社财力均可承受。报纸可分为全国性报纸、地方性报纸、专业性报纸三类，广告价格各不相同，旅行社应根据旅游产品的不同目标市场与自身的财力选择不同的报纸作为广告媒体。尤其是在报纸旅游专栏上刊登旅游广告效果更佳，在美国大约有50%～60%的旅行社首选报纸作为广告媒体。

报纸的局限性主要是印刷质量不理想，报纸版面越办越多、内容纷杂、广告充斥，这导致一般广告不显眼，表现力较弱，一般读者多不看或仅简单浏览一下广告部分，从而常使广告失去了意义。

广播广告具有及时、灵活、重复率高、价格低等优点。调频广播的出现和经济台、商业台、信息台等的发展，使广播媒体恢复了一定的竞争力。但其缺乏视觉效果，因而广告效果相对较差。一般适合旅游交通与旅行社销售信息的辅助广告媒体。

网络广告是21世纪最新、最现代化的一种电子媒体广告，具有传播快，覆盖面遍及世界各地，广告形式灵活，网页设计图文并茂、生动、内容容易更新，成本低廉，而且与上网者可进行双向信息交流，引人入胜，说服力强，在知识分子与青年人中易于造成影响等优点。但对于许多缺乏网络知识的人说，不知道如何浏览网站广告，目标受众相对有限，所以网络广告虽是最有生命力与光辉未来的大众传媒型广告形式，在中国现阶段仍处于发展阶段。

（二）营业推广

1. 营业推广概述

营业推广是指旅行社为了使目标受众尽早并且尽可能大量购买旅行社产品而进行的各种短期的、鼓励性的、非连续性的、灵活的促销措施和手段。营业推广的着眼点往往在于解决一些更为具体的促销问题，承担短时间内具有特定目的的促销任务。

营业推广的目标受众主要有三种：一是潜在旅游消费者和旅游者，目的在于吸引潜在旅游消费者尝试购买旅行社的产品，鼓励旅游者重复购买旅游产品。二是旅游中间商,目的在于吸引和巩固旅行社和其他旅游中间商的合作,包括熟悉业务旅行、旅游博览会、交易折扣、联合广告、销售竞赛与奖励和提供宣传品等众多不同的方式。三是推销人员,目的在于鼓励推销人员开拓新的市场,寻找更多的潜在旅游者。

2. 营业推广的方式

营业推广方式多种多样,能从不同的角度吸引有不同要求的旅游产品消费者。具体包括免费赠送、折扣优惠、竞赛促销和组合推广等。

免费赠送是指旅游消费者免费获得旅行社赠与的某种特定的物品或利益。如赠送给团队旅游者的旅游帽、文化衫、旅行袋、旅游团徽章等;又如分发给旅游中间商、散客、潜在旅游者的不干胶招贴、宣传折页、手册、画册、个性化明信片、自制音像制品、年历和台历等。这种方式刺激和吸引强度大,旅游者也十分乐于接受。

折扣优惠是指旅行社对旅游消费者和旅游中间商折扣让利的促销方法,使消费者以较少的价格获得更多的产品和利益。折扣优惠的方法主要包括:折价券、折扣、返还优惠和合作广告等。这种折价让利的促销方式,可以使旅游消费者或中间商获得实惠,在现实中的运用十分广泛。

竞赛促销是利用人们的竞争心理,通过组织相关的竞赛活动以达成促销目的的促销方式,包括旅游消费者竞赛、旅游中间商竞赛和销售人员竞赛。通过富有趣味和游戏色彩的竞赛活动,吸引旅游者、中间商和销售人员参与,推动和增加销售。

组合推广是通过一些综合性的手段,进行旅游产品促销,它是各类促销工具的综合应用与组合搭配。比如利用节日或某一事件进行营业推广,像世博会、举办旅游年、旅游博览会、啤酒节等。

(三)公共关系

公共关系强调为本组织的长远利益而采取真诚服务于公众的原则,通过有计划的长期努力和传播沟通,树立良好的组织形象,达到组织与内外公众的信息沟通,实现公众对本组织的理解、支持与合作。它是一种先进的科学管理思想和艺术,对于塑造旅行社富有魅力的公众形象,提高知名度与美誉度,增强市场竞争力具有重要的意义。

公共关系活动主要包括以下几个方面:

1. 利用新闻媒介宣传

利用新闻媒介宣传旅行社及产品是旅行社乐意运用的公关方法。由新闻媒介进行宣传,具有客观性和真实性,有利于旅行社向公众展示自己的发展成就与公益形象。旅行社应善于将旅游经营活动和社会活动发展成为新闻,及时通过媒体进行正面宣传,努力引起社会公众的关注,通过新闻媒介达到比广告更为有效的宣传效果。

2. 参与社会活动

旅行社通过举办各种具有社会性、文化性的赞助或公益活动活动,表现旅行社对社会的一片爱心,体现旅行社良好的精神风貌,同时广交朋友,亲善人际关系,从而以旅行社对社会的关心换来社会对旅行社的关心。

3. 组织宣传展览

旅行社可以组织编印宣传性的文字、图像材料,拍摄宣传影像带以及组织展览等方式开展公共关系活动。通过一系列形式多样、生动活泼的宣传,让社会各界认识本旅行社、了解本旅行社,从而达到树立旅行社企业形象的目的。

4. 塑造旅行社文化形象

旅行社要通过全体员工的言谈举止来塑造、传播旅行社文化形象,因此旅行社应结合具体情况,有计划、有步骤、有重点的建设旅行社文化,提高员工素质,活跃文化氛围,从深层次有效地进行公关活动。

(四)人员推销

人员推销是指由旅行社派出销售人员,直接向目标受众介绍和销售旅行社产品的促销行为。旅行社的推销人员可分为两类:一类是内部销售人员,他们一般在营业厅用电话和传真等通讯工具与潜在消费者联系,洽谈业务,并接待可能成为购买者的人员来访;另一类是外联销售人员,做流动销售,上门访问客户。另外旅行社还可以使用合同推销员、代理商、经纪人等,按照其销售额付给佣金。如果说国际社受经费的制约,在派员出境直接推销方面取慎重态度的话,国内社则普遍在一年中至少派出外联人员向客户旅行社推销三次:春节前后或3月中旬前一次;6月一次;赴每年的国内旅游交易会一次。而新组建的旅行社对旅游目标市场的旅行社第一轮登门推销更是必不可少。

1. 人员推销的原则

许多取得显著成效的推销人员,尽管他们在不同的地点和时间,采用不同

的方式和技巧,但他们都遵循一些共同的原则:

(1)互惠互利原则。互惠互利是双方达成交易的基础,是推销人员自信心的来源,也是赢得回头客,获得竞争地位的重要筹码。因此,搞清交易能给双方带来的利益,用能给旅游消费者带来的利益说服顾客,找出双方利益分配的最佳点,决不做只对一方有利的交易。

(2)人际关系原则。推销人员推销旅游产品时,必须建立真诚、坦白、富有感情的和谐人际关系。和谐的人际关系容易形成互相信任、互相理解、及时沟通的良好局面。推销人员应善于利用各种人际交往方式,扩大交际范围,使自己成为一个受欢迎的人,这样才能更好推销出旅游产品。

(3)尊重顾客原则。尊重顾客就是尊重顾客的人格,重视他们的利益。推销人员应从顾客的角度出发,关心顾客所想,帮助其消除疑虑,以获得旅游消费者最大限度的回报。

2. 人员推销的基本过程

(1)推销前的准备工作。第一,寻找可能的顾客。了解推销对象的旅游消费需求情况和支付能力。第二,制定推销计划。确立具体的工作目标、选择推销的方式和辅助工具、拟定推销的时间和地点、预测推销中可能产生的一切问题等。

(2)推销过程。首先,推销人员灵活运用各种技巧引起目标受众对所推销旅行社产品的注意,引发和维持他们的兴趣。其次,推销人员通过讲解与示范,展示旅行社产品的特色以及带给旅游消费者的利益。再次,针对目标受众对旅行社产品提出的问题,推销人员应详细解答,消除他们的忧虑,力争促成交易。最后,推销人员把握时机,帮助目标受众做出最后的选择,促成交易的成功。

(3)后续工作。要让消费者满意,并使他们继续购买旅行社产品,后续工作必不可少。达成交易后,推销人员应着手履行各种具体工作,做好服务工作,妥善处理可能出现的问题。后续工作还要做好追踪访问工作,追踪访问比多次访问的投入少、效果好,能够与消费者保持良好的关系,树立消费者对旅行社的信任感,促使他们重复购买旅游产品,并利用他们间接宣传,争取更多的新顾客。

由于推销人员的培训和报酬较高,与其他促销方式相比,人员推销的成本费用较大,特别是外联促销费对旅行社来说是沉重的经济负担。

网上促销

自从电子商务步入我国旅游业以后,网上促销成了一些旅行社特别是经营国际旅游业务的大社的重要促销手法。旅行社在著名的旅游网站上付费建立自己的网页,介绍本旅行社及旅游产品、公布优惠信息以达到促销的目的。因为网上促销的宣传面广泛、网页设计图文并茂、表现手法灵活、内容容易更新、成本低廉,而且与上网者可进行双向信息交流,引人入胜,说服力强,因而促销效果好。网上促销是旅行社促销的发展方向之一,是最新、最经济、覆盖面最广、传播速度最快的促销方式。目前我国的旅行社也开始进行网上促销,如国旅总社(http://www.cits.net)、中旅总社(http://www.ctsho.com)及广之旅(http://www.gzl.com.cn)等都已建立了自己的网站。然而,由于我国的信誉评价体制尚未建立,加之旅行社严重缺乏熟悉电子商务的人才,致使我国旅行社的网上促销收效远不如外国,大量旅行社仍与网上促销无缘。但是有远见的旅行社应当积极招揽电子商务人才,早日采用这一先进的促销方式,跟上世界潮流。

二、旅行社促销组合策略

如前所述,旅行社促销的方式有:广告、营业推广、人员推销、公共关系、网上促销等。如何运用这几种方式,要视促销的内容、重点的不同而有所不同。不同促销方式的所形成的整体就是促销组合策略。

随着旅游业的发展壮大,旅行社促销组合在实践中不断创新,日益呈现出丰富性、多元化的特点。由于旅行社促销组合的不同,形成不同的促销组合策略。例如,以广告为主体,其他促销方式相配合的旅行社促销组合策略;以人员推销为主体,其他促销方式相配合的旅行社促销组合策略等。在旅行社促销组合中,各种促销方式都各自存在着一定的优势,同时彼此之间又存在着一定的替代性。因此,旅行社应综合考虑影响组合的因素,根据实际需要协调使用各种手段,以制定出理想的促销组合策略。

由于旅行社的情况不同,各种旅游产品的特色不同,促销的目标不同等,就形成了形式多样的旅行社促销组合策略。按照旅行社促销活动运作的方向来区分,旅行社促销组合策略可分为推式策略和拉式策略。

(一)推式策略

推式策略(Pushing Strategy),是指旅游产品生产者通过各种旅游促销方式把旅游产品推销给旅游中间商,旅游中间商再把旅游产品推销给旅游消费者。在推式策略中,旅行社促销的方向与旅游产品在销售渠道中流动的方向是一致的(图7-5)。

总而言之,推式策略就是旅游产品生产者劝说和诱使旅游中间商和旅游消费者购买自己的产品,使旅游产品逐次地通过各个销售渠道,并最终抵达旅游消费者。

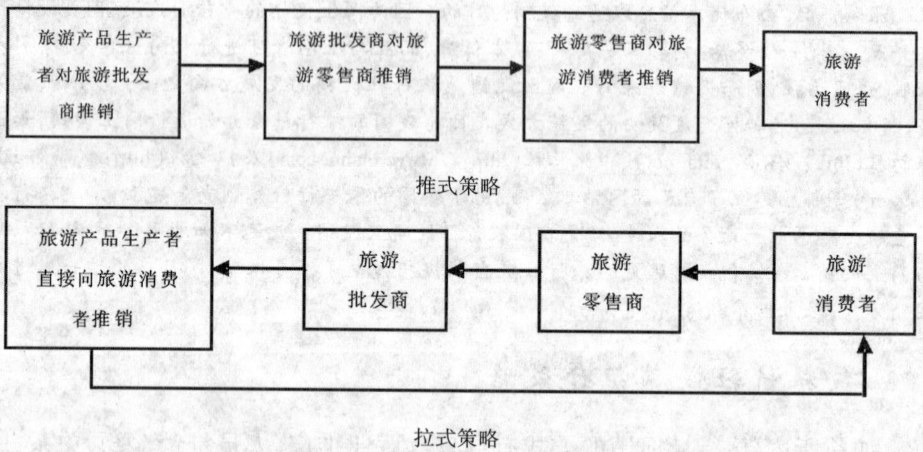

图 7－5 旅行社促销组合策略

适宜推式策略的情况是：旅游产品生产者规模小，促销费用短缺；旅游客源市场集中；旅游产品生产者销售能力强；高档旅游产品；特色强的专项旅游产品。在运用推式策略时应主要采取以人员推销为主体，其他促销方式相配合的旅行社促销组合策略。

（二）拉式策略

拉式策略（Pulling Strategy），是指旅游产品生产者直接针对旅游消费者进行促销，唤起和刺激旅游消费者的旅游需求，之后，旅游消费者向旅游零售商购买该种旅游产品，通过旅游消费者购买行为的拉动，旅游零售商向旅游批发商求购，最后，旅游批发商向旅游产品生产者购买该种旅游产品。在拉式策略中，首先是旅游消费者的拉动，使旅游零售商和旅游批发商一层一层地购买旅游产品，最后转向旅游产品生产者（图 7－5）。

拉式策略是通过对旅游消费者促销，使其产生旅游需求，以其购买行为作拉动，促使旅游中间商一层一层求购，直到旅游产品生产者那里，从而实现旅游产品的销售策略。

适宜拉式策略的情况是：旅游客源市场大，客源市场较广泛；需要将旅游产品的信息尽快传递给旅游消费者；旅游产品是大众化的、面对广大消费者的；旅游客源市场尚有进一步扩大的潜力；需要较快、激发旅游者的旅游动机；旅游产品生产者具有较大的促销费用。在运用拉式策略时主要以广告为主体，其他促销方式相配合。

旅行社可视各种具体情况及其变化,对两种促销策略进行综合的和全面的运用,才能产生良好的促销效果。

三、旅行社促销效果评价

促销效果的评估主要通过获取促销反馈信息来实现的。通常情况下,促销策略实施后旅行社产品销售增幅越大,促销效果越好;反之则小。因此旅行社产品促销效果一般是以促销措施实施之后旅行社产品销售量增减幅度为衡量标准,增则好,减则差。销售量增减测定方法主要包括比值法和增长速度比较法两种。

(一)比值法

$$R=\frac{S_2-S_1}{P}$$

这种方法以促销产品销售量的变化为主进行测定,其测算公式中:

R——为促销效率;

S_2——为本期促销后一定时期的平均销售量;

S_1——为未促销前相应时期的平均销售量;

P——为促销费用。

由于促销效益和销售量之间并非绝对呈正比关系,因而运用这一公式考察促销效果时,要注意排斥促销以外其他因素的作用,促销效果还要受市场环境的变化、竞争对手的策略、企业实力的变化等因素的影响。加之促销经济效果有时体现为长期行为,短期内很难评估出其真正效果。

(二)增长速度比较法

这种方法是将几个时期的销售额与促销费用的平均增长速度相比较,观察促销活动在一个较长时期内的销售效果。

旅行社业是服务业,“顾客就是上帝”是服务业的座右铭。因而客户是否满意本来就应该是检验、评估促销效果的最重要的依据。当从客户那儿反馈回来的信息不妙时,我们就必须及时进行检讨,要按照客户的需求去修正、调整原定的促销实施计划。

旅行社旅游产品促销决策实例分析——无锡开发日本旅华市场促销策略

1. 失落的旅游市场

(1)无锡在日本人心中的印象

1985年,在日本筑波举办了为期半年的万国博览会。利用这一机会,无锡市旅游局和有关旅行社开始在日本进行市场促销活动。在促销期间,共发放了7 000多份征询意见表,通过对回收的7 000多份市场调查的统计发现,在日本几乎无人知道无锡这个城市。

(2)天堂边被遗失的角落

上有天堂,下有苏杭,而无锡与苏州近在咫尺,在一衣带水的日本竟然无人知道,无锡在国际旅游市场缺乏知名度,无锡是天堂边一个被遗忘的角落。

(3)日本人的姑苏情结

唐代诗人张继所写的《枫桥夜泊》,曾被选入日本的中学课本,造成苏州在日本有较高的知名度;而无锡则默默无闻。

2. 寻找打开日本市场的钥匙

(1)触发灵感

既然一首唐诗能够使一座城市出名,如果编一首歌唱无锡的歌,并能在日本流行起来,无锡的知名度就将大大提高。

(2)追求名人效应

委托日本著名的ABC音乐出版公司社长山田广作和著名的词曲作家中山大三郎,为无锡创造歌曲。

(3)歌曲创造三原则

第一,歌曲是唱给日本人听的,因此歌词、曲调应是日本人喜闻乐见

第二,歌词主要是宣传无锡的,要写上交通上如何到无锡来,无锡的著名景点在歌词中不能少于3处

第三,歌曲创造完成后,要经过双方的商量和确认。

(4)《无锡旅情》的诞生

《无锡旅情》描写一个男青年因和妻子闹矛盾而出国旅游,浩瀚的太湖使他心胸开阔,积郁顿消,决心回国与妻子和好如初。歌曲分为三段,歌词如下:

在那陌生的异国他乡,想起你啊,忍不住流泪,请忘掉我吧,去追求幸福,我已迈上了中国的旅程,从上海坐火车过苏州,驰向太湖畔水乡无锡。

小船悠悠漂,航行运河上,愚蠢的分别,直让我后悔,那样的爱恋,那样的深情,用生命发誓我们永相爱,满面的泪痕啊,依稀闪现,文化古城隐约在眼前。

古老帆船,行驶在水面上,这里的小岛,美丽的三山,从鹿顶山俯瞰太湖景,我心中感到无限宽广,原谅我,让我们重新开始,这一回啊,再不离开你。

这首歌写得如泣如诉,委婉动人,受到了包括我国驻日使馆在内的各方面的好评。歌曲由日本著名的当红歌星尾形大作演唱。

3. 市场促销活动

为了达到人人开口唱无锡的目的,日本ABC音乐制作社、阪急交通社和无锡市旅游局及有关旅行社共同合作,在日本进行了联合促销活动。

(1)市场促销时间

在日本进行的市场促销活动一共历时3年,从1986年至1989年。

(2)促销活动形式

第一,歌曲发布会;第二,歌曲播放;第三,歌曲发行;第四,举办发表演唱会;第五,举办周年演唱会;第六,红、白歌赛的推动;第七,举办三周年纪念演唱会。

4. 市场效益分析

(1)市场影响长久性

歌曲的市场推介活动历时3年,但歌曲却在日本市场流行了7年,使《无锡旅情》在日本家喻户晓,唱片的发行量取得了300万张的佳绩。

(2)市场认知的高度性

1993年在名古屋进行的市场调查,通过歌曲了解无锡这座城市的人占调查总数的76%,而想去无锡旅游的人占到总数的43%,从1985年几乎无人知晓,到1993年的76%,说明无锡开发日本市场的巨大成功,从1987年起到1992年(除1989年),来无锡的日本旅游者每年以两位数递增。

楼嘉军. 旅行社经营管理[M]. 上海:立信会计出版社,2003.

复习思考题

1. 什么是旅行社促销？旅行社促销有什么重要的意义？
2. 简述旅行社促销预算的方法。
3. 如何进行旅行社促销决策的程序管理？
4. 旅行社常用的促销方式有哪几种？并比较这几种促销方式有什么优缺点。
5. 谈谈旅行社促销组合策略的运用。
6. 如何对旅行社促销效果进行评价？

主要参考文献

国家旅游局人事劳动教育司. 旅行社经营管理[M]. 北京:旅游教育出版社,1999.

刘伟,朱玉槐. 旅游学[M]. 广州:广东旅游出版社,2001.

马勇,毕斗斗. 旅游市场营销[M]. 汕头:汕头大学出版社,2003.

赵西萍. 旅游市场营销学[M]. 北京:高等教育出版社,2001.

陈永发. 旅行社经营管理[M]. 北京:高等教育出版社,2003.

纪俊超. 旅行社经营管理[M]. 广州:华南理工大学出版社,2004.

楼嘉军. 旅行社经营管理[M]. 上海:立信会计出版社,2003.

第八章 旅行社销售渠道管理

市场营销中最具挑战性的策略是销售渠道。因为现代经济体系中,大部分生产者不直接向最终消费者出售产品,而是通过一定的销售渠道,借助中间商实现对最终消费者的销售。当居于销售渠道上的中间商努力发展并拥有自己的顾客时,他们在市场上往往会占有比旅行社更重要的地位。因此,能否掌控销售渠道成为旅行社实现产品销售的关键。如果旅行社能与中间商有效合作,促进产品流通顺畅,旅行社则会比竞争对手更具优势。

通过本章的学习,应了解销售渠道的涵义和结构,熟悉旅行社销售渠道设计与选择影响因素和策略,掌握旅行社销售渠道管理决策。

第一节 旅行社销售渠道

销售渠道是联系旅行社产品开发、生产与产品最终转移到旅游者手中的中间环节,销售渠道的畅通与否决定着旅行社产品销售的速度、数量和最终的收益。

一、旅行社销售渠道的涵义

销售渠道又称流通渠道或销售分配系统,是指产品或服务从生产领域到消费领域的通路,由一系列执行中介职能的相互依存的企业或个人组成。旅行社产品的销售渠道是指旅行社通过各种方式将旅行社的产品转移到旅游者手中所经过的途径或路线。旅行社生产出来的产品,只有通过一定的销售渠道,才能在适当的时间以适当的价格出售。销售渠道可长可短,可宽可窄,它的起点是旅行社，终点是旅游消费者，中间则包括各种旅游批发商、零售商等环节。

销售渠道中，中间商的存在能拓展远离旅行社所在地之外的销售点的数量，扩大销售量；简化旅行社与旅游者之间的交易过程，节约了销售时间、降低成本；同时中间商对本地的销售情况比较了解，可帮助旅行社促销；中间商还能够及时向旅行社提供市场信息反馈，改进产品。所以，旅行社必须正确选择销售渠道、慎重选择中间商。

二、旅行社销售渠道的结构

从不同的角度，可以看到旅行社销售渠道的不同结构。

（一）直接销售渠道和间接销售渠道

根据是否经过中间商转卖来划分，销售渠道可以分为直接销售渠道和间接销售渠道。旅行社向旅游者销售产品时，可以直接销售，也可以通过中间商销售。

1. 直接销售渠道

也称零层次渠道，指旅行社不经过任何中间商，直接地把产品卖给旅游消费者。这是一种最简单、最短的销售渠道，有利于降低流通费用，及时了解市场行情，并迅速将产品投放到市场上去。它的销售方式有：人员推销、邮寄销售、设立销售门市部、联合销售、通过旅游展览会与买者直接签约销售等。而一般说来，由于客源市场广泛，客源市场与旅行社距离不等，自身人力、财力条件限制等，任何一家旅行社都不可能在所有的客源地直接销售产品，所以这种渠道运用范围较窄，只适合在本地或最主要客源地使用。一些大型旅行社如中国国际旅行社等就在香港等地开办分社，直接向当地居民出售本旅行社产品。

2. 间接销售渠道

间接销售渠道是旅行社将产品通过中间商销售给旅游消费者，其间经历了一个或一个以上的中间环节。其中有一个中间环节的为一层销售渠道，这个中间环节一般是旅游零售商；有两个中间环节的为二层销售渠道，通常是旅游批发商和旅游零售商介入；有三个中间环节的为三层销售渠道，包括旅游代理商、旅游批发商和零售商。更高层的销售渠道则比较少见，因为随着渠道环节的增加，旅行社控制渠道所需解决的问题越多（图 8－1）。

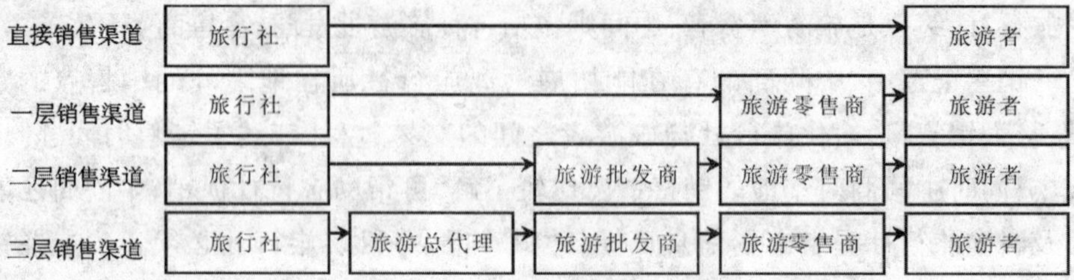

图 8－1 旅行社销售渠道模式

中西方旅行社直接销售渠道比较

由于现代信息技术的迅猛发展和旅游批发零售商实力的不断壮大,西方旅行社越来越趋向于直销方式,以直复营销为代表的直接销售渠道具有旅游产品供需双方直接互动接触的特性,它完全体现了以顾客为中心的营销导向,并且对于市场调研、市场细分、市场创新及市场评估来说是一种成本低、效益高的手段。直复营销的方式有购货目录营销、电话营销、直接邮递营销、电视直复营销和电脑网络营销等。

我国旅行社在海外直销方面,通讯、电子等直销手段很少使用,设点直销力度和效果也较差。国内旅游产品销售主要是直销方式,大部分旅行社主要是依赖于报纸杂志、广播电视等主要媒体将现有产品告知旅游消费者,试图引起其注意并产生兴趣进行购买。此外还有一些传统的方式包括宣传册、广告、直接邮寄和人员推销等。这些销售形式的相应销售渠道呈现出单一性和相似性,缺乏稳固性和长期性,往往形成不了竞争优势。

郑迎红,刘文军. 中西方旅行社销售渠道发展比较研究. 经济与管理[J]. 2004,18(5).

我国的旅行社在经营国际旅游业务中多采用间接销售渠道,通过客源国或客源地的旅游批发商或零售商向旅游者出售产品。原因较多,以入境业务为例:一是任何企业都不可能在所有市场设立销售机构,旅行社也不例外;二是并非所有国家和地区都允许外国旅行社进入;三是由我国旅游业的发展现状所决定的,我国旅游业起步较晚,旅行社对主要客源地缺乏足够的了解,而且旅游总体促销不足,旅游产品在国际市场上知名度较低,若采用直接销售渠道,成本高、效果差,而通过中间商促销会扩大产品的销量;四是由中间商所具有的优势和旅游者心理需求决定,中间商一般都是旅游专业人才,他们拥有自己的目标群体、了解当地旅游者的消费心理和需求特点,可更好地进行销售。

虽然采用间接销售渠道增加了销售的中间环节,旅行社要付一定的佣金给中间商,表面上看来产品价格会比直接销售的价格要高,但由于中间商特别是批发商的实力较强,可帮助旅行社从航空公司、饭店等处获得数量折扣;并且中间商还可以根据自身经验和对客源地的了解,将旅行社售给他们的产品加以包装、加工或与第三国或地区的产品一起进行组合再有针对性地销售,常常能吸引更多的旅游者消费。

（二）长度不同的销售渠道

旅游产品向旅游消费者转移的过程中，要经历若干流通环节，按中间环节的多少可将销售渠道分为短销售渠道和长销售渠道。环节越多，销售渠道就越长；环节越少，表示渠道越短。

中西方旅行社销售渠道长度比较

西方旅行社在销售渠道长度的选择上有更多的广泛性和灵活性。旅游批发经营商在选择渠道的环节上非常谨慎。它往往根据外部和内部条件制约不断变化的情况，权衡直接与间接销售渠道二者之间的比例关系，并对这种关系可能带来的边际收入和边际成本做出判断。旅行零售代理商的专业化经营为供求双方同时节省了市场交易费用。它直接接触顾客，熟悉市场需求，有丰富的专业经验，有强大的分销系统，能够有效弥合旅游产品服务于旅游消费者在时间、空间方面的缺口，提高旅游业的经营效率。同时直接销售旅行社可以节省占销售收入10%的代理佣金和维护渠道环节正常运行的成本，还可以直接了解旅游者的信息，调整产品适应旅游需要，凭借先进的信息技术手段建立顾客数据库，延长顾客关系生命周期。因此，大的旅行经营商往往采取直接与间接销售渠道并重的方式来销售旅游产品。

我国旅行社对销售渠道长度的选择比较单一。国际旅游业务一般都是以间接销售渠道为主，主要原因有：客源国在市场准入方面设置非关税壁垒；旅行社自身资金、技术等内部条件所限；我国旅游产品海外总体促销和知名度不足导致直接销售渠道效率低；试图更多的利用海外中间商的网络优势等等。在国内旅游业务方面一般都是直接销售渠道，但是分为组团社和接待社两个环节，这与我国地域广阔，旅游业发展比较落后及一些行业历史发展原因有关。

郑迎红，刘文军. 中西方旅行社销售渠道发展比较研究. 经济与管理[J]. 2004,18(5).

（三）宽度不同的销售渠道

旅游产品在向旅游者转移的过程中，不仅要经过若干流通环节，而且要通过同一环节若干中间商的努力，从而完成转移。销售渠道的宽度是相对于长度而言的，按照每一个中间环节中容纳的中间商的多少，可划分为宽销售渠道、短销售渠道和适中渠道。

宽渠道。在同一流通环节上中间商数目较多，形成渠道的宽度大。其优点是网点多，便于旅游者及时、就近购买旅行社的产品；也利于旅行社迅速、大量地将产品投放到市场上；同时避免了旅行社对少数的中间商的依赖。但是如果旅行社选择过多的中间商或设立太多的销售点，会增加成本及管理的难度；另一方面，这种渠道中间商与旅行社之间的关系较为松散，中间商不愿花费太多的精力来促销。

窄渠道。旅行社在同一流通环节中只选择一家中间商从事产品的销售，通常也被称为独家销售。其优点是可以密切旅行社与中间商之间的关系,中间商是某种旅游产品的独家代理,更愿意努力为旅行社推销;然而这样旅行社的产品销售会过分依靠一家中间商的经营业绩好坏,经营风险较大。

适中渠道。旅行社在同一流通环节中选择几家中间商从事产品的销售,渠道的宽度介于多与少之间。

中西方旅行社销售渠道宽度比较

销售渠道的宽度既涉及旅游中间代理商的数目,也涉及旅行社自身面向市场的销售网点的数目及销售方式的多样性。西方旅行批发经营商面对着范围极宽的零售商渠道选择。近些年,美国代理商数目已经从20世纪70年代的6 700家扩展到20世纪90年代中期的33 489家,并且仍在持续增长。旅游批发经营商可以根据自身实力的大小及产品种类的不同而选择较为恰当的零售商。同时实力雄厚的旅游经营商自设零售网点的数量也在逐渐增多。

我国旅行社的宽度选择比较狭窄。国际旅游业务在国外中间商的选择主要有两种:一种是经营许多旅游目的地或兼营输出输入客源业务的大旅行社,这种社经济实力雄厚,商业信誉好,销售渠道广泛。但对我国旅游产品了解甚少,重视不够,促销不利。另一种是专营中国旅游业务的中小型旅行社,一般与我国旅行社合作紧密,对中国比较了解,推销得力,我国国际旅游业务大多依赖这种旅行社。

国内旅游业务方面,一些拥有较强实力的旅行社开始注重通过投资、控股、参股等组建子公司或设立分设部门,进行销售网络的扩展。如广之旅目前在广州市区已设立20个营业部,并开始向周边城市延伸,分支机构遍及北京、汕头等全国多个主要城市。同时通过互联网开展预定、商务套餐、自助游、旅行顾问等各项业务,并开发了"B2B"的代理协作网,为旅游同业的广泛合作与交流提供了平台,扩大了销售网络与供应商网络。

郑迎红,刘文军.中西方旅行社销售渠道发展比较研究.经济与管理[J].2004,18(5).

第二节 旅行社产品销售渠道的设计与选择

对旅行社来说,销售渠道的设计与选择至关重要。旅行社对销售渠道的设计与选择首先要考虑渠道选择的主要影响因素如产品特性、市场因素及自身条件等,然后对渠道结构进行选择。

一、影响销售渠道设计与选择的因素

(一)产品特性

旅行社不同产品的特性如性质、等级、价格和类型等会影响旅行社对销售渠道的设计和选择。旅行社要销售的产品如果价格较高,市场范围较小,通常

可以采取直接或短销售渠道,由旅行社直接卖给游客或经过较少的中间商,厚利少销;相反,价格便宜的大众产品,目标市场广阔,销售渠道应长、宽,薄利多销,通过广阔的市场覆盖和大批量销售来盈利。

推出新的旅游产品时,为了让旅游者和客户熟悉产品,旅行社可以自己组织推销队伍,开拓市场;如果产品进入成熟期,则应通过中间商来扩大销售覆盖面,大批量投入市场;若产品已渐渐走向衰退,旅行社可以减少中间环节以节约费用。

此外,旅行社还可以考虑到产品的季节性因素,旺季到来时应采用短渠道,使产品及时投放到市场,中间经历环节过多则时间较长。

(二)市场特性

销售渠道的设计和选择受到市场规模、市场集散程度等因素的影响。如果市场规模庞大,潜在旅游消费者的数量多,一般需要较多的销售网点,旅行社使用宽、长的销售渠道会更加有效;借助中间商的力量扩大销售,使尽可能多的游客能订购到产品;反之,如果潜在购买者少,则应选择短渠道、窄渠道以降低成本。

市场集散程度。指某一区域内潜在旅游者的集中程度。如果潜在游客比较集中,如都集中在几个大城市,可采用零售商的力量建立一层销售渠道,有条件的话可以选择直接销售渠道。如果游客较为分散,应选择长、宽的销售渠道,使各个地区的游客都能买到所需的产品。

与客源市场的距离。如果客源市场距离较远,宜采用间接销售渠道;如果客源市场距离较近,旅行社方便促销,而旅游者也方便购买,可以采用直接销售渠道。

(三)旅行社特性

旅行社自身状况也决定着对销售渠道的设计和选择。旅行社自身实力雄厚,资金充足、管理水平高、销售数量多,可选择直接或窄销售渠道;而资金少、管理水平低、规模小、实力较弱的旅行社,销售量往往有限,可通过中间商来销售产品。旅行社信誉好,营销能力强,管理经验丰富,可依靠自身的力量建立销售网点或选择窄销售渠道;相反,旅行社营销能力有限,声誉和市场地位较低,选用长、宽的销售渠道,可以通过中间商来销售产品。

（四）竞争特性

旅行社竞争对手多，竞争激烈，可选用宽渠道，通过各种方式、各种途径推销产品；相反，竞争对手少、竞争不激烈，则可选用较少的中间商来经销。有时出于竞争的需要，旅行社可选择与对手相同的渠道，风险较小；有时则要选择避开竞争对手的常用渠道，风险大但效益较高。

（五）环境特性

经济形势和法律规定对旅行社选择渠道也有较大的制约性。经济发展迅速时，旅游市场繁荣，旅游需求上升时，旅行社可以增加流通环节，扩大覆盖面；而在经济萧条、旅游需求下降时，旅行社则需要减少流通环节，以最经济的方式将产品送至市场，以减少成本、降低售价。渠道选择也要注意有关的法律、政策，如相关国家政策的改变，加入 WTO 后旅游业的全面开放，合资、独资旅行社的兴起等，均会改变销售渠道的选择。

图 8－2 显示了直接销售渠道和间接销售渠道的选择依据。

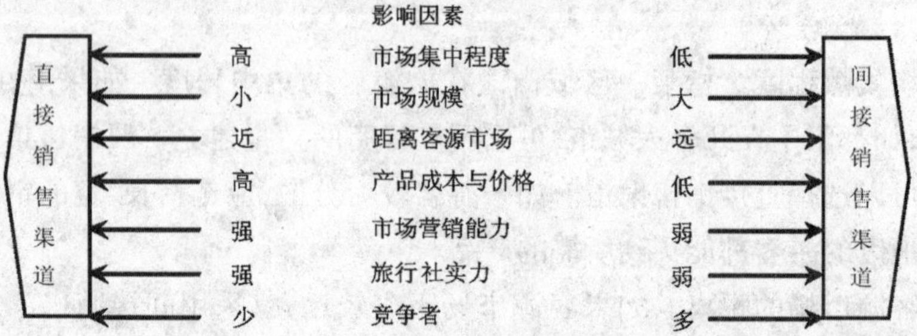

图 8－2　直接销售渠道和间接销售渠道的选择

二、旅行社销售渠道设计与选择策略

旅行社营销过程中可以选择自建渠道或利用中间商渠道。在国际旅游业务中，我国旅行社实力有限，对客源地缺乏深入了解，而中间商了解当地情况，旅行社大多采取间接销售渠道。总的来说，销售渠道越广泛，风险越小，但是成本增加。渠道越窄，成本低、中间商积极性高，但是风险也大。

(一)自建渠道

旅行社通过建立或收购现有的渠道成员而组成的销售网络。旅行社自建渠道主要是基于保护自身的核心能力或与“外来者”合作难的考虑。如购买手续既复杂又麻烦,监控“外来者”的行为极为困难,环境非常不确定等。这种渠道的优势是:能够控制渠道提高服务水平,可以试验新产品和价格,与消费者直接接触,获取更准确的信息等;劣势是不一定能产生更高的销售效率。若旅行社既从事生产又从事销售,会导致经营规模扩大和复杂,从而产生低效率。

(二)密集型销售渠道策略

又称广泛性销售渠道策略,是指旅行社广泛委托旅行社销售产品,如通过多个旅游批发商把产品分派到零售商,以便及时招徕客源、满足旅游者需求的一种策略。旅游者都希望及时、方便地购买到旅游产品,特别是在旅游业发达的国家和地区,人们出游频繁,由众多旅游中间商组成的销售网络有利于方便旅行社产品的销售和旅游者购买。

旅行社实力强大,产品供应能力和接待能力强,刚进入一个市场时,可考虑使用这一策略。这种策略的优点是:方便旅游者购买;扩大产品的覆盖面,便于旅行社联系广大旅游者和潜在旅游者;有利于旅行社发现理想的旅游中间商。缺点是成本高、销售费用高;客户流动大,变化大;产品过于分散,难以建立固定的销售网。

(三)独家销售渠道策略

又称专营性销售渠道策略,指旅行社在一定时期、一定市场中仅选一家中间商的渠道策略。通常情况下,旅行社规定这家中间商不能再推销其他同类产品,作为本旅行社的独家代理或总代理。

这种策略适用于开辟新市场或者客源不充足、游客较少的旅游市场。其优点是:提高了中间商的推销积极性与效率,更好地为旅游者服务;旅行社与中间商联系单一,可以降低销售成本、控制产品的价格和数量;旅行社与中间商之间利害关系一致,能更好地相互支持和合作。缺点是旅行社在这一市场上过分依赖中间商,很容易受中间商的支配,销量也受到限制;如果对中间商的选择失误或不当,中间商经营不善,会使旅行社失去部分甚至整个市场。

（四）精选型销售渠道策略

也称选择性销售渠道策略，指旅行社在一定客源市场上选择少数几家中间商来进行产品推销的渠道策略。旅行社在与众多中间商接触后，可根据销售量的变化，选择基础较好、组团能力强的中间商作为自己固定的客户。这种策略的优点是利于和中间商密切配合，提高中间商的推销积极性，降低成本和销售费用，也使旅行社得到足够的销售面等。缺点是如果中间商选择不当，则有可能影响相关市场的产品销售。

第三节 旅行社销售渠道管理决策

中间商是处在生产者和消费者之间，参与商品交易业务，促进买卖行为发生和实现的、具有法人资格的经济组织和个人。旅行社选择了销售渠道策略以后，还需要将渠道运作起来，确定选择旅游中间商的条件，分析中间商，对其进行激励和评价，调整或重新安排渠道，对中间商实施管理。

一、渠道成员的选择

并不是所有的旅游中间商都可以作为旅行社销售渠道的成员。对于旅游者而言，渠道成员代表旅行社的形象，渠道成员营销力的强弱在某种意义上创造旅行社的成功。在选择中间商之前，旅行社应先明确自己的目标市场，建立销售网络的目的，产品的种类、数量，旅游市场需求状况和销售渠道策略等。

旅游市场上中间商众多、规模实力各不相同，与中间商取得联系并建立业务关系的途径一般有两种：中间商主动与旅行社联系；旅行社主动寻找中间商，如通过有关的专业出版物、参加国际旅游博览会、派出访问团和接团等都可能发现中间商。旅行社应通过多种渠道与他们接触，了解情况，从中选择出适合本旅行社的旅游中间商。

（一）地理位置及销售对象

旅行社可在自己客源相对集中的地区选择中间商，方便旅游者及时买到旅游产品。同时应考虑旅游中间商的目标群体与旅行社的目标市场是否一致。中间商销售范围的大小也会直接影响到旅行社产品的销售量。此外，不同的中间商有不同的销售对象,旅行社选择的中间商的销售对象与旅行社目标市场相一致,才会使供需双方有机地结合起来。

(二)合作愿望

寻找中间商是一个双向选择的过程。中间商必须有与本旅行社合作的意向,对本旅行社开展的业务有兴趣,有诚意,才可以进行相互协作。

(三)财务状况

近年来,我国旅游市场上竞争比较激烈,有的旅行社先接待后让中间商付费,产生了一些中间商拖延付款的情况,使旅行社蒙受了重大的经济损失。选择财务状况好、资信可靠的中间商是旅行社顺利销售产品的重要保证。中间商的财力与资信情况可以从其历史上的表现、目前经营状况、旅游者的反映及与银行关系的密切程度等方面进行了解分析。

(四)声誉及提供信息的能力

考虑中间商从业的年限,在同行中的声誉度。如果中间商经营历史长,一般经验比较丰富,经营覆盖面较广,能及时向旅行社提供有关竞争、市场方面的信息。同时,声誉、提供信息的能力也与中间商的经营规模、人员素质等密切相关。

(五)经营本旅行社业务的比重

中间商经营本旅行社业务的比重不同,与旅行社关系的密切程度也不相同。例如,国外有的中间商规模较大,同时经营许多国家、许多旅行社的产品,销售渠道宽阔,与各家旅行社的业务关系都比较松散,一般不会大力推销某一家旅行社的产品;有的主要经营中国旅游业务,会积极推销我国旅行社的产品,与我国旅行社密切合作。前者比较珍惜自己的商业信誉,容易得到旅游者的信赖,而中间商如果专门经营中国旅游业务,那么对中国旅行社依赖型较强,会努力促销、争取客源,合作积极性高。旅行社应根据具体情况做出选择。

中间商具备的这些条件良好,就会促进旅行社的产品与服务的转移,满足目标市场游客的需求。此外旅行社还可以考察中间商的经营目的、竞争状况、创利润记录等,选择合适的中间商。

二、激励渠道成员

旅游中间商作为独立经营者，有其自身的经营目标，与旅行社有合作互利的一面，也有矛盾的一面。旅行社选择确定销售渠道具体成员后，为保证销售渠道的顺畅和高效，要对中间商不断地检查、激励、评定，从而最大限度地调动中间商的积极性。

旅行社激励中间商以适度激励为基本原则。若对中间商过分激励，给予中间商极其优惠的条件，虽然能激发中间商的销售兴趣，产生高销售量，但是因为条件过分优惠而未必能获得高利润；同样，对中间商低激励，也会造成低销量、低利润的结果。

（一）降低产品售价

降低卖给中间商产品的价格可使中间商获得更高的差价，提高中间商的积极性，但同时也有一定的弊端，因为价格一旦调低以后再调高就很困难。另外，中间商若是零售商，其收入主要来自销售佣金，价格降低则所得的佣金总额减少。

（二）合理分配利润

旅行社在定价时充分考虑中间商的利益。对销量、声誉、财力、管理等不同的中间商给予不同的价格折扣，如针对销售量超过定额的旅游中间商，提高佣金比例，使中间商感到经营旅行社的产品会得到较理想的利润收入，从而积极推销旅行社的产品。

（三）促销支持

旅行社承担宣传促销产品的全部或部分费用，中间商不需承担费用或只需承担部分费用；并且给予实际协助，派出人员举办展览、帮助培训推销人员等，这些会受到中间商的欢迎。

（四）提供信息及优惠政策

旅行社将获得的市场信息和产品开发情况及时通知中间商，允许中间商延期付款或先部分付款，组织奖励旅游、实行领队减免等优惠政策，与中间商建立长期的伙伴关系,在良好的合作中求得更好发展。

三、中间商的管理

(一)与中间商建立伙伴关系

为了使双方长期合作、共同发展,旅行社和旅游中间商应建立并培养长期的伙伴关系。旅行社在市场开发、销售覆盖、产品提供、吸引客源和市场信息等方面与中间商彼此要求,因此需要根据平等、互惠、互利的原则,与中间商达成相关协议。

(二)加强信息交流

为了向旅游者提供适销对路的产品,旅行社一方面要迅速、准确地向中间商提供产品的信息,另一方面可以从中间商那里听取旅游者对产品的意见反馈、了解新的市场需求,从而改进原有产品并开发新的产品。

(三)渠道成员业绩评价

为了能和中间商有效合作,及时掌握其业绩,旅行社要对中间商进行检查与评估,以一定的标准衡量中间商的表现。检查的标准是旅行社与中间商约定的项目,如销售总额、销售增长率、产品的销售范围及市场占有率、旅游消费者数量、产品宣传推广计划的执行程度、对旅游者的服务水平、付款状况等。其中,销售方面的标准是比较重要的,因为销售商品取得利润是旅行社的最终目的。旅行社可以建立中间商的档案,了解中间商的历史与现状,通过销售方面的标准对中间商进行检查,鼓励业绩好而鞭策业绩差的中间商,对贡献较大、业绩较好的中间商给予特别的关注,不称职的中间商可以终止合作关系。通过对中间商的检查和评估,可以发现问题,及时总结原因,采取相应的措施加以改进。

四、销售渠道调整

随着旅游者需求及市场营销环境的不断变化,旅行社要保持销售渠道的高效性,要对原有的销售渠道进行调整,适应市场的需求。调整渠道主要有三种方式。

(一)增减渠道成员

指增减某一销售渠道里的个别旅游中间商,加长或缩短销售渠道。旅行社产品品种及档次发生变化、销售量增减、中间商业绩波动很大时都可考虑是否增减销售渠道的环节。旅行社决定增减个别中间商时,需要作经济效益分析。要考虑到增减某个中间商对旅行社经济效益的影响,又要考虑是否会影响到其他渠道成员等。

(二)增减渠道

指增减某一销售渠道模式,加宽或变窄销售渠道。当旅行社利用某一渠道销售产品而效果不明显时,或者某一市场竞争太激烈,旅行社要从这个市场中退出时,或者旅行社要开辟新的市场时,可以考虑增加或减少一条销售渠道,也可在增加新销售渠道的同时减少原有的销售渠道。旅行社增加或减少销售渠道,要考虑其带来的经济效益以及其他渠道的反应,做好相应的预防措施。如被删除的渠道成员以后可能成为本旅行社渠道的竞争者,而保留的渠道成员可能产生不安全感,不敢大胆销售等。

(三)调整全部渠道

指旅行社对全部渠道进行调整,如将直接销售渠道转为间接销售渠道,单一渠道改为多渠道等。旅行社只有在整体目标战略调整引起销售渠道策略不适应,或原有销售渠道策略发生重大问题时才可考虑使用这种调整方法。这是旅行社销售渠道调整中难度最大、涉及面最广的一种,不仅使全部渠道改变,而且还会牵涉到营销策略的改变和整个营销要素组合的相应调整。所以,旅行社要慎重对待,以防影响旅行社的整体销售。

五、旅行社产品的销售程序及管理

(一)销售程序

不同旅行社虽然有不同的销售渠道策略和管理方法,但基本销售程序大同小异,这里介绍一下旅行社进行海外销售的程序。

1. 制定销售计划

销售计划的内容包括对销售形势的分析、本年度销售情况、市场发展状况、旅游者购买行为的变化及竞争对手情况分析等内容。制定销售计划还须明确销售目标,进行销售预算。销售预算内容主要包括:联合促销、出国参加展销会、拜访国内各地旅行社、邀请代理人和记者、印发宣传品制作及广告等项目的预算等内容(表8-1)。

表8-1　旅行社销售预算计划表

	开始日期	负责人	活动目的	市场划分	结束时期	预算
旅游展销会						
国外推销						
国内走访						
邀请访问						
宣传品制作						
其他						

2. 寻找旅游中间商

旅行社可通过多种方式来寻找、选择旅游中间商,如果旅行社信誉高、广告宣传工作做的成功,会有中间商主动来电、来函询问而建立业务关系,旅行社还可以参加国际旅游博览会或展销会,派遣推销小组出国推销,向潜在的中间商寄发资料,从一些商业性刊物中获取信息,或通过接团、本地外办、友协等方式发现旅游中间商。

3. 与中间商谈判

谈判是建立关系和促成交易的重要手段,旅行社要与旅游中间商为建立业务联系或促成产品交易而进行协商。旅行社可选用面谈、函件、电话、传真、电子邮件等方式与中间商进行交流,商讨交易条件,了解各自的规模、特点、经营内容、合作意向等,建立合作关系。合作关系建立以后,要针对旅游产品的交易进行洽谈,旅行社将具体的产品项目安排、报价等情况介绍给中间商,并根据对方的要求进行调整。

4. 办理手续

旅游中间商在确认购买后,要向旅行社提供游客名单、抵达的日期。旅行社接到中间商对产品内容和报价的最终确认以及客人详细情况以后,可向我国驻当地使领馆发出签证电函,协助中间商办理旅游者签证等手续。

5. 落实接待事宜

签证发出后，旅行社要尽快制定出接待计划，发给有关单位和部门，进行实地接待，中间商则按有关规定按期汇款。

（二）销售程序管理

因为旅行社产品品种繁多，每个团队路线、日程、内容和标准各不相同，交易手续繁多，常是小额多批次，要经过许多次函电往返才能达成一笔交易，旅行社产品的销售程序与其他产品相比更为复杂，并且交易周期长而变化多。旅行社交易程序从开始销售到最后结清账目往往要经历数月甚至一年以上时间，其间可能会发生汇率变动、价格变化、投诉索赔等情况，使得交易更加复杂。所以为使旅行社销售工作顺利进行，必须从寻找、选择中间商开始就要严格把关，防止买卖双方发生经济纠纷，避免销售工作效率低下、错误多而造成经济损失。

对销售程序管理的内容主要有：

1. 充分准备

旅行社在制定销售计划、寻求旅游中间商、进行业务谈判、落实接待事宜时都要做好充分的准备。如在谈判以前，要做好选择熟悉业务的谈判人员，了解有关国家或地区的法律、法规和政策，掌握尽可能详细的市场信息，制定谈判的上、中、下策方案及谈判中的进退方案和交换条件等准备。

2. 订立合同

旅游交易合同是买卖双方为达成旅游交易所签订的协议或契约，是用来调整旅游经济关系的一种法律形式。合同的内容主要有：名称、品种、质量、数量、价格、结账方式、经济责任及发生意外事故的处理等内容。合同对订立双方都有约束力，订立合同可以规范双方当事人的行为并保证旅游交易顺利进行。

3. 建立档案

旅行社在与中间商建立业务关系时，为了掌握这些中间商的基本情况，需填写一份客户登记表备案（表 8 -2），有了有关客户的详细资料后，才能做到知己知彼，与客户更好的合作。

表 8－2 客户登记表

客户名称(中英文)	国别	法人代表
营业执照编号	联系部门	联系人
电话	传真	电子信箱
通讯地址		
与我社建立业务关系时间		
我社联系部门及联系人		
客户详细情况		
备注		

填表人： 填表时间： 年 月 日

4. 严格销售规范

旅行社要制定严格的销售工作规范,对销售程序每个环节的操作程序、文书格式、职责范围、岗位责任等进行规范,明确奖惩制度,严格监督实施。

5. 管理销售人员

旅行社要重视对销售人员的管理。首先重视销售人员的选择,如派遣推销小组去日本寻找客户时,因日本人重视权威,可请一位行政领导带队,准备好合适、充足的推销资料以寻求合适的中间商开拓发展旅游市场。此外,在通过制度对销售人员进行约束时,还要赋予他们一定的权限,以发挥工作积极性。旅行社还要加强对销售人员的培训,以提高他们的业务技能和工作效率,培养他们良好的服务态度和工作责任心。

销售人员也是旅游顾问

案例 A:

游客:我想"十一"出去旅游,有什么好的线路吗?

门市服务人员:当然有,我们新推了个海南双飞,很不错,价格又低。

游客:海南? 听说没什么好玩儿的,而且消费很高。

门市服务人员:那您要不去桂林吧,我们 10 月 2 日开班,桂林 5 日游也很不错。

游客:桂林 5 天,时间太长了,我只想去近一点的地方。

门市服务人员:这样,推荐您去千岛湖吧,青山秀水,而且,千岛湖"秀水节"刚刚落幕,很不错的。

游客:你们有报价单吗? 我再想想。

门市服务人员没说什么,游客拿着报价单走出了门市。

案例 B:

游客:我想春节出去玩儿玩儿,有什么线路吗?

门市服务人员:现在流行春节出去旅游,您以前去过什么地方?(不直接回答游客问题,激发游客回忆,同时最大限度获取游客信息。)

游客:我去过……

门市服务人员:春节一般都是一家人出去旅游,您是一家人出去吗?(引导游客,同时最大限度获取游客信息。)

游客:对,3 口之家。

门市服务人员:相信您会有一个快乐的假期,您这次是希望大概几天呢?

游客:4 天左右。

门市服务人员:这样,我帮您推荐两条线路,一条是桂林 4 天双飞,一条是海南 4 天双飞,这两条线路都是我们专门针对春节市场推出的。质量没问题,双飞也特别适合老人,步行比较少。(最后提出产品,而且是两个选择)。

案例 A 中,门市服务人员的销售实际上是无效的,因为门市服务人员只是希望自己“卖出”线路,并没有去努力发现旅游者的需求。这属于典型的“黄金法则”案例,即“我有什么,就卖什么”。

而案例 B 中,门市服务人员在整个销售活动过程中,都像一个优秀的旅游顾问,在做“顾问式销售”。这属于典型的“白金法则”案例,即“顾客需要什么,我就卖什么”,给旅游者利益,才能给自己利益。围绕着旅游者的利益介绍旅游产品亮点,更有说服力,更有成效。

资料来源:朴松爱,关鸣歧.旅行社管理[M].北京:中国旅游出版社,2007.

复习思考题

1. 什么是销售渠道?旅行社的销售渠道可以如何分类?
2. 在销售渠道设计与选择时应该考虑哪些因素?
3. 旅行社销售渠道设计与选择的策略有哪些?分别有什么优缺点?
4. 旅行社选择销售渠道成员时主要需考虑哪些因素?
5. 旅行社可以通过哪些方式激励销售渠道成员?
6. 旅行社如何对销售程序进行有效的管理?

主要参考文献

吕一森.市场营销学[M].北京:科学出版社,2005.

杜江.旅行社管理[M].天津:南开大学出版社,1997.

戴斌,杜江.旅行社管理[M].第 2 版.北京:高等教育出版社,2005.

徐东文.旅行社经营与管理[M].北京:高等教育出版社,2001.

徐东文.旅行社管理[M].武汉:武汉大学出版社,2003.

第九章
旅行社全面质量管理

质量管理是旅行社管理的中心环节。旅行社是服务性行业,保证旅行社服务质量,不断提高旅行社服务质量水平,是旅行社经营管理的目标和基本要求。旅行社产品要适合市场的需要,保证并实现其价值就必须保证质量。特别是我国加入 WTO 后,旅游业竞争日趋激烈,服务质量已经成为企业竞争的关键。如何长期而有效地搞好旅行社的质量管理,根本上在于确立一套科学的管理思想和方法。

通过本章的学习,应了解 ISO9000 系列标准和旅行社质量管理的关系,熟悉旅行社质量管理的特征和重要意义,掌握旅行社质量和质量管理的含义、内容和方法,从而提高对客服务质量和旅行社经营管理水平,为旅行社创造更大效益。

第一节　旅行社的质量管理

旅行社质量,是指旅行社所提供产品的质量,主要表现为旅游从业人员提供的旅游服务适合并满足旅游者物质和精神方面需求的程度。

旅行社质量包括三方面的内容:一是旅游产品质量,要求旅行社能设计出满足不同层次旅游者需求的线路和节目,能提供质价相符的食、住、行、游、购、娱等项目;二是旅游服务质量,它实际是指旅行社人员的实际接待服务质量,即旅行社的门市接待人员和导游员要通过热情周到、谦和礼貌、舒适方便和迅速及时的服务,使旅游者得到物质和精神方面的满足;三是旅游环境质量,它主要是指旅行社及其相关协作单位在向旅游者提供服务时必须符合的社会伦理道德规范。

事实上,旅游服务质量的好坏,在很大程度上受旅游者主观感受的影响,这就要求旅行社要重视研究旅游者的不同需求,有针对性地提供服务,从而有效地满足旅游者的需求。尽管旅游者的主观感受是影响旅行社产品评价的一个重要方面,但为了推行规范化管理,尽量量化旅行社产品质量,我们也可以结合旅游产品本身的一些特点和客观标准来推行一些行业标准,如《导游服务质量》、《旅行社国内旅游服务质量要求》、《星级饭店客房客用品质量与配备要求》、《旅游汽车服务质量》、《饭店(餐厅)卫生标准》等。

一般来说,旅行社最基本的客观质量标准包括:①各类服务人员要具备基本的文化素质和服务技能,更要有高尚的职业道德、强烈的服务意识和良好的服务态度,能营造一种宾至如归的旅游氛围,这是旅行社质量中最基本也是最重要的一个方面;②提供内容丰富、线路合理、劳逸适度的旅游计划;③保证旅游者的旅游行程按照接待计划实施,不无故或人为地擅自更改旅游行程;④按质按量地提供计划预订的各项服务;⑤保护旅游者人身及财产安全,保证其合法活动不受干预,个人生活不被干扰。

一、旅行社质量管理的涵义及衡量方法

(一)旅行社质量管理的涵义

旅行社的质量管理,是指旅行社为了保证和提高产品质量,综合运用一整套质量管理的体系、思想、手段和方法所进行的系统的管理活动。具体地说,就是旅行社全体员工及有关部门同心协力,把经营管理、服务技术、数理统计等方法和思想教育结合起来,建立起旅游产品生产全过程的质量保证体系,从而用最经济的手段提供旅游者满意的旅游产品。

由于旅行社的产品质量是对旅游者全过程服务工作的综合反映,涉及旅行社内外的各个部门和每一个服务人员,对管理的要求也就必然是全面、系统的。因此,旅行社的质量管理,应该是“三全”管理,即全面质量管理、全过程质量管理和全员质量管理。

1. 旅行社的全面质量管理

旅行社的全面质量管理,是指旅行社的一切经营管理活动,都要立足于设法满足旅游者的需求。因为旅游者的需求是多方面的,既有物质需求,也有精神文化需求,只注重满足旅游者一方面需求而忽略另一方面需求,仍然不会使

旅游者满意。有的旅行社认为服务态度好就是服务质量好，单纯地要求接待服务人员做到主动、热情、耐心、周到，重表轻本，忽视了质量管理和优质服务的基本精神和主要内容。有的旅行社放弃质量教育，习惯于用突击和搞运动的方式代替正常的管理，或者把评比竞赛作为质量管理的诀窍，为了应付检查，做些表面文章，质量管理工作流于形式。所有这些，对质量管理工作弊多利少，甚至有损无益。而全面质量的管理，则要求我们从产品质量、服务质量和环境质量三个方位进行全面的考察，实施全方位、全过程的管理，我们称这种管理为横向管理。

2. 旅行社的全过程质量管理

旅行社对全过程的质量管理，就是对旅游产品质量形成和使用的全过程实施系统管理。就旅行社质量而言，它是伴随着旅游产品经营销售及接待服务活动的全过程而形成的。为了叙述方便，我们把这个全过程划分为游前、游中、游后三个阶段。但在实际工作中，我们应该将这三个阶段有机地结合起来。

游前阶段，重点是管理好旅游产品的设计、宣传、销售和接待的质量。对收集信息、经营决策、设计包装、操作实施和接待服务等环节实施质量控制，以保证旅游产品的质量，禁止无吸引力和名不副实的产品设计和销售。同时，旅行社通过积极的宣传和招徕，服务人员主动热情的接待和详细耐心的介绍，才能使游客近悦远来。

游中阶段，重点是管理好服务质量和环境质量。就服务质量而言，必须对导游的服务态度、服务方式、服务项目、服务语言、服务仪表、服务时间和职业道德等方面实施标准化、程序化和规范化管理，使游客通过导游的服务而对旅行社产生信任和好感。一般地说，在游览过程中，导游是旅游团队的灵魂和核心。由于旅游产品由旅游服务的主要内容决定，导游的服务质量是至关重要的，甚至可以直接影响到旅行社的信誉。因此，旅行社的接待或导游部门务必根据不同游客的各种需求，因人而异，扬长避短地选派最合适的导游上团。此外，旅行社还要通过有效的质量管理网络及时收集旅游团队导游服务质量的信息反馈，随时加以监督、调整和提高。当然，在这个阶段也包括旅行社的各后勤部门的协调、配合和提供方便等工作质量，旅行社应配置专人实行夜间值班，以应付和处理各种具体问题，确保旅游团队的顺利。环境质量的管理，主要是对旅行社的各协作单位，如饭店、餐厅和车队等服务质量实施管理监督。旅行社首先必须选择质量信誉度高的单位作为协作伙伴，在长期的协作过程中，有责任和义务使其按约提供游客满意的服务。只有这样,在各个接待环节上形成有效的质量保证体系,才能使游客得到物质和精神上的满足。

游后阶段,是对前两个阶段服务的延续和补充,重点是做好旅游产品质量的检查和评定。当旅游产品转化为游客的使用价值或效用时,很可能会发生一些意想不到的质量问题,这就要求质量管理人员定期上门回访,认真虚心听取游客的反映、感受和意见,总结经验,以便进一步提高服务质量。这也是一种尊重和信任游客并通过严格的质量检查获得正确的质量信息的有效办法。

游前、游中和游后三个阶段是不可分割的完整的质量过程。对全过程的管理,就是对游前、游中、游后三个阶段中影响旅游产品质量的整个工作过程进行系统分析,通过各部门、各单位和各岗位的质量管理职能组织系统的改进,达到全面提高服务质量的目的。我们也可以称这种管理为纵向管理。由于旅行社产品的特殊性,旅行社应形成一套综合性的质量体系,应提倡预防为主的思想,将全过程质量管理的重点放在游前阶段的管理上。

3. 旅行社的全员质量管理

旅行社兴旺发达的力量源泉,关键在于全体员工提高服务质量的积极性。也就是说,要提高服务质量,必须充分调动全体员工的积极因素。事实证明,旅行社仅由少数人员参与质量监督和管理,不能从根本上解决质量的问题,只有当旅行社的全体员工都从所在岗位出发,参与质量管理,提高服务质量才有保证。质量管理提出全员参加管理,是因为质量形成的全过程涉及每个部门、每个单位,乃至每个环节、每个岗位的工作。因此,在每个岗位上工作的员工都来参加管理,是必然的要求。这种管理又可以称为群体管理。

总之,旅行社质量管理是从广义的质量出发,全面看待质量问题,系统地改善质量工作,运用群体的智慧,对服务质量进行综合治理。

(二)旅行社实行质量管理的重要意义

运用质量管理的基本理论和方法,结合旅行社工作的特点进行旅行社综合管理,是旅行社提供高服务质量的有效途径。优质服务对于旅游业的发展、旅行社的生存和旅游者的需求满足都有非常重要的意义。

1. 优质服务将促进我国旅游业的大发展

面对日益激烈的市场竞争,旅行社的管理者已经越来越深刻地意识到优质服务对发展旅游业的重要意义。我国的旅游业从业人员大多年纪较轻,经验较少，在职业道德、知识结构、业务水平和服务技能等方面都有待提高。从宏观上看，人才培训和提高服务质量对于我国旅游业发展具有重大的战略意义，这将关系到我国旅游业能否有效地参与国际间的竞争，能否在全球旅游业大发展的形势下争得一席之地。

2. 优质服务是旅行社乃至一个国家（地区）形象的体现

旅游接待服务质量的高低，是一个国家（地区）文化传统、价值观念和文明程度的体观。导游员的工作更是体现着一个国家（地区）人民的精神风貌，代表着一个国家（地区）旅游业的服务水平，其服务质量的优劣，给旅游者的印象如何，关系到旅行社和旅游业的形象和声誉，甚至关系到旅行社和旅游业发展的兴衰成败。

3. 优质服务是旅游从业人员职业道德和职业规范的体现和要求

优质服务在旅游业中首先表现为全心全意为旅游者服务，这是对每一个旅游从业人员的基本要求，也是旅游从业人员职业道德和职业规范中最基本的内容。

4. 优质服务符合旅游者的需求

优质服务不仅是旅行社的竞争手段，更适应了旅游者的需求。事实表明，所有旅游者都希望享受优质服务，有的旅游者甚至将享受高水平的服务作为一种旅游动机。服务已经成为一种特殊的旅游资源。旅游服务应该最大限度地满足旅游者的需求，从服务态度、方式、技能和项目等多方面招徕和吸引客源。

5. 优质服务必将产生巨大的经济效益

旅行社主要通过提高服务质量的手段进行市场竞争。服务质量的优劣直接影响旅游者的购买欲望。高水平、高质量的服务能赢得稳定的巨大的客源，巨大的客源能产生巨大的经济效益。旅行社的优质服务还是旅行社不需成本但却最有说服力的广告，能帮助旅行社开辟更大的客源市场。

（三）旅行社质量的衡量方法

衡量旅行社产品质量的高低，可以通过考察旅行社实际提供的服务与旅游者的心理期望之间的差距得出结论。主要有以下几个方面。

1. 旅行社管理者的感觉与旅游者期望之间的差距

旅行社管理者要清楚旅游者的需求和期望，要充分注意到为旅游者服务的每一个环节。例如，在旅游旺季订餐和订房都是比较困难的事情，往往会出现旅游者等了几十分钟甚至一个小时都不能就餐或进房间休息的情况。针对这样的问题,旅行社的管理者应该经常深入到旅游者中去,倾听旅游者的意见,除了要求一线服务人员尽可能做好服务工作外,还要从管理的角度下工夫,尽量减少直至消除这类不愉快事情的发生。

2. 旅行社管理者的感觉与质量操作规范之间的差距

了解旅游者的需求和期望后,还应该建立有效的操作规范来保证员工能向旅游者提供所期望的服务。如果旅行社自身的服务质量承诺存在不合理因素,服务质量缺乏实施的可行性,服务规范标准不合理,缺乏明确的目标等都有可能加大这一差距。

3. 服务质量标准与服务实际表现之间的差距

这是指员工的服务没有达到标准的要求时会产生的后果。一般来说工作压力过大、服务人员人手不足、旅游者过多的情况下这种差距大一些。管理者可以尝试用内部营销和人力资源管理的方法来消除这一差距。

4. 服务实际表现和对外之间的差距

这实际上是旅行社在宣传促销时应该考虑的如何有效引导旅游者期望的问题。另外,服务质量波动也容易造成这一差距的出现。

5. 旅游者期望的服务和实际感受的服务之间的差距

这一差距的出现受到很多因素的影响,主要有旅行社方面的因素和旅游者自身因素两个方面。旅行社方面,能否真正捕捉到旅游者每个需求是前提,旅行社工作人员能否提供切合旅游者期望的实际服务是关键;旅游者自身方面,主要是旅游者的一系列心理因素相互作用的结果及具体体现。

旅行社的质量管理不仅要保证提供好的产品与服务,而且还要影响旅游者的期望与感受,其关键是要站在旅游者的角度来看待和评价服务质量。

二、旅行社质量管理的程序

从旅行社质量管理的概念可以看出旅行社质量管理的内容相当广泛,主要包括以下几个方面。

(一) 制定使用的规范

旅行社应严把自己能控制的质量环节,如导游服务等;应遵守国家和行业规定的标准,如 1995 年 12 月发布、1996 年 6 月 1 日实施的《导游服务质量》国家标准，国家旅游局于1997年3月13日发布、1997年7月1日实施的《旅行社国内旅游服务质量要求》的行业标准。这两个标准都规定了导游服务的质量要求，是当前指导中国导游工作的权威性文件，也是导游人员向旅游者提供服务的工作指南。旅行社应以这两个标准为指导，具体编制本旅行社导游人员的操作规程，制定服务规范。在强调规范、标准化服务的同时，应要求服务人员在服务过程中力求做到规范化服务与个性化服务相结合。

(二)按照规范进行服务

旅行社对旅游者所提供的服务一定要按照标准进行，主要由以下几个方面内容构成。

1. 礼貌礼节

礼貌是指社会交往中人与人之间必须遵循的一定的行为规范。礼节是指向别人表示敬意的惯用形式，例如握手、鞠躬等。注重礼貌礼节是旅行社行业的主要基本功之一，它体现的是旅行社对顾客的欢迎和尊重，同时也是员工素质高低的直接体现，是旅行社质量管理的重要内容。

2. 服务态度

服务态度是提高旅行社质量的基础，良好的服务态度，例如导游为游客提供热情、周到、主动的服务，这样会使游客对旅行社或者旅行社工作人员产生亲切感。而良好的服务态度来自服务人员的积极性、主动性和创造性，这些都取决于他们的思想素质、工作责任心和职业道德。

3. 服务语言

服务语言是服务人员在服务过程中借助一定的词汇和语调向游客提供信息的一种手段。在接待和服务游客时，语言要表达出主动热情、诚挚善意的感情，这一方面体现了对游客的尊重，使游客感到轻松愉快；另一方面也显示了服务人员的文化修养、知识水平和职业道德。旅行社的语言艺术是每个服务人员必须掌握的基本功，是旅行社加强服务质量管理的重要内容。服务语言的基本要求是语音准确，另外还应在语言规范、语气选择上有讲究。

4. 服务项目

指旅行社所具有的服务功能，它是由服务人员和旅游服务设施结合组成的。服务项目的基本要求是：方便游客，要使游客获得省时、省力、方便、愉快、得益的实惠。

5. 服务技能

服务技能是提高旅行社管理质量的技术保证,它包括服务知识和操作技巧两个方面。服务知识要求服务人员对本部门服务项目的内容了如指掌、对答如流,并尽可能多地掌握与旅游相关的知识,以备游客查询。操作技巧是服务人员在服务过程中所体现出来的操作基本功。比如,旅游旺季门市接待游客要做到耳目灵敏、沉着冷静、聚精会神,动作熟练、准确、迅速和美观,要嘴勤、眼勤、手勤,同时能接待几位游客,做到"接一顾二招呼三"。这些都要求旅行社的工作人员对本部门的工作项目了如指掌,在日常的工作中不断地总结,从而提高自己的服务技能。

6. 服务效率

服务效率是衡量旅行社质量管理水平的重要标志,也是旅行社工作人员实际工作能力的真实反映。根据旅行社的实际情况,服务效率可分为三类:①固定服务效率。例如,导游人员能否按照约定的时间,准时为游客提供服务,司机能否准时在饭店等候客人。②用时间限制来表示的服务效率。例如,接电话时必须在三次响铃之前接听。③虽有时间概念但没有明确的时限规定,完全靠感觉来衡量的服务效率。例如,游客委托导游人员为其代购商品、代找人等,如果导游人员能够用最快的速度帮助游客完成,便会使游客感到非常满意。

7. 服务仪表

指服务人员的外部表现和行动举止,主要是容貌修饰、着装、举止风度等。它不仅体现了服务人员的个人形象,还反映着旅行社以至国家的文明程度和道德水准。我们要求服务人员具有健康、明朗、庄重、可敬、可亲的形象,表达出全心全意为游客服务的美好愿望。为此,对服务人员仪表的基本要求是:容貌大方,不浓妆,自然健康,精神饱满。着装打扮整洁、庄重、朴实。行为风度端庄文雅,谈吐得体,落落大方。

8. 服务时间

旅行社确定的服务时间要最大限度地满足游客的需要,根据市场规律安排服务时间。由于旅游服务的特殊性,有的旅行社安排一定的人力、物力昼夜24小时值班服务。有的旅行社地处商业中心,流动人员密集,为了错开各种上下班时间,提前营业和推迟休息的服务时间等,这些都赢得了游客的欢迎。

9. 服务时机

指服务人员为游客提供服务的最佳机会和火候。提供服务要适时,超前和延迟服务都会引起游客的厌烦和不满。当游客尚未决定旅游,只是想打听一下旅游节目的价格时,服务人员却将自己喜好的旅游节目极力地推荐给游客,这样,即使是热情详细的介绍,游客也会感到厌烦。要掌握好服务时机,向游客提供恰到好处的服务。第一,要察言观色。有经验的旅行社接待服务人员认为提供服务的最好时机是游客对旅游线路节目产生兴趣到假设联想之间。这种服务时机有三种辨别的方法:一是游客进旅行社后直接询问和了解某条线路节目情况的时候;二是游客长时间反复地观看某条广告介绍的时候;三是旅游者从其凝视的某条线路节目的广告介绍上收起目光进行想像的时候。第二,要注意游客的言谈话语,掌握游客的需要趋向。第三,要辨认不同类型的游客,掌握时机,投其所好,有针对性地提供服务。

(三)按照服务质量的信息反馈进行监督检查

旅行社的服务质量信息是保证旅游产品高质量的基础,旅行社在实行质量管理的同时,应该正确、及时地进行质量信息的收集、处理、存储和决策反馈。只有这样,旅行社的质量管理才能得到提升,达到较高的水平。旅行社服务质量信息反馈的获取主要从以下几个渠道获得。

(1)游客提供的信息反馈。这种反馈是旅行社进行质量管理中获取反馈信息的主要渠道,而且在反馈信息中所占的比重最大。因此,旅行社要广泛征求顾客的意见,及时发现、处理游客反馈的问题,从而不断改进和完善自己的工作。

(2)行业组织、主管部门向旅行社企业所提供的质量改进信息。

(3)旅行社服务人员在工作中所发现的服务规范、标准同游客满意度所存在的差异,游客应主动向旅行社提出,促进旅行社改进。

弥补失误,赢得顾客

某旅行社接待了一个从新疆飞往西安的旅游团,飞机提前1个小时抵达西安,而某旅行社导游则在飞机原到达时间提前半小时到机场。此时游客已经非常不高兴,觉得导游让他们在机场等太久,并向该旅行社投诉该导游。接着,导游带客人游完西线后,没有在乾陵订晚餐,返回西安吃饭时,已是晚上8点。在西安的订餐也出现了一些问题。晚上入住时,因该团预定时导游没有确定游客的性别、人数而少订了一间客房,使客人十分恼火。于是游客再次打电话给旅行社要求换导游。在剩下的旅游过程中,新换的导游用热情周到的服务,缓解了游客的怨气。在游客离开西安的前一天,该社的经理又请客人品尝了西安的名吃——饺子宴,并向客人道歉,使客人感到经理对他们的重视和尊重,为此,游客热情地邀请经理和导游在西安共进最后一顿晚餐。

资料来源:张红.旅行社经营管理实例评析[M].天津:南开大学出版社,2000.

企业的生命线

某旅行社为某公司组织一商务旅游团,由全陪陪同到一度假山庄举行为期3天的会议。早晨出发中午到达山庄在这里用午餐时,一位游客发现菜里有只苍蝇,很生气,要求服务员换菜,服务员不答应还与客人吵了起来。客人将全陪叫来要求其处理这件事,全陪说换菜,这时客人却不答应,原因是服务员态度极差。客人要求赔偿经济损失并要求精神赔偿,服务员不同意,说"我们这儿就这样",因此再次激怒客人,于是客人不仅房费、餐费拒付,会也不开了。后来旅行社要求该公司对其违约行为进行赔偿并支付房费餐费,而公司因旅行社的服务质量差而要求旅行社退还预付金,双方争执不下。于是,这家公司告到了旅游局,后经旅游局裁定,公司方胜诉,要求旅行社赔偿损失并当面向客人道歉。

资料来源:蒋炳辉.旅游案例分析与启示[M].北京:中国旅游出版社,2003.

三、ISO9000与旅行社的质量管理

ISO9000系列标准,首先是在欧共体国家实行的。1987年11月,欧共体将ISO9000系列标准定为欧洲标准(EM2900),并同时宣布:凡是欧共体以外的生产厂商的产品要进入欧共体市场,必须具备ISO9000证书。为了使自己的产品打进国际市场,现在世界已有70多个国家将ISO9000系列标准值采用为本国标准,因为ISO9000系列标准是走向世界的通行证。我国于1993年9月采用ISO9000系列标准。

(一)ISO9000的基本内容

当今世界贸易中产品与产品质量已越来越国际化。因而,要求生产产品的企业质量管理也能够在国际间求得一定程度的统一,以便对企业进行评估,产品发生责任纠纷,也能找出问题所在。为此,国际标准化组织(ISO)TC176技术委员会在总结过去传统的产品检验、测试及质量控制工作的基础上,针对制造业与服务业制定了ISO9000系列国际标准,作为对企业进行质量管理的标准。ISO9000系列标准包括ISO9001、ISO9002、ISO9003、ISO9004国际标准。ISO9000系列标准提供了一个国际通用的质量体系标准,提出了质量体系应当包括的要素,为质量管理提供了指南。

产品的质量受诸多因素的影响,而过去传统的对产品的评估,多采用单一质量检验的做法。而ISO9000系列标准,从对企业产品设计、开发、生产、安装、服务和管理全过程实行标准化质量检验。这是对产品质量检验的新突破。

(二)ISO9000与旅行社的质量管理

ISO9000系列标准,不只是提供质量保证的一种质量体系标准,而是企业管

理系统化、程序化、标准化的一整套科学管理模式。在该系统中 ISO9000 内容包含了设计、开发、生产、安装和服务的各个阶段的 20 多个要素，最适合于旅行社采用。

1. ISO9000 系列标准的意义

提高旅行社的质量信誉，有利于开拓市场。旅行社企业获得认证机构颁发的 ISO9000 体系证书和发布的注册名录，向公众证明了旅行社向顾客提供旅游产品具有一定的质量保证能力，它在质量信誉方面比起未认证企业有极大的优势，有利于吸引客源，开拓市场。

指导消费者选择放心旅行社。对消费者来说，选择 ISO9000 认证的旅行社，就像多加了一道保险，使其利益能得到保障。

促使旅行社按照国际标准建立和完善质量体系。旅行社企业要想申请获得 ISO9000 认证，必须在认证前以系列标准指导内部质量管理，并规范其质量体系；认证后还要接受监督。因此，ISO9000 系列标准，能促进旅行社建立有效运作的管理体制，提高自身的质量管理水平。

有利于保护消费者的利益。ISO9000 质量标准指出：标准规定的目的，在于防止从设计到服务的所有阶段出现不及格，以增强客户的购物信心。旅行社企业按照标准管理，保证提供的旅游产品合乎顾客的要求，从而使游客的利益得到了保征。

2. ISO9000 与旅行社产品设计

ISO9000 主要是一种通过制度标准来保证服务质量的方法。旅行社产品主要是一系列服务，其表现形式是旅游线路与旅游过程。ISO9000 标准 4.4 条款规定了设计控制要素，从产品的设计、开发、策划、检验、确认、更改都逐条做出了程序编制的规定。

旅游产品设计计划的要求是，产品设计的过程要符合程序编制。首先，在设计产品时，要确认旅游产品设计者资格。参与旅游产品的设计人员应有三部分人员组成；一是精通市场，熟悉产品内容，有产品设计能力的人；二是接待一线，熟悉顾客需求的人；三是具有美工设计水平的专业设计人员。由上述三部分人联合组成产品设计小组。其次，明确设计内容，旅行社产品设计主要有三个方面的内容：即交通、住宿与游览。通过调查研究，广泛搜集有关资料，明确设计过程中每个阶段的任务与责任，旅行社与这三个方面的合作伙伴要有合同依据，并作出时间安排。最后，设计产品的具体计划内容，采取评审通过的办法，对产品进行设计确定，完成整个设计的过程。

旅行社的产品设计主要包括以下三个方面的工作：第一是设计输入，在ISO9001—4.4.4 中对于设计输入有明确的规定，对不完整的、含糊不清的和有矛盾的情况，应在产品设计之前与责任部门共同解决。例如旅行社具体选择哪家酒店、航空公司的产品，由谁来控制产品中的承诺，合同前提如何，产品是否完全兑现，都要有控制文件。事实上，ISO 就是试图以实现程序文件化，并使其得以遵循的方式保证质量。第二是设计输出，设计输出包括了所有设计成果，如产品说明、产品设计草案等。第三是设计评审、验证及确认，设计评审由产品的提供方负责，由有关的职能部门人员组成。评审的目的是评价设计结果是否达到质量要求；验证是检查设计的程序是否正确；确认是对产品最终是否能满足使用要求给出最终的判断和确认。

3. ISO9000 与旅行社的市场营销

旅行社业务运作的核心是营销。旅行社在营销过程中的质量控制，以过程控制为纲要，其核心是保证营销整个过程都处于受控状态，使涉及产品质量的技术、管理和人员均处于严密的受控状态。

市场销售。在制定市场销售计划前，要开展大量的市场调研和信息收集工作，对于涉及的重大业务与技术接口（指公司与公司、部门与部门间的衔接），要有严格的合同约束。市场销售有多种方式供企业选择，销售过程要求做详细而完整的记录。

对市场销售人员素质要求。ISO9001.4.18 对人员培训作出了规定，按要求对所有对质量有影响的员工都应进行培训，进行考核并做记录。

客户管理制度。客户管理的目的是为了强化企业形象，淡化员工个人对客户的垄断，避免由于旅行社业务骨干跳槽而导致客户流失影响服务质量。

ISO9000 是国际公认的最低质量保证体系标准，它强调过程管理与质量管理并重，是全面质量管理的基础，它为企业提高质量管理水平，提出了最基本的奋斗目标，它是我国旅行社企业同国际惯例接轨的一种方式。ISO9000 证书仅是质量管理的"合格证"，而非"优秀奖状"。一个企业要达到高质量的管理，除了符合 ISO9000 国际标准外，还应有自己的企业内部控制标准，也即被人们称之为秘密武器，正是由于一些企业采用一套自己的内部标准，使企业名牌产品的主要质量标准远远超过国际标准的要求，使顾客满意度大增，吸引更多的客源。因此说质量追求永无止境。

“招商”与ISO9000

从1996年开始,中国招商国际旅游总公司系统开始按照国际质量标准ISO9000建立质量保证系统。招商在整个建设质量保证体系的过程中,困难重重,原因一是在中国旅行社企业首开先河,无先例可循(实际上服务业实施ISO是非强制性的,在世界上也为数不多);原因二是旅行社以服务提供为主,作业分散,过程控制难度大。招商上下动员,层层启动,级级培训,于1997年11月22日,通过了中国国际社认证公司和法国国际竞争公司的联合分现场审核。审核程序第一是看文件(例如,过去二三页就可把一条线路内容说完,现在一条线路,光材料就有一寸厚,像招商三峡快艇游,线路中的每一个环节都力求考虑周全)。第二是现场审核,比如对外联工作流程进行抽查。第三是通过审核后,半年后复审,即旅行社必须不断努力。

ISO的特点是:所有影响质量的活动都应在计划之中;所有影响质量的活动都必须得到控制,以确保各层次达到了特定的要求,问题被事先预见到;所有影响质量的活动都必须文件化,以提供质量执行系统的客观依据。文件化克服了口头描述服务的简单化、非完整化、客观与解释的偏差。招商认为:质量体系的建立和实施,增强了内部质量的控制力度,提高了员工素质,增加了顾客的满意度,提高了管理水平,树立了公司的形象。

招商是旅行社网络式论证世界第一家,在西安、蛇口、广州等七家同时论证,相当于麦当劳,全球口味一样。

资料来源:张道顺.现代旅行社管理手册[M].北京:旅游教育出版社,2006.

第二节 旅行社全面质量管理的主要内容

旅行社质量管理除了要对旅游产品质量、旅游服务质量和旅游环境质量进行把关外,还包括旅游服务采购管理、发团管理、接待管理和售后服务管理等方面内容。

一、旅游服务采购管理

旅行社产品的综合性决定了旅行社并不具备其产品生产所需要的所有服务,其旅游产品的生产过程中所需要的大部分服务项目如吃、住、行、游、娱、购等,都是由相关的企业和部门所提供的,也大多是旅行社难以独自完成也没有必要独自完成的。因此,对于旅行社来说,旅游服务的采购便成为旅行社产品开发中的一项不可或缺的业务。科学合理的采购往往成为旅行社制胜的法宝。

(一)旅游服务采购的概念

目前我国旅行社主要是以提供全包价旅游产品为主,而这些大部分都不是旅行社直接生产、经营的,要想开发出有特色的、有竞争力的、能吸引旅游者眼球的旅游产品,就必然会产生旅行社的旅游服务采购行为。

旅游服务采购是指旅行社为了组合旅游产品,而以一定的价格向其他旅游企业或与旅游业相关的其他行业和部门购买相关服务项目的行为。旅行社所采购的旅游服务项目是旅行社产品的必要组成部分,所采购的并非是具体的商品或实物,而是某种设施或服务在一定地点、一定时间内的使用权而非所有权。

旅行社行业虽然是第三产业,但它和其他产业一样,同样需要把产品销售出去才可赢利。但众所周知,旅行社作为一个中介组织,它销售的旅游产品大部分不是自己生产而是由其他旅游服务企业和相关部门所提供的。换句话说,旅行社向其他旅游服务企业和相关部门购买产品,然后经过加工组合之后,再转手销售出去。所以,旅行社在其产品设计完成后,应立即根据产品内容的构成、特点,向相关企业或部门采购所需的各种服务,保证所设计的旅行社产品及时投放到相应的目标市场进行销售,从而使旅行社的业务能够顺利地进行,而且还要保证最后一个环节——旅游接待的顺利完成,以实现旅行社既定的利益。

就我国旅行社而言,绝大多数旅行社所出售的旅游产品即推出的旅游线路中,除了导游服务外,其余的几乎都是从相关旅游部门或企业采购来的。旅游者在旅游过程中所需要的交通服务、住宿服务、餐饮服务、购物服务等各种服务均属于旅行社的采购对象。另外,在目前的条件下,我国外联社还不可能向全国或其他国家和地区直接采购各种旅游服务,必须通过当地的接待旅行社进行间接采购,对外联社而言,地接社或旅游中间商同样是非常重要的采购对象。

(二)旅游服务采购的管理

1. 旅游服务采购的方法

旅行社产品的高度综合性与旅游业务的强烈季节性,决定了建立协作网络的必要性。当旅游服务出现供不应求的情况时需要广泛的协作网络才能保证供给。而且,旅行社协作网络的质量也很重要,它将直接影响旅游服务采购工作的质量。

协作网络的建立,是旅行社旅游服务采购工作的主要方法。它是指旅行社通过与其他旅游企业及相关的各个行业、部门洽谈合作内容与合作方式,签订经济合同或协议书,明确双方的权利、义务以及违约责任,从而能够从法律的角度约束与保证旅行社所需服务的供给。但是要真正达到切实建立与维持广泛的协作网络的目的,首先要运用经济规律,与协作企业建立起互利的协作关系;

其次要善于开展公关,在有关人员之间建立起良好的人际关系。

旅游服务采购的方法即旅行社协作网络的建立从其业务的特点和产品综合性方面的考虑,具体应从以下几个方面进行。

(1)交通网络的采购。旅游交通是旅游业发展的命脉,是旅游者完成旅游活动的先决条件。城市之间的旅游交通服务和城市内的旅游交通服务,是旅游者在旅游活动过程中实现空间转移的必然载体,是旅行社产品实现其价值的必然条件。而且它在旅游者的旅游费用中占有很大一部分,特别是一些长途旅游产品,有时可以占到旅游者全部旅游费用的30% ~40%。而且随着人们生活水平的提高,现代旅游者外出旅游最关心的事情不是能否坐上车,而是能否安全、方便、舒适、快捷地抵离旅游目的地,以免耽搁或影响行程。旅游交通的采购无论是对旅行社来说还是对交通部门来说,其合作都是互惠互利的。对旅行社来说,通过与交通部门的合作,使旅行社一方面能及时购买到交通票据,从而向旅游者提供自己的旅游产品,以实现自己的经济目标;另一方面,旅行社可以从交通部门得到一部分的佣金。对于交通部门来说,与旅行社的合作也是十分有利的。因为对于从事服务行业的部门来说,主要面临的问题是如何解决供应与需求的平衡,对固定成本很高的交通部门来说更是如此。由于固定成本高,市场调节能力较差,即使有一个乘客,飞机、火车也得照飞、照开,所以交通部门就会竭力设法调节需求,力争将所有可利用的座位销售出去。在这点上,旅行社可以极大地帮助交通运输部门提供客源。旅行社必须与航空公司、铁路、水上客运公司和旅游汽车公司等交通部门建立密切的合作关系,并争取与有关的交通部门建立代理关系。事实上,在经济和旅游非常发达的国家和地区,交通运输业非常热衷于同旅行社进行合作,以求在激烈的行业竞争中寻找到稳定的客源渠道,从而在市场中占领一席之地。

(2)酒店网络的采购。酒店是旅行社产品中的重要组成部分,而且是旅游业的三大支柱之一,所以说酒店也是一个国家或地区接待能力的重要标志。另外,从马斯洛的心理学需要层次理论来看,人们只有满足了最基本的生理和安全需要,高一级的需要才可能产生。所以,旅行社只有先保证了旅游者休息这个最基本的生理需求,才会使旅游者在满足低级需要的前提下去实现更高一级的需要。但是如果旅行社不能按照客人的要求安排酒店,或者说酒店的服务不符合客人的标准,那么将直接影响旅游产品的质量,从而影响旅行社的接待质量。因此旅行社必须与相关酒店建立起长期稳定、互利的合作关系。

(3)餐饮网络的采购。餐饮服务业是旅游接待中的敏感因素之一,更是旅游服务中一项很重要的部分。随着人们生活水平的提高和带薪假日的增加,旅游成为人们在“有钱”、“有闲”情况下的一种高消费产品。当一个人饥饿时,就会受生理上饥饿感的影响和驱使去寻找食物,所以,旅行社必须首先要保证旅游者吃饭这种基本生理的需要,其次才可以向旅游者推销其他产品和项目。而且对一个现代旅游者来说,旅行社向他们提供的餐饮不能仅仅局限于果腹。独具风味的异地美食,既是旅行游览过程中所不可缺少的,更是旅途中的一种莫大的享受与难忘的体验。所以用餐的环境、氛围、卫生;菜肴的色、香、味、形、品种;服务人员的服务言语、举止、装束;客人的不同饮食习惯、对口味的不同认可程度等,都会直接影响到旅游者对购买的旅行社产品的最终评价。餐饮采购既是旅游服务采购工作中选择余地较大又是受人为因素影响较大的一项采购工作,因此旅行社要高度地重视。

(4)旅游资源网络的采购。旅游资源是一个国家或地区旅游业赖以生存和发展的最基本条件,也是旅游活动得以开展的客体。因为一个地区如果没有独特的旅游资源,旅游者就不会被吸引来;没有旅游者来观赏,也就意味着没有客源市场,没有了需求市场,那么旅游业就无法生存了。随着旅游业的发展,各地的不同景点、民俗文化等都相继对外开放,形成了适应不同旅游者不同旅游需求要求的多层次、富于变化的旅游资源。旅游资源是旅游活动的客体,参观游览是旅游者外出旅游最基本和最重要的内容,也是人们外出旅游的最主要动机之一。因此,旅行社与旅游资源部门建立良好的网络也十分的重要。另外,旅行社在采购参观游览单位的服务时,必须充分地了解和调查清楚该种旅游资源吸引力的变化情况,掌握其生命周期的变化,尽量将最佳可视的服务展现给旅游者。

(5)购物商店网络的采购。旅游购物虽然属于旅游者的非基本要求,但包括旅游业发展相当成熟的国家与地区,没有购物的旅游产品是极少的。因为大多数旅游商品都是当地旅游资源、旅游特色的外在表现形式,例如北京的景泰蓝,浙江的石刻、丝绸,海南的椰雕,潍坊的风筝,河南开封的汴绣、少林寺的功夫衫等。所以,恰当、合理地安排好购物活动,不仅能为国家创汇,还能给旅游者留下美好的印象,也可以满足旅游者赠送同事和亲朋好友的心理与愿望。因此,为了使旅行锦上添花,购物活动成为其中丰富多彩、不可缺少的一部分,也为了使旅游者节省旅游时间,避免受不良商店、黑店的蒙骗,旅行社必须选择质量与信誉都很好的文物古董、珠宝、书画、印章、土特产品店作为定点商店，与其建立相对稳定的合作网络。

(6)娱乐网络的采购。娱乐也属于旅游者的非基本需求，但以前旅行社大都不太重视旅游者娱乐方面的消费需要。旅游活动的六大要素之一就有娱乐，而且现代旅游者日益普遍增长的消费需求之一就是在旅游活动中增长知识，开阔视野，了解目的地的文化内涵、风土民情，享受艺术美。所以我们应该尽量组织好旅游者的晚间娱乐活动，比如看杂技、马术；品味民族歌舞、古装歌舞等等，这些娱乐活动不仅能消除旅游者白天观光游览的疲劳，而且可以充实、丰富旅游活动，起到一种文化交流的作用，使整个旅游行程锦上添花。因此，为满足旅游者休闲娱乐的需要，旅行社必须建立起娱乐网络。

(7)保险网络的采购。旅游保险是旅游活动得到社会保障所不可忽视的重要手段和方法，是对旅游者在旅游过程中，因发生各种意外事故而造成经济损失和人身伤害时，给予经济补偿的一种制度。它是旅游者的旅游活动得到社会保障不可忽视的重要因素。国家旅游局规定，旅行社组织团队旅游，必须为旅游者统一办理旅游责任保险。建立保险网络既对旅行社的发展有利，同时又使旅游者在旅游活动中的合法权益得到保障。

(8)相关旅行社网络的采购。目前，在我国现有的条件下，有自主外联权的组团旅行社还不具备向全国或地区直接采购各种旅游服务的能力。所以，对于有自主外联权的旅行社来说，当地的旅行社或旅游中间商也是旅游服务采购的范围。组团旅行社为了更好地安排旅游者在各旅游目的地的旅游行程，需要各地旅行社提供接团服务。对组团社来说，应建立起相关的旅行社网络，这样可以根据不同旅游者的要求与特点，有针对性地选择接团社。同样，接团社自身不能供给的部分也可以通过旅行社网络来提供。

旅行社行业是一个具有高度依托性的企业，要想顺利地完成整个旅游过程，需要依靠各方面经营伙伴互惠互利的真诚合作。因为旅行社产品的特点决定了旅行社业务合作的广泛性。但互惠互利的原则受时间、地点、条件和人情等诸多因素的影响与限制。在现实生活中，有时往往在某一方面失利而换取另一方面的得利，从而获得某种程度的补偿，使各网络之间的互惠互利在相互得利与失利之间趋于平衡。平等互利、真诚合作的良好关系不是一蹴而就的，它需要长期不懈的努力，需要着眼于长远打算，加强相互联系，保持“君子之交”的友谊，才能在需要的时候得到对方的真心支持和精诚合作。总之，在市场经济的条件下,旅行社与旅游业其他部门和行业之间关系的核心,是互利基础上的经济合同关系。只有这种在法律制约下的合作关系,才是旅行社协作网络稳定、健康发展的基础。

2. 旅游服务采购应注意的问题

(1)建立广泛的采购协作网络。旅行社产品大部分的供应不是自己生产出来的,而是由其他的企业或相关部门所提供的,所以为了使旅行社产品的供应能够得到保障,旅行社必须和有关的旅游服务供应企业建立广泛的、相对稳定的协作网络。其作用体现在以下三个方面:第一,在一般情况下,使旅行社获得稳定的供给;第二,在供不应求的情况下,旅行社获得各种紧缺服务产品的机会比别人多;第三,在供过于求的情况下,旅行社可以获得更加优惠的交易条件。

(2)正确处理"保证供应"与"降低成本"的关系。保证供应与降低成本是旅行社采购工作中两个同等重要的任务,都是为了使旅行社获得最大经济效益的服务。但在现实中,两者常常又是矛盾的。旅行社要根据不同的情况灵活对待和处理这两个方面,或者说采取不同的策略。当某种旅游服务出现供不应求时,谁能获得各种预订,谁就能在市场上具有更强的竞争力。例如,客房、机票、车票很难满足时,许多旅行社都无法采购到足够的预定,但如果哪家旅行社能够采购到比别家旅行社更多的机票,它就可以接待更多的游客,从而获得更多的利润。在这种市场状况下,为了获得紧缺的服务,即使比别家旅行社支付的价格高也是值得的。所以,在供应紧张时,旅行社的采购工作应该以保证供应作为主要的采购策略。反之,某种产品供过于求时,保证供应已不成问题,旅行社就应致力于获得更便宜的价格,通过降低成本来增强自己的竞争力和获得更多的利润。换句话说,在供应充足时,应该以降低采购成本作为主要的采购策略。

(3)正确处理"集中采购"与"分散采购"的关系。按照商业习惯,特别是处于买方市场的条件下,批发价格总是比零售价格要低,而且批发量越大,还价能力就越强,从而价格就越低。因此,旅行社应该集中自己的购买力以增强自己在采购方面的还价能力。所谓集中购买力指的是:首先,把本旅行社各个部门和所有的销售人员所接到的全部订单集中起来,统一对外进行采购;其次,把集中起来的订单集中向一家或尽可能少的供应商进行采购,因为购买力越大,就越容易获得最优惠的价格,这是采购工作的一般规律。

但是在市场经济条件下,会出现供过于求或供不应求的不同情况。在供过于求的情况下,集中采购可能不占有优势,分散采购则可能更容易获得旅游者所需的服务。而且,在供过于求的情况下,分散采购反而能够得到更便宜的价格。原因就是,集中采购虽然数量很大,但远期预定较多,而远期预定又具有较大的不确定性。例如,当旅行社与采购单位洽谈来年的采购合同时,旅行社可能会提出一个很大的采购计划,但到来年,有可能会因为种种原因,实际的采购量比计划采购量减少。也就是说,虽然计划的采购量大,但采购时间的提前量也会很大,采购数量的取消率可能也高,退团率也很高,卖方可能会对买方计划的可靠性产生怀疑,也就不一定愿意把价格定得很低。反之,分散采购多是近期预订,采购时旅行社一般都有了确定的客源,卖方迫于供过于求的压力,就会以低价出售出去。在供过于求的这种情况下,采购量的大小决定着采购价格的高低,所以,这种情况对于中小型旅行社自然是不利的。但是为了转变这种情况,中小旅行社则可以联合起来,当然这种联合是在自愿的基础上所形成的采购联盟,这样就可以把它们分散的购买力集中起来,形成统一的购买力,以增强讨价还价的能力。如上海的旅游集散地最初就是由上海几家中小旅行社倡议组成的,以此来和西藏路上的"旅游一条街"中有实力的大旅行社相抗衡。

(4)正确处理预订和退订的关系。旅行社的采购是一种契约性的交易方式,它主要体现在对饭店客房的采购方面。旅行社预订完客房后,可能会出现两种情况:一是旅游者没来,旅行社要求退订,二是旅游者的人数超过了以前的预订,要求增订。而且旅游产品的特点决定了它与其他商品的不同,旅游者只有在购买了该种旅游产品,并到旅游目的地进行实地消费该种产品后,才能实现价值与使用价值之间的转换。而在这个时间差里,常常会出现由于旅游团(者)自身的原因或其他一些人为或非人为因素而导致取消原来预定的旅游线路。而这种临时的增订或退订会给这些企业或部门造成一定的压力或产生一定的经济损失,所以他们往往制定一个增订或退订的时间限制,超越这一时间限制将会受到一定的罚款,有时罚款额高达销售额的100%。无论如何,增订或退订对旅行社都有损失,旅行社应设法友好地与之协商,尽量使对方降低提价的幅度或减少退订的损失费用。

(5)加强对采购合同的管理。旅行社为购买各种旅游服务项目而与旅游企业或相关部门订立的各种购买契约称为旅游服务采购合同。它以一定的价格,向其他旅游企业及与旅游企业相关的其他行业和部门购买相关的服务行为,是一种预约性的批发交易,是一次谈判多次成交的业务,谈判和成交之间既有时间间隔,又有数量差距。而且目前我国旅游业竞争非常激烈,加之我国相关的法律、法规还不够健全,旅行社没有相对固定的采购协作网络,因此也就很少使用采购合同,这也是目前买卖双方经济纠纷很多的一个主要原因。随着我国旅游业的不断发展,旅游法律、法规的不断完善,旅行社与其他旅游企业都应积极地推行合同制,以利于我国旅游业走上更加健康的发展道路。

采购合同的基本内容有以下几个方面:

合同标的。指合同双方当事人权利义务指向的事物,即合同的客体。旅游采购合同的标的就是由旅行社购买、由旅游服务供应企业出售的旅游服务,如客房、餐饮、汽车运输等服务。

数量和质量。由于旅游采购合同是预购契约,不可能规定确切的购买数量,而只能由买卖双方商定一个计划采购量,或者是规定一个采购和供应幅度。关于质量则由双方商定一个最低的质量要求。

价格和付款办法。合同中应规定拟采购的服务的价格。由于价格常常随采购量的大小而变动,而合同中又没有确定的采购量,因此,可商定一个随采购量变动的定价办法,还要规定在合同期内价格可否变动及其条件。在国际旅游业中还要规定交易所用的货币以及在汇率变动时价格的变动办法。此外,还要规定优惠折扣条件、结算方式及付款时间等。

合同期限。指签订合同后开始和终止买卖行为的时间,一般是一年签一个合同,也有的每年按淡、旺季签两个合同。

违约责任。指当事人不履行或不完全履行合同所列条款时应负的法律责任。按照我国《经济合同法》规定,违约方要承担支付违约金和赔偿的义务。

如何采购才是好

每年夏天是黄山旅游旺季。某旅行社估计届时能组织到足够的客源去黄山旅游,于是想事先在山上预定床位,但谈了好几家饭店,都因为折扣问题而未达成协议。果然,这年夏天报名参加“黄山三日游”的客人很多,但此时黄山顶上连高价床位都很难拿到了。由于不能得到足够的床位,该旅行社的接待能力受到很大的影响。旺季过后,黄山上某饭店推出了很优惠的团队预定价格,该旅行社吸取了前面的教训,大量预定床位。虽然都卖了出去,但旅行社后来发现,与其他住宿供给部门在淡季时推出的价格相比,旅行社拿到的团体价格并不算优惠。这样,旅行社又感到吃了亏。

资料来源:张红. 旅行社经营管理实例评析[M]. 天津:南开大学出版社,2000.

二、旅行社发团管理

发团工作是旅行社主导业务——组团业务中的主要环节,也是连接旅行社销售和接待工作的关键步骤，直接影响到旅行社产品的质量。

（一）旅行社发团管理概述

1. 旅行社发团的涵义

发团就是把通过各种招徕手段形成的旅游团队或散客输送到经过选择的国内外相关旅行社，通过他们去完成合同中规定的每位游客在食、住、行、游、购、娱等方面应得到的待遇，并完成旅游全过程。每一个旅游团或散客去国内各地或海外旅游观光，都有其既定的目的，如去桂林旅游要游漓江，去黄山要上天都峰或北海，假如因交通、索道或其他原因游不了漓江，上不了天都峰或北海，那么这两个旅游团就是失败的；同样，去泰国旅游一般都要去看鳄鱼表演或购买珠宝，假如去了泰国未看到鳄鱼表演，而购买的珠宝又是假的或价格比国内高，这个旅游团同样未达到旅游目的，因此也不能说是成功的。所以，在发团时一定要将旅游团队输送给保证能按计划完成旅游目的的旅行社接待。只有这样才能使旅游者满意，才会有回头客。目前，我国旅行社发团有以下几种渠道：

（1）在国外销售成功后，将一个长线团发给国内各相关旅行社接待。如：北京某社外联部组到一个德国团，在中国观光 15 天，途经上海、杭州、苏州、北京、西安、桂林、广州等七个城市。其中除北京一地为组团社所在地，自行接待外，按我国惯例，在其他六城市均应将团发给各地相关社接待。如：

德国旅游团 ⇒ 北京××组团社
- 西安××旅行社
- 杭州××旅行社
- 苏州××旅行社
- 上海××旅行社
- 桂林××旅行社
- 广州××旅行社

（2）组织中国公民出境游，将团发给国外某旅行社接待。如：组成一个港、澳、新、马、泰十日团，就要将团发给香港、澳门地区以及新加坡、马来西亚和泰国等地相关旅行社接待。有时也可以将团发给境外某一家旅行社，通过这一家旅行社再向其他旅行社发团。如：

中国公民出境团队 ⇒ 泰国某旅行社
- 马来西亚某旅行社
- 泰国某旅行社
- 香港、澳门某旅行社

(3)国内旅游通过门市或上门招徕组成团队,将团发给外地相关旅行社接待。

(4)中国的旅行社在国外的分公司或办事机构销售成功,组成旅游团发给国内总公司或直接发到各有关旅行社接待。如:

××旅行社××国分公司 ⟹ {大连××旅行社; 青岛××旅行社; 国内其他旅行社}

××旅行社××国分公司 ⟹ ××总社 {南昌××旅行社; 昆明××旅行社; 桂林××旅行社; 广州××旅行社}

2. 旅游团队的分类

对旅游团队分类的目的,是为了在发团时做到有针对性,从而确保旅游目的能全面实现。团队分类是发团前必须做的一项工作,以便旅游质量能得以保证。如某些特种旅游团(探险、文艺、体育等专项团)就应交由熟悉此项业务的旅行社接待才能使游客满意。因而在发团前熟悉和掌握团队分类就显得十分重要。旅游团队的分类方法较多,目前尚无统一的模式,往往还会交叉。现在习惯的分法有以下几种:

(1)按国界。分为国内旅游团、外宾旅游团、中国公民出境旅游团、中外宾同车旅游团。

(2)按人数。分为团队、散客。而国际团队还可按人数分成10人以上等、6~9人等、2~5人等和1人等。

(3)按旅游线路。如广深旅游团、三峡团、丝路团、海南团、华东团、版纳团和九寨团、黄山千岛湖团等。又如香港团、港澳团、泰港团、新马泰港团、澳洲团及韩国团等。而根据线路加上旅游天数,又派生出:广深珠八日团、广深珠七日团、泰港十日团、泰港八日团等。在此基础上由于交通工具不同,又派生出:华东双飞七日团、广深珠双飞八日团、北京飞机特快七日团等等。

(4)按游客组成。有新婚蜜月团、老干部考察团、献血奖励团、学生修学团、美国老兵团、残疾人团、郊区农民看上海团和舟山人民游上海团等等。

(5)与历史相联的团队。如三国线旅游团、文成公主进藏线旅游团和《红楼梦》旅游线团等。

(6)按旅游目的。如商务考察团、文化交流团、汽车拉力团、摩托旅游团、登山团、四大佛山朝拜团和妇女大会团等等。

(7)按特定的旅游内容。如洛阳牡丹赏花团、哈尔滨冰雪节观光团、曲阜朝圣团及潍坊风筝节观光团等。

(8)按游客享受标准分超豪华团、豪华团、标准团及经济团等。

(9)按旅行社提供的服务分全包团、半包团、单项服务团以及零星委托团等。

(10)自助旅游。目前已开国内团。

当然还有许多分类方法。有时一个旅游团就包合了许多分类的内容,如豪华、6~9人等、教师、曲阜朝圣团就包含了旅游者待遇、人数、游客组成和特定内容四种。这就是分类的交叉。

(二)接团旅行社的选择

组团社组团成功,准备发团时就面临着选择什么样的接团社的问题。应该说,旅游成功与否,在很大程度上取决于接团社的工作质量。因此,掌握选择接团社的方法,是很必要的。

目前国内外一些大的旅行社,如我国国旅总社、日本交通公社等,在选择接团社方面是十分慎重的。因为大家都认识到,整个旅游过程最终总要靠接团社来完成。选择接团社的方法就是对选择对象进行全方位的调查以便掌握情况,进行比较。在进行这项工作时,被调查的旅行社数量应该多于被选择的数量。

1. 调查内容

调查接团社的基本情况(表9-1)。其中包括人力资源、财力情况和接待能力等,以及旅行社的成立年限、发展史、等级、注册资本、周转资金、员工人数、管理层情况、业务人员情况、组织机构形式,上一年的接待人数、营业收入、利润总额、人均创利及人均创收、员工收入水平、车辆配备和票务能力等等。

调查主要管理人员的情况。包括年龄、性别、学历、从事旅游工作的年限和经历、管理思想、有何建树及个人爱好等等。

调查导游人员的情况。包括导游人数、学历、语种、接团经历、语言熟练程度。

调查作业人员的情况。接待部是否设晚间值班人员、主要环节的作业如订餐、购物、订车等是否由后台作业、有无电脑设备等。

表 9-1 接团旅行社基本情况表

单位名称			经济类别			电话号码	
英文名称			主管单位			电传号码	
单位地址						传真号码	
建社日期			批准机关			邮政编码	
社属类别	国际		国内			电子邮箱	
经营范围	主营					兼营	
注册资本				万元		周转资金	万元
开户银行				账号：			
开户银行				账号：			
法人代表及负责人	姓名	职务	性别	年龄	政治面貌	文化程度	入社时间
职工人数	合计	后勤	财会	英语导游	日语导游	法语导游	其他导游
组织机构							
经营状况	营业收入		利润总额		外汇收入		
	营业成本		上缴所得税率		人均年创利润		
	纳税总额				人均年创汇		
接待能力	年接待人数		车辆数		出票能力		
有无与本社合作经历							
						单位负责人签字：	

2. 调查方法

发放表格。请被选择对象填写旅行社基本情况表及导游人员情况表等(表 9-2)。

上门考察。可以专门组织一些专业人员赴各地访问调查被选为接团社的旅行社,即对选择对象所填写表格各项进行核对。可以会见该社主要领导、业务人员及导游,互相交谈,直接了解情况并实地调查选择旅行社的规模、设备、办公场地，特别是该社的纪律制度、人员素质和作业规范等。

发团考察。为了调查第一手可信资料，可以直接向被调查的旅行社发一个中、小型团。这样，从开始作业、第一次电话、第一份传真就可以了解到对方人员的素质、业务能力和对业务的熟悉程度。等到全陪回社后，又可得到许多导游、餐饮以及服务方面的第一手资料，利于选择。有条件的还应直接访问该团的游客乃至客户，向他们进行调查，听取反馈意见，这样得到的情况就比较公正。

经过以上全面的、实地的调查，所得材料应该是可信的。在此基础上发团社领导对所有被调查旅行社的情况进行分析、比较，选出其中好的和比较好的，再根据选择条件来衡量，然后原则上应选定 1～2 家，经领导审批同意，双方正式签约。最后将新产生的接团社输入电脑，使全社能把握情况。

表 9－2 导游人员情况表

姓名	年龄	性别	语种	毕业学校	从事导游年限	导游等级	备注

（三）旅行社发团作业流程

无论是境外组织的入境团，还是国内旅行团，作为组团社将团队发往外地旅行社接待过程中，都必须按如下作业流程进行操作。

1. 预报计划

团队经旅游者确认并交付团费后，发团社就可开始作业了。作业的第一个环节是向各地接团社以传真形式预报计划（表 9－3），紧急情况也可先用电话预报，后发传真。预报的目的是为了使接团社将此团纳入该社的接待计划，要求接团社及早订票、订房。预报应尽可能提前，预报内容有团号、人数、到达日期、离开日期、食宿要求等，特别应标明旅行团离开的交通工具、车次、航班及其他内容，并要求接团社迅速予以回复。

表 9－3 团队预报传真样本

安徽海外旅游总公司黄山公司： 我社组织（马来西亚）SZCYTS－221111－DNY－JP 团一行 33＋2 人（外宾）于 2008 年 11 月 14 日中午 12：00 从千岛湖抵深渡，请按常规行程安排去屯溪、黄山游览。此团系重点客户，请务必保证山上住房质量，保证 11 月 16 日一早下山赴杭州。正式计划及旅客名单后发。 谢谢合作！ 祝贵公司昌盛！ 苏州青年旅行社业务部××× 2008 年 10 月 8 日

2. 书面确认

团队预报发出后，接团社应在最短的时间内给予书面回答（表 9－4），主要是要对预报的内容逐一加以确认，最重要的仍是机、车票和房间落实情况。但由于组团社预报较早，情况发生变化的可能肯定会有，因此组团社就需不断发出传真更改，并较早发出游客名单。

表 9－4 团队确认传真件样本

NO.1 团队确认传真件 苏州青年旅行社业务部×××先生： 贵社发来（马来西亚）SZCYTS－221111－DNY－JP 团一行 33＋2 人（外宾）预报收悉，已按计划订妥本地旅游车和指定酒店。请早发正式计划和客人名单。 谢谢关照！ 安徽海外旅游总公司黄山公司 计调部××× 2008 年 10 月 10 日
NO.2 重要更改： 安徽海外旅游总公司黄山公司计调部×××小姐： 您好。我社组织的（马来西亚）SZCYTS－221111－DNY－JP 团一行 33＋2 人（外宾），原报 2008 年 11 月 14 日中午 12：00 抵深渡，有误，现因增加景点，应于当天下午 17：00 时 30 分抵深渡，请予更改，并准时接站。 不便之处请原谅，收到后请予回复确认。 苏州青年旅行社业务部××× 2008 年 10 月 28 日
NO.3 紧急更改： 安徽海外旅游总公司黄山公司计调部×××小姐： 我社（马来西亚）SZCYTS－221111－DNY－JP 团一行 33＋2 人（外宾），原报 2008 年 11 月 14 日中午 12：00 抵深渡，现因客人问题，名单中 3、4、9、10 及 13、14 六位游客及一全陪改乘 11 月 14 日 MU5583 航班抵黄山市与其他游客会合，预计 11：55 抵黄山机场，请派车及导游接机，并安排食宿。 给贵社增加麻烦，请原谅。谢谢合作！ 谢谢！ 苏州青年旅行社业务部××× 2008 年 10 月 30 日

3. 正式计划的发出

团队预报计划以后经过双方多次的更改确认，再更改再确认以后，基本内容如人数、日程无大变化的情况下，应该在团队到达第一站前10～15天内将正式计划邮寄给接团社。正式计划以正式文件打印、盖公章，每地寄出两份以上。它既是接团计划，也是对方的结算收款依据，应力求准确。正式计划也应同时发至本社有关部门，如：接待、财务等等。另应附一份打印的正式名单，名单要写明姓名、性别、年龄。这样的一份计划就比较明白清楚，便于接团社作业。国内旅游团的书面计划书写形式如下（表9－5）：

表9－5 苏州中国青年旅行社：关于接待（马来西亚）SZCYTS－22111－DNY－JP团计划

旅行社	联系人	电话	传真
西塘钱塘人家	×××	0573－45644610	0573－45644610
安徽海外	×××	0559－2514266	0559－2514689
千岛湖海外	×××	0571－64831816	0571－64831816
浙江金桥	×××	0571－87299171	0571－87299171
上海良安大饭店	×××	021－63532557	021－63532557
千岛湖外高桥	×××	0571－64813666	0571－64813660
杭州海景大酒店	×××	0571－86452222	0571－86452222

我社自联（马）SZCYTS－221111－DNY－JP团一行35人（33大+2小），于2008年11月11日至2008年11月18日来华旅游，各地用房17双间2司陪床（单男单女）含早。请派优秀双语导游按行程安排团队旅游，保证该团接待质量。

一、日程：

11月11日	SQ816(6:15)抵浦东	住：良安酒店
11月12日	BUS上海—西塘(8:00—11:00)—杭州(13:00—16:00)	住：海景大酒店
11月13日	BUS杭州—瑶琳(8:00—10:00)—千岛湖(13:00—16:00)	住：外高桥宾馆
11月14日	船至深渡，BUS抵屯溪	住：国际大酒店
11月15日	缆车上山，游览黄山	住：北海宾馆
11月16日	BUS黄山—浙西大峡谷—杭州	住：海景大酒店
11月17日	BUS杭州—上海(14:00—17:00)	住：良安酒店
11月18日	SQ815航班(6:55)浦东离境	

二、游览景点：

上海：城隍庙、豫园、宋庆龄故居、东方明珠、南京路、襄阳路

杭州：西湖游船、岳飞庙、黄龙、六和塔、飞来峰、灵隐寺、龙井问茶

三、各地风味：

上海傣家村、辣子村；杭州红泥沙锅；千岛湖全鱼宴；黄山徽州农家菜。

四、注意事项：

此团为我社重点团，请各地按合同严格落实餐饮及房间质量；

原则上一地安排一次购物；

此团中有两位客人吃素，请各地安排，名单见后；

杭州赠送丝绸扇，黄山赠送登山地图及拐杖；

团队全陪姓名：××× 手机：*************

请各地告之地陪和司机联系号码。

组团人：苏州青旅××× 手机：**************

一般在正式计划发出以后,不应再有大的变更。发计划应附上回执(表9-6),以便对方寄回,确认收到无误。

表9-6 团队接待计划回执样本

苏州青年旅行社业务部×××先生: 贵社发来(马来西亚)SZCYTS-221111-DNY-JP团计划收悉。我社将按贵社计划接待此团。 此致 敬礼! 安徽海外旅游总公司黄山公司计调部××× 2008年11月2日

4. 再确认

在团队出发前24小时以内,作业人员还应对计划进行一次最后的再确认,以防接团社出现疏忽和遗漏,发现问题可及时补救。特别要强调,作业人员千万不能因怕麻烦而不确认。

有时在团队出发前还会发生特殊情况,如游客家中发生重大事情而不能外出旅游等,因此要发紧急通知(表9-7)。

表9-7 紧急通知样本

杭州海外、千岛湖海外、黄山海外及本社有关各部: 非常抱歉,我社(马来西亚)SZCYTS-221111-DNY-JP团名单中27、28两位客人因家中主要亲属生病住院,不能参加此团,请取消这两位游客的一切车、船票和住房。请各社关照,尽量减少损失,如产生必需之费用请报我社,由我社承担。 谢谢,不便之处请谅解! 苏州青年旅行社业务部××× 2008年11月5日

最后不要忘记,当旅游团队安全回来后,作业人员还应做好质量信息反馈工作。

5. 全陪工作

全陪的责任十分重大,一个旅游团外出旅游成功与否最后取决于全陪的工作。全陪从领取任务、熟悉计划开始,实际上就已参与了作业。计划内外发生的事情都要靠全陪的作业来完成。全陪除全心全意为游客着想做好服务工作外,还应关心行李工作、导购工作,同时还要处理突发事件,可谓责任重大。因此,一个好的全陪应该熟悉业务,有职业道德,机智、沉着,既要站在游客立场维护旅游者利益,又要和地陪直至酒店服务人员搞好关系。一个好的全陪,出团十几天除了打一个电话报平安外,就不会再来请示什么。但有的则不然,大小事情都处理不了,怕负责任,甚至旅客加一道菜,也要电话请示一下,结果电话费反而超过了餐费。

当然,旅行社接待部门也应给予全程导游适当的权限,诸如加菜、买饮料、交际费等,同时也要注意提高全陪人员的素质。全陪派好了,整个发团流程作业也就顺当了。

6. 账单审核

团队旅游结束后,各地接团社(除个别现付外)均会很快寄来团队收款账单。组团人员应根据计划认真审核,实事求是,纠正差错,并请财务按协议准时付款。

中国公民自费出国旅游的作业流程和国内旅游团输送的作业流程差不多,但出国旅游作业由于语言和通讯上的问题,所以应特别细致,而且要防止受骗上当。一般来说,以下问题要特别引起重视。

(1)要签订有法可依的合同和契约,一切按合约办事。

(2)要辨别签证的真伪,防止受骗上当。

(3)旅游者应得的待遇,特别是用餐、住房标准、购物次数等要有协议或书面确认。

(4)付款方式上要采取多种方式,如分为预付部分、现付部分,最后待旅游者平安回国后付清等。

(5)重视旅游者的人身安全,一定要购买保险。

(6)一切业务交往均以书面为准。

(7)团队出发前,通过"说明会"等方式,教育团员遵守国外的法律,以及团员守则等。

(8)游客回国,作业人员要主动做好访问等反馈工作。

(四)旅行社发团管理应注意的有关事项

1. 不断提高旅行社业务人员的素质

我国旅游业的大多数业务人员的素质基本上是好的。但也不能否认,社会上的种种不正之风对旅游业的侵蚀也十分严重。旅游业的每个员工都面对着小费、回扣这些敏感问题,旅游界的一些败类被绳之以法的事情也常有耳闻。拿发团来说,本应该发给符合条件的旅行社,但有的作业人员出于私人目的,偏偏把旅行团发给"野马"、发给个体承包者,其目的很明显就是想从中捞好处,得回扣。这样做的结果必然直接侵犯旅游者的利益,因为"野马"们不会把钱白送给你,必定克扣游客,最终损害了发团者自己的利益。

为了杜绝这种腐败现象,在对作业人员进行法制和职业道德教育,全面提高他们素质的同时,必须进行严格的管理。这种管理不是由作业人员选择接团社时要由领导签字划圈,而是应根据第二节所述的选择方法和条件,在每年年终,经集体讨论、相互比较,最后经过多数同意选择好接团社后,就一年不变换(特殊情况例外),并做到传真、打印计划、财务汇款、主管签字层层把关。谁违反了就应严肃地从行政上、经济上予以处罚,这样做才能杜绝把团发给"野马"、个体承包户和不符合接团条件的旅行社去接待的现象。在严格管理的同时要大开前门,鼓励业务人员多组团,提高他们的收入。

2. 发团时要讲究规模效益

有规模才有效益,发团也同样如此。四川有一家名牌旅行社素以严格管理著称,在选择接团社和住酒店方面要求较高。但前几年团队发往外地后,未能引起接团社的重视,经常出现质量问题。旅行社主要领导亲自去外地接团社拜访,将方方面面意见集中起来,原因很简单:发团时作业人员出于种种原因,把团发给三四家旅行社接。由于团量不集中,而且价格上也无多大优惠,哪家接团社都不重视。后来这家旅行社改变发团方法,把有限的团量集中起来,每个地方只发给一家或两家,而且一给就是一年,如果没有出现过重大质量事故,第二年接着给。这样做的结果是,这家旅行社的团发到哪里都是当地接团社的重要客户,价格也优惠了,领导也十分重视。由于旅游质量得到了保证,游客很满意,组团也较容易。而接团社担心旅游团被其他旅行社抢去,所以更加小心谨慎,不断提高接团质量,质量越做越好,接团数量增加了,价格还主动回落,形成了良性循环。该旅行社从规模效应中尝到了甜头,目前已在全国选择了几家大的酒店集团,坚持每个地方只选 1 ~ 2 家旅行社作为发团对象。

3. 做好质量反馈工作

旅游团返回出发地后,这个团成不成功?旅客满意程度如何?有何重大事故发生?这一连串的问题不是靠和接团社通气以及听取全陪汇报就能了解到的。因为他们反馈的情况都可能具有片面性。要了解到实际情况只有一个办法,即质量回访或质量跟踪,通过质量管理人员耐心细致的工作才能取得真实情况。

目前我国的旅游业正处在大发展的阶段,有些方面由于受到制约,发展不平衡,质量不尽如人意也是人所共知的。因此,旅游者回来后,如果不是发生了重大问题,或实在是忍无可忍,一般不会因为一些小事去投诉旅行社。但作为一家重视经营管理的旅行社,在抓质量反馈问题上决不能含糊。对大事故当然要调查清楚,对小事故也绝不能放过,因为只有发团社这样做才能提高旅游服务质量,才能维护消费者权益,才能帮助和督促接待社提高服务水平,从而提高发团社自身信誉。

应当指出,发团是旅行社一项十分重要的工作,关系着旅行社的声誉、经营利润、质量等方方面面。因此,作为旅行社的管理者,应高度重视发团管理工作,严格地选择接团社并规范作业。只有这样,旅游者才会满意,旅行社声誉才会提高。

旅行社转团,游客要小心

四川省消委近两个月来直接受理的30件旅游投诉中,80%都存在着旅行社"卖团"的严重问题。部分旅行社在未告知游客并征得游客同意的情况下随意转团、并团,造成游客合法权益受到严重侵害。针对这一现象,省消委特地发出旅游消费警示,旅行社转团,游客须明白。

按照有关旅游法律法规和四川国内组团标准合同,旅行社参团人数不足需将旅游者转并给其他旅行社出团,必须征得旅游者书面同意,否则将承担总团款10%的转团违约金。但实际上不少旅行社搞的却是"暗箱操作",甚至不经游客同意多次将游客"转卖"。据上海离休老干部张先生投诉,今年4月他和老伴回到阔别四十年的四川老家,在朋友的建议下到九寨沟旅游。签定合同的是西南某旅行社,合同中并没有说会转团或联合发团,但第二天出发时来宾馆接他们的却是成都另一家旅行社的人员。接着在几天的旅游中接连发生不愉快的事情——汽车晚点、景点"缩水"、购物上当,回成都后向签约旅行社讨说法时才知道,真正发团是第三家旅行社,其中两位老人被"贩卖"了两次。

非法转、并、卖团的直接后果,常常使旅行社之间责任不清,旅游服务质量下降,游客的合法权益受到直接损害。5月9日×××等5名游客集体向省消委投诉,"五一"期间他们参加了某旅游公司组织的攀枝花、泸沽湖、丽江七日游,因为在完全不知情的情况下被转卖给了另一家旅行社,使"快乐之旅"成了"磨难训练"。旅行社之间扯皮,全体游客长时间滞留攀枝花火车站。中途由于改变了行程,找不到住宿,导游安排住宿不合理,导致游客之间为争床铺而发生了打架事件。

有些旅行社为了自身利益,只管将游客转出去,根本就不管游客的利益,甚至不问对方是否合法。据游客刘先生投诉,他和妻子从安徽到九寨沟旅游度蜜月,签合同的是一家旅行社,发团的是另一家,所乘坐的车辆又是第三家旅游公司的。路上司机开夜车,速度极快并且连续超车,当行驶到九寨沟九道湾时,因为处理不当车子翻下了悬崖,一车九人全部落水,造成了一名游客死亡的恶果,他的妻子也严重受伤。刘先生说:"这一切的起因都是旅行社操作混乱,违规转团、卖团所致。"

据了解,旅行社卖团现象难以得到有效遏制的主要原因,是旅行社受利益的驱使,漠视旅客权益。一些旅行社居然说,异地转团完全可以事先征求游客同意,但要求同城旅行社之间转团也这样做,几乎是不可能的,原因是"目前我们中国的游客意识不强,征求意见时肯定不会同意”。言下之意,既然游客不会同意,旅行社为了赚钱就只好暗箱操作了。现在有的旅行社为了在转团后不被游客发现,在合同或旗帜上只印“××假期”,根本不写旅行社的具体名称。

调查发现,卖团现象之所以屡禁不止,还与旅游消费者的维权意识密切相关,不少旅游者虽然与旅行社签订了合同,但更多关注的是价格、线路、接待项目等约定,对“转(并)团旅行社名称”一项不够重视,给卖团留下了空子,发现被卖后只能得过且过。

资料来源:张红.旅行社经营管理实例评析[M].天津:南开大学出版社,2000.

三、旅行社接待管理

旅游接待是旅行社的基本业务之一,旅游接待过程既是旅行社生产产品的过程,也是旅游者消费旅游产品的过程。接待管理水平的高低直接关系着旅游产品的质量和企业声誉,进而影响到企业的经济效益。接待管理工作主要包含接待计划管理、接待质量管理、接待成本管理和接待安全管理四个方面的内容,而接待人员素质的高低将直接影响着接待工作的质量。从接待业务上来看,接待管理又可分为团体旅游的接待管理和散客旅游的接待管理。

(一)旅行社接待管理概述

旅行社的接待工作是旅行社为已经预订了旅游产品的旅游者,到达本地后提供实地旅游服务的一系列工作。做好接待工作必须要抓住这样几个环节:接待工作的计划管理、接待工作的质量管理、接待工作的成本管理和接待工作的安全管理。

1. 接待工作的计划管理

接待工作环节众多、首尾相连,要把这些环节科学地组织起来,必须要有一个统一的严密的计划,作为各个岗位员工的行动纲领。

旅行社接待工作的计划编制包含两个方面的内容:一是地方旅行社根据组团社的客源预报计划,编制相应的接待服务计划;二是制定组团接待服务计划,即根据自己编制的销售计划组织客源,然后根据日程安排,向各地接待社通报客源情况,由地方接待社接待。组团社向地方接待社预报接待计划一般分为年度、季度、月度预报,该预报时间越长,其准确性越低。全程导游在抵达下一个城市前一天,还要再次向地方接待社通报团队情况。制定接待计划应着重接待人员的安排、餐厅用餐、饭店住宿、景点游览、行程交通和安全对策等方面。

接待计划的管理应从客流量的管理做起,要做到尽早从销售部门获得销售信息，并密切注视今后数天、数周以及数月内的客流量变化，据此安排好有关接待的准备工作。由于种种原因，接待计划常常会发生变动，为此，必须建立一套严格的制度，保证变动的信息能及时传达到接待、采购等相关部门，并立即调整接待计划，以免造成漏接、错接、住房及机票不够或虚耗等事故。

2. 接待工作的质量管理

旅行社接待服务的质量，就是旅行社在接待过程中满足旅游者需求程度的总和，包括物质的和精神的两个方面。满足旅游者的物质需求，就是在食、宿、行、游、娱、购等项目供应标准要符合合同条款，保证产品质量。旅行社还要通过热情周到、谦和礼貌、舒适方便和迅速及时的服务来满足旅游者精神上的要求。接待工作的质量管理，就是旅行社为了保证接待服务质量，综合运用的一系列手段和方法。旅行社可以采取以下的措施来进行接待服务质量管理。

(1)质量控制。接待服务的质量控制，主要内容是抓住质量教育的方法，加强思想工作，提高员工的责任心和事业心，使员工努力做好本职工作。质量控制工作的程序，一是制定各个接待岗位的工作规范和程序，同时制定必要的纪律，并把这两者和分配及奖惩制度相结合并督促员工按工作规范和程序要求进行服务；二是按规范要求进行检查。

(2)质量检查。旅行社服务质量的检查必须采取内部监督与外部监督相结合的办法。在内部，以严格和完善的规章制度为依据，对服务质量进行长期、全面的监督检查，坚持原则，不讲情面。在外部，依靠旅游者进行监督评议，可以采取发放“评议意见表”、设置“评议意见箱”、公布旅游服务质量投诉电话、信访等方式。一些旅行社经过探索比较，还采取了在国际游客出境前和国内游客旅游结束回到本地后，派出质检人员上门直接听取意见的方法，由此征询游客的感受、意见和建议，获取质量信息。

(3)设立质量管理机构。质量管理是一项经常性工作，需要有专人收集质量信息、制定质量条例、处理游客反馈意见和推行质量管理等。应该根据旅行社的大小，设立专职质检人员或质检机构。为了保持公正性和提高责任心，质检机构应该独立于接待、采购和计调等业务部门之外，并可由总经理直接领导。

3. 接待工作的成本管理

在同行竞争日趋激烈和利润率逐渐下降的情况下，在旅行社的经营管理中，如何控制接待成本已变得越来越重要。接待成本的控制，可以从三个方面努力：首先是采购部门应在保证供应和保证服务质量的前提下，尽量从各个旅游服务供应单位争取更优惠的价格；其次是财务部门要把好结算关，严格审查各接待社与饭店、餐馆、汽车公司等供应单位的报账单，发现和剔除虚报冒领；第三是接待部门要精打细算，杜绝虚耗和浪费。

此外，旅行社还应实行单团接待成本预算和结算制度，使控制接待成本的工作落到实处。在编制接待成本预算时，直接成本按旅游团接待计划的实际需要计算；间接成本，即接待部门的费用支出，则可以根据占直接成本的百分之几来计算。在每个团队接待和结算完毕后计算出实际接待支出，再与接待预算相比较。如果出现大的超支，应寻找超支原因，采取改进措施，并给予奖励或处罚。当然在强调控制接待成本的同时，必须注意不能因此而降低接待质量，以免得不偿失。

4. 接待工作的安全管理

凡涉及旅游者人身、财物安全的事故均为旅游安全事故。旅游安全事故分为轻微、一般、重大和特大事故四个等级：轻微事故是指一次事故造成旅游者轻伤，或经济损失在1万元以下者；一般事故是指一次事故造成旅游者重伤，或经济损失在1万至10万（含1万）元者；重大事故是指一次事故造成旅游者死亡或旅游者重伤致残，或经济损失在10万至100万（含10万）元者；特大事故是指一次事故造成旅游者死亡多名，或经济损失在100万元以上，或性质特别严重，产生重大影响者。

安全是旅游的前提，没有安全就没有旅游和旅游业。如果发生重大的旅游安全事故，将会使一定时期内接待国（地区）的旅游业遭受重大的打击，特别是发生接待方的重大责任事故，其后果更为严重。因此，应该把接待工作的安全管理放在一个重要的位置，特别是在节假日客流高峰时期，更应该坚持“安全第一、秩序第二、效益第三”，尽可能减少以至杜绝旅游安全事故的发生。保障旅游者生命财产安全是旅行社接待安全管理的首要原则。

为了预防旅游安全事故发生，旅行安全管理工作应负起以下职责：①设立安全管理机构，配备安全管理人员；②建立安全规章制度，并组织实施；③建立安全管理责任制，将安全管理的责任落实到每个部门、每个岗位、每个职工；④接受当地旅游行政管理部门对旅游安全管理工作的行业管理和检查、监督，使安全教育与职工培训经常化、制度化，培养职工的安全意识，普及安全常识，提高安全技能。新招聘的职工，必须经过安全培训，合格后才能上岗；⑤坚持日常的安全检查工作，重点检查安全规章制度的落实情况和安全管理漏洞，及时消除不安全隐患。

关于事故赔偿问题，如果为旅游者办理了旅游意外保险，应由保险公司理赔；如系空难、车祸，民航、铁道等部门还要负责处理；如果事故责任在接待社，而旅行社又投保了"旅行社责任保险"，则由保险公司承担赔偿保险金责任。2001 年 4 月 25 日国家旅游局局长办公会议审议通过了《旅行社投保旅行社责任保险规范》，自 2001 年 9 月 1 日起施行。该规定要求旅行社必须投保旅行社责任保险，以减少旅游者和旅行社的损失，促进旅游业的健康发展。

（二）旅行社团体旅游接待

团体旅游接待，即接团，是指地方接待旅行社根据同组团旅行社达成的销售合同所规定的内容，向其招徕的旅游团提供服务的过程。接团服务的过程，是旅行社对团队食、宿、行、游、购、娱的具体组织过程，也是旅游者对购买的旅游产品的具体消费过程。

1. 团体旅游接待的特点

（1）计划性强。接团工作的第一个显著特点就是计划性强。在旅游团队出发之前，组团社就要同旅游者及各地接待社签订旅游合同及旅游接待协议。这种合同或协议是旅行社同旅游者之间，组团社和接待社之间的契约性文件。团队每天的日程安排、食宿地点、娱乐活动、上下站之间的衔接，都必须事先按接待协议拟定计划。计划中的每个环节都是环环相扣、相互联系的，一个环节出现纰漏，就有可能影响整个旅游活动的正常进行，甚至给旅游者带来经济损失和心理挫伤。因此，严格地按照旅游接待计划安排每一次旅游接待工作，是旅游接待社的职责。但是，团队的计划往往受到各种各样因素的干扰而发生变更，如政治原因、气候问题、交通问题等多种原因迫使团队不能按原计划正常运行，或者是所订机票、车票发生变化，与原计划不符。这时需要及时通知下一站接待社，避免发生团队漏接，或者征得旅游者同意后建议组团社更改车次或航班，以免造成重大损失。

（2）综合性强。接团工作是一项综合性很强的工作。接待一个旅游团队常常要在几天之内，由好几个城市的数家旅行社及几十家提供食、住、行、游、购、娱等服务的企业，按预定程序提供相应的服务才能完成。接待社需要和组团社、各供应单位协同工作，地方导游员需要和领队、全程陪同人员相互沟通、现场联络，才能顺利完成接待工作。此外，在实际的接待过程中还常常会发生预计不到的变化(如航班延误)或者旅游者本身的意外(如伤病),也可能发生由于上站旅行社的工作失误打乱接待计划的情况。因此,要做好这项综合性和协调性都很强的接待工作,必须有一套科学而严密的制度,如岗位责任制、信息传递制度、上下班及上下站交接制度以及发生事故的应变处理方法。

(3)技能要求高。团队旅游接待对旅行社接待人员,特别是导游人员的接待技能要求比较高。导游人员每天不但要提供大量的讲解、翻译服务,安排好游客的饮食起居,还要随时协调各方面的关系,解决各种预料不到的问题,调解各种纠纷,这对导游的独立工作能力、组织协调能力及应变能力都提出了较高的要求。

2. 接团服务的原则

接团工作是旅行社业务的重要组成部分,为了保证接待服务的质量,一方面,旅行社应对接待服务的作业实行规范化管理;另一方面,由于每一个旅游团队都不一样,具有不同的文化背景,即使来源相同、文化背景一样,旅游团内部成员的生活习惯、个人偏好也不一致,旅行社在强调规范化的基础上,还应注意接待服务的个性化,以满足不同团队、不同旅游者的需求。因此,旅行社在接团过程中要坚持规范化与个性化相结合的原则。

(1)规范化原则。接团服务应有规范化的质量标准和接待程序,这是接待服务质量的基础和保障。

接团服务标准化。接团服务的标准化,是指旅行社按照一定的标准向旅游团提供旅游过程中的各种相关服务。旅行社服务的标准化是适应国际发展潮流的一种做法。中国加入 WTO 后,便真正进入了国际旅行服务贸易领域,要参与国际竞争,必须抓紧制定和实施旅游业国际标准制度,与国际惯例接轨。为了加快旅游业标准化步伐,国家技术监督局和国家旅游局先后发布了《中华人民共和国国家标准——导游服务质量标准》、《中华人民共和国旅游行业标准——旅行社国内旅游服务质量要求》。根据这些规定,旅行社在接待服务过程中必须坚持下列标准:实行“三定”,即安排旅游者到定点旅馆住宿、定点餐馆就餐、定点商店购物,并确保向旅游者提供符合合同规定的服务;采取必要措施以保证旅游者人身财产安全,完善行李交接手续,保证旅游者行李运输安全和准确无误;旅行社委派接待的导游人员必须通过全国导游人员资格考试,取得国家旅游局颁发的导游员证书,并在接待前做好一切相关的准备工作;旅行社应将文娱活动作为固定节目安排;对不同国别、肤色、职业、性别、年龄的旅游者要一视同仁,热情接待。

接团服务程序化。接团服务的程序化,是指旅行社根据接待服务的特点,对接待服务的每一个环节和每一道程序都做出详细规定,并据此向旅游团提供接待服务。对不同活动范围的团队,旅行社还应该根据其不同的工作特点,制定相应的作业程序,如一地团作业程序、自联团作业程序、大区域中转团作业程序。接团服务的程序化是旅行社保证接团服务质量的有效措施。按照一定的程序进行规范化作业,可以使旅行社在接待过程中减少事故隐患,保证各项工作的落实,从而保证接待服务质量。同时,接团服务程序化还有利于旅行社对接待服务质量的监督和管理,使得接团服务和接团管理有章可循。

(2)个性化原则。旅行社接待的旅游者来自不同的国家和地区,他们的年龄、性别、习惯、爱好、宗教信仰、价值观念和健康状况各不相同,对接待服务的要求就会有所不同。旅行社应针对不同的旅游团,针对旅游团成员的不同特点,在可能的范围内充分照顾旅游者个人的不同需求,提供个性化的、富有人情味的服务,使旅游者感到温馨愉快,从而提高对旅游服务质量的评价。

3. 团体旅游接待的运行与管理

接团管理按团队活动范围,可分为一地团、自联团以及大区域中转团,应按其不同的工作特点进行管理。

(1)一地团业务管理。所谓一地团,就是旅行社接待的由国内其他某一家旅行社所组的国内或海外团队,由本旅行社安排好团队在本地的全方位服务的接待工作。一地团可以是入境旅游团和国内旅游团。接团社的接待工作一般分为三个阶段,即准备阶段、接待阶段和总结阶段。

准备阶段:准备工作周密、充分,才能使接待工作顺利进行。可以从以下几方面做好准备工作:首先,制定接待计划(表9-8)。接待部门从外联部门拿到要接待的旅行团材料后,首先要研究团队的基本情况和旅游者的要求,有针对性地制定接待计划。接待计划一般必须包括该团的基本情况和要求、日程安排、成员名单三部分。基本情况和要求必须写明团名、什么旅行社组织、旅行团人数(男、女、儿童各几人)、在各地住何饭店、有何要求、结算方式、旅行团的类别等级,如参观团、考察团、专业团、重点团或豪华团、经济团等等。日程安排必须写明出入境日期、航班(车次)、抵离各城市所乘交通工具、航班(车次),以及在各地的主要参观项目、特殊要求等。成员名单要有姓名、性别、年龄和职业等,如果是重点团,还要注明客人身份。第二,配备合适的接待人员。针对不同团队配备相应的全程陪同。地方陪同是非常重要的，人选不当，有可能造成工作失误，或达不到旅游者要求。重点团要安排经验丰富、反应灵活的导游；专业团要安排外语水平高，又有一定专业知识的导游；学习、参观团要安排知识丰富的导游；游览团的导游员性格一定要开朗活泼。最后，其他准备工作。还有一些具体的准备工作，包括领取参观券、行李单、全陪签单、费用报销单、情况汇报单和借款等。接团当天还要进一步确认团队抵达的交通情况，时间有无变化，以免误接或不必要的长时间等待。

表 9－8 接团旅行社旅游团接待通知单

编号：

团队名称或姓名		来自国家或地区		语种要求	
抵达时间	月 日 班次/车次	离开时间	月 日 班次/车次		
游客	人， 大人 人，小孩 人		陪同姓名		
住宿饭店	（含早）	单间 间，标间 间	陪同	单间 间，标间 间	
团队等级		膳食标准及要求			
行程安排	月 日	上午		下午	
	月 日	上午		下午	
	月 日	上午		下午	
用餐安排	月 日	午餐		晚餐	
	月 日	午餐		晚餐	
	月 日	午餐		晚餐	
文娱活动	月 日	时间、地点		内容	
市内用车：数量、车号		车型		司机姓名	
游江(湖)时间	月 日 点	地点		船号	
备注					

业务员： 年 月 日

接待阶段：导游要提前半小时抵达接团地点，如按规定时间车未到，应告知后台，并设法补救。接团时导游要带胸牌，持导游旗，携带导游员证书。接到团后须确认团号、人数，若有变化应告知后台。必须严格按照接待计划执行，不得随意增减计划内容。团队在当地活动结束后送团，如果是早班飞机或早班车，要提前一天出行李。非早班机、车离开的团队,可在上午离饭店前出行李。出行李后,应填写行李单,按规定交接行李。送团必须提前抵达,团队离开前,要请全陪签单,团队离开后,与司机结算车费。

总结阶段:接待工作结束后,导游要填写接团汇报单、团费报销单(包括现金支出和签单转账的),并做好账单的审核、报销。团队接待中若发生重大事件,要写专题报告上报。有关团队资料要及时整理,编号归档。

(2)自联团业务管理。自联团是由旅行社自行招徕的游客组成,交由国外旅行社或国内各地旅行社接待的旅游团队。自联团可以是入境旅游团、出境旅游团和国内旅游团。自联团接待工作具体的操作规范如下:

报价。根据招徕客人的要求,作业人员以国家旅游局、物价局的规定为依据,同时参照各地接待社发来的价格,按综合服务费、房费、交通费和附加费等项目向各地方接待社报价。

作业。团队在交给各地接待社前,组团社必须综合考虑四个因素:接待质量、合理价格、团队交换和是否抵账,寻找最佳合作伙伴。收到接待社的确认后,便可编制团队计划,开出收款通知。团队若有更改,一定要发出书面通知。

委派陪同。接待部根据计划要求和语种选派全陪或地陪。陪同出发前要仔细察看团队计划,了解团队作业的全过程,以便带团过程中应变各种情况,保证团队接待工作的顺利进行。

收款。团款必须一团一清。一般在团队入境后付现或预汇全部团款。个别团队也可以在出境前全部付清。途经本地的团队,有作业人员和财务人员按最后确认团款数开具发票向领队收取;不经本地的团队,应委托全陪带上发票向领队收取现金,下团后速交财务部。

结算归档。团队游览结束后,除了在接待质量上、导游服务上需要总结外,还需进行成本结算,最后将收到的团款和所有资料完整无缺地交给财务部门和档案部门。

(3)大区域中转团业务管理。大区域中转团的业务形成是随着旅行社业务量的增长及旅行社本身规模的扩大而相应形成的。例如华东团,就是全国各省市的旅行社组到的客源,交给华东地区某家旅行社,负责整个华东大区域旅游的行程安排。其具体作业程序基本与一地团的作业规范一致,只是在食宿、交通安排上有所不同。中转团由于活动范围较大,应注意合理使用交通工具。

使用飞机可以节约旅游者的时间,使游客在有限的时间里观看到更多的景点。

合理使用短途火车。要选用设备较好,直达目地的旅游专列。尽量避免在火车上用餐,因为火车上用餐条件有限,很难保证质量。若沿途风光较好,可以安排白天乘车,否则可安排晚上乘车,以节约游客时间,减少安排住宿的环节。

使用汽车代替短途火车,一是可以在旅游旺季减轻票务部门的压力;二是可以直达景区,减少上下站交接的环节。

利用游船旅游。游船既是交通工具,又是水上旅馆,集游、购、娱、食、住、行为一体,可以减少许多采购、联络、交接工作。

接待中转团的业务人员必须熟悉本社经营的旅游项目各个环节的主要情况,直接或间接地沟通各地的交通、食宿等环节,做好旅游团生活服务方面的具体安排。对指派的导游,要明确、具体地交代工作线路,避免脱节和差错。与各地的本社常驻代表定时沟通信息,了解业务进行情况,及时处理有关重要事件。

(三)散客旅游的接待管理

散客是根据自己的兴趣、爱好,进行独自旅行的游客。旅游者心理需求个性化、旅行经验日趋丰富和信息技术的推动等因素,促使近年来散客旅游迅速发展,许多旅行社也纷纷开始涉足散客旅游市场,经营散客旅游业务。

1. 散客旅游业务的种类

旅行社为散客提供的单项服务,又称委托代办业务,其内容主要是为零散旅游者(散客)提供导游服务,交通集散地接送服务,代订交通票据和文娱票据,代订饭店客房及餐饮服务,代客联系参观游览项目,代办出国签证和入境签证,代办旅游保险等单项服务。根据委托业务的性质不同,单项委托服务又可以分为受理散客来本地旅游的委托,办理散客赴外地旅游的委托和受理散客在本地旅游的委托。

(1)受理散客来本地旅游的委托。这项业务是指旅游者在外地委托当地的旅行社办理前来本地旅游的业务,并要求本地的旅行社提供该旅游者在本地旅游活动的接待或其他旅游服务。旅行社散客部工作人员在接到外地旅行社的委托通知后,应立即按照通知的要求办理旅游者所委托的有关服务项目。如果旅行社认为无法提供旅游者所委托的服务项目,应在接到外地旅行社委托后 24 小时内发出不能接受委托的通知。

(2)协理散客赴外地旅游的委托。多数旅行社规定,散客旅游者委托本地旅行社办理赴外地旅游的申情手续,应提前3天到旅行社办理。委托办理出境旅游业务,则需提前2个月办理。旅行社散客部在接到旅游者提出的委托申情后,首先要认真检查旅游者的有关证件,如果旅游者委托他人代办委托手续,受托人在办理委托时必须出示委托人的委托信函及受托人的身份证件。然后,必须耐心询问旅游者的旅游要求,逐项填写"委托代办支付表"。最后,将委托通知发给外地旅行社,并请外地旅行社给予确认。旅游者要求取消或变更旅游委托时,国内旅游应至少提前一天,出境旅游应至少提前一个月,到旅行社办理取消或变更手续,承担由此可能造成的损失。同时,旅行社经办人员应收回"委托代办支付表",将其存档,并通知外地旅行社取消或变更委托。

(3)受理散客在本地旅游的委托。有些散客在到达本地前并未办理任何旅游委托手续,而是到了本地后要求旅行社办理在本地的旅游委托。旅行社在接待这类旅游者时,应首先问清旅游者的要求,说明旅行社能够提供的服务项目及收费标准,并根据旅游者的要求,向其提供相应的服务。

2. 散客旅游业务的特点

(1)批量小。散客旅游多为旅游者本人单独外出或与其家人亲友结伴而行,每次可能只订两张机票、一间客房或半日游、一日游等。因此,同团体旅游相比,散客每次预定的服务数量较少。

(2)批次多。散客旅游的批量虽然较小,但是散客旅游者日趋增多,加上许多旅行社大力开展散客旅游业务,促进了散客旅游的发展,所以散客旅游者的总人数在迅速增加。散客市场规模的日益扩大及其批量小的特征使得散客旅游形式呈现批次多的特点。

(3)预定期短。散客不像团体旅游者那样在来到目的地以前就已经预定了大部分或全部旅游服务,他们往往在出发前只订购了交通票及第一站的住房等少量服务项目,其他则是到达目的地后才现购,因此预订期一般很短(例如一二天后去某地的机票)。

(4)变化多。散客旅游不受旅游时间、活动范围的限制,行程安排比较自由,因此常常可能在旅行过程中临时变更旅行计划,提出各种新的要求甚至临时取消预订或旅行计划。

3. 散客旅游接待的要求

散客对旅行社接待服务的要求不同于团体旅游者,对于服务的效率和质量更为关注,所以旅行社在对散客接待业务的管理上应进一步注重散客旅游的特点,根据其特点为其提供相应的服务,满足游客的需求。散客的要求包括:良好的“可进入性”,较好获取景区图文信息宣传资料,景区标准化的英文辅助标示牌,便利的食宿,先进的通讯设施和友好、热情、安全的环境等。

(1)旅行社产品方面。根据散客追求个性化与多样化的特点,根据客源和当地旅游资源的情况组织多种“选择性旅游项目”,如市区游览、晚间文娱活动、风味品尝及去各个景点的半日游、一日游或数日游等,向他们提供那些具有丰富文化内涵和浓郁地方与民族特色的产品。

(2)预定系统方面。为了高效、便利、准确地为散客提供满意的服务,旅行社必须有一套完整的预订系统,除了通过电脑网络化外,还应在当地机场、车站、码头、各大旅游饭店及闹市区设立销售网点为上门散客提供服务;并且还应和当地的交通、饭店、餐馆、文娱场所等建立代理关系,代销它们的产品;和其他旅游城市的旅行社、饭店建立相互代理关系,代销对方的服务项目,如订房、订车票等。

(3)接待讲解方面。面对散客导游,可以根据游客的个性化需求来为游客提供讲解服务,对于个体散客也可以采用对话的形式进行讲解。

4. 散客旅游接待的措施

散客旅游的出现是旅游市场成熟的标志之一,说明旅游者的旅游消费观念日趋成熟。散客旅游者对旅行社提供的接待服务的要求不同于团体旅游者,对于服务的效率和质量更为注重。为此,散客旅游接待应做好以下几方面的工作:

在当地机场、车站、码头、各大旅游饭店及市中心设立销售点或委托代理点为上门散客提供服务;

和其他城市的旅行社、饭店建立相互代理关系,代销对方的服务项目,如订房、订车票等,互送客源;

和海外经营出境散客旅游的旅行社建立代理关系,委托它们销售自已的服务并输送客源;

和当地的交通部门、饭店、餐馆、文娱场所和保险公司等建立代理关系,代销它们的产品;

建立以计算机技术和网络技术为基础的网络化预订系统,保证散客能够自由、便利地进行旅游预订和委托;

备有导游员对散客提供短期服务。

李先生的遭遇

李先生很想带家人出国旅游，但由于旅游价格一直没降到心理价位，所以迟迟下不了决心。一天，李先生经熟人介绍认识了一位某旅行社出境部的负责人王某，经洽谈，王某承诺给李先生出境游全市最优惠价格，附带条件只有一个，即不开发票、不签合同。李先生听后没反对，当即付款购买了两个人的出国旅游产品。之后，他们随旅游团来到了旅游目的地国家旅游，当地导游员先是收齐了旅游团的小费，紧接着又组织李先生等游客参加了各种自费活动。在以后的几天旅游中，导游员一个劲地带旅游团跑商店购物，最多的一天竟然跑了六家商场。有游客问导游为什么要这么做，导游说："你们这个团我们根本不赚钱，其他的费用都是商家赞助的，你们不去购物我们怎么向他们交代？"

等到旅游结束后，李先生一算所花的费用大大超出了其他旅行社的价格。当他找到该旅行社负责人王某理论时，王某却冷冰冰地说："天上是不会掉馅饼，羊毛出在羊身上嘛。"李先生听后真是哑巴吃黄连有苦说不出，原本想省点钱赚点便宜，结果却花了大价钱还不满意。他写信给旅游质监部门咨询，没几天就得到答复，说这家旅行社出境部已被政府有关部门查处。

资料来源：中国旅游网[EB/OL]. http://www.cnta.com.

第三节 旅行社的售后服务

调查显示，有68%的顾客不再光顾原旅行社是由于旅行社缺乏售后服务和不积极争取回头客造成的。一些常客之所以不再光顾原旅行社，首先是因为这些旅行社对他们今后旅游抱着"爱来不来"的冷淡态度所造成的。其实旅游者为了减少购买旅游服务的风险，十分钟情于熟悉的旅行社。正因为如此，西方国家的旅行社都极为重视售后服务，并采取了多种多样的售后服务形式以争取每一位顾客再次光顾。例如在客人返回后的第二天就向客人打问候电话，或在网上对客人致以问候，给客人寄送意见征询单、明信片，举行游客招待会等。外国旅行社的做法十分值得国内旅行社借鉴。这次旅行的结束意味着下次旅行的开始，做好熟客的服务工作就可以使他们下次旅行时再与本旅行社联系。因此，做好售后服务工作是保持顾客和市场并不断扩大的好措施，有方向、有基础，成本低、效果好。我国旅行社行业竞争日益激烈，保持和争取客源迫在眉睫，旅行社只有搞好售后服务，才能巩固与扩大客源。旅行社可利用计算机管理来建立客户档案，还可利用网络加强与客户的联系，进行售后跟踪服务，了解他们的新需求，以便推出更符合潮流的旅游产品。

一、旅行社售后服务的涵义

旅行社的售后服务是指在旅游者结束旅游之后，由旅行社向客人继续提供的一系列服务，旨在加强与客人的联系和主动解决客人遇到的问题。

旅行社的售后服务，是旅行社为了提高服务质量，提升服务档次，拓宽服务层面而开展的一个重要服务项目，是加快发展自身业务，保持老客源、开拓新客源的一项重要举措。售后服务对旅行社来说至关重要，它对保持旅行社已有的客源和开拓新的客源影响深远。对整个旅行社的发展以及良好的对外声誉的维护，都起着举足轻重的作用。

由于售后服务的重要性，日本、韩国以及许多西方国家都非常重视售后服务，并采取了多种多样的售后服务方式，以争取每一位具有旅游意向的客人。随着旅行社业对外开放的进一步深入，越来越多的外国旅行社将进入我国，旅行社的经营管理者必须更新观念、学习发达国家的先进的经营模式和科学的管理方法，提高旅行社的竞争力。

二、旅行社售后服务的机构和形式

旅行社开展售后服务，必须首先建立健全一个完整、统一的服务机构，有组织、有计划、有步骤地开展售后服务。旅行社售后服务的机构宜建在直接与客人接触的接待部门或营销部门，因为这些部门对客人的前期情况相对了解，尤其是接待部门对客人有更深、更广泛的接触，便于开展售后服务。为了有效地开展售后服务工作，旅行社必须建立健全顾客档案库，平时注意积累顾客的各种资料包括姓名、性别、年龄、籍贯、职业、职务、工作单位以及家庭情况、个人兴趣、曾经游览过的地方等信息。这些信息主要由营销人员和接待人员负责提供，由专人负责分类、建档和保管。

为了实现招揽新客户、全方位开拓客源市场的目的，旅行社应该首先着力保住老客户，开展多种多样的售后服务。目前世界上开展的旅行社售后服务形式已有近十种之多。我国旅行社可以根据自身的条件和能力创新或选择适合自己的售后服务形式。

(一)电话问候

所谓电话问候就是在客人返回居住地以后的一两天内给客人打电话表示问候，顺便询问一下客人对此次旅游活动的感受，并征求一下客人对旅行社接待安排和服务方面的意见和建议。由于时间所限，旅行社不可能给所有的游客打电话，而通常只能选择个别在旅游团中有影响力或重要的客户打电话。给这类客户打电话,不但对其他客人具有影响,而且可以获得一举三得的效果。其一,体现了旅行社对客人的关怀和尊重;其二,可以通过客人对旅游的感受了解到旅行社各部门即协作单位的工作情况;其三,旅行社可以及时了解到行程中所出现的问题及客人是否选择投诉的可能性,从而可以争取主动,积极采取补救措施,妥善处理。旅行社主动电话间侯,他们的意见得到重视,可以使客人的不满情绪得到释放,避免客人再选择其他旅行社。

(二)发送意见征询单

旅行社虽然不可能给每一位游客打电话,但可以给每一位游客发送一份制作精致的征询意见单,以此来表示对客人的关注和问候,从而获得客人的好感和信任。为了使客人毫无顾忌地发表意见,旅行社可以不要求客人在意见征求单上签字或留下地址,但可以要求留下电话号码,并在意见征询单上编上相关号码,以便在分类整理时参考客人的意见及在需要时取得联系。意见征询单格式和内容可简可繁,但项目必须一目了然,易于理解,便于客人填写,也便于提高回收率,起到应有的效果。

(三)书信往来

书信往来是指游客返回居住地之后,旅行社以书信的形式与其保持联系,以表示彼此间的友善与关怀,并建立一种长期的友情关系。在社会已进入通信手段先进、通信方式多样、通信时间快捷至刹那的点击之间即可完成的、高效的现代化信息时代的今天,传统古老的通信方式已渐渐被人们遗忘,而旅行社仍采用这种传统的亲笔书写、邮局邮寄的书信方式,更能突出旅行社与客人之间的那种朴素、真诚的友情,显得弥足珍贵,尤其会受到客人的青睐和珍视。书信的内容应简明扼要,这种书信的类型应当属于友情信,而不是带着明显促销痕迹的、伴随着一沓子促销广告的促销性信件,其主要目的是培养建立彼此尊重、信任的感惰。所以,内容上应以生活、学习、工作为主,适当提及一些书信者和旅行社的近况。由于时间的限制,书信的对象同样应该有的放矢,主要选择一些旅游活动相对频繁的重点客户及企事业单位的工、青、妇组织的负责人。当然,如果条件允许的话,通过电子邮件向客人发送问候信,也会起到彼此间建立友情的效果。

(四)发送问候性明信片

向客人发送问候性明信片,比起邮寄书信更为省时简便,但明信片最好是旅行社特制的,带有旅行社的标志(社徽)、地址、邮编、电话、传真、电子邮箱或网站名称等内容,再加上令人感到亲切、激动的语言,就会给客人留下深刻难忘的印象,激发客人与旅行社交流的欲望。向客人发送问候性明信片,应当选择合适的时机。首次发送应选择客人旅游回来后的数日内,不能间隔时间太久,以后可以选择客人生日和节假日时间发送,并确保在客人生日和节假日当天或之前一两天收到,这样会获得使客人感到喜出望外和惊喜的效果。当客人接到这些贺卡的时候,惊喜之余会觉得旅行社与他的关系很亲近,因而会忠实于这家旅行社。

(五)发送促销性明信片

促销性明信片是指旅行社的相关工作人员在赴外地考察旅游景点的过程中,向有关客户发送考察地的明信片,主要介绍考察地的情况和本人的感受,与客人分享景区、景点的美和自己的愉悦心情,以达到向客人促销的目的。这是西方国家的领队普遍采用的促销方法,美国、法国、德国、意大利、瑞典、荷兰和以色列等国都是如此,他们每次带团队出国旅游,每到一地,第一件事就是寻找酒店里的邮电服务台或附近的邮电局,在那里购买上百张当地的明信片,在游览一两个景区、景点后,写上自己的感受,陆续发送给自己的亲朋好友及重点客户,不管旅途中有多么疲劳,从不间断,乐此不疲,并且收到良好的效果。

(六)举行游客招待会

游客招待会是旅行社以集会的形式召集老客户见面的促销性招待会。这种招待会通常是旅行社利用自己的会议室或租用宾馆的多功能厅,以水果、茶水或其他饮料招待与会者,并通过让客人观看风光宣传片、幻灯片等手段,与客人座谈交流,了解客人的旅游计划,激发客人新的旅游欲望,制定新一轮旅行计划。旅行社既可邀请一批老主顾,又可邀请一些未来的新客户。通过旅游招待会的形式,加强旅行社与顾客的联系,既能及时得到顾客的反馈意见,又能提高旅行社的知名度和威信,使顾客在轻松愉快的气氛中接受旅行社的推销。除此之外,旅行社还可以以野餐会、舞会等轻松愉快的娱乐活动形式与老顾客联欢、交谈,最终实现自己的促销目的。

(七)节日祝贺

节日祝贺是旅行社向老主顾表示问候、与其保持联系的一种常用的售后服务方式。节日祝贺的形式多种多样,既可以打个电话、发条短信,也可以邮寄一张明信片、发送一个 E – mail 还可以发送一张精美的电子贺卡或直接在 QQ 上表示祝贺。此外,也可以以同样方式对客人的生日表示祝贺,以达到与客户保持联系的目的。

(八)印发旅游信息报

旅行社可以根据自己的精力和经济实力,确定每季度、每半年或每年的年底,编辑印发一期自己的旅游信息报,邮寄或赠送给自己的客户。这种报纸应该在设计和印制上都要突出自己的特点,形式上应该图文并茂,内容上应以介绍国内外的风景名胜、旅游酒店以及其他旅游信息为主,也可以适当介绍一些本社的经营信息、新举措等内容,使它成为客户们茶余饭后喜受的简易旅游刊物,以此为旅行社与客户保持联系的纽带,从而实现拓展自身业务的目的。

(九)旅行社开放日

旅行社开放日是西方国家的旅行社普遍采用的一种日期固定的、一年一度的、公开对外开放的促销性活动,具体时间由各家旅行社根据各自的不同情况自主确定,类似于一个自定的节日。届时,旅行社尽可能多地邀请一些老客户参与,并邀请旅游界的有关专家、著名的旅行家及相关行业的专家或旅行社的主要合作伙伴作为主要嘉宾,畅谈旅游方面的奇闻轶事及自身的旅游经历和感想,并由在场的公众向嘉宾提问,彼此进行互动。也可以由本社的总经理或有关部门的负责人介绍本社的情况和经营思路,再由公众发问,本社的负责人解答,相互间进行交流。还可以通过向公众发放旅游宣传资料,让公众观看旅游风光片、幻灯片,参观本社的图片资料、旅游景区点的近况等形式,来烘托旅行社开放日的气氛,以达到展示实力、扩大市场、拓展业务的目的。

(十)认真处理游客投诉

旅行社在提供旅游服务的过程中,免不了会因为各种主客观因素招致旅游者的投诉，这是所有旅行社都不愿意看到的。但从另外一个角度来看，投诉的问题可能正是旅行社服务的薄弱环节，旅行社如果能充分重视这些投诉，妥善处理，坏事也可能变成好事。面对投诉，旅行社的明智选择应是把处理游客投诉变成一个改善工作的机会，变成一个宣传自己的机会。

无奈的投诉

某旅行社组织游客乘汽车前往著名旅游风景区——黄山旅游。途中，部分旅游者提出去厕所，导游就请司机将汽车停靠在公路旁，让客人下车去"方便"。下车时，导游叮嘱客人不要到其他地方去，以免耽误出发时间。

游客王某下车后没有去厕所，而是登上了公路旁的一个小土丘。在那里，他看见了一条卧在地上的狗。处于好奇，王某随手从地上拣起一根木棍逗狗，狗正在晒太阳，对他并未理睬。王某觉得没趣，便放下木棍，走过去用脚踢狗，这下，把狗惹恼了。狗从地上一跃而起，向王某扑过来，王某躲闪不及，被狗咬伤，狼狈地逃下土丘。导游员发现王某受伤，立即将他扶上了汽车。在王某的要求下，导游员拦了一辆从风景区返回黄山市的旅游车，将他送往医院进行治疗，期间旅行社的人员诚恳地向他道歉并到医院看望他。

半个月后，王某来到旅行社，指责旅行社未能保护他的安全，致使他被狗咬伤，要求旅行社赔偿他各种损失共计5万元。在旅行社反复解释并委婉拒绝他的要求后，王某便向旅游质监所投诉。旅游质监所在调查全部物证、人证后，认为王某的投诉无法可依，不予支持。

资料来源：张红. 旅行社经营管理实例评析[M]. 天津：南开大学出版社，2000.

复习思考题

1. 旅行社的质量和质量管理的含义是什么？
2. 旅行社为什么要实行"三全"管理？
3. 旅行社质量管理的内容有哪些？
4. IS09000 系列标准对旅行社质量管理的重要意义是什么？
5. 旅游服务采购的方法有哪些？
6. 如何简述旅行社发团作业的流程？
7. 旅行社如何做好团体旅游接待工作？
8. 旅行社对散客如何进行接待？
9. 旅行社通常有哪些售后服务方式？

主要参考文献

张道顺. 现代旅行社管理手册[M]. 北京：旅游教育出版社，2006.

崔卫华. 现代旅行社实务[M]. 沈阳：辽宁科学技术出版社，2000.

张红.旅行社经营管理实例评析[M].天津:南开大学出版社,2000.
梁智.旅行社运行与管理[M].大连:东北财经大学出版社,2001.
唐卫东.旅行社经营管理[M].北京:高等教育出版社,2005.
杜江.旅行社经营管理[M].北京:旅游教育出版社,2002.
何忠诚.旅行社管理[M].广州:广东旅游出版社,2002.
陈小春.旅行社管理学[M].北京:中国旅游出版社,2002.
刘荣.旅行社经营管理[M].郑州:郑州大学出版社,2005.
陈锡畴.旅行社经营管理[M].郑州:郑州大学出版社,2006.
同程旅游网[EB/OL].http://www.17u.net.
中国旅游网[EB/OL].http://www.cnta.com.

第十章 旅行社人力资源开发与管理

目前,旅行社业市场竞争异常激烈,人力资源的开发与管理的优劣直接关系到企业的成败。人是旅行社运作与发展的关键资源,是旅行社最宝贵的资源,因为财富归根结底是由人来创造的,这就决定了人力资源在旅行社中的重要地位。

通过本章的学习,应了解人力资源开发与管理的任务、主要内容和意义,熟悉旅行社人力资源管理的特点、过程,旅行社员工的选聘与培训,旅行社员工的报酬管理,掌握旅行社人力资源管理的策略与方法及旅行社对员工的绩效考评。

第一节 旅行社人力资源开发与管理概述

旅行社是旅游活动的组织者,是提供劳务和服务为主的劳动密集型行业。随着中国旅游业的不断发展,国外一些大旅行社逐渐进入中国旅游市场,旅行社行业的竞争愈演愈烈。只有合理配置人力资源,充分发挥旅行社人才资源的作用,才能创造财富,使旅行社健康稳定地发展。

人力资源是相对于自然资源或物质资源而言的,它是一种以人的生命力为载体的社会资源。从广义上讲,智力正常的人都是人力资源。狭义地说,人力资源就是指能够为社会创造物质文化财富,为社会提供劳务和服务的人,具体包括人的体质、智力、道德素质以及意识观念状态等内容。所谓人力资源开发,就是运用科学的管理方法,根据旅行社特殊需要发掘、提高、强化人力资源,并充分利用人力资源,为旅行社创造更多的财富。人力资源管理指的是通过人力资源的计划、招聘、选拔、培训与发展、业绩评估、制定工资和福利制度等一系列科学、系统的活动,向组织提供合适人选并取得高水平绩效和职工最大满足的过程。

一、旅行社人力资源开发与管理的任务

旅行社进行人力资源开发管理的最终目的是合理利用自身的人力资源,为旅行社创造尽可能多的财富。为了更好地达到目标,旅行社必须完成以下的人力资源开发任务。

(一)科学地选拔人才

旅行社为了正常开展业务,必须拥有一批具有各种特长和才能的人员,要不断培养、造就和使用各种人才,其基础首先要科学地选拔人才。旅行社在选拔人才时,应从整体出发,全面考核其基本素质、思想意识、专业知识、业务水平、管理才能、造就的可能性和缺陷。只有这样才能客观地评价人才,为以后造就人才、开发人才资源奠定一个坚实的基础。

(二)积极造就及合理使用人才

旅行社想要建立优秀的团队,必须具备高素质的人才队伍。他们不仅能够高效地完成管理工作,还要在有力领导自己的团队同心协力完成既定目标的同时迎接新的挑战。这些高级人才需具备敏锐的洞察能力、灵敏的应变能力、丰富的想象力和创造力、出色的指挥能力以及强烈的感染力和凝聚力等。

在人才任用方面,旅行社应遵循德才兼备、任人唯贤、合理配置和人尽其才的原则。根据旅行社的需要和员工的特点,合理分配岗位,优化人力资源配置。

(三)优化组合各类人力资源

一支优秀的员工队伍,必须经过科学合理的配置,才能形成最佳的人员组合。因此在旅行社经营服务和管理活动中,要做到岗位明确、职责分明、权责对等和各尽所能,使每个员工都能人尽其才、才尽其用,形成最大的工作效能,形成一个精干、有序和高效的组织。

(四)处理好人才流动问题

人才流动问题是任何旅行社都不可回避的。所谓人才流动是指各旅行社

之间、旅行社与其他行业之间让人才自由流动，使旅行社的人才能适得其所，充分发挥其才干，进而形成合理的人才格局。合理正常的人才流动对旅行社来说是必要的，企业的活力需要新鲜血液的注入，旅行社要不断从社会和同行业中引进和充实人才，以满足自身发展的需要。同时，也要允许本企业人员的外流。

旅行社要正确对待并认真处理好人才流动问题。做好人才储备，在保证本企业人才基本稳定的前提下，允许人才正常流动。

(五)建立旅行社人力资源开发利用体系

要真正达到旅行社人力资源开发和利用的目的，必须有一套科学合理的人才开发和利用体系，形成人才辈出的优化机制。首先，要建立一套招聘员工的科学程序与方法，为旅行社挑选一批优秀的员工。其次，建立一套科学的培训制度和方法，有效地提高员工的素质和能力。另外，进行科学的定岗定员、优化结构、发挥最佳的群体效应。最后，通过科学的管理和激励方法，创造一个良好的人事环境，使员工安心工作，积极进取，最大限度地发挥员工的积极性和创造性。

二、旅行社人力资源开发与管理的主要内容

现代人力资源开发与管理是一个人力资源的选聘、整合、保持、调整、激励和考评等系列活动组成的综合管理体系与管理过程。旅行社人力资源开发管理的内容主要包括旅行社组织设计、员工招聘、人事组配、薪酬福利、考评奖惩、员工培训和领导激励等方面。

(一)制定人力资源计划

这是要根据旅行社的经营管理目标和组织结构需要，对各项工作性质、岗位职责及素质要求进行分析，确定旅行社员工的需求量，做好旅行社人力资源数量和质量的预测。目的在于保证人力资源管理与组织的战略方向和目标相一致。

(二)进行工作分析

工作分析是对各职务性质、权责等进行分析，并明确胜任该职务的条件。工作分析是人力资源开发管理工作的基础，是人员选聘、绩效考评、培训、调整

和晋升等工作的依据。

(三)招聘录用员工

通过各种途径和方法,并按照旅行社人力资源计划发现、选择和聘用所需员工。招聘录用员工应按照科学的标准,以达到人与岗位的最佳结合。

(四)教育、培训和发展

通过教育、培训以及其他方法和途径,使员工掌握其岗位工作需要的知识和技能,并不断提高和完善员工个人和群体的知识、素养、能力、工作态度和工作绩效,进一步开发员工的潜能。培训方式有内部培训、外出进修、考察等。

(五)建立完整的考核体系和奖惩制度

考核奖惩既是对员工工作能力、工作态度、工作表现、成绩贡献进行考核和评价的方法,又是人力资源开发管理效能的反馈。通过完善的考核体系和奖惩制度定期对员工的工作成绩做出公正的评价,充分调动员工的积极性,更好地达到组织目标。

(六)建立科学的薪酬福利制度

薪酬与福利待遇是员工非常关心的问题,因为这关系到他们最基本的需求,旅行社可以根据社会经济情况和自身情况选用适当的工资形式,实行合理的薪酬制度和富有激励力的福利待遇。

三、旅行社人力资源开发与管理的意义

任何一家成功的企业都是十分重视人力资源的开发与管理的,因为人力资源的开发与管理可以使企业适应当前内外部环境的变化,有效的把企业需要和个人需要相结合,满足企业经营和发展的需要。

(一)是旅行社适应内外部环境变化的需求

企业总是处于不断变化的环境当中。随着社会的不断发展与进步,人们的社会价值观念会发生重大的变化,使人们对于家庭、职业和金钱等的看法产生明显的差异,同时科学技术也在不断地向前发展,致使企业对员工的要求也在

不断发生变化。旅行社应根据自身的需求,加强人才的培养和管理。

(二)是旅行社开展经营活动、提高经营效率的需要

加强人力资源开发与管理是旅行社人力资源开发与管理的基本任务。旅行社业务是以提供旅游服务为主的劳动密集型业务,从旅游线路的设计与开发、旅游产品的促销与销售、旅游业务的管理与运作都需要由合适的人员来完成。旅行社通过人力资源的合理配置,满足旅行社各项业务对人的需求,保障企业正常经营活动的开展,并在此基础上,通过科学、先进的人力资源管理实现人力资源的协调、精干和高效,实现其最大使用价值,提高经营效率,实现经营目标。

(三)是旅行社提高竞争力、谋求发展的需要

随着我国旅游业对外开放力度加强、人民生活水平提高,旅游市场不断扩大,这给旅行社的业务发展提供了良好机遇,但同时也加剧了旅行社行业的竞争。旅行社优秀人才之争势必成为各旅行社生存的关键所在,如何吸引人才、提高员工的素质和工作成绩是旅行社稳定发展的当务之急。员工的工作能力和工作态度直接关系到旅行社经营管理的水平与服务水平,决定了旅行社的竞争力。只有通过人力资源开发与管理,建设一支相对稳定、高素质、高效运行的业务队伍,旅行社的竞争力才能得到不断提高。

(四)是员工自我价值实现的需要

现代人力资源管理理论认为,企业目标的实现与员工自我价值的实现两者之间应当实现统一,才能充分调动员工的积极性和创造性。旅行社行业人才流动性强,这种人才的频繁流动对旅行社行业而言,能促进全行业的优胜劣汰,有其积极意义,但旅行社人员不稳,特别是优秀人才的外流,往往影响旅行社的稳定和发展。要保障员工队伍的稳定,应着眼于员工自身价值的实现。只有通过人力资源开发与管理,使每个人的知识和能力得到公正的评价、承认和运用,使每个人都能得到自身的发展,才能维持员工对企业的忠诚,在员工人身价值的实现过程中,实现旅行社的经营和发展目标。

四、旅行社人力资源开发与管理的特点

与其他企业的人力资源管理相比,旅行社的人力资源管理具有其自身

特点。

（一）旅行社人力资源开发水平低，机构设置不完善

中小旅行社占行业的绝大多数，企业规模偏小是公众对我国旅行社的基本印象。因此，在多数旅行社中，一般都没有专门的人力资源部门，人事事务仅由办公室代为处理；对于人力资源管理的认识，也仅停留在员工招聘、简单培训和工资待遇、劳动合同等方面，很少涉及职业系统培训；员工分工不够明晰，往往身兼数职，从事不同的工作。这种兼职现象不仅会导致分工的不明确，人员归属的不确定，还会增加人力资源管理的难度，不利于现代企业制度的建立；导游工作性质较灵活，绩效考核难度大，导致一些优秀人才离开旅游行业。总体上看，我国大多旅行社缺乏对人才的长远规划，人力资源开发水平有待提高。

（二）缺乏高层次的管理人才和专业技术人才

随着旅游业的不断发展，旅行社从业人员越来越多，但各类专业技术人才、旅行社职业经理人、旅行社营销人才、人力资源管理人才等还是远远不能满足旅行社自身和我国旅游业发展的需要。特别是近年来，随着我国入境旅游业务的不断拓展和出境旅游业务的迅猛发展，通晓外语（特别是小语种）、能够熟练掌握出境旅游业务的经理人才，以及擅长同外国领事馆打交道、在异国有迅速处理突发事件能力的高端旅游专才难觅是业内不争的事实。另外，在庞大的导游队伍中，持资格证和初级证者占绝大多数，而持中级、高级和特级证者所占比例极低。

（三）员工工作内容较灵活，绩效考核难度大

旅行社的业务涉及方方面面，旅行社员工的工作性质也非常灵活。尤其是导游人员，经常性地在外面带团，在旅行社的时间很少，管理者很难了解员工工作的全过程；同时，旅行社对旅游者提供的是无形服务，对其服务质量的评价标准很大程度上来自于旅游者的感受，不像有形产品一样易于按照明确的标准来考核。这就增加了旅行社人力资源管理部门对员工绩效考核的难度。

（四）员工流动性大，招募、培训任务比较重

旅行社行业是一个人员流动性极大的行业，企业间、行业间的人员流动现

象都很突出。这样,旅行社的人力资源管理部门就要经常性地招募新员工补充员工队伍,同时,各行业、各企业的操作规范、企业文化都有所区别,旅行社管理者还必须对新加盟的员工进行必要的培训。在员工队伍相对稳定的行业,这方面的工作就轻松得多。

(五)人力资源结构不合理

国家旅游局人事劳动教育司于2002年组织了一次全国导游人员、旅行社经理人员人力资源状况调查,调查的结果之一就是发现旅行社的人力资源结构存在着严重的缺陷。主要表现在以下几个方面。

1. 年龄结构偏小

我国导游队伍是一支非常年轻的队伍,七成的导游导游人员年龄在30岁以下,其中20岁以下的导游就占了17%。年轻的导游虽然有他们的优势,但对于导游这一项复杂的工作而言,队伍过于年轻,往往缺乏处理突发事件的经验。

2. 学历结构偏低

其中,高中、中职、中专学历者占41.7%,大专学历者占39.4%,本科以上学历者占18.9%。由此可见,我国导游人员的素质有待进一步提高。

3. 专业结构不合理

导游人员以学旅游类专业为主,占34.9%;学外语类专业的人员占12.1%,学管理类专业的人员占17%,学其他专业的人员占36%。导游队伍中具有综合知识和技能的人才非常少,专业结构不合理。

4. 导游队伍等级结构不合理

导游队伍中,持资格证和初级证者占绝大多数,占96.3%,而持中级、高级和特级证者所占比例极低,仅占3.7%。调查还显示,学历越高,流失比率越大。其中,持中级导游员证书人员流失率为14.6%,持高级导游员证书人员的流失率为10.1%,持特级导游员证书人员的流失率为37%。

五、旅行社人力资源开发与管理的策略与方法

(一)人才开发战略

1. 引进人才战略

旅行社引进人才的渠道主要有内部选拔和外部招聘两种。

(1)内部选拔。内部选拔是指当旅行社出现岗位空缺时,企业相关部门从旅行社已有员工中选择合适的人选来填补。内部选拔为旅行社内部人才提供晋升的机会,对员工起到激励的作用,增强员工对企业的忠诚度。另外,内部选拔出来的人才对旅行社的情况比较熟悉,有利于迅速开展工作。当然内部选拔也会产生一些负面影响,比如容易产生非正式组织,影响员工之间关系。但总的来说,内部选拔的优势更加明显,能够对企业的发展起到积极的作用。

(2)外部招聘。外部招聘是指旅行社根据自身的需要,通过各种媒体,包括广播、电视、书、报、杂志和因特网等公开向社会(国内、国外)招聘。通过外部招聘,旅行社可在众多的应聘者中择优录用;应聘者可以选择适合自己专业的岗位,施能展才。总的来说,通过外部招聘,人才资源能得到合理配置。

2. 培养人才战略

实施人才战略,必须注重人才的培养。首先,要明确旅行社人才培养的目标,搞好人才战略规划。随着经济全球化时代的到来,社会需要的是具有创新精神和创新能力、具有扎实基础、素质全面、具备国际竞争能力的旅游人才。所以在人才培养总体目标上要求旅行社从业人员不仅要具备岗位要求的基本理论和知识外,还必须精通外语,并能熟练运用计算机。在进行人才战略规划时,要根据旅行社发展战略规划,力求使旅行社人才总量、人才结构和人才素质与企业发展相适应。其次,要合理定位人才层次,培养旅行社发展急需的各层次人才。第三,要注重创新意识和创新能力的培养。"创新是一个民族进步的灵魂,是国家兴旺发达的不竭动力。"除了培养员工的基本知识和技能外,还要培养员工的创新意识和创新能力,只有这样才能促进旅行社的可持续发展。

(二)人才结构优化战略

1. 旅行社人才年龄结构优化战略

旅行社行业需要身强力壮、精力充沛、工作经验丰富,并且具有挑战精神和创新精神的人才。而单纯从人的生理状况来说,二三十岁是身体最强壮、精力最充沛的时期,随着年龄的增长,人的体力、精力和创新力会不断减弱;单纯从工作经验的丰富程度来说,一般岁数越大,工作经验越丰富。这就要求旅行社合理搭配员工的年龄结构,形成适合企业发展的不同年龄人才的梯队结构。

2. 旅行社人才层次、职能结构优化战略

同其他企业一样,旅行社的管理团队是呈金字塔形状的,初级专业人员多,高级的专业技术人员以及管理人才少，这就要求旅行社合理配置高、中、初级人才。对不同层次的人才，在知识和技能上的要求是不同的。层次较高的人才，需要具有准确的决策能力、丰富的工作经验和良好的职业道德；中层专业人才是企业的脊梁，需要有相对多的中层专业人才支撑企业；初级专业人才时刻站在市场的最前端、服务的最前线，与企业其他人才构成了企业的发展基础，因为这些人才将完整覆盖旅行社经营范围的方方面面，所需求的数量将更多。这构成了企业人才职能结构的基本比例。

（三）人才使用战略

发现人才，还要正确使用人才。旅行社应根据自身的需求，向社会公开招聘，择优录取那些德才兼备的人才，并将他们安排在最适合他们的岗位上，只有这样才能发挥他们最大的才能，为企业创造效益。

1. 任人唯贤战略

“德才兼备”的用人标准是任人唯贤的具体体现，绝不能任人唯亲或者只用比自己能力低的人。大胆使用人才还必须强化大局观念，强化以国家、集体和单位事业发展为生命的观念，使所用之人能够为企业创造财富、为社会创造效益。

2. 岗位轮换战略

岗位轮换是指员工进入企业一段时间后，让他们轮流在企业生产经营的不同环节工作，以帮助他们取得各种工作知识，熟悉旅行社的各项业务。

岗位轮换有助于打破部门横向间的隔阂和界限，给协作配合打好基础。轮换也有助于职工认识本职工作与其他部门工作的关联，从而理解本职工作的意义。可以起到消除误解，增进理解的作用。其次，岗位轮换对员工来说是锻炼的好机会，旅行社要培养出能够独挡一面的复合型人才，内部的岗位轮换可以说是一种既经济又有效的方法。另外，岗位轮换可以消除不满，激励员工。适当的轮换岗位会使人有一种新鲜感，而且也会让人感到领导对自己的重视，感受到领导是在有意识地全面培训自己，因此会在新的岗位上施展自己更大的才能。这种方法既能调动人才的积极性，又能发现有发展潜力的人才。

3. 适才适用战略

适才适用就是要根据个人的特点和喜好，将合适的人安排在合适的岗位上，充分发挥其才能。人才总是各有特点的，十全十美的人是不存在的，因此，用人要用其长、避其短。比如,口才好、性格开朗、善于与人沟通、旅游专业知识丰富的人,可以从事导游工作;具有领导素质、管理知识和技能的人才可以从事行政管理工作。

(四)稳定人才战略

随着企业对人才价值认识的不断深化,越来越多的企业把拥有高素质人才的多少作为企业未来能否成功的一块砝码。因此,企业必须设计出良好的用人机制以留住企业的核心人才。

1. 薪资留人

对企业成员来说,工资、奖金、福利待遇等劳动报酬方面的问题是一个十分重要、敏感的问题,因为物质条件是员工最基本的需求。旅行社应根据员工在工作中的表现,如工作态度、知识技能和实际贡献实行差别化的薪酬制度。对于那些为企业作出贡献的人,要予以奖励,这种公正的薪酬制度不仅可以提高员工的工作积极性,还可以促使员工不断完善自我,实现自我。另外,高工资和高待遇确实是吸引人才、培养员工忠诚的一个手段。

2. 感情留人

金钱并不是留住人才的唯一诱因,还有更重要的一点,就是要给予员工关怀和喝彩。对员工出色的工作给予热情的赞扬;经常给予员工一些吸引人的、富有挑战性的临时任务,充分调动其积极性;对员工的努力拼搏给予肯定以及真诚的谢意;节日里送上一份小礼物作为衷心的祝福;工作之余组织一些有趣味的、可以放松身心的文体活动,这些都是留住人心的好方法。另外给员工更大的发挥空间并且进行有效的授权,这是让员工心存感激的良方。有了这种感激做基础,就不必担心员工会离开了。

3. 环境留人

人的需求具有多样性,当物质需求得到满足之后,升迁的机会、发展空间、受人尊重、关系和谐、职业机会、公平程度等等,成为影响人才流动的非常重要的因素。因此,要根据人才更高层次的需求,创造出有利于员工升迁的环境,让那些工作卓有成效的人有及时升迁的机会;创造一个很好、和谐的人际关系环境,上下级之间、同级之间尽可能地形成一个团结互助的整体;指导人才制定自己职业生涯发展计划,并使之与单位的发展目标相结合,让个人的发展与企业紧密联系在一起,从而留住人才。

(五)旅行社重点岗位人力资源管理

1. 对职业经理人的管理

由于旅行社投资主体的复杂性,多数投资人(组织)没有精力或能力亲自(或派组织内部人员)管理旅行社,对职业经理人的需求也就应运而生了。旅行社职业经理人又分为高级职业经理人和职业经理人。旅行社高级职业经理人是指具有较高的理论知识和实践能力,以自己的管理才能为业主服务,能够在业主授权范围内从事高层次战略管理和整体运作的旅行社经营管理人员。在现实中表现为旅行社总经理、副总经理以及不设副总经理的旅行社总监级管理岗位。旅行社职业经理人是指具有一定的理论知识和实践能力,以自己的管理才能协助旅行社高级职业经理人员为业主资产的保值、增值服务,能够从事旅行社某一部门或某一职能的管理工作的经营管理人员,在现实中表现为旅行社部门经理、副经理、经理助理以及大型旅行社主管级管理岗位。

职业经理人要具有对投资人负责的态度,高度的敬业精神,保证投资人的资产保值、增值;职业经理人要具备丰富的知识与出色的管理能力,能够通过科学管理,实现企业的经营目标;职业经理人要善于协调投资人、员工、旅游产品供应商、旅游者之间的复杂关系。在对不同旅行社的管理过程中,职业经理人以自己的经营管理业绩得到他人的认可或排斥,影响投资人对其的信任程度,失败者会被淘汰出职业经理人市场,而成功者将获得相应收益。

2. 对导游人员的管理

导游人员是旅行社中与旅游者直接接触最多的人员,往往代表了企业形象。导游工作的特点使得旅行社很难全面掌握导游人员的工作情况。因此,对导游的管理可以说是旅行社人力资源管理的重点和难点。

对导游人员的管理首先要强调职业道德教育。导游的职业特点决定了他们有很多时候面临各种诱惑,而他们一旦抵挡不住物质的诱惑,就会损害旅游者的利益和旅行社的声誉。要采取措施对导游服务过程加以监控,对那些索要小费、回扣的恶性行为,要严惩不贷。其次,要加强对导游的培训。导游工作中经常会出现一些突发事件,这就要求从业人员具有相关知识,并能够随机应变处理问题。介绍一些先进导游的经验可以帮助导游提高业务素质。

现在社会上成立了一些专门的导游公司,专门为旅行社提供导游服务。由于这一趋势体现了专业分工,也为旅行社提供了很多方便,于是有一些旅行社自己不再配备导游,或是只有少数导游,有了团就到导游公司去聘请导游。这样做节约了一些人力成本,比如,对于一些小语种导游,某一个旅行社如果一年只有一两个团,也确实是一种浪费,而到导游公司临时聘用,则有利于资源共享;所以将来还会有很多旅行社乐于采用这一做法。但旅行社从导游公司聘请导游,不易控制服务质量。导游公司生存的关键在于服务质量。

3. 对一般业务人员的管理

旅行社的一般业务人员,指的是外联、计调等部门的员工。相对于导游员,他们不直接对旅游者提供服务,属于旅行社的二线员工。但是,他们的工作也是至关重要的。他们的工作直接影响到旅行社的销售业绩,也是导游顺利接待游客的后勤保障。对这类人员,要充分认识到他们工作的重要性,树立他们的敬业精神。同时,要加强流程管理,分清责任,层层把关,步步负责,提高工作效率。作为管理者,要协调导游与一般业务人员的矛盾,有条件的情况下,尽量让各部门人员有机会轮岗,促进他们互相理解,以利于更好地开展工作。

第二节 旅行社员工的选聘与培训

旅行社要有效地进行人力资源开发与管理,必须要进行准确的工作分析,合理选聘员工,并对员工进行恰当的培训。

一、工作分析

企业进行人力资源开发与管理的一个重要前提,就是了解每一个职位所对应的工作特点以及能胜任各种工作职位的人员的特点,这就是工作分析所要完成的任务。就旅行社而言,就是要运用人力资源管理的一般原理,结合旅行社自身的组织机构特征,进行准确的岗位分析,使权力与人的才能高度一致,以达到人尽其才的目的。工作分析是具体实施人员选聘、培训、考评、晋升以及确定薪酬等工作的基础和依据。

(一)工作分析的基本定义

工作分析是指通过分析,掌握各项职务的固定性质和组织内职务之间的相互关系,以确定该职务的工作范围,以及任职人员应具有的知识、技术、能力与责任等条件。

一般来说,工作分析包括两方面的内容:工作描述和职位要求。

1. 工作描述

工作描述具体说明了某一工作职位的特点,主要包括以下方面:

(1)职位名称。指旅行社对从事一定工作活动所规定的职位名称或职位代号,以便对各种工作进行识别、登记、分类以及确定旅行社内外的各种工作关系。

(2)工作内容和工作程序。指旅行社各岗位的具体工作任务、工作职责、工作流程以及各岗位完成工作所需的资料、设备、材料以及工作中与其他工作人员的正式联系等。

(3)工作条件。包括工作地点的自然环境、安全条件和地理位置等。

(4)社会环境。包括各岗位与内部各部门、人员的相互关系以及与外部相关部门、团体、人员的相互关系等。

(5)职业条件。包括工作时间、工资报酬、福利待遇、该工作在旅行社中的地位、晋升的机会、工作的季节性和进修的机会等。

2. 职位要求

职位要求又称工作说明书,要求说明从事某工作职位的人员必须具备的生理要求和心理要求。主要包括以下几个方面:

(1)一般要求。主要包括年龄、性别、学历和工作经验等。

(2)生理要求。主要包括健康状况、力量与体力、运动的灵活性和感觉器官的灵敏度等。

(3)心理要求。主要包括观察能力、集中能力、记忆能力、理解能力、学习能力、解决问题的能力、创造性、决策能力、性格、气质、兴趣爱好、语言表达能力、合作性和领导能力等。

(二)工作分析的意义

1. 为人事决策奠定了坚定的基础

全面而深入的工作分析,可以使旅行社管理者充分了解各工作职位的具体内容,以及对工作人员的技术、知识和能力等方面的要求,从而为人员选拔等人事决策提供了科学依据,并能有效避免工作重复和人力资源的浪费现象。

2. 科学评价员工实绩

通过工作分析,每一种职位的工作规范都明确界定,并作为工作绩效考核的依据。通过考核决定奖惩,并通过奖惩等激励手段调动员工工作积极性、提高工作效率,从而更有效地实现组织目标。

3. 人尽其才

工作分析明确地指明旅行社各职位对人员的要求,这样就减少了“大材小用”或“小材大用”的现象。旅行社在招聘人才的时候可以将最合适的人安排在最恰当的职位上。

二、员工的选聘

所谓员工的选聘,是指通过各种方式,把具有一定劳动技能的人吸引到企业空缺岗位上的过程。选聘员工是任何一家旅行社都会面临的任务。新开业的旅行社需要招聘员工,老旅行社由于人员流动也需要招聘员工填补空缺,所以说,选聘员工不但是旅行社的一项经常性工作,而且是旅行社人力资源开发与管理的重要一环。

(一)旅行社员工选聘的原则

在现代人力资源开发与管理中,旅行社员工招聘工作应坚持以下原则:

1. 计划性原则

旅行社正常运营之后,对人力的需求有三种情况:一是因旅游旺季游客接待量突然增加或因员工的晋升、离职而造成人员短缺或职位空缺,时间紧迫不允许人事招聘工作按部就班地进行,只能紧急招聘以补空缺。二是旅行社业务扩张或规模扩大,需要增加员工。三是从长远角度预测人员变动趋势,测算离职人员数量和缺员时间,估计员工流动比率等。后两种人力需求情况,可通过制定长期人力需求计划按部就班地完成,确保员工质量。如果旅行社人事部门在招聘员工的工作上无计划性,只靠采取紧急招聘的行为来满足对人力的需求,就会使旅行社人员招聘管理始终处于被动的局面。

2. “少而精”的经济性原则

旅行社是盈利性企业,创造效益是第一目标,因此,在招聘员工之前要充分考虑到招聘成本问题。在可招可不招时尽量不招;可少招可多招时尽量少招。招聘来的人要能胜任工作并要充分发挥其作用,为旅行社多做贡献。另外,旅行社员工招聘是一项商业行为,一定要考虑少投入多产出,尽可能降低成本,但有时一味地降低成本,反而不能起到良好的招聘效果,得不偿失,因此,要把握好度。

3. 公平竞争原则

在人才招聘过程中,要坚持任人唯贤、择优录取的公平原则。公平是最基本的原则,只有通过公平竞争才能使人才脱颖而出,防止滥竽充数,影响旅行社员工素质的提高;只有通过公平竞争才能吸引更多真正的人才;只有通过公平竞争才能起到激励作用,提高旅行社工作效率。

4. 宁缺勿滥原则

旅行社挑选员工要根据旅行社的实际需要,将合适的人员安排在合适的岗位上。如果没有合适的人选,一个岗位宁可使其暂时空缺,也不要让不合适的人员占据着,这样可能会招致员工不满,更会影响日常工作效率。当然,空缺时间也不能太久。

总之,旅行社人力资源部门只有遵循以上四个原则,有计划、有目的、有步骤地开展人员招聘工作,才能选聘到德才兼备的优秀员工。

(二)旅行社人才选聘的程序

1. 制定招聘计划

旅行社在招聘人员之前,应根据自身业务发展需求以及劳动力市场信息制定招聘计划。招聘计划一般包括招聘的岗位、人员需求量、职业要求,例如,导游员5名,计调经理1名等等,还包括招聘途径(包括旅行社内部招聘、员工推荐和社会招聘)、招聘范围、招聘规模、招聘成本、招聘时间、招聘预算、录用标准等。招聘方案报上级领导审批后方可实施。

2. 选拔人才

选拔人才也叫人员甄选,是整个招聘工作的关键。要想在众多应征者中选出合适的人员、淘汰不符合要求的求职者,只有采用科学、严格的甄选方法和程序。

甄选过程通常包括如下主要步骤:

应征者资料的初审。根据招聘计划的要求,对应征人员的资料按一定规范进行初步分析,并分类整理,以备挑选。通常将应征者分为三类:可能入选者、基本合格者和不合格者。

确定候选人。将可能入选者的情况和条件逐一与岗位要求进行对比分析,并对基本合格者进行进一步的考核,缩小并确定候选人。如果应征者人数过多,还有必要进行专业知识和技能的考试,结合考试成绩和资料分析确定人选。

测试和面谈。采用一定的测试方法对通过初审的候选人进行测试,如智力测试、个性测试、道德测试、应变力测试、特殊能力测试和职业兴趣测试等素质类测试,技能测试、专业知识水平测试等专业测试。对可能入选者还要进行面谈,通过观察和直接的交流,加深互相了解。

决定并通知录用。经过各相关程序,主持招聘人员形成录用意向,经内部审查和批准程序,决定录用,并及时通知应聘者。

3. 聘 用

聘用是旅行社与录用人员建立聘用关系,对聘用人员进行职业安排的活动。

经过严格考核,旅行社甄选并通知录用的人员,双方依法签定劳动合同,确立聘用关系。劳动合同规定,新员工必须经过培训试用期,并且能够达到旅行社的要求,这时,求职者才完成了应聘的全过程,被旅行社录用为正式劳动合同制员工。

三、旅行社人力资源的培训

不断提高员工的思想道德水平、知识水平和业务水平,是旅行社经营发展的需要,也是员工自我发展的需要。员工素质和能力的提高,一方面靠自己自觉学习,另一方面需要旅行社积极有效地开展培训工作。

(一)旅行社开展人力资源培训的意义

旅行社业不仅是一个充满着高度智慧的点子行业,而且是一个劳动密集型行业。旅行社员工必须具备丰富的知识,同时又要不断地更新知识结构,这就要求旅行社管理者必须清醒地认识到培训工作对企业发展的重要性。另外,旅行社员工多是对客服务,员工只要有一点失误或不称职就可能永远失去顾客。所以,他们应该懂得做什么、怎么做。未经训练的员工不可能胜任工作。

总之,培训的直接目的就是使员工迅速适应岗位工作,实现旅行社和员工本人的同步发展,培训本身是提高员工素质的重要手段,也是提高企业管理水平和服务质量的根本措施。现阶段旅行社的竞争主要是人才的竞争,只有不断加强员工培训,提高员工素质,旅行社才能在激烈的市场竞争中处于不败之地。

(二)旅行社人力资源培训的内容

旅行社人力资源培训的内容主要包括职业道德培训、专业知识培训和能力培训。

1. 职业道德培训

旅行社业是服务性行业,因此,职业道德培训在旅行社培训工作中占有重要地位。旅行社员工经常分散地、独立地开展工作,要做好服务工作,抵制各种客观存在的诱惑,就需要员工具备较强的职业道德水准。旅行社应通过这方面的教育和培训,提高员工的思想道德水平,帮助员工树立主人翁意识和职业自豪感、荣誉感,培养员工敬业爱岗精神,增强员工团队意识和合作精神,自觉维护国家利益和企业形象。

2. 专业知识培训

旅行社员工应具备丰富的知识,如地理、历史、民俗,以及政治、经济、社会等多方面的知识。旅行社应通过培训提高员工的专业知识水平,并培养员工钻研进取的精神,不断更新知识结构,走在时代的前端。

3. 能力培训

能力培训主要包括本职工作所必须具备的技能培训,如翻译、导游、公共关系、谈判沟通、突发事件处理等技能,以及管理阶层的经营管理能力的培训等。

(三)旅行社人力资源培训的方式

1. 职前培训

新员工岗前培训分为入门培训和上岗前培训两部分。

入门培训主要是向新员工介绍旅行社的基本情况与组织文化,介绍工作任务和旅行社的规章制度、工作条件和生活设施以及旅行社的发展前景等,帮助员工了解旅行社的目标和宗旨,使新员工产生对旅行社的信任感和归属感,尽快安下心来开始工作。

新员工上岗前培训主要是向员工传授岗位操作的基本知识和技能,帮助他们了解岗位的性质、特点和要求,增进新员工对旅行社工作的了解和信心,以便培训后能够立即适应并胜任所分配的工作。

2. 在职培训

在职培训是指旅行社员工在完成工作任务过程中所接受的培训。对员工的在职培训是职前培训的继续与发展，是从低水平向较高水平迈进的培训。旅行社总是在不断发展的，这就要求员工要不断地更新自己的知识结构，不断掌握新的技术；要使员工掌握这些技能，也必须靠在职培训来实现。对于一个重视培训的旅行社来说，在职培训会始终贯穿每一个员工就业的全过程，并将直接影响到旅行社的经营水准与服务质量。

3. 适应性培训

这是组织对所有成员进行的日常性培训。主要是根据工作分析和岗位职责的规定和要求，对任职者进行有关职位或岗位知识和技能，以及工作态度、职业道德等方面的培训，使任职者通过培训提高素质，适应职位和岗位的要求。

4. 职外培训

因旅行社业务发展的需要或员工因岗位变动、职位提升等需要接受某种专门培训。这种培训要求受训员工暂时脱离岗位或部分时间脱离岗位参加学习或进修，即为职外培训。根据受训时间的安排，受训员工脱产时间长短，职外培训可分为全脱产培训和半脱产培训。

罗森布鲁斯国际旅行社注重人才选拔

罗森布鲁斯国际旅行社是一家大规模的旅行社，该公司在美国、英国及亚洲设有582个分支机构，雇用了3 000名员工，到1992年，该公司的营业额上升到150亿美元。

该公司的成功主要取决于稳定的员工队伍，在旅行社这一行里，工作强度相当大，普遍流失率高达45%～50%，而在该公司，流失率仅为6%。

公司认为，人才才是自己的竞争优势，所以员工对公司来讲至关重要。为了保留住员工，公司组建了一个“幸福晴雨表小组”。该小组由从各部门随机挑选的18名雇员组成，这些雇员将员工们对工作的感受反馈给总经理。调查问卷一年两次被派发给所有的员工，以了解他们对工作的喜好程度。调查问卷计算后的结果告诉给每一位员工。

每一位职位候选人均被仔细审查以确保公司招聘合格的人才。公司需要的是有良好的团队协作能力的乐观积极的人才。在挑选的过程中，公司把亲和力、爱心及对工作的狂热放在比工作经验、过往薪金等更重要的位置。合资格的候选人会有一个三至四小时的面试。对于高层位置，公司总裁会亲自同候选人见面。例如，对于销售主管这个位置的候选人，他会邀请该候选人及其妻子同他和他的妻子共渡假期。

一旦被雇用，新员工会很快熟悉他的工作环境。上班第一天，新员工将在幽默剧中扮演一个角色，以让这些员工知道，公司希望他的每一位员工从工作中获得欢乐。幽默剧的扮演也同样是一个学习的过程。例如，员工会在剧中因为糟糕的服务而结束他们的事业。

所有的新员工都会进行为其2～8周的培训，在培训过程中，经理人员会评估这些新员工以了解他们是否适应罗森布鲁斯公司高强度的、注重团队合作的工作气氛。那些喜欢个人英雄主义的员工将被请出公司。

资料来源：

罗森布鲁斯国际旅行社注重人才选拔[EB/OL]. http://www.docin.com/p-11616169.html.

第三节 旅行社员工绩效考评

绩效考评是一个分析、判断和认定的过程，目的在于确认员工的工作成就，改进员工的工作方法，提高工作效率和经营效益。旅行社员工绩效考评要遵循一定的原则，开展不同类型的绩效考评活动。

一、绩效考评的涵义

（一）绩效考评的概念

绩效考评，又称绩效评估、员工考核、人事考评等，是人力资源开发与管理中一项非常重要的工作。其中，“绩效”的含义是“表现”，是个体或群体的工作表现、直接成绩和最终效益的统一体；“考评”的含义是评价和考核。总的来说，绩效考评是指旅行社对员工在工作过程中所表现出来的工作业绩（工作的数量、质量和社会效益等）、工作能力、工作态度以及个人品德等进行评价，并以之判断员工与岗位的要求是否相称。

（二）绩效公式

绩效不仅受个人素质和能力的影响，还受到工作环境等外部因素的影响。影响绩效的因素主要包括技能（skill）、激励（motivation）、环境（environment）和机会（occasion），可用下面的公式来表示：

$$P = f(s, m, e, o)$$

其中，P 表示绩效，s 表示技能，m 表示激励，e 表示环境，o 表示机会，f 表示上述各因素之间的函数关系。

技能：指员工本身的工作能力，是员工的基本素质。

激励：指员工的工作态度，包括工作积极性和价值观等各种因素。这两方面是主观方面的原因，是创造绩效的主动因素。

环境：指员工进行工作的客观条件，包括物质条件、制度条件和人际关系条件等。

机会：指可能性或机遇，主要由大环境的变化所提供。这两方面是影响绩效的客观原因，是绩效状况的外部制约因素。

二、旅行社绩效考评的作用

(一)绩效考评是维持和提高工作效率的手段

通过对员工工作业绩、工作能力、工作态度的公正评价和考核,取得良好绩效的员工获得更高的评价,并影响其报酬、晋升和形象,从而受到激励;而那些绩效不理想的员工得到较低层次的评价,也能对其起到鞭策作用。绩效考评直接影响到员工工作的积极性和工作潜能的发挥,客观、公正和全面的绩效考评,对于员工个体工作效率和旅行社整体效率的提高都有积极的作用。

(二)绩效考评是人事决策的重要依据

通过绩效考评,可以了解员工的工作情况,包括员工对现任工作的胜任程度、工作热情,同时可以掌握员工的自身素质、特点和工作能力等,这就为旅行社人事决策提供了重要的依据,诸如升迁、任免、调任和加薪等。

(三)绩效考评有助于更好地进行员工管理

员工管理的两个重要方面分别是评价和帮助员工发展。

1. 评　价

企业管理者和员工在一起谈论最多的是工作上的问题,较少谈及对员工的评价,这就使员工很难了解企业对自己的评价。绩效考评是一种正规的、周期性的对员工进行评价的系统,由于评价结果是向员工公开的,员工就有机会正面了解企业对他的评价。这样可以防止员工不正确地估计自己在组织中的位置和作用,从而减少一些不必要的矛盾。

绩效衡量。绩效大小反应了个人对组织所作的贡献的大小,以此为任免、提升等人事决策提供参考。

补偿。由评估工作绩效大小来决定薪水和奖金,可以对其付出的劳动和作出的贡献进行合理的补偿。

激励。公正、合理的评价可以起到有效的激励作用。

2. 帮助员工发展

每位员工都希望自己在工作中有所发展,企业的职业生涯规划就是为了满足员工的自我发展的需要。但是,仅仅有目标,而没有进行引导,也往往会让员工不知所措。绩效考评可以让员工清楚自己需要改进的地方,帮助员工指明前进的道路,为员工的自我发展铺平道路。

加强员工的自我管理。由于绩效评估给员工强化了明确的工作要求,使员工责任心加强,明确自己应该怎样做才符合期望。

发掘员工的潜能。通过绩效评估可以发掘员工的潜能,可以将其调到更有挑战性的或者更能发挥其潜能的工作岗位,可能会取得意想不到的工作成效。

实现员工和上级更好的沟通。绩效评估提供了上下级之间交流的一个契机,有助于上级更好地了解下级的想法,也有助于下级更好地了解上级对他的工作期望。这样的沟通过程可以促使上下级之间更加目标一致、配合默契。

提高员工的工作绩效。通过绩效评估,使员工明确自己工作中的成绩与不足,可以促使他在以后的工作中发挥长处,努力改善不足,使整体工作绩效进一步提高。

三、旅行社绩效考评的原则

(一)规范化原则

在绩效考评工作中,应事先制定和明确绩效考评的规范,包括绩效考评的目的、要求、标准、依据,以及考评活动的组织管理、考评者的权限、考评程序和相关责任等,并在实施考评过程中严格依章办事,使考评活动纳入规范化的轨道,减少考评过程中的随意性。

(二)公开化原则

有关考评的文件和信息应事先向员工公开,并进行必要的宣传和解释,使员工对考评工作心中有数,产生信任感,这样才能理解、接受考评结果,保证考评效果。

(三)客观化原则

员工的工作绩效是客观的,但考评活动总是由人来实施,容易带上考评者的主观烙印。这就要求在考评过程中,要尽量避免掺入主观因素和感情色彩,要直接针对客观绩效材料进行评估,以事实说话,评价指标要尽可能量化。

(四)反馈原则

在绩效考评之后,进行面谈讨论,把结果反馈给被考核者,同时听取被考核者的意见及自我评价情况,存在问题不要紧,应给予修改,形成互相信赖的关系。

(五)差别原则

考评标准和结论应有差别,考评的不同等级之间要有明显的界限;考评结果对员工的影响要有差别,要与员工的报酬、晋升和使用等挂钩。

(六)时效性原则

绩效考评是对考核期内的工作成果进行的综合评价,不应将本考核期之前的行为列于当期的考评结果中,也不能取近期的业绩或比较突出的一两个来代替整个考核期的绩效进行评估,这就要求绩效数据与考核时段相吻合。

四、旅行社绩效考评的内容

旅行社根据自身人力资源的需要,可开展不同内容、不同形式、不同种类的员工绩效考评活动。以下是几种典型的员工绩效考评。

(一)职务考评

职务考评是对员工一定时期的工作情况和取得的工作成绩进行的总结、检查、分析和评价。职务考评通常定期进行,考评的范围通常包括各级负责人员和各专业技术人员,也可根据情况确定适当的考评范围。职务考评在对履职情况考评的同时,也可进一步了解员工的工作能力、态度、适应性等方面的情况,为进一步的工作安排奠定基础。

(二)奖金考评

奖金考评是根据旅行社的奖金发放办法,对员工完成工作任务的质量和超额完成工作任务的情况进行考评,以确定员工奖金发放的活动。

(三)定薪考评

定薪考评是为确定员工的工资水平而开展的专项考评。员工工资水平的确定需要考虑多种因素，但其以往工作中表现出来的工作能力和工作绩效，是调整员工工资水平的基本依据。在通常情况下，定薪考评表现为提薪考评，但在萧条时期，也可以是工资的调减。

（四）晋升考评

这是对晋升对象的特定考评活动。晋升所需考虑的因素较多，但通过对以往工作绩效和工作中表现出来的经营能力、管理能力和道德素质等的考评，为晋升决策提供了客观依据。

（五）荣誉考评

旅行社通过授予员工各种形式的荣誉，以及向有关部门推荐授予荣誉，开展激励活动。荣誉的授予需根据有关标准，在对员工工作表现进行考评的基础上进行，将荣誉授予那些工作出色的员工，才能实现荣誉授予的激励作用。

第四节　旅行社员工的报酬管理

对旅行社员工的报酬管理要考虑报酬政策和报酬水平的决定因素，依据一定的原则与政策，采用不同的报酬形式。

一、旅行社报酬政策和报酬水平的决定因素

（一）政策法规因素

旅行社报酬政策和水平的确定必须遵守国家法规和政策。现有劳动和社会保障方面的法规和政策中有很多关于劳动报酬方面的规定，如八小时工作制、同工同酬、加班酬金计算、带薪假期、社会保险和最低工资限制等方面的规定。随着劳动和社会保障制度的健全和发展，这方面的规定会更多、更具体。旅行社在决定自身的报酬政策和水平时，必须严格遵守这些规定。

（二）社会因素

社会和行业报酬水平是旅行社确定本企业报酬水平的参照因素，企业在横向比较中确定总体报酬水平。社会消费支出水平对企业报酬水平也会产生影

响,旅行社的报酬水平应当考虑到物价涨落以及社会消费水平的不断提高对员工报酬期望值的影响,从而确定合适的报酬水平。旅行社行业人才供求状况直接影响报酬水平,人才充足时,报酬保持相对较低水平,仍能保证企业对人才的吸引力;人才紧缺时,只有提供较优厚的报酬条件,才能吸引优秀的人才。

(三)旅行社及其员工自身因素

企业财务状况则是确定企业报酬水平的基础。财力雄厚的旅行社有能力以较高的报酬吸引优秀人才,财力不足的旅行社则一般采取弹性较强、较灵活的报酬政策。员工的素质、观念及其对报酬的期望值等因素,也直接影响企业的报酬政策和报酬水平。

二、旅行社报酬管理的原则与政策

(一)旅行社报酬管理的原则

1. 公平性原则

报酬公平是最主要的原则。要想提高员工士气、保证旅行社经营效率,必须使员工认识到,只要在相同的岗位上,作出相同的业绩,都将获得相同的报酬。

2. 安全性原则

报酬管理系统要使员工感到安全,要使旅行社感到安全,不能经常变动,一些重要内容变动更要慎重。

3. 接受性原则

报酬系统是由旅行社管理层制定的,但应该合理,并能使大多数员工认可,只有这样才能起到良好的激励作用。

4. 成本控制性原则

一般来说,报酬系统应该接受成本控制,也就是在成本许可的范围内制定报酬系统。

5. 激励性原则

指报酬系统对员工要有强烈的激励作用,起到鼓舞士气的作用。

6. 平衡性原则

指报酬系统的各个方面要平衡,不能只注重直接报酬,而忽视非直接报酬;

也不能只注重金钱报酬,而忽视非金钱奖励。

(二)报酬管理的政策

每一家旅行社的报酬管理政策都有所不同,这些政策涉及以下一些方面。

1. 业绩优先与表现优先

业绩优先是指旅行社主要根据员工业绩的好坏来支付报酬;而表现优先是指旅行社主要根据员工努力程度来支付报酬。

2. 工龄优先与能力优先

在旅行社中,如果工龄在报酬系统中的权重比能力大,则称之为工龄优先,反之则称为能力优先。相似的还有学历优先与能力优先、性别优先和能力优先等等。

3. 工资优先与福利优先

如果一个企业中工资很优厚,而福利较差的称之为工资优先;福利相当好,而工资一般的称之为福利优先。

4. 需要优先与成本优先

在企业制定报酬系统时,主要考虑企业的需要,而忽视成本控制的称之为需要优先。反之,如果主要考虑成本控制,而忽视企业需要的称之为成本优先。

5. 物质优先与精神优先

在报酬系统中强调金钱报酬,而忽视非金钱奖励的称之为物质优先。反之,在报酬系统中较重视非金钱奖励,不强调金钱报酬的称之为精神优先。

6. 公开化与隐蔽化

员工之间相互知道报酬多少的称之为公开化。反之,员工之间不提倡相互了解报酬多少的称之为隐蔽化。

三、影响报酬管理的因素

(一)影响报酬的外部因素

1. 国家政策

国家政策是影响旅行社报酬水平的重要因素。旅行社制定的报酬要符合国家报酬水平的要求。

2. 当地的经济发展状况

一般来说,当地的经济发展处在一个较高水平时,员工的报酬会较高。反之,企业员工的报酬会较低。目前,我国各地区经济发展不平衡,沿海地区以及大城市经济发展水平较高,因此,这些地区员工的报酬较高。

3. 行业人才需求

旅行社行业人才供求状况直接影响报酬水平,人才充足时,报酬保持相对较低水平,仍能保证企业对人才的吸引力;人才紧缺时,只有提供较优厚的报酬条件,才能吸引优秀的人才。

4. 当地生活指数

由于报酬系统与员工的生活息息相关,因此,当地的生活指数较高时,员工的报酬也会相应提高。反之,当地的生活指数较低时,员工的报酬也会相应降低。

(二)影响报酬的内部因素

1. 旅行社的发展阶段

旅行社的发展阶段不同,其战略不同,赢利能力也不同,因此,企业的报酬系统也会受到影响。例如,旅行社在初创阶段,往往采用低工资、高奖励、低福利的报酬系统;当旅行社处在稳定阶段时,往往采用高工资、低奖励、高福利的报酬系统。

2. 企业文化

企业文化与企业价值观紧密联系,因此,影响报酬系统。例如,有的企业推崇个人英雄主义,因此报酬差别很大;有的企业提倡集体主义,因此报酬差别较小;有的企业倾向冒险,因此,工资很高,福利较差;有的企业倾向安全,因此,工资较低,但福利较好。

3. 员工学历

一般来说,员工的学历较高时,工资也较高,主要是因为学历越高,员工自身的投资也越大;另外,学历高的员工相对潜力也大些。

4. 员工的工龄

一般来说,员工的工龄越长,工资也越高,福利待遇也越好,主要是因为工龄意味着对组织的贡献大,对企业忠诚。

5. 员工的能力

员工的能力主要从绩效中反映出来，因此，员工的能力越强，员工的绩效也越好，其报酬也应该越高。

6. 工　种

旅行社中不同的工种，其报酬系统也是不同的。例如，旅游产品推销人员往往工资低，但奖金高；财务经理往往工资高，但奖金低；旅行社一般员工可能是计件或计时工资；秘书则通常是固定工资。

四、旅行社员工报酬形式

（一）工　资

工资是以货币形式，根据员工的技能、工作量、责任、工作条件和实际贡献，分配给个人的报酬。

企业的工资结构主要由基础工资、职务工资、工龄工资、效益工资和津贴等部分组成。其中基础工资是工资中相对固定的部分，职务工资根据不同职务的差异确定，工龄工资根据工龄或在旅行社工作的时间长短确定，效益工资以浮动形式根据企业效益和员工完成工作的任务的情况确定，津贴根据员工额外劳动（夜班、加班）和特殊劳动（高温、出差等）消耗情况确定。

（二）奖　金

奖金是员工付出超额劳动或优秀表现所得到的报酬，是工资的辅助形式，能够比较及时、准确地反映出员工劳动的成果，起到工资难以起到的激励作用。

奖金比其他报酬形式更加灵活，能够起到鼓励先进、鞭策后进、调动员工积极性的作用。旅行社奖金有两大类，分别是综合奖和单项奖。综合奖也称经济责任制考核奖，它是把接待人数、天数等数量指标，服务质量、节约、出勤、劳动纪律等各项条件进行综合考核而确定的奖金，与旅行社的经营效益挂钩。单项奖以员工完成某专项工作指标情况作为奖励条件。旅行社可以针对经营中的重点问题或薄弱环节，设立多种单项奖，通过专项考核和奖励，促进有关工作的改进和提高。常见的单项奖有合理化建议奖、服务标兵奖和特殊贡献奖等。

（三）福　利

福利是指旅行社向其员工提供的间接劳动报酬，一般不直接以金钱的形式支付,而以实物或服务形式支付,其目的是帮助员工解决生活困难、改善员工生活环境、保证员工正常和有效地工作。良好的福利可以满足员工的生活需要和安全感,还可以起到吸引人才、留住人才的作用。常见的福利类型有:

1. 公共福利

公共福利主要指法律规定的一些福利,如医疗保险、失业保险、养老保险和工伤保险等。

2. 个人福利

如住房津贴、交通费、报刊杂志费、通信费、工作餐补贴、卫生费和带薪旅游等。

3. 生活福利

如托儿所服务、内部优惠商品和子女教育费等。

激励在导游管理中的运用

目前,相关的旅游企业对处在行业第一线的导游沿用传统的管理模式,甚至不怎么管理,结果造成许多导游缺乏职业安全感,频繁跳槽。总体上看,导游对企业的忠诚度不高,当然这有导游自身的原因,更与旅行社管理体制有关。如旅行社总是给导游列出了许多条条框框,而鼓舞导游斗志、激励其上进心的激励管理却不多见。激励就是激发与鼓励,即为了达到一定目标而对人施加的影响,使人在内在动力的驱使下朝向期望的目标努力的心理过程。在现代的导游管理当中更需要引入激励管理。

在旅行社的导游管理中,激励主要起到以下的作用。

1. 聚集人心,利于工作

导游隶属于大大小小的旅行社和各地的导游管理中心,与其他企业相比,旅行社和导游管理中心对导游基本上是半松散式和松散式的管理。在这样的管理体制下,缺乏激励机制,不利于导游的成长和行业的发展。假如旅游企业意识到激励的价值,采用适当的激励办法留住人才,并不断吸引更多的优秀导游加盟,可以形成较强的向心力和凝聚力,有利于企业目标的实现。

2. 调动积极性,发挥潜能

导游的薪酬正在改革中,在政策没有确定前,许多地方的导游在上团时还面临着“人头费”等方面的压力,工作积极性被压制。目前许多旅游企业无法调动导游的积极性,发挥其潜能,这实在是旅游企业的损失。

3. 提高管理效率,实现企业目标

综观一下目前导游的管理机制,任何一个旅游企业对导游都有着或多或少的条例规定,规定了导游应该做什么,不该做什么,还规定了违反条例时的惩罚措施。但是,在导游应该做的事当中,我们的旅游企业很少进一步想过,如何使导游热情地、主动地工作,提高工作绩效。对于旅游企业而言,应该把工作的重点放在对员工的激励上,激励是一个非常有效的管理方式,可以克服消极怠工,使人主动地向目标努力,这样可以从根本上提高管理效率,实现企业目标。

4. 增强职业感情，实现人生价值

职业感情是一个人对自己所从事的职业发自内心的态度。在从业之初，每个导游对工作满腔激情，但是，经过一段时间后，热情骤降，取而代之的是不满、随波逐流、频繁地跳槽，职业感情跌入低谷。究其原因，当然是多方面的，但是假如旅游企业能为导游的成长创造合适的激励环境，让他们看到希望，那么导游就能安心实现自己的人生价值，同时也为企业、社会创造更多的价值。

旅行社企业管理中运用的主要激励方式有以下几种：

1. 物质激励

主要是物质的奖励，如奖金、福利物品等。关于导游的工资改革，有的地方已出台相关规定，在新的工资改革中，应增加物质激励的内容。旅游企业要建立定期的奖励措施，对于表现好、工作成绩突出的导游要有奖励措施，适当地拉开工资距离；对于那些学识丰富、科研成果突出的导游也要有物质激励。

2. 精神激励

包括给予荣誉、赞扬、升迁职务等。根据导游的知识、业务水平等选出拔尖人才，授予他们骨干导游、优秀导游等荣誉称号。

3. 环境激励

温馨和谐的环境会使人心情愉快，激励人全身心地投入。企业能够知人善任，让导游参与民主管理，经常能够组织一些有益的集体活动，增强导游的自豪感和责任感，这样的企业氛围容易激励导游。

4. 目标激励

旅游企业应该使导游知晓自己的企业目标，并把企业目标分解成不同的时间段，达到目标本身就是一种很大的激励。在实现企业目标的过程中，兼顾导游的个人目标，让员工发挥潜能，取得更大进步。

5. 自我激励

导游的自我激励是成功的根本原因。导游要学会欣赏、享受自己的工作，工作本身对人的满足感就是奖赏和激励。能够自我激励的导游就会全身心地投入工作。所以导游要加强学习，提高涵养，培养正确的思考方法，善于战胜自己，学会自我激励的技巧。

旅行社在运用以上激励措施时，应注意遵循以下的原则：

1. 灵活运用各种激励手段

对于旅游企业而言，要把激励当成世界上最有效的管理，就必须灵活运用各种激励方法，如物质激励和精神激励的灵活运用，企业的环境激励和目标激励的紧密结合，集体激励和个人激励的结合，一般激励和个别激励的结合。同时激励是一种持续的行为，这样才能最大限度地发挥人的能动性。

2. 力戒形式主义激励

激励作为一种管理手段，来不得半点虚假。如果旅游企业为图虚名，或与人攀比，搞只有形式没有内容的激励。在当时看来可能很热闹，但过一段时间，空洞的激励运动如“泡沫”一样消失，这就偏离了激励的本意，增加了导游对企业管理的不信任，不利于企业的管理。

3. 注意激励的公平性

激励是为了改变人们的行为，使人们好的行为得到强化，坏的行为不再发生，在激励时必须考虑公平性，否则就会产生负面作用，所以旅游企业要采取措施，革除不合理的管理方式,深入调查研究,奖罚分明,这样才能增强激励的有效性。

4. 不要忽视细节因素在激励中的作用

在导游的管理中,不要忽视细节因素的影响。首先,导游经常不呆在旅行社,所以导游很多的日常行为常常处于一种被忽略的状态。如果旅行社能从侧面多了解导游的行为,如导游生病时带团、维护旅行社的声誉等等值得鼓励的行为,抓住这些细节,及时进行激励,强化导游的好行为。其次,在导游回社时,办公室的人员多点微笑,在导游生日时,旅行社送张卡片、买个蛋糕或是简单的电话祝贺,更会让导游欣喜,从而记忆终身,甚至会为报"知遇之恩"而赴汤蹈火。

激励是金,作为旅游企业的管理者,要深刻把握激励的特点,使众多的激励措施相互衔接、补充,从而建立起一支素质高、业务强、有凝聚力的导游队伍,使企业在竞争中立于不败之地。

资料来源:邵小慧. 激励在导游管理中的运用[N]. 中国旅游报,2007-04-16.

复习思考题

1. 旅行社人力资源开发与管理的主要内容有哪些?
2. 如何理解旅行社人力资源管理的特征和意义?
3. 如何选聘旅行社员工?
4. 旅行社员工培训的意义是什么?
5. 什么是绩效考评? 旅行社绩效考评的原则有哪些?
6. 旅行社员工的报酬形式有哪些?

主要参考文献

陈永发. 旅行社经营管理[M]. 北京:高等教育出版社,2003.

陈锋仪,库瑞. 旅行社管理[M]. 天津:南开大学出版社,2006.

胡君辰,郑绍濂. 人力资源开发与管理[M]. 上海:复旦大学出版社,2005.

戴斌,杜江. 旅行社管理[M]. 北京:高等教育出版社,2002.

第十一章 旅行社财务管理和风险管理

旅行社经营活动主要目的是获取利润，以尽可能小的投入获得更大的收益。在经营过程中不可避免的面临各类风险，如何有效的对经营活动进行量化管理，积极应对经营风险，就成为旅行社财务管理和风险管理的主要内容。财务管理和风险管理是旅行社经营管理的重要组成部分。

通过本章的学习，了解财务管理基本内容、职能和风险管理基本概念，熟悉现金管理、应收账款管理、财务报表编制基本方法，掌握成本费用管理、利润管理和风险管理内容，运用报表数据科学地进行财务分析。

第一节 旅行社财务管理概述

财务管理就是根据旅行社资金运转的客观规律，利用货币形成对旅行社经营活动的全过程管理，实现旅行社利润最大化和所有者权益最大化，使旅行社财务状况处于最优状态。

一、财务管理的内容

财务管理是对旅行社经营过程中资金活动的管理。旅行社资金活动通常表现为资金的筹措（筹资）、资金的使用（投资）、利润的分配及日常资金的营运等四个方面。

(一)筹资管理

筹资管理是财务管理的首要环节,筹资及筹资管理贯穿财务管理的始终。无论旅行社在创立之初,还是在成长过程中追求规模扩张,以及在日常经营周转过程之中,都可能涉及筹资管理。

筹资管理要解决的问题是多层次的。首先,筹资管理必须注重资本结构的合理安排,以保证企业财务既有稳定性又有灵活性。其次,筹资管理还必须注重成本的控制,因为任何资金提供者都要求获得报酬,对不同筹资方案必须进行充分的比较与选择。此外,筹资管理还要注意密切配合投资和经营的实际需要,做到适时和适量。

(二)投资管理

投资管理的基本内容是投资决策分析,首要任务是如何进行投资方面的选择,如多元化投资、一体化投资及专业化投资等。由于不同的投资方向选择,意味着不同的企业发展方向和路径,因此,投资方向的选择是一个非常具有战略意义的问题,必须慎之又慎。在具体的投资决策分析中,一方面要谨慎地计算现金流量,另一方面还要充分考虑投资风险。在投资项目形成之后,还要加强跟踪管理,以确保投资项目实施过程达到预期效果。

(三)利润分配

利润分配管理主要是研究旅行社实现的税后净利如何进行分配,即多少用于发放股东,多少用于企业留存。在进行利润分配决策时,股东的近期利益与长远利益是一对需要权衡的矛盾。股利分配水平过低,会使股东的近期利益得不到满足;而股利分派水平过高,使保留盈余过少,不利于企业长期发展。利润分配管理主要需考虑以下几个因素:①股东对分红的要求;②企业发展对保留盈余的要求;③影响利润分配政策的各种具体因素;④股利政策的连续性问题。

(四)营运资金管理

营运资金管理的基本任务是短期资金来源的筹措和短期资金周转效率的提高。通过有效地进行资金的日常调度和调剂,合理地配置资金,以提高资金使用效率,加速短期资金流动性。

营运资金管理的首要任务是合理安排流动资产与流动负债的比例关系,以确保企业具有较强的短期偿债能力;其次,加强流动资产管理,提高流动资产周转效率;再次,还需做到流动资产及流动负债各自内部结构的优化,以使企业短期资金周转得以顺利进行和短期信用能力得以维持。

二、财务管理的职能

财务管理的主要职能有财务预测、财务决策、财务计划、财务组织、财务控制以及财务分析、评价与考核。

(一)预测职能

财务预测,就是在认识财务活动的过去和现状的基础上,发现财务活动的客观规律,并据此推断财务活动的未来状况和发展趋势。因此,财务预测不能脱离旅行社的各项业务预测,根据业务活动对资金活动的作用与反作用关系,将业务预测结果进行合乎逻辑的综合判断。

(二)决策职能

财务决策是根据财务预测的结果,根据一定的决策方法,在若干备选方案中选取一个最优财务活动方案。做财务决策应该处理好以下几个问题:一是财务的组织问题。财务决策除了根据各种可以确切掌握的客观资料作出客观判断外,还需要决策者作出主观判断,且有不确定性。主观判断则会受决策者个人价值取向及知识、经验等个人素质差异的影响。只有较低层次、较简单的财务决策问题,才可以由个人决策。较高层次的财务决策问题,应尽可能由集体进行决策。二是财务决策的程序问题。财务决策不同于一般业务决策,具有很强的综合性。所以,财务决策不能仅仅由专职的财务管理人员一次完成,而应该更多地深入部门,了解旅行社经营的各种情况,并尽可能吸收业务部门的有关人员参与财务决策。三是财务决策的方法。财务决策既需要定量权衡,也需要定性分析。财务决策具体方法的选择,应以财务决策内容为前提,同时还要考虑掌握资料的性质及数量等具体情况。

(三)计划职能

财务计划主要包括资金使用计划、资金筹集计划、费用成本计划、利润及利润分配计划等。为了保证实现既定的财务目标,企业的财务活动应该按照一定的财务计划组织实施。因此,当依据财务决策选定了财务活动方案之后,就应该编制财务计划。正确地编制财务计划,可以提高财务管理的预见性,也可以为旅行社及各部门、各层次提出具体的财务目标。

(四)组织职能

财务的组织职能是财务管理职能的核心内容。当通过财务预测、决策并编制了财务计划之后,就应该按照财务计划的要求具体组织实施。

(五)控制职能

在财务计划组织实施的过程中,由于主客观两方面的原因,财务活动的实际进展与计划要求可能会发生差异。对于这种差异,如果不加以控制,财务计划就不可能落实。所谓财务管理的控制职能,广义地说,包括事前控制、事中控制和事后控制三个方面。狭义地说,就是在实施财务计划、组织财务活动的过程中,根据反馈信息,及时判断财务活动的进展情况,并与财务计划要求相对照,发现差异,并根据具体原因及时采取措施,保证财务活动按计划要求进行。

(六)分析、评价与考核职能

财务分析的基本目的,是为了说明财务活动实际结果与财务计划或历史实绩等比较基础之间的差异及其产生的原因,从而为编制下期财务计划和以后的财务管理提供一定的参考依据。财务分析的基本手段是比较分析和比率分析。通过比较分析,能发现差异——有利的或不利的;通过比率分析,则能进一步发现差异产生的原因主要在哪个或哪些方面。如果,要想知道各种具体因素对财务活动结果的影响程度,则需要运用因素分析等具体方法。

财务评价是以财务分析为基础的,是财务分析的继续。财务评价的基本目的,是为说明旅行社财务绩效的优劣及其程度。所以,财务评价的基本依据,应该是财务计划或旅行社历史实绩、同行业平均先进水平等。具体选择哪一个指标,则应视评价的具体目的而定。

财务考核,就是对一定责任部门或个人的财务责任完成情况进行考查和核定,是为了贯彻责任与利益统一原则。强化各部门和个人的财务责任感,从而能促进各部门和个人更好地完成所承担的财务责任。

第二节 旅行社营运资金管理

营运资金又称营运资本,是旅行社在经营活动中占用在流动资产上的资金。其管理主要表现为对营运资本主要项目的管理,包括流动资产管理和流动负债管理,重点是对流动资产的管理。就流动资产来说,主要是现金、应收账款和存款的管理;就流动负债来说,主要是一些短期资本来源即商业信用、短期借款等的管理。

一、现金管理

现金(货币资金)是立即可以投入流通的交换媒介,对现金的定义有广义和狭义之分。狭义的现金只包括库存现金,而广义的现金则包括库存现金、在途现金、业务周转金、支票和汇票、各种银行存款等所有可以即时使用的支付手段,具有流动性强、交易成本低的特点,是旅行社的“血液”。

(一)现金管理概述

旅行社之所以持有一定量的现金,是由于经营存在着对现金的需求。这些需求一般包括:①交易需求,旅行社需要持有现金支付日常事务开支,如游客住宿、餐饮、交通费、门票等费用,员工工资、房租、通信费等;②预防需求,旅行社需要持有现金以应付可能存在的突发事件对现金的不时之需,如黄金周期间供应商要求支付预定金,应收账款不能及时回收,重大事故赔偿等;③投机需求,企业需要持有现金以抓住可能存在的潜在获利机会,如支付临时急需的包机、专列、热点旅游区酒店预订金等。因此,如果旅行社持有充足的现金,往往可以获得丰厚的现金折扣,能够及时妥善处理重大投诉、重大事故或竞争对手的销售攻势等紧急事件,能够抓住有利的商业机会以及建立良好的商业信誉。

但是,旅行社持有过量的现金也会产生以下两个方面的问题:①降低公司的获利能力。现金作为一种非盈利性资产,不能或很少能提供收益。所以如果现金持有量过多,必然会使一部分现金由于无法投入正常周转而闲置起来,从而降低旅行社的获利水平。所以,旅行社应该在满足需求的前提下努力压缩现金占用,使现金处于一个合理的持有水平。②现金管理具有一定的难度。因为,现金的流动性最强,频繁的现金收支容易出现差错,导游携带大量现金不安全。另外,持有大量的现金,在其保管及使用过程中也容易出现挪用、贪污等违法违纪行为。

(二)现金管理方法

为保证现金周转的安全,旅行社必须采取有力措施加强现金管理。建立和健全现金收支的内部控制制度;按照会计制度、金融管理机构现金管理办法和企业制度,组织现金收支。努力做到加速收款,控制付款,力争现金流入快于现金流出或同步。

1. 现金收支的内部控制制度

现金收支首先要保证其安全完整,不出差错,为此,必须建立严格的内部控制制度。①明确现金收支的职责分工及内部牵制制度。所谓内部牵制制度,就是将同一项业务活动交由两个或两个以上的工作人员办理或执行,从而利用他们之间的相互牵制关系来防止差错和舞弊的出现。主要表现为:现金的保管职责与记账职责必须分离,业务的执行要由不同职责的人员共同完成;现金收支业务的审批人、当事人必须分离,且必须经过审核验证,由经办人在有关原始凭证上签字盖章;财务公章与印签章分开保管;在可能的范围内,定期适当的对有关人员进行工作岗位的变动或轮换,在人员变更时,要履行严格的交接手续。②明确现金支出的批准权限。旅行社应建立明确的现金支出授权批准制度,划分为总经理、部门经理等有关管理人员的批准权限。任何现金支出,必须经有关主管人员批准和授权方可使用。③做好收支凭证的管理及账目的核对。建立和完善收据、发票、支票、有关凭证等的保管、领用及登记制度,现金收支应日清月结,定期盘点现金,定期与银行存款对账单核对并编制调节表,等等。

2. 遵守现金收支的结算纪律

旅行社应遵守国家财务制度与金融机构管理办法,避免因违规而受到国家和相关部门的惩处。同时,这样做也有利于保证现金收支的安全,维护正常的社会经济秩序。遵守国家规定的库存现金的使用范围;核定库存现金限额;不得坐支现金,即企业不得从本单位的现金收入中直接支付交易款;不能用不符合财务制度的凭证顶替库存现金,不能保存账外公款,不能只收现金而拒收转账结算凭证等;不得出租、出借或转让银行账户给其他单位或个人使用;不得签发空头的支款凭证及远期的支款凭证,不得套取银行信用;企业应严格按照中国人民银行规定的有关转帐结算方式来办理银行存款的转账结算,可以选用的结算方式包括银行汇票、商业汇票、支票、汇兑、委托收款、托收承付、银行本票、信用证和信用卡等。

3. 加速收款

加速收款可以保证及时收回现金,避免本旅行社的资金被他人无偿占用。同时,早日收回现金,从而加速现金周转的速度。增加现款销售,减少赊销,如果在经济上可行,尽量采用现金折扣;建立科学有效的收账政策,避免欠款逾期或出现坏账;采用安全快速的的结算方式,加速客户汇款的速度;收到支票后尽快处理,使之尽早存入账户,指定专人办理大额收款等。

4. 控制付款

控制付款与加速收款是一个问题的两个方面。旅行社如果能够有效地控制现金支出,尽可能地延缓现金支出的速度,同样可以提高现金周转的效率。控制付款包括对现金支出的时间和额度的控制。旅行社各项债务应该在恰好到期时偿付,一般不宜提早或推迟,从而最大限度地利用现金而又不丧失可能的现金折扣。另外,旅行社还可以通过用汇票结算(而不是支票付款)来支付团款、用支票结算(而不是现金)或开设专门的工资存款账户来处理工资发放事宜等方式延缓应付款的支付。②使用现金浮游量及适度透支。浮游量是指企业从银行存款户上开出的支票总额超过其银行存款账户的余额,这是由于企业与银行双方出账与入账的时间差造成的,旅行社如果能够正确地预测浮游金额,就可以相应地减少银行存款余额,从而使现金利用率达到最大限度。

5. 力争现金流入和现金流出同步

只有将加速收款和控制付款有效地结合起来,才能真正提高现金周转效率。也就是说,企业必须力争现金流入和现金流出在时间上相适应亦即同步,从而最大限度地减少现金持有量。为此,企业应认真编制现金预算,从而有效地组织销售及其他现金流入,合理安排采购等现金支出,使现金流入线的波动与现金流出线波动基本一致。

二、应收账款管理

应收账款是伴随着商业信用的产生而产生的,旅行社销售除了依靠服务质量、价格、售后服务、广告和品牌优势之外,赊销也是扩大销售手段之一。所谓商业信用,是指旅行社的客户以承诺事后付款为条件来获得旅游服务等。

(一)应收账款的利弊分析

旅行社向客户提供商业信用,即赊销,其主要利益在于增加销售,提高市场竞争能力。因为赊销实际上相当于在向客户提供旅游服务的同时,也向客户提供了一笔无息贷款,从而也有利于吸引客户,扩大销售的市场份额。但是,向客户提供赊销,必然导致以应收账款为主要内容的债权资产相应地增加,进而可能产生以下几种成本费用:①机会成本,即旅行社由于持有应收账款而放弃的可能投资或经营其他项目所获取的收益;②管理成本,即旅行社从应收账款发生到收回期间,对应收账款管理而发生的费用,如调查客户信用情况的费用、搜集信息的费用、拒收款费用等等;③坏账成本,即由于客户破产、解散、财务状况恶化、拖欠时间较长不讲商业信用等原因,旅行社所持有的应收账款无法收回而造成的损失,这种成本与旅游信用政策有关,与应收账款数量成正比。

可见,在应收账款的管理中,面临着收益和成本的权衡问题。企业须在应收账款及信用政策所增加的收益,与该项政策所增加的收益与增加的成本之间作出权衡,进而采取合理有效的措施,实现旅行社效益的最大化。

(二)信用政策

信用政策的制定是应收账款管理的核心,旅行社必须事先制定合理的信用政策,进而指导应收账款的日常管理。信用政策的主要内容包括:信用标准、信用条件、收账政策等。

1. 信用标准

信用标准是旅行社用来衡量客户获得商业信用所应具备的基本条件。如果客户达不到信用标准,便不能享受或只能享受降低的信用优惠。信用标准的高低对企业销售收入和销售利润的影响很大。信用标准定得过高,会使销售减少并影响到旅行社市场竞争力;信用标准过低,会增加坏账风险,收账费用,不能按时付款,还会影响旅行社资金周转,甚至让旅行社资金链中断,拖垮旅行社。

2. 信用条件

信用条件是指旅行社要求客户支付赊销款项的条件,一般包括信用期限、折扣期限和折扣率。信用期限是指旅行社允许客户从接受旅游服务到支付旅游费用的时间限定,即旅行社给予客户的延期付款期限。企业为及早收回团款,往往向在信用期限内提前付款的客户提供一定的现金折扣。所谓折扣期限是指客户能够享受某一现金折扣的优惠期限。折扣率即为现金折扣的优惠比率,一般以销售收入的百分比表示。为了减少赊账带来的风险,鼓励客户尽快付款,旅行社可做出一定期限内付款则能够享受现金的折扣,规定赊款的最长期限,对不同信用客户规定不同的赊欠限额。

3. 收账政策

收账政策是指客户在规定的信用期限内仍未支付欠款时,旅行社为催收欠款而采取的一系列程序和方法的组合。为保证催收效果,收账政策的制定应宽严适度。收账政策过宽,很难保证催收效果,可能会促使逾期付款的客户拖欠时间更长,应收账款的机会成本与坏账损失将会提高;收账政策过严,虽然可以使应收账款的机会成本与坏账损失有所下降,但收账费用也会相应提高,而且可能会得罪无意拖欠的客户,影响市场的拓展和销售。

在制定旅行社信用政策时,还必须充分考虑到旅行社资金保障能力、经营能力、外部经营环境的变化和以往信用政策执行情况等因素。

(三)应收账款的日常管理

旅行社对应收账款的日常管理,应采取以下措施:搜集客户的有关信用资料,对客户进行信用调查;根据有关资料,对客户的信用状况进行评估;在信用评估之后,根据企业的总体赊销规模,并结合该客户的具体情况,确定给予该客户的信用限额或信用额度,用于指导与该客户之间的信用往来;保持对应收账款从总体到具体客户的监控;对于逾期欠款,通过一系列的收账实务,全力催款。

1. 信用调查

信用调查就是对有关客户信用方面的资料进行搜集、整理的过程,其目的是为了信用评估提供真实、可靠的基础材料。客户信用资料的来源渠道主要有:直接调查,如分析本旅行社与客户信用交往记录,索取或查阅客户近年来的财务资料,直接与客户接触,通过当面采访、询问、观看、记录等方式获取第一手的信用资料;企业间证明,可以向与该客户有业务往来的其他企业了解其往来时间长短、付款记录、信用金额等有关材料;通过财税部门、工商部门、企业上级主管部门、旅游行政管理部门、消费者协会等部门和新闻媒体互联网的有关报导等获取客户信用资料。

2. 信用评估

信用评估的方法,旅行社通常采用“5C”定性分析法。所谓“5C”,是指影响信用的英文字头均为“C”,品德(character)、能力(capacity)、资本(capital)、担保物(collateral)、情况(conditions)的五个因素。通过对这五个因素进行综合、系统地分析,就可以基本上判断客户的信用状况,为最后决定是否同意客户赊欠提供依据。

品德,即客户履行偿债义务的态度,这是评估客户信用的首要因素。为了了解客户的品德,企业必须设法了解客户过去的偿债记录。能力,即客户的偿债能力。旅行社应着重了解客户流动资产的数量、质量及其与流动负债的比例,必要时还可实地观察客户的日常运营状况。资本,即客户财务一般状况,如注册资本金、资产总额、主要的财务比率等,据此反映客户的财务实力及可能偿还债务的背景。担保物,即客户为获取商业信用,可以被用作抵押的资产,担保物越充足,信用安全保障就越大。情况,即社会经济环境发生变化对客户的经营状况及偿债能力可能造成的影响。

3. 信用额度

信用额度又称信用限额,包括总体上的信用额度和针对具体客户的信用额度两种。总体信用额度是指旅行社针对自身情况及外部环境而制定的赊销总规模,用来指导和控制日常的赊销决策。具体信用额度是指旅行社规定的客户在一定时期可以赊欠的最大限额。信用额度的规定虽不能提高客户付款的概率,但可以限制因客户不付款而引起的坏账损失。因此,旅行社至少应该对交易频繁且交易量大的主要客户确定其可享受的信用额度,以控制其赊欠规模,避免因客户过度赊欠而导致坏账损失和影响资金周转。另外,确定信用额度后旅行社就有了处理与客户信用往来的依据。在额度范围内的赊欠,可由具体经办人员按规定正常办理;超出规定的信用额度时,则应在有关负责人批准后方能办理。信用额度还可以根据市场环境、客户信用等级等情况的变化进行适当的调整和修改。

4. 应收账款监控

旅行社在向客户提供赊销之后,应该经常进行测算和分析,并随时了解和掌握客户的信用状况,以保持对应收账款的监控。通过将实际持有的应收账款与最佳持有额度进行比较和分析,判断应收账款在总额上是否合理;通过对应收账款的日常监控,保持应收账款在总资产中的合理比例以及应收账款内部的合理结构;通过对应收账款的日常监控,为应收账款的催收工作指明方向。

旅行社在应收账款的监控过程中,通常采用账龄分析法,账龄分析法是通过编制账龄分析表,以显示应收账款时间的长短,并按时间长短进行排序。通过账龄分析可以发现:旅行社有多少应收账款尚在信用期内;旅行社有多少应收账款超过了信用期;不同账龄的过期账款各占多少比例;④有多少应收账款可能会因拖欠时间太长而发生坏账损失。

5. 收账实务

收账实务是指旅行社在其收账政策的指导下,对逾期尚未支付欠款的客户所采取的一系列收账程序和收账方法的总称。

收账的一般程序包括:信函通知,发送过期通知书;电话催收;上门催收;将应收账款移交专门的收账机构;诉讼解决。收账方法在催收实践中也起着重要的作用。合理的收账方法有助于催收目标的顺利实现。常见的收账方法有恻隐术法、疲劳战法、激将法、软硬兼施法和讨价还价法等。

第三节 旅行社的利润管理

利润是旅行社在一定经营期间的财务成果,是收入减去成本费用的差额,包括营业利润、利润总额和净利润。

利润是实现旅行社财务目标的基础,利润指标反映了旅行社经营效率和经营业绩。利润是旅行社对社会贡献的重要标志。旅行社在提供产品与服务过程中,需要耗费人力、物力和财力资源,耗费的部分就成了旅行社的成本与费用。利润是消费者向旅行社支付的价格超过资源耗费的差额,是社会对旅行社提供服务的承认与奖励。利润是旅行社持续经营的基本保障,旅行社应设法增加营业收入,减少成本费用,加强收入成本管理,实现利润最大化,利润管理包括营业收入管理、成本费用管理和利润分配管理三部分。

一、旅行社营业收入的管理

营业收入是指旅行社将自身的旅游产品、劳务或资产提供给服务对象,而获取相应的资金报酬。流入资金即为营业收入。营业收入是利润的主要来源,也是现金流入的主要来源,关系到旅行社的生存发展。加强营业收入管理,可以促使旅行社的各种耗费得到合理补偿,有利于持续经营,促使旅行社深入研究和了解市场需求变化,做出正确的经营决策,避免盲目经营,增强旅行社竞争力。

(一)营业收入构成

1. 综合服务费收入

指为旅游团(者)提供综合服务所收取的收入,包括导游费、餐饮费、市内交通费、各类门票、游船、索道、毛利润和杂费。

2. 房费收入

指旅行社为旅游者代订饭店的住房后,按照旅游者实际住房的价格和过夜天数收取的住宿费用。

3. 城市之间交通费收入

指为旅游者提供在旅游客源地与旅游目的地之间,及在旅游目的地的各城市或地区之间乘坐各种交通工具所付出的费用而形成的收入。

4. 单项委托收入

旅行社为零散旅游者提供住宿、交通、导游、门票和签证等单项代办服务的收入。

(二)营业收入的确认

在旅行社的营业收入中,代收代支的款项占了很大的比重,这是旅行社在业务经营方面区别于其他旅游企业的一个重要特点。旅行社在核算其营业收入时应根据这一特点,加强管理,准确地对其进行内容上的确认和时间上的界定。

1. 确认营业收入的原则

旅行社在确认营业收入时应实行权责发生制。根据权责发生制,旅行社在符合以下两种条件时,可以确认其获得了营业收入:旅行社已经向旅游者提供了合同上所规定的全部服务;旅行社已经从旅游者或者组团旅行社处收到价款或取得了收取价款权利的凭证。

2. 界定营业收入实现时间的原则

由于旅行社经营的旅游产品不同,其营业收入实现的时间也各异。对旅行社营业收入实现时间的界定的一般原则为:旅行社组织境外旅游者到境内旅游,以旅游者离境或离开本地时作为确认其营业收入实现的时间;旅行社组织国内旅游者在国内旅游，接团旅行社应以旅游者离开本地时，组团旅行社应以旅游者旅行结束返回原出发地或以合同约定的散团地点时作为确认其营业收入实现的时间；旅行社组织中国公民到境外旅游，以旅游者旅行结束返回原出发地时或以合同约定的散团地点时，作为确认其营业收入实现的时间。

二、旅行社成本费用的管理

成本费用是旅行社为提供旅游产品或服务等日常经营活动过程中所发生的各种耗费支出。成本费用管理是旅行社财务管理的一项重要内容。旅行社管理者在进行成本费用的管理过程中，应按照市场规律的要求，对旅行社的经营成本和各种费用进行计划、控制、核算和分析，以促进旅行社人、财、物的合理利用，在确保服务质量前提下，不断降低成本费用，提高经济效益。

（一）旅行社成本费用的构成

旅行社的成本费用主要由营业成本、营业费用、管理费用和财务费用所构成。

1. 营业成本

旅行社的营业成本，是指在经营过程中为游客服务发生的各项直接支出，包括房费、餐费、交通费、文娱费、行李托运费、票务费、门票费、签证费、地接服务费、保险费、机场建设费和燃油附加费等代收、代付费用。

2. 营业费用

营业费用，是指旅行社各营业部门在经营中发生的各项费用。它包括营业部门房租费、折旧费、办公费、广告宣传费、邮电通讯费、差旅费、低值易耗品摊销、物料消耗、经营人员的工资（含奖金、津贴和补贴）及其他营业费用。

3. 管理费用

管理费用，是指旅行社为组织和管理经营活动所发生的费用，以及由旅行社统一负担的费用，包括旅行社非营业部门人员工资、房租、折旧、工会经费、劳动保险费、董事会费、咨询费、审计费、诉讼费、修理费、无形资产摊销、低值易耗品摊销、招待费、坏账损失、上级管理费及其他管理费用。

4. 财务费用

财务费用，是指旅行社为筹集资金而发生的费用。它包括旅行社在经营期间发生利息净支出、汇兑净损失、金融机构手续费及筹资发生的其他费用。

(二)旅行社的成本核算

旅行社成本核算可以根据旅行社的经营规模和范围分别实行单团核算和部门批量核算。

1. 单团核算

单团核算,是指旅行社以接待的每一个旅游团(者)为核算对象进行经营盈亏的核算。单团核算有利于准确地考核每个团队的收益,有利于各项费用的清算和考核,有利于降低成本。但单团核算的工作量较大,一般适用于业务量较小的旅行社。

2. 批量核算

批量核算,是指旅行社的业务部门在规定期限内,以接待的旅游团(者)的批量或某一产品批量为核算对象进行的核算。

批量核算虽不像单团核算那样详细,但却能从不同的侧面反映出部门团队批量和产品批量的盈亏状况,为开拓市场、改善经营管理提供依据。这种核算方法适用于业务量较大的旅行社。

成本是影响旅行社经营状况的一个重要因素。在营业收入一定的前提下,成本越低,获取利润就越高。对成本分析可以按核算的要求实行单团成本分析和批量成本分析。

3. 单团成本分析

单团成本分析的前提是实行单团成本核算。为了达到控制成本,提高旅行社收益的目的,应采取以下几个步骤:在综合权衡市场供求关系的变化和旅行社的采购能力的基础上编制成本计划,并以此作为衡量旅行社成本的参考标准;将单团的实际成本与计划成本进行对比,找出差异。对于差异较大的旅游团要逐项进行分析,找出导致成本上升或下降的原因并加以改进;加强信息反馈,把在成本分析中发现的差异及其原因及时送到有关领导和部门,以便加强对成本的控制。

4. 批量成本分析

接待业务量较大的旅行社应实行批量成本分析和核算,将不同部门批量接待的旅游团或批量旅游产品,作为成本核算的对象进行成本的归集和分配,核算出相关部门接待一定批量旅游者或经营批量产品的成本水平。旅行社在进行成本分析和核算时应采取以下几个步骤:编制各部门接待一定批量旅游者或批量产品的计划成本及计划成本降低额(率),核算出实际成本及实际降低额;按照部门接待旅游者的数量的变动、产品结构变动、成本变动等三方面进行因素替代分析,找出各因素的影响程度;将信息反馈给有关部门,采取措施,扭转不利因素的影响。

(三)旅行社费用的控制

费用控制,是指旅行社在经营过程中,根据事先制定的费用指标,并按照一定的原则、采用专门的方法,对日常发生的各项经营支出进行严格管理和监督,把各项费用控制在一定范围之内。费用控制是旅行社实行费用管理的重要步骤之一。旅行社通过对产品设计、产品开发、旅游服务采购、产品销售与促销和旅游接待等方面的成本和费用的形成过程进行监督和分析,及时纠正所发生的偏差,把经营费用限制在目标决策的范围内,以保证目标费用的实现。

1. 制定费用标准

旅行社在经营中需要付出大量的费用,以获得预期的经营收入。如果费用过高,会使旅行社的经营利润大幅度下降,甚至造成亏损。因此旅行社管理者必须根据本企业的实际情况和经营目标,并参照本旅行社的过去同期费用水平和同类竞争对手费用水平,制定出本旅行社的费用标准。旅行社制定费用标准的方法主要有分解法、定额法和预算法。

(1)分解法。指将目标费用和费用降低目标,按费用项目进行分解,明确各费用项目应达到的目标和降低的幅度。在此基础上,把各费用项目指标按部门进行归口分解。然后,各部门再把费用指标落实到各岗位或个人,再由各岗位或个人分别制定各项费用支出的目标和措施,对分解指标进行修改。各项修订后的费用指标要以实现目标费用为标准,经过综合平衡以后,即可形成各项费用开支的标准。

(2)定额法。指旅行社首先确定各种经营费用的合理定额,并以此为依据制定费用标准。凡是能够直接确定定额的费用,都应制定标准费用。不能直接确定定额的费用,也要比照本行业平均水平确定费用开支标准限额,用以控制盲目的费用开支。

(3)预算法。指旅行社在把经营费用划分为同销售收入成比例增加的变动费用、不成比例增加的半固定成本费用或半变动成本费用,以及与销售收入增减无关的固定费用的基础上,按照各部门的业务量分别制定预算,并以此作为费用控制的标准。各部门的业务量不同，其费用预算也不一样。旅行社可据此对业务量不同的各个部门制定弹性费用预算。

2. 日常控制

旅行社应当在日常经营管理中，按照预先制定的费用标准，严格控制各项消耗和支出，并根据已发生的误差，及时进行调整，以指导当前的经营活动。旅行社费用的日常控制，主要包括建立费用控制信息系统、实行责任费用制和进行重点控制等三项措施，并通过这些措施对旅行社经营管理的费用实行全过程、全面和全员的控制。

(1)建立费用控制信息系统。旅行社应该通过建立费用控制信息系统，对经营活动过程中产生的费用进行控制。成本控制信息系统主要包括三个部分，费用指标、标准、定额等输入系统；核算、控制、反馈系统；分析、预算系统。这三个系统构成一个整体，就会发挥提供、传递与反馈成本费用信息的作用，并成为旅行社成本控制的有效手段。

(2)实行责任费用制。为了加强费用控制，旅行社应实行责任费用制度，即负有费用责任的部门作为费用责任的中心，使其对控制费用负完全责任。通过责任费用制度，可以把经济责任落实到旅行社各个部门，推动各部门控制其所负责的费用。

(3)进行重点控制。旅行社管理者应在日常费用控制中，对占费用比重较大的部门或岗位、成本降低目标较大的部门或岗位和目标费用实现较难的部门或岗位进行重点控制。按照确定的标准，对这些部门或岗位的费用进行检查和监督，以降低费用，提高经营利润。

3. 检查与考核

旅行社管理者应定期对各部门及整个旅行社的费用控制情况进行检查考核。在检查和考核过程中，旅行社管理者应着重做好以下几项工作：检查费用计划的完成情况，查找和分析产生差异的原因；评价各部门和个人在完成费用计划过程中的成绩和缺点，给与应有的奖励和惩罚；总结经验，找出缺点，提出办法，为进一步降低经营费用提供资料。

以上费用控制的三项内容，是密切联系、循环往复的，每经一次循环，费用控制标准都应有所改善，费用控制手段都应更加科学化。

三、旅行社经营利润的管理

利润是旅行社在一定时期内经营活动的最终财务成果，是旅行社经营活动的效率和效益的最终体现。它不仅是反映旅行社经营状况的一个基本指标，也是考核、衡量旅行社经营成果与经济效益最重要的标准。

(一)旅行社的利润的构成

旅行社利润由营业利润、投资净收益和营业外收支净额构成。它是旅行社在一定时期内经营的最终成果。旅行社通过对利润指标的考核和比较，能够综合判断出企业在这段时期内取得的经济效益。

1. 营业利润

旅行社营业利润是指营业收入扣除营业成本、营业费用、营业税金、管理费用和财务费用后的净额。

2. 投资净收益

旅行社投资净收益，是指投资收益扣除投资损失后的数额。投资收益包括对外投资分得的利润、取得的股利、债券利息、投资到期或中途转让取得的款项高于投出资产账面净值的差额。投资损失是投资不当产生的投资亏损额或指投资到期收回或中途转让取得的款项低于投出资产的账面净值的差额。

3. 营业外收支净额

旅行社营业外收支净额，是指营业外收入减营业外支出后的差额。营业外收入包括固定资产盘盈和变卖的净收益、罚款净收入、确实无法支付而按规定程序批准后转做营业外收入的应付账款和其他收入等。营业外支出包括固定资产盘亏和毁损、报废的净损失、非常损失、赔偿金、违约金、罚息和公益性捐赠等。

(二)旅行社利润的分析

利润分析是指旅行社根据初期的利润计划，对本期内所实现的利润进行的评价。它主要包括利润总额分析、总额构成因素分析和营业利润分析三个方面的内容。

1. 利润总额分析

利润总额分析，是指旅行社运用比较分析法将本期的利润总额同上期的利润总额或本期的计划利润指标进行分析，分析其增、减变动的情况。计算本期利润比上期的利润增长(减少)的情况。

本期利润比上期增长(减少)额 = 本期利润总额 - 上期利润总额

$$利润增长(减少)率=\frac{利润增长(减少)额}{上期利润总额}\times 100\%$$

计算本期计划利润完成情况可以试用下面的额公式：

$$完成计划百分比=\frac{本期实际利润总额}{本期计划利润总额}\times 100\%$$

$$超额或未完成计划百分比=完成计划百分比-100\%$$

2. 利润总额构成因素分析

旅行社在分析其利润总额增长情况后，还应对利润的构成因素进行分析，以便发现导致本期利润变化的主要因素，并采取相应措施。如果发现某因素的变化比例或绝对额与上一期相差较大，则应对其发生的原因进行深入分析。

(三)旅行社利润的管理

利润管理，是旅行社财务管理的一项重要任务，其主要内容是确定目标利润和进行利润分配。

1. 确定目标利润

旅行社应该在每一个营业期之初确定将在本营业期内获得多少利润，即确定其目标利润，以便采用各种合理而可能的方法努力实现这个目标。此外，旅行社确定了目标利润后，还应在营业期结束时将实际完成的利润同目标利润进行对比，以加强对利润的管理。

目标利润 = 预计营业收入 - 目标营业成本 - 预计营业税金 - 预计费用

旅行社在确定了目标利润之后，可以运用各种方法测算出为实现目标利润所应完成的销售量及所产生的各种成本和费用。成本—业务量—利润分析法(简称本、量、利法)是进行这种测算的一种有效的方法。本、量、利法将成本分解为固定成本和变动成本，并根据由此获得的信息，预测出旅行社的保本销售和为完成目标利润而需增加的销售量。

本、量、利分析的计算公式为：

$$保本销售量=\frac{固定费用总额}{(单位销售价格-单位变动成本)\times(1-税率)}$$

$$实现目标利润的销售量=\frac{(固定费用总额+目标利润)}{(单位销售价格-单位变动成本)\times(1-税率)}$$

$$实现目标利润的销售收入=\frac{\dfrac{(固定费用总额+目标利润)}{(单位销售价格-单位变动成本)\times(1-税率)}}{单位销售价格}$$

对于产品单一及售价和成本稳定的旅行社,使用量、本、利分析法能够做出比较准确的预测。但是对于多数旅行社来说,其产品成本和售价因受市场供求关系,同行之间的竞争激烈程度以及其产品的类型多样,内容和档次等因素的影响,使用量、本、利分析法存在着一定的难度。

2. 利润分配

利润分配是旅行社利润管理的另一重要内容。由于旅行社的经营体制不同,利润分配的方式也存在一定的差异。目前,我国旅行社大致可以分为股份制旅行社和非股份制旅行社两类,其利润分配办法各不相同。

股份制旅行社在依法向国家缴纳所得税后,应首先提取公益金,然后按照以下顺序分配所剩余的利润:①支付优先股股利;②按公司章程或股东会议决议提取盈余公积金;③支付普通股股利。

非股份制旅行社应在依法向国家缴纳所得税后,按照下列程序分配税后利润:①支付被没收的财务损失和各项税收的滞纳金、罚款;②弥补旅行社过去年度的亏损。根据国家有关规定,旅行社发生亏损,用下一年度的利润弥补,延续5年未弥补的亏损,可用所得税后的利润弥补;③提取法定盈余公积金;④提取公益金;⑤向投资者分配利润,旅行社过去年度未分配的利润,可以并入本年度利润一并分配。

根据相关规定,旅行社提取的法定盈余公积金应为税后利润的10%;法定盈余公积金已达旅行社注册资金的50%后,可不再提取。旅行社提取的盈余公积金用于弥补亏损或按规定转增资本金。旅行社提取的公益金主要用于职工集体福利设施支出。

第四节 旅行社财务分析

旅行社财务分析,是指旅行社管理者依据财务报表以及其他相关的财务资料信息,采用专门的分析技术和方法,对旅行社过去和现在的财务状况、经营成果和现金流量状况以及企业的发展趋势进行分析和评价的活动,为旅行社的投资者、经营者、债权人以及其他组织和个人提供决策信息。

一、旅行社财务报表

旅行社财务报表是反映旅行社财务状况和经营成果的书面文件,主要包括资产负债表、损益表、现金流量表及有关附表。

(一)资产负债表

资产负债表(表11－1)是反映旅行社某一特定日期财务状况的财务报表,它是根据资产、负债和所有者权益之间的相互关系,按照一定的分类标准和一定的顺序,把旅行社在一定日期的资产、负债、所有者权益各项目予以适当排列并对日常工作中形成的大量数据进行高度浓缩整理后编制而成的。它能够提供资产、负债和所有者权益的全貌,表明旅行社在某一特定日期所拥有或控制的经济资源、所承担的负债义务和所有者对净资产的要求权。

表11－1　资产负债表

编制单位:HQ国际旅行社　　2007年12月31日　　单位:元

资产	行次	年初数	期末数	负债及所有者权益	行次	年初数	期末数
流动资产				流动负债			
货币资金	1	3 954 001.91	5 833 553.37	短期借款	51		
短期投资	2			应付票据	52		
应收票据	3			应付账款	53	1 368 726.50	870 650.50
应收账款	4	282 889.00	104 844.00	预收账款	54	1 677 346.40	1 008 237.10
减:坏帐准备	5			其他应付款	58	817 181.00	773 966.00
应收账款净额	6	282 889.00	104 844.00	应付工资	60		
预付账款	7	270 325.00	23 680.00	应付福利费	61	107 564.86	126 286.46
应收补贴款	8						
其它应收款	9	396 604.35	80 818.35	未交税金	62	119 135.32	24 428.95
存货	10			未付利润	64		
	11						
待摊费用	12	28 800.00		其他未交款	65	3 668.83	1 321.55
待处理流动资产净损失	13			预提费用	67		
一年内到期的长期债券投资	14			待扣税金	68		
其他流动资产	15	1 600 000.00	1 600 000.00	一年内到期的长期负债	69		
流动资产合计	20	6 532 620.26	7 642 895.72	其他流动负债	70		

续表

资产	行次	年初数	期末数	负债及所有者权益	行次	年初数	期末数
长期投资:	21	30 000.00	30 000.00	流动负债合计	75	4 093 622.91	2 804 890.56
长期投资							
固定资产:				长期负债			
固定资产原价	24	2 482 372.00	2 482 372.00	长期借款	76	850 530.24	797 048.25
减:累计折旧	25	450 808.00	571 080.00	应付债券	77		
固定资产净值	26	2 031 564.00	1 911 292	长期应付款	78		
固定资产清理	27			其他长期负债	79		
				其中:住房周转金	80		
在建工程	28			长期负债合计	83	850 530.24	797 048.25
待处理固定资产净损失	29			所有者权益:			
固定资产合计	35	2 031 564.00	1 911 292	实收资本	86	3 000 000.00	3 000 000.00
无形及递延资产:				资本公积	93		
无形资产	36			盈余公积	94	223 397.29	334 409.09
递延资产	37			未分配利润	96	426 633.82	2 647 839.82
无形及递延资产合计	40			所有者权益合计	98	365 031.11	5 982 248.91
其他资产:							
其他长期资产	41						
资产总计	45	8 594 184.26	9 584 187.72	负债及所有者权益总计	100	8 594 184.26	9 584 187.72

1. 资产负债表的性质和作用

资产负债表是一张静态报表,它反映的是旅行社在会计期末终了当天的财务状况,表达了旅行社某一特定日期(如月末、季末、年末)有关资产、负债、所有者权益及其结构或相互关系的信息。

资产负债表依据"资产"、"负债"、"所有者权益"之间的平衡关系(资产=负债+所有者权益)而编制,从两个方面反映旅行社财务状况的时点指标。一方面它反映企业某一日期所拥有的总资产,即企业所拥有或能控制的,能为企业带来未来经济利益的经济资源；另一方面又反映企业这一日期的资金来源，即负债和所有者权益。根据资产负债表所反映的这两个方面，不仅可以了解旅行社的资产分布及其来源渠道，还可以了解旅行社的短期偿债能力、财务结构和长期偿债能力。

旅行社短期偿债能力主要反映在变现能力上。变现能力一般是指资产转换为现金所需要的时间。对旅行社的短期债权人来讲，旅行社是否有足够的可及时转换为现金的资产，直接关系到能否收回即将到期的应收款、借款和应得的利息。同时，向投资人分配利润和向长期债权人支付利息，亦受企业现金充裕程度的制约。利用资产负债表的流动资产和流动负债部分可以了解企业的短期偿债能力。

旅行社的长期偿债能力既取决于它的获利能力，又取决于它的财务结构。所谓财务结构，是指企业负债与所有者权益的比例、负债中流动负债与长期负债的比例、所有者权益中实收资本与留存收益的比例等比例关系。其中，负债与所有者权益的比例最为基础，会影响债权人和所有者的相对风险和企业的长期偿债能力。就一般情况而言，负债比重越大，债权人的风险也越大，企业长期偿债能力就越差；否则反之。

可见，作为"第一报表"的资产负债表的重要性就在于：它表明一定时点旅行社在资产、负债和所有权益各方面的状况，反映企业经济活动的基础，同时又反映了企业的规模和发展潜力，其提供的信息是评价企业偿债能力和筹资能力的重要依据，也为预测将来的财务状况提供了起点资料。

2. 资产负债表的格式和编制方法

资产负债表的整体框架由三部分组成，即表首、正表和附注。表首应注明报表的名称、编制日期以及表中所有的货币单位等内容；正表是资产负债表的主体内容；附注则是对正表内容中未能说明的事项或明细项目提供辅助补充说明。

3. 资产负债表的内容与项目排列

根据资产负债表的性质，该表应列示所有资产、负债、所有者权益的重要项目。

(1)资产。指旅行社拥有或控制的，能以货币计量的、能够给企业带来经济效益的经济资源，包括企业的各种财产、债权和其他权利。资产按其流动状况，一般分为流动资产、长期投资、固定资产、无形资产、递延资产和其他资产。各类资产的特点和组成项目是不同的，在旅行社经营中的作用也是不同的。

流动资产是指可以在一年内或超过一年的一个营业周期内实现或者耗用的资产；其特点是流动性较强，参加经营时，其价值一次性转移到营业成本或费用中去。

长期投资是指旅行社不准备随时变现，持有时间在一年以上的投资。

固定资产是指使用期限在一年以上，单位价值在规定标准以上，并在使用过程中保持原来物质形态的资产，包括房屋及建筑物、机器设备、运输设备、工具器具等。由于其自身的特殊性，表中既要列示固定资产的原值，又要列示逐年提取的累计折旧，两者相抵后的净值才能反映旅行社实际占用在固定资产上的资金数额。

无形资产是指旅行社长期使用而不具有实物形态的非货币性资产，如专利权、商标权、著作权、土地使用权、非专利技术和商誉等。

递延资产是指不能全部计入当年损益，应当在以后年度内分期摊销的各项费用，包括开办费、租入固定资产的改良及大修理支出等。

其他资产是指除以上各项目之外的长期资产。

(2)负债。指旅行社所承担的、能以货币计量、在未来将以资产或者劳务偿付的债务。它是由过去和目前的经济活动所形成的当前的经济责任，是旅行社资金来源的重要组成部分。资产负债表中的负债项目是按到期日的远近顺序排列的，即流动负债在前，长期负债在后。

流动负债是指将在一年或者超过一年的一个营业周期内偿还的债务，包括短期借款、应付票据、应付账款、预收账款、应付工资、应交税金、其他应付款和预提费用等。其基本特点是金额相对较小，偿还期限较短，要求旅行社应有与之相适应的变现能力较强的流动资产做保证。

长期负债是指偿还期限在一年或者超过一年的一个经营周期以上的债务，包括长期借款、应付债券、长期应付款和住房周转金等。其特点是金额较大，期限较长，可以分期偿还，经常以企业的非流动资产作为其偿还保证。

(3)所有者权益。亦称产权、资本，是旅行社投资者对企业净资产的所有权，它等于旅行社的资产总额在抵偿了一切负债义务后的差额部分，包括企业所有者的投资及其增加的权益。资产负债表中的权益项目是按照资本形成顺序的先后排列的。

实收资本(股本)是指投资者作为资本投入到企业中的各种资产的价值。

我国目前实行的是注册资本制度，要求旅行社的实收资本(股本)与注册资本相一致。

资本公积是企业资本的一种储备形式。

留存收益是指企业从历年实现利润中提取或形成的，留存于企业内部的积累，包括盈余公积和未分配利润。前者是企业按规定从净利润中提取的各种积累资金，可用于弥补亏损、转增资本以及职工福利设施的支出；后者是企业留于以后年度分配或待分配利润。

(二)损益表

损益表又称利润表或收益表(表11－2)，是反映旅行社一定期间经营成果的财务报表。它是根据旅行社一定会计期间发生的各项收入与各项费用经过配比计算得出的净收益编制而成的，说明旅行社某一时期的净收益数额及其形成情况，可据以分析企业的经济效益及盈利能力，评价企业的经营管理绩效。

表11－2　损益表

编制单位:HQ国际旅行社　　2007年12月　　单位:元

项目	行次	本月表(略)	本年累计数
一、营业收入	1		89 686 000
减:营业成本	2		77 129 960
营业费用	3		7 065 456
营业税金及附加	4		703 138
二、经营利润	5		4 787 446
减:管理费用	6		1 406 798
财务费用	7		54 895
三、营业利润	8		3 325 753
加:投资利益	9		10 080
补贴收入	10		
营业外收入	11		
减:营业外支出	12		20 600
加:以前年度损益调整	13		
四、利润总额	14		3 315 233
减:所得税	15		1 094 027
五、净利润	16		2 221 206

1. 损益表的性质与作用

与资产负债表相比，损益表属于动态报表，它反映的是旅行社经过一定会计期间（如月份、季度、年度）的经营之后所取得的成果及其分配情况。根据基本会计等式“收入 - 费用 = 利润”，损益表是指把同一时期的营业收入与其相关的营业费用进行配比，以计算出企业一定时期的净利润（即经营成果），并通过其附表“利润分配表”来反映对净利润的分配情况。由于利润是旅行社经营业绩的综合体现，又是进行利润分配的主要依据，因此，利润表是会计报表中重要报表之一。

通过利润表，旅行社的所有者可以了解和考核管理人员的经营业绩，分析和预测企业的获利能力，从而把企业的经营管理导向正确的发展道路；债权人和投资人则可以分析测定旅行社损益的发展变化趋势，做出对其有利的信贷和投资决策。而运用损益表提供的构成企业利润或亏损的各项明细资料，还可以分析出企业损益的形成原因，从而有助于管理人员做出合理的经营决策。总之在财务报表分析中，损益表提供了评价企业经营管理效率，判定所有者投入资本的保全以及预测未来利润和现金流量的主要信息。

利润表主要包括以下四部分内容：一是主营业务利润，指通过旅行社主要经营活动所获得的收入、成本、税金及利润；二是营业利润，由主营业务利润加减主营业务以外的其他经营活动所获得的利润（其他业务利润）和相关费用、营业费用、管理费用和财务费用；三是利润总额，即营业利润加减投资收益、营业外收支后的利润；四是净利润，即所得税后利润。

营业收入 - 营业成本 = 营业毛利

营业毛利 - 营业费用 - 管理费用 - 财务费用 = 营业利润

营业利润 +（-）投资收益（损失）+（-）营业外收入（支出）+（-）特别收入（支出）= 税前利润（利润总额）

2. 利润分配表

利润分配表是反映旅行社在一定期间对实现利润的分配或亏损弥补的会计报表，是损益表的附表。编制该表，是为了说明损益表上反映的净利润的分配去向以及期末未分配利润的形成过程，所以可以把利润分配表看作是资产负债表与损益表之间的连接桥梁。

二、财务分析

财务分析是在财务报表的基础上对旅行社一定时期内的财务状况及经营

成果进行的一种评价。通过对财务报表分析，有利于旅行社经营管理者对内部财务管理、对外进行投资决策、赊销决策；有利于正确评价旅行社过去，指出旅行社成绩与问题以及了解其产生的主要客观原因；有利于全面的分析旅行社现状，了解旅行社资产结构指标、权益结构指标、支付能力和偿债能力指标、营运状况指标和盈利能力指标等；有利于正确估价旅行社潜力，为经营者、投资者、债权人提供决策依据；有利于评估企业风险，如投资风险、经营风险和财务风险等。旅行社财务分析一般多采用增减分析法和比率分析法。

（一）增减分析法

增减分析法是将两个可比的会计期间的财务报表数字加以对比，计算两个期间的增减变动差额并编制成比较对照表，通过其增减幅度的变化及其变化原因分析，判断旅行社财务状况的发展趋势。目前主要的分析对象是资产负债表和损益表。

（二）比率分析法

比率分析法是根据财务报表数据计算出的反映财务报表各项目之间相互关系的比值。财务报表中有大量的数据，不同的使用者可根据不同的需要，设计和计算出许多有意义的财务比率。这些比率涉及到旅行社经营管理的各个方面，可以反映企业的偿债能力、资产管理和使用效率、盈利能力及市场价值等。

1. 变现能力

变现能力是旅行社产生现金的能力，它取决于可以在近期内转变为流动资产的多少。由于短期偿债能力是企业维持日常经营活动的主要指标，而偿还短期债务又必须及时支付现金，变现能力比率可以在很大程度上揭示出旅行社流动负债的清偿能力和保证程度，反映变现能力最一般的财务比率是流动比率和速动比率。

①流动比率是流动资产和流动负债的比值。其计算公式是：

$$流动比率 = 流动资产/流动负债$$

如 HQ 国际旅行社 2007 年年末的流动资产是 764 万元，流动负债是 280 万元，则其流动比率 = 764 万元/280 万元 = 2.72。企业能否偿还短期债务，要看有多少债务，以及有多少可以变现抵债的流动资产。我们可以用全部流动资产去减全部流动负债,得到的余额是营运资金,它也可以反映企业的短期偿债能力,但作为一个绝对数,其用于比较的意义显然是有限的。而流动比率作为两者的比值,排除了企业规模等的影响,更适合企业之间以及本企业不同历史时期的比较。

②速动比率是流动资产扣除存货后得到的速动资产与流动负债的比值,它比流动比率更进一步反映变现能力的比率指标,其计算公式是:

速动比率 =(流动资产 - 存货)/流动负债

如 HQ 国际旅行社 2007 年年末存货为 0,则其速动比率 =764 万元/280 万元 =2.72,与流动比率相同。速动比率必要时还应考虑应收账款数额和账期,防止应收款数额过大,账期过长,增加坏帐损失,进而降低速动比率,影响旅行社短期偿还能力。

之所以计算速动比率是因为流动资产各项目的变现能力是不同的,其中存货的变现所需时间较长,又易受价格变动等因素的制约,变现能力相对较差,要依靠变卖存货来偿还是不可取亦不可靠的,所以要把存货从流动资产总额中减去再计算出速动比率,从而可以更加真实可信地反映企业的短期偿债能力。

2. 旅行社长期债务能力

旅行社的长期债务能力,不仅取决于企业在长期内的盈利能力,也受企业资本结构的重要影响。由于长期的现金流量受众多不确定因素的影响而难以估计,因而,长期偿债能力分析侧重于对资本结构的分析,即旅行社资产对债务的保障程度的分析。

(1)资产负债率。指负债总额与资产总额的百分比,可用于衡量旅行社利用债权人提供的资金进行经营活动的能力,也可以反映企业在清算时债权人利益受保护的程度。其计算公式是:

资产负债率 = 负债总额/资产总额 ×100%

公式中的资产总额是扣除累计折旧后的净额;负债总额则同时包括长、短期负债,因为短期负债作为一个整体,企业是长期占用的,可以视同长期性资本来源的一部分。如 HQ 国际旅行社 2007 年年末的负债总额是 360 万元,资产总额是 958 万元,故其资产负债率 =360 万元/958 万元 ×100% =37.6%。

资产负债率反映债权人权益占企业全部资本的比例。也即企业负债经营的比例,它牵涉到债权人、股东和经营者三方的利益。债权人最关心的是其赊欠款和贷款的安全程度,即能否如期收回本金和利息,而资产负债率越低作为企业偿债保证的资产就越多,因此他们希望企业的资产负债率越低越好,以降低贷款风险。股东所关心的则是全部资本利润率是否超过借入款项的利率,由于财务杠杆作用的存在,当前者大于后者时,扣除固定利息后股东所得的利润会增加,所以此时资产负债率越大越好,否则反之。而从旅行社管理者来看,举债越大,风险越大,再筹资金会更困难,然而不举债或少举债企业会显得萎缩不前,利用债务资金能力差而丧失了杠杆利益。恰当的做法是在利用资产负债率制定借款决策时,必须充分估计预期的利润和增加的风险,在二者之间权衡利害得失,做出正确决策。

(2)产权比率。也称债务股权比,是负责总额与股东权益总额的比值。其计算公式是:

产权比率 = 负债总额/股东权益 ×100%

其中的股东权益也就是所有者权益。如 HQ 国际旅行社 2007 年年末所有者权益合计为 598 万元,其产权比率 = 360 万元/598 万元 ×100% = 60%。

产权比率由借入资本与股东资本的相对关系来反映企业基本财务结构的稳定性,一般来说后者大于前者为好,但也要参考经营环境、经营状况等,对具体情况进行具体分析。如 HQ 旅行社的计算结果表明,其借入资本是自有资本的 0.6 倍,表明财务状况很稳定。

3. 资产管理比率

资产管理比率又称营运效率比率,是用来衡量旅行社在资本管理和使用方面的效率的财务比率。它主要包括各项资产的周转指标,用于衡量企业运用各类资产赚取收入的能力,并与反映盈利能力的指标结合使用,以全面评价旅行社的盈利能力。

(1)应收账款周转率。指说明应收账款流转速度的指标,它可以用年度内应收账款转化为现金的平均次数表示,也可以用旅行社从取得应收账款的权利到收回款项平均所需的时间表示,后者称为应收账款周转天数,或平均应收账款回收期、平均收现期。其计算公式是:

应收账款周转率 = 营业收入/平均应收账款

应收账款周转天数 = 360/应收账款周转率 = 平均应收账款 ×360/营业收入

公式中的“营业收入”数来自利润表,“平均应收账款”则是资产负债表中期初、期末的应收账款总额的平均数。

例如,HQ 国际旅行社 2007 年度的营业收入是 8 969 万元,年初、年末的应收账款余额分别是28万元和10万元,则可根据以上公式得:应收账款周转率=8 969万元/[(28万元+10万元)/2]=472(次);应收账款周转天数=360/472=0.76(天)。

一般来说,应收账款周转率越高,平均收账期越短,说明应收账款的回收越快;否则,企业营运资金过多的呆滞在应收账款上,会严重影响正常的资金周转。财务报表使用者应将计算出的该指标与本企业前期指标、行业平均水平或其他类似企业的指标相比较以判断该指标的高低,至于高、低的具体原因则要通过其他分析来寻找,比如企业的季节性经营导致销售大增或锐减、销售策略变化或现金结算方式等。

(2)流动资产周转率与总资产周转率。流动资周转率是营业收入与全部流动资产平均余额的比值,总资产周转率则是营业收入与平均资产总额的比值,两者分别反映流动资产和总资产的周转速度,其计算公式是:

流动资产周转率=营业收入/平均流动资产

总资产周转率=营业收入/平均资产总额

其中,"营业收入"是损益表上的数据,有关资产的平均则是年初、年末有关资产总额的平均。仍以HQ旅行社为例,其有关比率的计算如下:

流动资产周转率=8 969万元/[(653万元+764万元)/2]=12.66(次)

总资产周转率=8 969万元[(859万元+958万元)/2]=9.87(次)

正常经营情况下资产周转率越高越好,因为流动资产周转速度快,会相对节约流动资金,等于相对扩大资产投入,增强企业盈利能力;而延缓其周转速度则需要补充新的流动资金参加周转,不能达到有效使用企业的流动资金以增加盈利的目的。总资产周转越快,则可反映出其销售能力越强;企业可以通过薄利多销的办法加速资产的流转,带来利润绝对额的增加。

4. 盈利能力比率

盈利能力是指旅行社正常经营赚取利润的能力,是旅行社生存发展的基础。反映企业盈利能力的指标很多,通常使用的主要有销售净利率、销售毛利率、资产净利率和净资产收益率等。

(1)销售净利率。指净利与营业收入的百分比,其计算公式是:

销售净利率=净利/营业收入×100%

HQ旅行社的净利是222万元,营业收入是8 969万元,则其销售净利率=222万元/8 969万元×100%=2.5%。

销售净利率指标反映销售收入的收益水平。旅行社在努力扩大销售、增加销售收入额的同时,必须改进经营管理以降低成本,才能相应增加净利润,使销售净利率保持不变或有所提高。

(2)销售毛利率。指毛利占营业收入的百分比,其中毛利是营业收入与营业成本的差,其计算公式是:

销售毛利率 =〔(营业收入 - 营业成本)/营业收入〕×100%

HQ 旅行社的销售销售毛利率 =〔(8 969 万元 - 7 713 万元)/8 969 万元〕×100% =14%。

销售毛利率是企业销售净利率的最基本的保障,没有足够大的毛利率便不可能盈利。

(3)资产净利率。指旅行社净利率与平均资产总额的百分比,可以表明一定期间旅行社资产利用的综合效果,其计算公式是:

资产净利率 = 净利润/平均资产总额 ×100%

根据 HQ 旅行社的有关情况可以算出:资产净利率 =222 万元/〔(859 万元 +958 万元)/2〕×100% =24%。

资产净利率是一个综合指标,能够反映旅行社在增加收入和节约资金使用等方面取得的效果。企业的资产由投资者投入或举债形成,净利的多少与企业资产的多少,资产的结构,经营管理的水平均有密切关系。为正确评价旅行社经济效益的高低、挖掘提高利润水平的潜力,应将该项指标与本企业前期、本企业计划、同行业平均以及同行业先进企业进行对比,分析形成差异的原因。影响资产净利率高低的主要因素有:产品价格和单位成本的高低,产品产量和销量的多少以及资金占用量的大小等。

(4)净资产收益率。指净利润和平均净资产的百分比,也叫净值报酬率或权益报酬率,其计算公式是:

净资产收益率 = 净利润/平均净资产 ×100%

依前例,HQ 旅行社 2007 年度的净资产收益率 =222 万元/〔(365 万元 +598 万元)/2〕×100% =46.1%。

净资产收益率反映公司所有者权益的投资报酬率,是所有财务比率中综合性最强、最具有代表性的一个指标。

第五节 旅行社风险管理

旅行社只要经营，就会存在风险。旅行社经营风险是指旅行社在经营活动中产生的各种经营风险、安全风险、责任风险、人员风险和外汇风险等方面的总和。风险控制不当，导致旅行社收益与风险不成正比，使其不堪重负，危及旅行社的生存和发展。

旅行社经营风险是由旅游市场特殊的供求关系决定的。从供给看，旅行社本身只是中间商，提供旅游者的是一种组合性产品，其供给能力受到其他供应商的制约，旅游产品的不可储存性使供给水平在一定时期内呈刚性。从需求看，由于旅行社行业具有明显的季节性特征，以及旅游者需求的随机变化，整个旅游市场的需求呈波动状态。从关联看，旅行社业与社会各行业及相关因素关联度非常高，如：自然因素（如地震、海啸）、国际国内政治局势的变化（如军事政变、全球金融危机、恐怖袭击）、经济、外交形势和汇率等外部因素的变化对旅行社经营管理产生突发性影响，使得旅行社变得很脆弱，从而增加了旅行社的经营风险。

旅行社自身的各种内部因素，如经营决策、管理水平、人员操作、财务管理和接待服务等的变化，也会引发旅行社的经营风险。由于管理者对旅游业的发展规律、行业的特性等在认识水平上的局限，或者由于希望进行内部自主性改变，如希望获得竞争优势或希望改变企业文化等，而导致人员集体出走或安全事故的发生，也会引发风险。引发旅行社经营风险的外部因素往往是不可能控制的，但内部因素在一定程度上是可以通过旅行社的规范化经营管理来控制和影响的。

加强旅行社风险管理，是旅行社管理内容必不可少的重要组成部分，是保证旅行社持续健康发展的必要措施。

一、旅行社风险构成与类型

旅行社经营风险，简单地来讲，就是经营的不确定性及其带来的期望值的变动。由此产生的结果往往是不确定的，其收益或损失在事前往往不能准确地估计和评价，这种不确定性所带来的变动就是风险。

(一)旅行社风险的构成

旅行社风险一般由三个基本要素构成,分别是风险因素、风险事故和损失。三者共同作用,同时影响着旅行社风险产生和发展的过程。通过风险构成的深入剖析,有助于把握风险的本质。

1. 风险因素

风险因素又称为风险隐患或者风险条件,是引起风险发生的条件、增加风险发生概率的原因,以及风险发生之后致使损失加剧的因素。风险因素的存在只是风险发生的先决条件,并不一定导致风险的发生;而风险发生时,必定有相应的风险因素存在,风险因素是风险发生的必要条件。

风险因素通常分为三类,分别是:实质性风险因素、道德性风险因素和心理性风险因素。

实质性风险因素是一种有形因素,指的是某一标的物本身具有的,容易致使损失扩大或增加损失发生概率的客观条件和原因。如:全球金融危机、非典等流行性疾病、罢工和动乱等。

道德性风险因素是一种与人的道德品质有关的无形因素,是指由于个人不良企图及恶意行为,致使风险事故发生或损失扩大的原因和条件。例如:有意泄露商业机密、辞职带走客户信息、贪污、欺诈、回扣等违法违纪行为和失信行为。

心理性风险因素也是一种无形因素,与人的心理状态有关,指的是由于人们由于疏忽大意或者心存侥幸,致使风险事故发生的机会增加和损失扩大的因素。例如:经营顺境时,放松安全管理而增大安全责任事故概率。

道德性因素、心理性因素又统称为非实质性因素或人为因素。因此风险因素又可分为两类:实质性因素和人为因素。通俗地讲,分为“天灾”和“人祸”。

2. 风险事故

风险事故是直接引起发生的意外事件,通常是显性的、外露的,是人们看得见、摸得着的风险事件,例如:交通事故、坏帐、误机等。风险事故是风险隐患变成现实的体现,并直接导致损失的发生。

3. 损　失

损失是指非计划、非故意和非预期的经济价值减少或人身伤害。损失又分为直接损失和间接损失。直接损失是风险事故本身直接造成的有形的、实质性的损失,比如质量投诉造成赔偿。间接损失是由于直接损失导致的无形损失,如媒体曝光致使旅行社形象受损,造成市场占有率下降。

(二)旅行社风险类型

旅行社经营活动的模块,可以将风险按照各部门的运作来归类,分为人力资源风险、质量风险、财务风险、市场风险、信息披露风险等。

1. 人力资源风险

主要包含以下几个方面:高层管理人员及核心岗位人员的道德水平和职业操守;旅行社员工对工作的胜任能力;员工团队合作的状况及企业文化环境;人才的流动对企业经营活动的冲击等。

2. 质量风险

由于旅游产品设计存在缺陷,服务流程设计不合理,服务人员能力不够,管理措施不到位等原因,造成质量投诉或安全责任事故等。

3. 财务风险

主要包含五个方面的内容:第一,筹资风险,旅行社由于借入资金而增加的收益的不确定性和偿债能力丧失的可能性;第二,投资风险,旅行社投资新项目的收益偏离其目标的可能性;第三,信用风险,旅行社的应收账款得不到回收的风险;第四,财务管理不妥造成资金、财物流失的风险;第五,收益分配风险,公司在分配实现的净利润时,存在分配给投资者或者留存企业内部这两种此消彼长的方式,这种分配的选择和权衡可能会对企业未来的经营活动产生一定的不利影响。

4. 市场风险

主要是指旅行社面对的旅游市场、外部经营环境的变化、供需情况和价格的变化等给旅行社经营活动带来的不确定性。对市场风险的识别和评估比较困难,要求旅行社具有一定的前瞻性。

5. 信息披露风险

主要是指旅行社在信息披露过程中因操作不当而给旅行社带来不利影响的可能性。比如应当披露的信息没有披露,或者应当保密的信息反而传播出去,这样的事件对企业的声誉会产生极大的损害。

二、旅行社风险管理的步骤

旅行社风险管理是一个过程,它是由旅行社管理者实施,应用于企业战略制定并贯穿经营的全过程，旨在识别可能影响旅行社的潜在事项，管理风险以使其在旅行社的风险容量之内，并为旅行社目标的实现提供合理保证。

风险管理不是一个静态的制度，而是一个动态的、循环的过程，贯穿在旅行社的整个经营活动中，渗透到每一个领导的思想和行动中去，风险管理人人有责。

风险管理目的是将风险程度和风险损失降低到旅行社可以承受的范围之内，为旅行社经营提供安全保障，提高管理水平和服务质量。风险管理所针对的风险不仅仅是只会带来损失的纯粹风险，也包括损失和收益并存的机会风险。风险管理的过程还要遵循成本效益原则，力争用最小的成本来达到降低风险的目标。

对于旅行社面临的各种风险可以依照：目标设定、风险识别、风险分析、风险应对一套流程进行风险管理。这四个步骤循环相接，形成一个完整的、动态的、循环的风险管理过程。

（一）目标设定

目标设定是风险管理的开端，是风险识别、风险分析和风险应对的前提。在这一阶段一定要明确，旅行社希望风险管理来做什么，达到什么样的目的，以及为此要付出多少代价。风险管理与旅行社经营活动是相辅相成、紧密联系的，同样，风险管理的目标也是与旅行社经营的目标紧密结合的。风险管理的目标是在风险层面上为旅行社的经营目标服务，通过控制风险来帮助旅行社实现股东价值最大化这一根本目标。因此，要在旅行社经营目标的基础上，确定企业的整体风险承受能力，并在具体业务层次上确定各自可接受的风险水平。

（二）风险识别

风险识别在风险管理工作中承前启后，位于“咽喉”位置，是风险管理中非常重要的一环。风险识别从旅行社所面对的内部和外部环境中寻找影响企业经营目标的、容易引起风险事故和损失的风险因素。如果将风险管理比喻成一场“发现和消灭敌人”的战争，那么风险识别就是“发现敌人”的环节。在进行风险识别的时候，往往根据对风险的分类，结合旅行社实际情况一项一项地具体研究。在风险识别阶段，重要的是尽可能地寻找和发现影响旅行社目标的所有风险因素，贵多不贵精。

(三)风险分析

风险分析是在风险识别的基础上,对各种风险因素可能带来的风险影响程度进行充分评估,为风险应对策略的制定提供依据。风险分析的重点是确定各种风险因素所引起的风险发生的可能性和影响程度,依据这两个维度的标准,将风险进行排序和分级,确定旅行社应当重点关注和防范的风险。在风险分析阶段,存在着许多定性和定量方法,如何选择或者建立正确的方法来对风险进行准确的评估,是旅行社风险管理中的关键问题。

(四)风险应对

风险应对是在风险识别和分析的基础上,结合旅行社的风险管理目标和风险承受能力,制定风险应对策略和应对方法。风险应对策略通常分为四种类型:风险回避、风险承担、风险降低和风险分担。风险应对方法有两大类,一类是改变风险的措施,另一类是风险发生后进行补偿的措施。在确定风险应对策略和应对方法之后,通过对决策和计划的实施和执行,来达到降低风险的目的。对实施风险管理措施之后仍然存在的剩余风险,要进行评估并采取相应的应对措施。

风险管理是一个动态、循环的过程。在风险应对办法实施之后,还应该对风险管理的效果进行评价,对整个过程进行改进,借助风险管理信息系统等信息化手段,将风险管理贯彻在旅行社经营活动的全过程,循环执行。“唯一不变的就是变化本身”,企业所面临的外部和内部环境时刻都在变化。因此,风险管理不是一个一劳永逸的制度设计,而是一种与旅行社经营活动一样的管理过程,是手段而非目的。

对风险管理的效果的评价可以参考成本收益原则,也就是将在风险管理过程中为了降低风险所付出的代价,与风险管理措施所降低的风险损失进行比较,计算如下效益比率:

$$效益比率=\frac{风险管理措施所降低的风险损失}{实施风险管理措施所付出的直接成本和间接成本}$$

如果该比率的值小于1,那么这样的风险管理方案明显是失败的。有效的风险管理方案应当使该比率大于1,并且比率越大,该方案的经济性越强,效率越高。

三、旅行社风险管理应对策略

旅行社风险管理关键要有效规避风险。首先,必须依法经营,守法经营,不超范围经营,使用性能良好手续齐全的营运车辆,选派有资质的导游员和海外领队带团。其次,合作伙伴的选择,必须选择有合法资质、有实力、有足够承受力、有处理能力的合作方。第三,对业务网点的管理必须严格审查进行授权范围的约束,进行经常化、制度化的监督检查。第四,业务操作与接待服务必须严格按照操作流程和标准进行,所有的合同包括合同版本、合同条款和合同文字用语等必须规范统一。此外线路与产品开发设计中应始终注重安全理念的贯穿。

当旅行社不得不面对风险时,应针对不同风险,采取不同的风险策略应对。通常可用以下四种风险应对策略:风险回避、风险承担、风险降低、风险分担。

(一)旅行社风险回避

风险回避是指考虑到影响预定目标达成的因素,结合决策者自身的风险偏好和风险承受能力,从而做出的中止、放弃某种策略方案,改变某种策略风险的处理方式,风险回避的前提在于旅行社对自身的条件和外部形式、客观存在的风险的属性及大小有准确的判断与认识。风险回避的优点体现在:第一,风险回避在风险产生之前将其化解于无形,大大降低了风险发生的概率,有效避免了可能在遭受的损失;第二,节省了旅行社的资源,减少了不必要的浪费,使得旅行社有的放矢,在市场经营中有所为有所不为。

1. 旅行社风险回避的类型

风险回避的类型可以分为积极的风险回避与消极的风险回避。积极的风险回避和消极的风险回避有不同点,但也存在着相同点。相同点在于两者都认识到旅行社自身的实力不足以承受可能遭受的损失,都希望能够尽可能在风险发生之前,减少其发生的可能性。从风险的偏好来说,积极的风险回避者和消极的风险回避者同属于风险厌恶者,但两者对于风险认识的能动性是不同的。消极的风险回避者更惧怕风险,风险承受能力和应对能力也较差,他们不会去主动识别风险,更谈不上应对风险。积极的风险回避者不会一味地回避风险,他们对自身能力更了解,更有自知自明,能够更好地应用“有所为有所不为”这条法则。

2. 旅行社风险回避的策略

风险回避并不是盲目地一味回避风险，而是在恰当的时候，以恰当的方式回避风险，是一种策略性回避，主要适用于以下情况：当某项经营活动风险极大时，企业确实无力加以防范和控制；当实现某项经营活动有许多方案，而各种方案的风险程度高低不同时，可选择的风险方案；当实现某项经营活动的过程中遇到不可逾越的风险因素时，采取措施绕道，迂回包抄。风险回避可采用以下四种策略：

（1）步步为营。企业中的某项经营活动，若一步到位肯定跳跃太大，不确定因素增加，为企业所不能承受。如果分步实施，则可能回避部分风险，增加安全性。

（2）避实就虚。就是指不与风险正面冲突，从风险小处着手，绕过风险障碍，待竞争能力和抵抗风险的能力增强，时机成熟后，再进入较大的风险领域。在旅行社经营活动中，竞争对手之间存在着市场开发能力、管理水平、服务质量、销售、品牌以及经济实力等高低强弱之分。实力较弱的旅行社若与竞争对手正面交锋，则难免处于劣势，此时可绕道行之，在他处发挥自身优势，积累实力，然后再与竞争对手进行正面交锋。

（3）瞒天过海。竞争风险来自于竞争各方的较量。因此，若能够瞒过对手发现竞争对手弱项，趁其不备突然袭击，可令对手防不胜防，风险自解。

（4）移花接木。指旅行社将有限的资源投放在有把握、风险较小的项目上，或者回避某种政策或市场壁垒而采取的一种风险回避策略。

（二）旅行社风险承担

在旅行社经营过程中，有时候面临的风险无法分散，也无法回避。只要旅行社经营，就会面临这样的风险，只能承担，比如说系统风险。

系统风险是指由于全局性的共同因素引起的经营或投资收益的可能变动，包括社会、政治、经济等各个方面。由于这些因素来自旅行社外部，是旅行社独立无法抗拒和回避的，因此又叫不可回避风险。系统性风险包括社会风险、政策风险、经济周期性波动风险、利率风险和汇率风险等。

对于不可回避风险，旅行社唯一能做的就是承担风险。这样的风险不是旅行社所能选择的，而是存在于企业经营的过程中，与企业经营活动和投资活动相联系。承担了系统风险，能得到市场的平均报酬。对于这种风险，不管是风险偏好者还是风险厌恶者,都只能承担。

当预计到从事某项经营活动的风险太高,而此项活动又无法避免的时候,可以通过购买保险和合作经营等方式,承担一定的风险,把损失控制在可接受的最小数额之内。这种承担风险的方法,需要预先对此项损失的发生可能、发生损失后的损失额进行概率估计和区间估计。

(三)旅行社风险降低

风险降低是指旅行社将自身可能遭受的损失或承担不确定性的后果转嫁给他人的风险处理方法。风险降低主要通过风险转移的手段来实现。尽管风险转移的手段各异,但都试图达到同一目的,即将可能由自己承担的风险转移给他人,从而降低自身承担的风险。风险转移可以通过保险、合作、外包和出售的方式来实现。

1. 保险与风险转移

保险的基本运作机制在于:投保人与保险人共同签订保险合同,投保人向保险人交纳保费,来换取保险人对投保人遭受的经济损失给予补偿,或在约定时间发生时给予一定保险金的承诺。如:追加旅行社责任险保险金数额,为老人、儿童等特殊人员购买高额意外险,为高风险导游人员购买大额人身意外伤害险等。保险是风险降低中一项很普通、容易操作的方法。它可以规范各方关系,保护企业利益。保险公司接受风险转移是因为可保风险是有规律的。通过研究不同风险的发生概率,寻找规律,为众多企业的顾虑提供了保障。

2. 外包与风险转移

旅行社在经营活动中注重核心竞争力的培养,强调根据企业自身特点,专门从事某一领域、某一业务,在某一方面形成自己的竞争优势,这必然要求旅行社将其非核心业务外包给其他企业,如:人力资源培训、旅行社管理软件开发、网络开发和重大公关活动等。外包业务的根本出发点在于:确定旅行社的核心竞争力,把旅行社内部优势资源集中在具有核心竞争力的项目上,剩余的其他业务交给最好的专业公司。在旅行社竞争过程中,环境、市场需求瞬息万变,旅行社投资于自身非核心竞争优势的业务存在一定的风险。通过外包策略,可以将这种风向转移给外包商,从而降低自身的风险。

旅行社外包业务有助于以下三方面风险的转移,从而能做到降低自身风险:

质量方面的风险转移。在外包业务中，旅行社通过采取严格有效的合同方式，产品质量、服务质量等问题全部由外包商承担，同时将由质量问题导致所承担的风险也一并转移给外包商。如：黄金周期间或旅游高峰期，为确保服务质量，降低经营风险，将本来难度大的自订房，本旅行社独立安排有困难的团队交供应商（地接社）接待。

资金占用风险的转移。通过外包，合作伙伴将帮助企业解决一部分资金占用，从而降低自己占用的风险。具体表现在：第一，通过外包，可以帮助组织重构财务预算，从而避免对未来投资的不确定性；第二，通过外包将不能创造价值的业务单元转交给外包商，企业能够获得一笔现金流，从而释放出一部分资源进行其他投资；第三，外包将固定成本业务转化为可变成本业务，有利于企业规模组织结构的扁平化。

技术风险转移。外包有利于企业获得原先无法凭自身实力取得的管理和技能。通过外包，企业可以将价值链中的每个环节由最适合企业情况的、最好的专业公司来完成。常常能获得最先进、最前沿的管理和技能。除此之外，企业可以获得外部可利用的资源，能降低自身的信息技术风险。

3. 出售与风险转移

出售也是一种风险转移的方式，通过这种风险转移，降低了出售方的风险。企业认为不可取而拟转让的资产或实体，对于受让方来说未必就是糟粕，因为各个企业由于自身经营所处的行业、自身的技术以及特殊的财产资本结构与经营方式等原因，对于同一项资产或实体的评价是各不相同的，正是“正看成岭侧成峰”。实体的权属问题与风险概念是密不可分的，以实体所有权的转移时间作为风险转移的时间，其理论依据在于，转移实体所有权是买卖合同的主要特征和法律后果，风险和收益都是基于所有权产生的。因此，当所有权买卖合同生效而发生转移时，风险就随之发生转移。

当实体在卖方手中时，卖方就不可避免地承担着占有或经营此实体的风险。通过出售，所有权从卖方手中转移到买方手中，买方就应该对该实体承担全部风险，如旅行社出售经营不善，票务公司、景区（点）经营权、管理不善的营运车辆等。

出售的风险转移方式常常发生在经济不景气、资源紧缩、产品滞销以及企业财务状况恶化的时期，或者企业原先的经营领域处于明显劣势的时候。当企业原有经营领域的市场吸引力微弱，获利丧失而趋向衰退时，市场占有率受到侵蚀,旅行社经营活动受阻而有意从原有的领域抽身,另辟蹊径,将实体出售给新的进入者,从而实现旅行社长远的经营目标。通过这种方式,旅行社能够合理配置资源以发展新的事业领域,从而转移风险。

4. 旅行社风险分担

风险分担指的是由于旅行社承担风险能力是有限的,旅行社选择与多个风险承受方分担属于某市场、产品或服务总量的风险,从而降低旅行社承担的风险。风险分担与收益分摊是相辅相成的。由于风险与收益对称,所以联合投资或联合经营可以起到分担风险的作用。

对于一定的风险项目,企业投资该项目所需承担的风险是一定的,但因自身资金实力有限、主观认识的局限性、市场占有率有限以及风险感知的偏好,某一家旅行社往往不具备独自承担全部的经营风险。因此,通过联合经营协议,各方根据自身的优势,避免市场恶性竞争,企业共享投资收益的同时,分担各自承担的风险,如旅行社常见的联合包机、开专列,共同开发新市场、新线路等,成立不同形式的联合体。

(四)建立旅行社止损机制

确定了旅行社的风险承受能力之后,下一步就要制定旅行社的止损指标。止损指标的制定非常重要,一项业务或投资的损失在达到止损指标时就应该立刻果断采取措施,以免发生更大的损失。

1. 学会分析风险

旅行社参与市场竞争,必须分析自身实力、分析自身处境和人力、财力、物力、市场等方面最大风险承受力,做好风险预测。

2. 善于评估风险

通过客观分析,预测风险将要带来的破坏程度之高低,做到心中有数。例如大量人才流失造成危害的程度、应收款回收的程度、资金周转可能会出现的非良性循环程度等等。

3. 慎重预防风险

一定要采取措施降低风险发生的可能性,例如对客户进行详细的信用调查;加强财务管理,将当日收入现金及时存入银行。

4. 设法转移风险

有一些风险是不可能避免的,旅行社必须设法转嫁。保险是合理转嫁风险、规避的有效途径。旅行社一是可与保险公司合作,共同开发设计新的多元化的旅行险种,供游客选择,并为游客办理旅游意外保险提供协助、代理等服务;二是旅行社直接在团费中包含旅游意外伤害保险;三是旅行社可以通过集体采购的形式,向保险公司投保旅行社责任险,达到降低成本、合理有效地转移风险、规避风险的目的。

(五)旅行社危机处理

危机处理是指旅行社面对与社会大众或消费者有关的重大事故,在处理这些重大事故时所采取的态度和过程。所谓旅行社的危机处理大多是指旅行社处理"对外"所发生的各种事故。由于这些重大事故的发生,对社会公众或消费者产生了损害,若处理不当,最终会影响旅行社形象,如重大交通事故、游客伤亡事故和群体投诉事件等。因此,旅行社危机处理基本上是一场旅行社形象保卫战。旅行社形象的塑造,一靠平时的品牌积累,二靠危机的及时的处理。

1. 立即调查情况、制定计划以控制事态发展

在危机处理时,首先应组织有关人员,尤其是专家参与,成立危机处理小组,对危机的情况做一个全面的分析:危机产生的原因是什么?内因还是外因?危机发展的状况及趋势如何?受影响的公众有哪些?谁是间接受害者和潜在受影响者?具体受影响的程度如何?分别是什么形式的?可希望通过什么方式予以解决?危机信息对外扩散的发布渠道和范围是怎样的?这些问题必须弄清楚,因为这是旅行社采取补救措施的直接依据。在找到这些依据之后,就可以据此制定相应的对策。

2. 把危机真相尽快告诉新闻媒体和社会大众

危机发生后,最关心此事的人,除了旅行社之外,还有新闻界、受害者和竞争对手。对于新闻界来说,又多了一个宣传热点,有利于吸引社会的关注,同时易于同情弱者,更多的为受害者说话,处于旅行社的对立面;对受害者而言,力争旅行社对危机事件给予圆满的答复;至于竞争者,则多了一个竞争的有力砝码。因此,危机发生后,应尽快调查事情原因,弄清真相,尽可能地把完整情况告诉新闻媒体,由其广而告之。只有公布真相后,才有可能避免公众的各种无端猜疑和流言的产生。诚心诚意才是企业面对危机最好的策略。如果一再文过饰非,则终将自食其果。

3. 善于借助权威

在某些特殊的危机处理中，企业和公众的看法不一致。难以调解时，必须靠权威发表意见，如借助消费者协会、旅游质量监督管理机构发表意见，借助其公证性和权威性来帮助解决危机。同时，企业在处理危机时，一方面要做到谦虚自责，勇于承担责任，始终把社会公众的利益放在首位；另一方面也要做到坚持原则。只有这样才能使企业既能控制事态发展，转危为安，又能由此迈上一个新台阶。

4. 做好善后处理工作

旅行社出现危机时，特别是出现重大责任事故，导致消费者利益受损时，旅行社必须承担起责任，给予受害者一定的精神补偿和物质补偿。在进行善后处理工作的过程中，旅行社也必须做到一个"诚"字。只要消费者在旅行过程中利益受到损害，旅行社应该在第一时间向消费者道歉以示诚意，并且给受害者相应的物质补偿。

5. 构建危机与风险应对的管理机制和管理系统

重大的危机会彻底打乱旅行社的正常经营，给旅行社带来巨大损失。因而，旅行社必须注重进行风险管理，构建风险管理体系，明确管理的步骤，预见并处理可能导致游客伤亡、给旅行社造成经济损失的各种突发事件或危机事件。旅行社要预先规划、制定一套在紧急情况下遵循的标准程序或方案，印制成应急措施手册，让每一位员工明确自己在危急情况下的职责，以规避风险，降低风险，将损失降至最小程度，并提高旅行社抵抗风险的能力。

总之，当旅行社面对危机时，应该以社会公众和消费者利益为重，迅速作出适当反应，及时采取补救措施，并主动、有意识地以该事件为契机，变坏事为好事，因势利导，借题发挥。这样不但可以恢复旅行社的信誉，而且可以扩大旅行社的知名度和美誉度。一个优秀的旅行社越是在危机的时刻，越能显示出它的综合实力和整体素质。

复习思考题

1. 财务管理的基本内容包括哪些方面？
2. 加强现金管理的途径有哪些？
3. 如何进行应收账款的日常管理？
4. 营业收入是如何确定的？

5. 旅行社费用控制措施有哪些?

6. 什么是财务报表? 资产负债表和损益表各有什么作用?

7. 反映旅行社偿债能力的财务比率有哪些?

8. 旅行社风险管理分哪几个步骤?

主要参考文献

国家旅游局人事劳动教育司. 旅行社经营管理[M]. 北京:旅游教育出版社,1999.

陆正飞. 财务管理[M]. 大连:东北财经大学出版社,2006.

陈小飞. 财务管理教程[M]. 上海:华东理工大学出版社,2007.

叶陈刚,郑君彦. 企业风险评估与控制[M]. 北京:机械工业出版社,2009.

第十二章 旅行社与信息技术

旅行社信息技术能够为旅行社带来更大的商机、更低的成本和更高的利润，能帮助旅行社实现信息手段与传统优势的结合，发展成以传统业务为依托、高效率、服务创新的企业。

通过本章的学习，了解信息技术在旅游业中的运用、旅行社信息化发展的必要性，熟悉旅行社信息化发展策略，掌握旅行社电子商务的概念、特性、基本功能和旅行社信息化发展趋势。

第一节 旅行社的信息化发展

所谓信息化，是指信息技术得以普遍应用并发挥积极作用的过程。对旅行社而言，信息化就是将相关信息技术（主要是互联网）应用于旅游企业的经营管理中，通过发挥新技术的优势，形成一种新的经营管理模式。

一、信息技术在旅游业中的运用

（一）信息技术与旅游业的相关性

信息技术的蓬勃发展与广泛应用对人类的社会生活和经济生活产生了根本性的、普遍的影响，有人将这一历史进程比喻为发生了一场“信息技术革命”，其后果是使人类社会进入到了所谓的“信息经济”时代或“数字经济”时代。信息技术在社会经济各个部门的应用在不同层次上促使原有的运作机制发生了改变，其最终结果是效率的提高和效果的改善。由于信息技术的应用表现出普遍性的特点，没有哪一个部门能够避免参与到这一“革命”性的进程中来，旅游业也不例外。“信息是旅游业的生命线”,旅游业适合应用信息技术。

(二)信息技术在旅游业中的应用

近年来,信息技术在旅游业的各个领域得到了空前的普及,其中的原因是多方面的,但信息技术本身的飞速发展无疑是旅游业广泛应用信息技术的前提条件。与此同时,旅游产品的属性和特征决定了旅游业适合采用信息技术。

旅游产品具有综合性、无形性、不可转移性、生产与消费的不可分割性、不可储存性和易折性等属性和特征。其中,旅游产品的综合性要求旅游业经营者必须全面、准确、及时地掌握相关协作部门纷纭复杂和变幻莫测的经营信息,而旅游产品的无形性、不可转移性和不可储存性则要求旅游业经营者凭借一切快捷、有效的信息手段,将旅游产品的信息广泛传播至目标市场和相关销售渠道,以吸引旅游者参加其旅游活动。

也有人称旅游产品为“信心产品”,认为旅游者在接受服务之前不可能感知到旅游产品的具体性质和质量水平,产品能否成功销售完全取决于相关信息在制定购买决策的旅游者心中建立起的信心。旅游业又具有不同于其他服务行业的特性,如旅游服务供应商与消费者之间在空间上存在着较远的距离,在服务种类上存在着数量上的差距。这些特点决定了旅游中间商存在的必要性。根据旅游活动的定义,旅游者要到与长住地之间存在一定距离的目的地消费旅游产品,这样在传统的旅游购买决策制定过程中要依赖于中间商获得有关目的地旅游产品的信息。同时,旅游产品是一项混合产品,旅游者的一次旅行过程涉及到多种服务的购买,各类型的供应商规模不同、性质不同、提供的服务特性各异,庞大的信息搜寻成本迫使旅游者利用中间商进行信息搜寻以降低交易费用。正是旅游产品的这些属性和特点,决定了旅游业适合采用现代信息技术。

因此,信息在旅游产品的市场销售过程中起着不可或缺的作用,而信息的这种作用与旅游市场供求在空间上与种类上的差距共同决定了旅游中间商的存在。

二、旅行社信息化发展的必要性

企业信息化是企业利用计算机、通信和网络为核心的现代信息技术进行有效的整合,提高企业运行和资源利用效率,特别是信息资源的利用效率,进而提高企业的核心竞争力的过程。

企业信息化对旅行社来说有五个方面的作用:一是企业信息化有助于旅行社为顾客提供个性化的服务和产品。二是企业信息化有助于旅行社利用现有的信息资源,进行客户关系管理。三是企业信息化有助于旅行社进行知识管理,使企业内部知识和经验得到充分的共享。四是旅行社在信息化过程中,可以利用先进的管理思想,对企业的管理模式和管理流程进行重组或优化。五是企业利用网络进行营销和开展电子商务,打破地域和时间的限制,进行跨国交流和交易。

根据旅游企业自身发展特点的要求,旅游企业信息化有两方面的必要性:

(一)旅游行业发展的需要

目前旅游行业虽已形成一定的体系,但由于信息化普及程度低,各旅游局并不能取得比较准确而详细的市场数据,尤其是国内旅游方面的数据,不利于从宏观方面掌握旅游的发展态势和为旅游创造良好的发展环境。旅游行业自身的发展需要旅行社进行信息化。

(二)旅游行业是信息密集性行业

旅游的提供涉及食、住、行、游、购、娱六个方面,旅游活动的顺利完成离不开相关行业的协作,其中信息的沟通就显得非常重要,综观旅游投诉事件,有大部分是因为信息沟通不畅通而造成的。因此旅行社作为旅游活动的策划者和组织者,利用信息技术进行有效的沟通显得非常必要。就旅行社运营而言,信息技术的发展削弱了旅行社信息垄断的功能,对旅行社未来的运营目的提出了挑战。因此,旅行社必须改变模式才能取得发展。许多研究表明,旅行社未来的业务应该着重于凭借自身的专业化优势,进行旅游信息加工,提供有偿的信息咨询服务,为游客提供个性化的旅游活动和利用网络进行组团等。

第二节 旅行社电子商务

旅行社和旅游交通、饭店业是旅游业的三大支柱。在向旅游者提供旅游服务的过程中,旅行社起着媒介、桥梁和经纪人的作用。旅行社是旅游活动的组织者,又是旅游产品重要的销售渠道,堪称旅游业的龙头。但旅行社要实现这些作用,并以此为基础,做出合乎旅游市场的旅游产品设计、整合和采购。因此,信息是旅行社赖以生存的基础。而电子商务时代正是信息的时代,所以旅行社努力开展电子商务既是旅行社发展的需要,也是时代的要求。

一、旅行社电子商务的概念

旅行社电子商务是旅行社运用电子手段对生产服务过程中的市场调查、产品开发、采购、信息发布、成品销售、接待与客户关系、财务等进行电子化管理,并运用电子商务理论来指导旅行社经营管理的过程。在旅行社电子商务中,运用电子商务理论来指导旅行社经营管理与采用电子化手段来完善旅行社各环节操作同等重要,缺一不可。

二、旅行社电子商务的特性

这种服务模式的最大特点是在线、即时地为旅游者服务,在时间上体现出快捷和便利,因此被称为在线旅游服务模式(online travel service,OTS)。旅行社应用电子商务,调整企业同消费者、企业同企业、企业内部关系,从而扩大销售,拓展市场,并实现内部电子化管理的全部商业经营过程。

从应用层次来看,旅行社电子商务可分为两个层次:

一是面向市场,以交易活动为中心,并包括促成旅游交易实现的各种商业行为——网上发布旅游信息(包含网络旅游新闻媒体)、网上广告宣传、旅游市场调研和实现旅游交易的电子贸易活动:网上旅游洽谈、售前咨询、网上旅游交易、网上支付、售后服务等。

二是利用旅行社业务流程重组和内部网络平台建设而形成经营管理活动,实现旅游企业内部电子商务,包括旅游企业建设内部网络和数据库,利用计算机管理系统实现旅游企业内部管理信息化。可以预见的是,发展到成熟阶段的旅游电子商务,将是旅游企业/机构外部电子商务和内部电子商务的无缝连接,这将极大地提高旅游业的运作效率。在这一方面,区别于传统意义的、连接内部数据库系统和业务流程的新型呼叫中心和 B2C 网站,是极好的运作示范典型。

它的五个基本特征是:

(1)旅行社电子商务的主体或“载体”是旅行社或旅行中介服务机构(Travel agent);

(2)旅行社电子商务(ETA)的核心是一系列规范的业务流程(Business

Procedure or Workflow);

(3)旅行社电子商务(ETA)的基础是互联网技术(internet)和万维网(world wide web)技术的应用;

(4)旅行社电子商务(ETA)的创新竞争力在于在线旅行服务模式(Online Travel Service,简称OTS);这种服务模式的最大特点是在线、即时的为旅游者服务,在时空上体现出快捷和便利;

(5)旅行社电子商务体系是一个人—机结合的系统,涉及企业运作的各个层面(产品设计、市场营销、企业管理MIS、客户管理CRM、资源管理ERP、供应链管理SCM),绝对不只是一个纯粹的"机器人"计算机系统。所谓的"鼠标+水泥",或"传统业务+现代手段"只是一种通俗的说法而已。

三、旅行社电子商务的基本功能

相对于手工作坊而言,旅行社电子商务具有革命性的功能作用,体现在业务的流程化、组织与管理的扁平化,以及在经营方式和业态、管理理念和手段、外部竞争环境和内部人员结构等都发生了显著性变化。

(一)专业化分工

使员工能专业运作相关业务,提高办公效率,同时又能将员工培养成为一流的专家型人才,从而实现大企业的人才高地战略。

(二)电脑化操作

以公民游为代表的旅行代理业务在国外同行和国内大型旅行社中都是依托电脑平台处理相关业务。世界电子商务协会的调研说明,旅游业是最适合电子商务的服务领域之一。电脑化操作能使信息快速和及时传递,并保持数据的一致性。

(三)规范化流程

旅行社行业人员流动性强,新进员工能够通过职业培训按照统一模式操作,从而保证了业务质量。

(四)规模化经营

借助信息平台,业务可以不受地域、员工人数和场地等条件的制约,快速扩张业务量，取得相应的利润。

（五）集约化管理

在流通领域，营业收入来自于市场的开拓，但利润来自于成本控制和采购技术。通过集中采购和中央支付将能大幅度提高旅游业务的毛利率。

（六）全局化控制

各层面的经理和业务人员都在信息平台上作业，就使得业务操作流程和相关知识及信息固化在企业的知识库中，董事会和总经理班子都能在平台上及时并准确地了解经营状况，达到控制企业资源（如客户资源、资金资源、知识资源等）的目的。

（七）一体化运作

整个企业的效率来自于各部门的协同。全体员工将所有业务都放入平台，就能大大减少内部沟通的成本，实现“无纸化”办公，降低费用。同时，也统一了各类统计报表，以便绩效考核。

四、旅行社电子商务的优势

（一）改变传统旅游业经营方式，为消费者提供便利服务

旅游电子商务可以改变传统旅游业的旅行社整合制，向着网站整合制方向发展，即由旅游网站汇集、处理、优化各类旅游信息。在这种模式中，旅游网站作为中介机构或信息中心，而旅行社转变为组织团队出游及协调其他旅游企业，以完成旅游活动的服务性企业。消费者能够享受到旅游企业提供的各种服务，如通过 B2C 模式，可以了解到旅游服务机构的相关信息、旅游景点信息、旅游线路信息以及旅游常识等，利用在线预订服务，可以预订酒店客房、民航班机机票和火车票等。

（二）扩大旅游消费选择范围，开拓新的旅游客源市场

旅游电子商务打破了地区垄断，一个商家可以面对全球的消费者，而一个消费者可以在全球任何一家商家消费旅游产品。旅游面向的对象很大一部分

是收入较高、素质较好、喜欢新事物的年轻人,这些人中绝大多数是网民,旅游网络化必然使他们在网上频繁接触到各类旅游信息,将使他们出游观光的愿望更加强烈,从而造就一个新型的旅游客源市场。同时,通过网络先对向往的旅游目的地一饱眼福,可以激发更多的潜在旅游者。

(三)提供个性化、自助式旅游服务

通过 Internet,游客们可以自由交流、自由选择自己所需要的信息、产品和服务。旅游者可以自由组团和选择参加者,自由选择路线,选择交通方式,预订酒店导游。通过后台服务器的专家系统,旅游公司还可为缺乏旅游经验的消费者提供咨询等服务。

(四)提高整个旅游业的运行效率

任何一个旅游企业都需要建立一批“上游”和“下游”企业作为其业务合作伙伴。例如,一个接待旅行社需要若干个饭店、餐馆、航空及车船公司等企业提供其顾客所需要的服务,还需要有一批接近客源的旅行社为其输送旅客。而网络则可以增强这些旅游企业间的信息沟通,加强相互间的业务联系。旅行社可以省去面对大量信息的工作,直接面对旅游目的地的旅游企业和客源地的消费者,从而提高组织能力和服务水平,并提高效率。

当然,这些有利因素也不仅仅是针对旅行社而言的,还必须看到,这些有利因素对当地新兴旅游中间代理商的产生和发展来说也是一片沃土。因此,这些区域的旅行社必须抓住机遇,通力合作,将旅行社电子商务迅速地发展起来。不抓住机遇,不仅仅是丧失机遇,还可能被抓住机遇者抢走生存的空间。

第三节 旅行社信息化发展策略

电子商务成为世界新热点,但其安全性随着信息化的深入也要求愈高了。快速与不受控制的增长产生了组织和技术性方面的不同问题。今天的电子商务系统在私人拥有的平台上运行,因此应用程序并不能互操作,也不能建立在对方的基础上。安全性和支付系统仍然不成熟,并且常常是不相称的。只有用标准的电子商务框架才能解决这些问题。

一、确保网络系统安全

从本质上来讲,网络安全就是网络上的信息安全,是指网络系统的硬件、软件及其系统中的数据受到保护,不受偶然的或者恶意的原因而遭到破坏、更改、泄露,系统连续可靠正常地运行,网络服务不中断。广义来说,凡是涉及到网络上信息的保密性、完整性、可用性、真实性和可控性的相关技术和理论都是网络安全所要研究的领域。网络安全涉及的内容既有技术方面的问题,也有管理方面的问题,两方面相互补充,缺一不可。技术方面主要侧重于防范外部非法用户的攻击,管理方面则侧重于内部人为因素的管理。如何更有效地保护重要的信息数据、提高计算机网络系统的安全性已经成为旅行社应用电子商务时必须考虑和必须解决的一个重要问题。

网络病毒案

2007年元旦至春节期间,"熊猫烧香"病毒肆虐神州,一个多月时间全国就有上百万互联网用户和单位的局域网遭受破坏。被感染的电脑出现瘫痪,所有可执行文件被改成"熊猫手持三炷香"的图案,同时该病毒还具有盗取用户游戏账号、QQ账号等功能。其传播速度、危害范围都是空前的,一时间人们谈"熊猫"色变。由于病毒制造者还以自己出售和由他人代卖的方式在网络销售该病毒,导致该病毒的各种变种在网上大面积传播。《瑞星2006安全报告》、《2006年度中国大陆地区电脑病毒疫情和互联网安全报告》,将其列为十大病毒之首、2006年度的"毒王"。

网络病毒一直是互联网用户心中的阴影,虽然"熊猫烧香"病毒走了,然而"灰鸽子"、"木马"等病毒却一波未平,一波又起。人们疑惑地问:难道网络就没有安全的时候了吗?我们的电脑安全该如何保障?或许,深入剖析一下"熊猫烧香"病毒案,能够带给我们一些亡羊补牢的思考与启示。

资料来源:张锡杰.关于加强网络信息安全的几点思考——从"熊猫烧香"案暴露出的隐患谈起[J].中国行政管理,2007(9).

由此可见,有众多的网络安全风险需要考虑,因此,企业必须采取统一的安全策略来保证网络的安全性。一个完整的安全技术和产品包括:身份认证、访问控制、流量监测、网络加密技术、防火墙、入侵检测、防病毒、漏洞扫描等;而造成安全事件的原因则包括技术因素、管理因素以及安全架构设计上的疏漏等问题。

电子商务中常用的防范措施

(一)外部入侵的防范措施

1. 网络加密(Ipsec)

IP层是TCP/IP网络中最关键的一层,IP作为网络层协议,其安全机制可对其上层的各种应用服务提供透明的覆盖式安全保护。因此,IP安全是整个TCP/IP安全的基础,是网络安全的核心。IPSec是目前唯一一种能为任何形式的Internet通信提供安全保障的协议。IPSec允许提供逐个数据流或者逐个连接的安全,所以能实现非常细致的安全控制。对于用户来说,便可以对于不同的需要定义不同级别地安全保护(即不同保护强度的IPSec通道)。IPSec为网络数据传输提供了数据机密性、数据完整性、数据来源认证、抗重播等安全服务,使得数据在通过公共网络传输时,不用担心被监视、篡改和伪造。IPSec是通过使用各种加密算法、验证算法、封装协议和一些特殊的安全保护机制来实现这些目的,而这些算法及其参数是保存在进行IPSec通信两端的SA(Security Association,安全联盟),当两端的SA中的设置匹配时,两端就可以进行IPSec通信了。在虚拟专用网(VPN)中主要采用了IPSec技术。

2. 防火墙

防火墙是一种网络安全保障手段,是网络通信时执行的一种访问控制尺度,其主要目标就是通过控制进、出一个网络的权限,在内部和外部两个网络之间建立一个安全控制点,对进、出内部网络的服务和访问进行控制和审计,防止外部网络用户以非法手段通过外部网络进入内部网络,访问、干扰和破坏内部网络资源。在逻辑上,防火墙是一个分离器,一个限制器,也是一个分析器,有效地监视了内部网络和Internet之间的任何活动,保证了内部网络的安全。

防火墙有软、硬件之分,实现防火墙功能的软件,称为软件防火墙。软件防火墙运行于特定的计算机上,它需要计算机操作系统的支持。基于专用的硬件平台的防火墙系统,称为硬件防火墙。它们也是基于PC架构,运行一些经过裁剪和简化的操作系统,承载防火墙软件。

3. 入侵检测

部署入侵检测产品,并与防火墙联动,以监视局域网外部绕过或透过防火墙的攻击,并及时触发联动的防火墙及时关闭该连接;同时监视主服务器网段的异常行为,以防止来自局域网内部的攻击或无意的误用及滥用行为。入侵检测是防火墙的合理补充,帮助系统对付网络攻击,扩展了系统管理员的安全管理能力。

(二)内部非法活动的防范措施

1. 身份认证

网络安全身份认证是指登录计算机网络时系统对用户身份的确认技术。是网络安全的第一道防线,也是最重要的一道防线。用户在访问安全系统之前,首先经过身份认证系统识别身份,然后访问监控器根据用户的身份和授权数据库决定用户是否能够访问某个资源。授权数据库由安全管理员按照需要进行配置。

2. 访问控制

访问控制决定了用户可以访问的网络范围、使用的协议、端口;能访问系统的何种资源以及如何使用这些资源。

在路由器上可以建立访问控制列表,它是应用在路由器接口的指令列表,这些指令列表用来告诉路由器哪些数据包可以接收、哪些数据包需要拒绝。至于数据包是被接收还是被拒绝,可以由类似于源地址、目的地址、端口号、协议等特定指示条件来决定。

建立访问控制列表后,可以限制网络流量,提高网络性能,对通信流量起到控制的手段,这也是对网络访问的基本安全手段。由于访问控制列表ACL(Access Control List)的表项可以灵活地增加,所以可以把ACL当作一种网络控制的有力工具,用来过滤流入和流出路由器接口的数据包。

在应用系统中,访问控制的手段包括用户识别代码、口令、登录控制、资源授权(例如用户配置文件、资源配置文件和控制列表)、授权核查、日志和审计。适当的访问控制能够阻止未经允许的用户有意或无意地获取数据,根据授予的权限限制其对资源的利用范围和程度。

3. 流量监测

目前有很多因素造成网络的流量异常,如拒绝服务攻击(DoS)、网络蠕虫病毒的传播、一些网络扫描工具产生的大量TCP连接请求等,很容易使网络设备瘫痪。这些网络攻击,都是利用系统服务的漏洞或利用网络资源的有限性,在短时间内发动大规模网络攻击,消耗特定资源,造成网络或计算机系统瘫痪。因此监控网络的异常流量非常重要。

流量监测技术主要有基于SNMP的流量监测和基于Netflow的流量监测。基于SNMP的流量信息采集,是通过提取网络设备Agent提供的MIB(管理对象信息库)中收集一些具体设备及流量信息有关的变量。

基于SNMP收集的网络流量信息包括:输入字节数、输入非广播包数、输入广播包数、输入包丢弃数、输入包错误数、输入未知协议包数、输出字节数、输出非广播包数、输出广播包数、输出包丢弃数、输出包错误数和输出队长等。基于Netflow流量信息采集是基于网络设备提供的Netflow机制实现的网络流量信息采集,在此基础上实现的流量信息采集效率和效果均能够满足网络流量异常监测的需求。

4. 漏洞扫描

对一个网络系统而言,存在不安全隐患,将是黑客攻击得手的关键因素。就目前的网络系统来说,在硬件、软件、协议的具体实现或系统安全策略方面都可能存在一定的安全缺陷即安全漏洞。及时检测出网络中每个系统的安全漏洞是至关重要的。

安全扫描是增强系统安全性的重要措施之一,它能够有效地预先评估和分析系统中的安全问题。漏洞扫描系统是用来自动检测远程或本地主机安全漏洞的程序,按功能可分为:操作系统漏洞扫描、网络漏洞扫描和数据库漏洞扫描。网络漏洞扫描系统,是指通过网络远程检测目标网络和主机系统漏洞的程序,它对网络系统和设备进行安全漏洞检测和分析,从而发现可能被入侵者非法利用的漏洞。定期对网络系统进行漏洞扫描,可以主动发现安全问题并在第一时间完成有效防护,让攻击者无隙可钻。

5. 防病毒

企业防病毒系统应该具有系统性与主动性的特点,能够实现全方位多级防护。考虑到病毒在网络中存储、传播、感染的方式各异且途径多种多样,相应地在构建网络防病毒系统时,应利用全方位的企业防毒产品,实施集中控制、以防为主、防杀结合的策略。具体而言,就是针对网络中所有可能的病毒攻击设置对应的防毒软件,通过全方位、多层次的防毒系统配置,使网络没有薄弱环节成为病毒入侵的缺口。

资料来源:企业网络信息安全保护措施的探讨与实践[EB/OL]. http://article.pchome.net/content-170123-1.html.

二、完善旅行社电子商务的宏观环境

体制、法律和理念等是我国旅游电子商务发展的最大瓶颈。所以,应建立一个以企业竞争为基础,以联合竞争为主体,以国家直接参与和组织竞争为龙头的“大电子商务”体系。通过政府的力量完善旅游电子商务的软、硬件环境和法律环境,消除制约旅游电子商务发展的政策和制度瓶颈,建立中国旅游业共用的电子交易系统，采取降低上网费用和税收等价格杠杆来促进旅游电子商务的发展。

（一）政府扶持

首先，完善相关法律法规，为旅行社信息化提供平等的竞争环境。面对入世的挑战，政府制定和实施《旅游法》迫在眉睫。其次，营造信息化的社会环境。进一步加强信息化基础设施建设；尽快完成电子政务，从而有力地推动旅行社信息化；根据“金旅工程”试点所得到的经验，组织专家探讨“金旅工程”的推行模式，以资借鉴和参考；在行业内建立旅行社信息化专题小组，为旅行社推行信息化提供知识支援。再次，政府部门要为旅行社信息化提供资金扶持政策，解决部分旅行社信息化的资金问题。如政府在税收上对旅行社信息化可以采取一些优惠政策，引导和扶持旅行社信息化，帮助旅行社培养信息技术人才。由省市旅游局牵头，利用当地旅游科研机构和专业人才，对旅行社的经营管理者进行信息化知识的培训，使其充分认识信息化的重要性和必要性。

“金旅工程”简介

“金旅工程”是国家信息网络系统重要组成部分，是旅游部门参与国家旅游业信息化建设的重要基石。金旅工程是覆盖全国旅游部门的国家—省—市—企业四级的计算机网络系统，建成后，将为提高旅游行业整体管理水平、运行效率、改进业务流程、重组行业资源等方面提供强有力的技术支持；同时，全面发展旅游电子商务，与国际接轨，为世界旅游电子商务市场提供服务。

“金旅工程”可概括为“三网一库”，即内部办公网、管理业务网、公众商务网和公用数据库。内部办公网将国家旅游局与国务院办公网相连，为国家旅游局提供一个与国务院办公网和各部门进行安全保密和内部文件交换网络，实现内部办公自动化。业务管理网则着力建立一个旅游系统内部信息上传下达的渠道和功能完善的业务管理平台，实现各项业务处理的自动化。公众商务网主要建立一个可供各旅游企业进行供求信息交换、电子商务运作的中国旅游电子商厦，向旅游企业提供整套的电子商务解决方案。旅游企业在内可从事网上同业交易，为全球互联网用户提供旅游产品在线订购等电子商务活动。公用数据库则是以上三网的公用数据库。

2000 年 10 月，国家旅游局决议通过建设“金旅工程—三网一库”的总体规划。2001 年 1 月 11 日，国家旅游局在全国旅游工作会议上宣布国家“金旅工程”开始全面建设。“金旅工程”是我国旅游业参与国际市场竞争的重要手段，也是国家信息化工作在旅游部门的具体体现。

资料来源：殷千红. 关于金旅工程和旅游目的地管理系统[EB/OL]. http://blog.sina.com.cn/s/blog_5ff175e90100evvz.html.

（二）企业领导重视

旅行社信息化顺利开展的前提是其领导不仅认识到信息化的重要性，而且对信息化有一个清醒的认识。这是因为:信息化是一个长期投资、循序渐进的过程,其人、财、物力的投资属于企业战略规划的范围,其实施过程要纳入企业发展计划,没有得到领导的认可是无法推行的。其次,企业信息化过程也是一个企业流程重组的过程,是一个企业调整自身组织结构、进行创新的过程,企业领导如果认识不到这一点,就无法推进企业的信息化。企业领导者必须重视信息化战略管理,以借助信息化促进企业的成长。

此外,信息化作为提高管理水平的一个途径,作为提高企业服务和产品质量的辅助工具,它要求企业所有成员对其加以合理的利用。同时,没有企业全员的配合,信息化的开展将面临重重困难,信息化的优势将会大为减弱。领导正确认识和重视信息化,把信息化当作企业战略管理的一项措施,才能为企业信息化建设奠定良好的基础。

(三)选择合适的方法

旅行社信息化的应用系统由4个子系统组成,从低到高依次是企业内部网环境下运行的直接为企业工作流程服务的管理信息系统,如杭州博胜旅游公司推出的旅行社业务管理系统;在企业外部网(extranet)环境下运行的服务链信息系统,如建立与航空公司预订系统的连接;在internet运行的信息发布系统,如携程旅游网;运行在internet下的电子商务系统。一般而言,这4个系统按顺序建立,高级系统在低级系统的基础上建立。

因此,可以根据旅行社所处的环境和自身的特点,选择下列方法之一进行信息化:

1. 分步法

对于还处在手工操作且资金比较缺乏的旅行社,可以采取分步法:

第一步,扩大电脑的使用,一方面通过适当的培训提高员工使用电脑的能力,另一方面利用WINDOWS,MSN,QQ的一些自带软件把与旅行社业务密切相关的数据录入和网上沟通,为信息化打下数据基础;

第二步,购买网站建设一体化服务,如同程旅游网为旅行社打造网站,旅行社只要输入相关数据即可得到标准化的网站,技术和空间都由网站经营商提供;

第三步,在企业信息技术人才的配合下,IT服务供应商为企业建立内部管理信息系统和企业内部网,进一步提高信息处理能力,提高信息人才的系统维护能力；

第四步，建立与其他相关行业如交通、饭店和景点等部门的连接，使彼此之间信息沟通顺畅；

第五步，与 IT 供应商进一步合作，为企业建立高效电子商务。

2. 联合法

旅行社可以联合其他旅行社或机构进行信息化建设。方式有两种：

第一种，横向联合方式。即一定区域内的旅行社联合起来，共同筹集资金开发标准化信息应用软件，为各旅行社共同使用，实行信息化。如上海部分旅行社就采取这种经营方式，既避免了恶性竞争，又能弥补各自的不足，使自己在市场上有一定的竞争优势，虽不足以与大型旅行社竞争，但可以抵抗其吞并。

第二种，与教育机构联合。某个旅行社与当地的旅游管理专业研究机构或教学部门联合，结合旅游管理信息系统课程的开展，为其学生提供实践的环境，在专业教师的指导下，为企业提出信息化方案，经过可行性论证，加以实施，取得一定成效，以花费较少的资金实现企业的信息化改造。

3. 购买成品

随着信息化的发展，IT 行业为企业提供了许多信息化方案，其中有不少是成品，价格也比较低，可以通过购买成品来实现信息化。

4. 综合法

即把前三种方法综合起来运用，多个旅行社联合起来，让 IT 企业为其培训员工，扩大电脑的使用范围，结合先进的管理理念和管理模式，进行整合和提炼，形成标准化信息系统模块，由计算机信息管理专业的工程师和企业管理人员一起共同进行开发，同时利用一些教学软件（如旅行社管理系统）对企业员工进行必要的培训，可以针对每个旅行社的不同进行再开发，完善以后再进行上一层应用系统的开发。在建立信息系统的过程中，可以花比较少的费用购买网站产品，利用网络进行营销。

三、实现旅游数据共享

旅游资源数据库是旅游电子商务发展的基础和依据，而 Internet 可以使旅游信息得以迅速地传递。旅游电子商务的有关部门和企业应积极加大自身的信息化建设，同时配合国家级电子商务网和旅游资源数据库建设，实现旅游数据的共享。

四、进行特色定位

旅游网站应从以网站为中心的理念向以消费者为中心的理念转变，尽最大可能去满足消费者的个性化需要，缔造个性化的旅游网站，如根据地理、风俗、文化等差异来设计个性化的旅游产品。同时，要为消费者提供实时交互的服务，动态地满足消费者的需求。例如，中华行知网的市场切入点为文化旅游，网站定位为“网络版的中国国家地理杂志”。他们对赢利的途径也有独到的看法：“高访问量＋客户忠诚度＋充分有效的客户资料＝网站未来的赢利空间。”他们认为，数字化经济的主导者是消费者，企业需要实时分析并预测消费者的信息，并据此提供定制化产品及服务，只有这样才会给自己带来无限的潜力与商机。

我国知名的旅游网站

携程网(www. ctrip. com)拥有线路、订房、订票、社区等多个栏目，规模名列前三的订房中心，市场定位主要为自助旅游和商务游。携程由门户模型起家，依靠订房中心赢利，目标是发展为旅行服务公司。在携程之前中国旅游网络仅以提供信息为主，而携程的加入首次将旅游网站定位为旅游行业的中介服务机构。携程的启示是不仅看到互联网带给旅游业一种技术上的促进，更重要的是挖掘出旅游服务的重新定义。携程网已是国内最大的旅游电子商务网。它已将业务对象定位为商务散客与休闲客人，提供酒店、机票、休闲度假产品预订、旅游信息和特约商户信息服务，凭借的是互联网和电话呼叫中心互补的优势。

逍遥酒店预订网(www. xoyo. com)市场定位以在线酒店预定业务为核心。因为在种种旅游资源中酒店业最容易进行网络化，而且酒店预订是电子商务中利润最高的部分。投资还是为获得回报，吹掉网络经济的泡沫，逍遥选择了最务实的作法。不追求高、大、全，做得精而深，树立品牌，追求服务才是逍遥立足之本。

中华行知网(www. sotrip. com)市场切入点为文化旅游，具备深厚文化底蕴，网站定位为“网络版的中国国家地理杂志”，现有旅游文化、旅游文学、社区、专家主页、主题旅游等栏目。中华行知网成功的理念是抓住新时代旅游对个性化的强烈需求，继而倡导“是行四方，知风物，体察多元化的生存状态；是探幽深，会人文，在山水间寻觅古人的踪迹；是踏艰险，悟精神，感受天人合一的自由意境”。中华行知网甚至表示不打算做网上组团、订票、订房等业务，他们对赢利的途径也有独到的看法：数字化经济的主导者是消费者，未来的企业需要实时分析并预测消费者信息，据此提供定制化产品及服务，因此拥有用户信息至关重要，高访问量＋客户忠诚度＋充分有效的客户资料：网站未来的赢利空间，其独辟蹊径的视角后面蓄藏着无限潜力。

资料来源：

陈禹，冯仁德，邵传毅. 发展旅游电子商务的对策思考［J］. 重庆商学院学报，2002(2).

五、引导和培养民众网上消费的习惯

电子商务的开展和运行离不开消费者的参与，消费者对它的认识在很大程度上影响着它的进程。相对于传统的旅游业来说,旅游电子商务不仅提高了业务透明度和工作效率,降低了边际成本,而且凸现了旅游产品本身个性化、信息化和时令化等特性。游客通过互联网,可以十分方便地得到所要去的目的地的所有相关情况的信息,即使是去一个陌生的地方,也能通过上网对那里的山川名胜、文物古迹、风土人情了解得一清二楚,这种全新的旅游体验,使足不出户畅游天下的梦想成真,并且培养和壮大了潜在的游客群。甚至通过网络对所到之处的消费价格,行程中可能的经济支付行为预算清楚。所以说旅游电子商务使无形的旅游产品慢慢变得“有形”起来。

美国的电子商务之所以发展较快,与它们现有的社会条件和消费方式有很大的关系,在美国,邮购和电话订购比较成熟,消费者习惯使用信用卡交易。中国恰恰缺乏这种环境,消费者习惯银贷两讫的交易方式。因此,政府和企业应当运用舆论工具,引导和培养人们的消费新观念,调动消费者广泛参与的积极性。

六、加强横向联合,整合旅游资源

由于我国目前电子商务的发展还不够成熟,传统的旅行社和消费者对于电子商务的认识还不到位,再加上旅游网站和传统旅行社都有可能存在资金不足等原因,所以,目前要想由一家旅游电子商务企业既提供旅游网络服务,又提供传统旅行社服务等综合旅游业务,是不太现实的。目前,旅游网站应与传统的旅游行业实行战略联盟,加快彼此间的网络化进程。旅游网站利用互联网平台,面向营销环节,提供方便快捷的旅游服务,而传统旅行社则主要面向操作环节,进行市场调研、产品开发,提供接待保障,使旅游网站与旅行社业务能有机整合,相辅相成。

目前,旅游网站的经营中,产品优势、成本优势和品牌优势均未形成,而这些恰恰是传统企业的优势。因此,只有巧妙运用传统旅游企业强大的产业资源,才能实现真正意义上的旅游电子商务。旅游网站可以与旅游企业组建企业集团,借助资本运营实现资源的优化组合。旅游电子商务将给中国旅游业的发展带来新的发展机遇,是中国赶超世界的一次绝好机会。旅游企业之间、旅游企业与旅游者之间的电子商务活动将彻底改变现代旅游企业的运作方式。

总之,我们应以乐观的态度看待旅游电子商务,要看到旅游电子商务将给我国旅游业带来新的发展机遇。尽管目前我国的旅游电子商务还存在不少问题,但是,我们不能坐视中国旅游业与时代机遇擦肩而过,而应该主动探求我国旅游电子商务存在的问题,并寻求响应的对策,迎接中国旅游电子商务时代的到来。

第四节 旅行社信息化发展趋势

纵观十几年旅游电子商务和旅行社电子商务的发展历程,未来的旅行社电子商务将具有以下引人注目的特征。

一、旅行社专业电子商务网站将稳健发展

旅游网站制作的好坏,将直接影响到网站的访问量,对于一个网站来说,访问量越大,则意味着收益越大。现代的游客不仅要求旅游网络系统要有特色、有新意,更重要的是要求网站功能要全面、丰富。因此,完善网站功能建设对于发展旅游电子商务至关重要。

网站建设方面最重要的内容就是强化旅游信息的开发。旅游网站应该建立完善的旅游信息体系,包括旅馆预定系统、旅游线路动态信息网、旅游管理系统、旅游咨询、车船票预定、信息反馈等内容,形成一份完整的"套餐"。同时要注意确保信息的直观性、细致性、准确性、时效性。另外,发展旅游电子商务还应拓宽视野,针对我国的客源国情况提供不同语言种类、不同需求层次的服务,英文版、日文版、法文版等。例如行知网的英文版比较有特色,相比之下,国外的网站不能把握中国文化的精髓,点得不深,不透;而国内网站英文版大多是中文版的翻译,没有考虑到国内外客户的需求差异。随着中国入境游业务的迅速增长,这块市场潜力巨大,是我们旅游发展的一个重要目标。

旅行社网络化已经成为一种必然趋势。旅游企业与旅游电子商务接轨,将从根本上改变旅游企业小作坊式的手工操作方式,使企业整体利益的最大化和运作收益的最优化成为可能。一些实力雄厚的旅行社将建立国际顶级域名或国内独立域名。如春秋国际旅行社在国内 31 个大城市设有全资公司,每个全资公司大都有 2 ~ 10 个连锁店。有美国、泰国、英国、德国、日本、澳大利亚和中国香港等7 个境外全资公司。在江浙地区有 400 余个、全国有近 2000 个网络成员,并且使用春秋国旅自行研制开发的电脑系统销售春秋国旅的旅游产品,做到"散客天天发,一个人也能游天下"的便利的散客即时预订服务。拥有"纯玩团"、"春之旅"、"中外宾客同车游"、"自由人"和"爸妈之旅"等多种特色旅游

产品。

二、一些旅游网站将组建专业的网络旅行社

旅游产业具有高关联性，是由若干性质截然不同的行业组合起来的貌似松散的综合产业，旅游业的发展要牵涉到广泛的社会经济架构。旅游电子商务像一张大网，把众多的旅游供应商、旅游中介和旅游者联系在一起。景区、旅行社、旅游饭店及旅游相关行业，如银行、商店、娱乐、租车业，可借助同一网站招徕更多的顾客。新兴的“网络旅游公司”即将成为旅游行业的多面手，开始经营旅游代理业务，它们将原来市场分散的利润点集中起来，提高了资源的利用效率。这种建立在优势互补基础上的新运行机制，由于各方面的经营投入与利益获取有着不同的侧重点，很快将形成银行、旅游中介商、旅游产品生产者和旅游者四方得利的共赢局面。旅游电子商务能促进各行业间交叉联合，促使旅游业的发展改变过去仅仅依赖规模经济扩大的旧模式，走向系统经济的新水平。

三、网络经营与传统经营进一步互补与合作

我国旅行社中 90% 是中小型企业，延续着传统的小作坊式的手工操作，一台电话 + 一台传真机的经营并不罕见。这些散、小、弱的企业需要借用网络以低成本达到高效益，对客户资源的管理系统化，改变客户资源无序化的局面。大型旅行服务公司经营上突出自己的下属企业通过公司的网站与网络用户有良好的接轨。网络不能解决集体团队旅游服务的个性与特性的问题，传统旅游业对散客又无能为力，两者经营上相互辅助，优势互补。

四、政府主导旅行社电子商务发展

旅行社旅游目的地营销是对旅游目的地进行整体的、抽象的一种理性综合，向旅游客源市场宣传整个旅游目的地的形象。国家旅游信息化工程“金旅工程”，把建设“旅游目的地营销系统”作为电子商务部分的发展重点，计划将“旅游目的地营销系统”建设成为信息时代中国旅游目的地进行国内外选产、促销和服务的重要手段。在完善建设国家级主站的同时，以省、市层次为建设重点，主要建设内容包括目的地网络形象设计、目的地旅游网建设、目的地信息系统、旅游电子地图系统、旅游企业黄页系统、旅游行程规划系统、旅游营销通系统、电子邮件营销系统和三维实景等系统，通过这些功能的有效组合形成旅游

目的地网上宣传平台。

目前我国整体电子商务尚处在起步阶段，还普遍缺乏包括网上安全保证、相关责任认定的法律法规等措施，电子商务的大环境仍需要改善，作为政府和企业应本着“高起点、国际化”的原则扶持、推动旅游电子商务，将传统与现代真正融合，信息时代的旅游产业将会持续、健康地发展。

五、移动电子商务将为旅行社电子商务发展提供新机遇

移动电子商务在旅游中的广泛应用，产生了旅游移动电子商务。旅游移动电子商务是指旅游服务产品消费者利用移动终端设备，通过无线有线相结合的网络，采用某种支付手段来完成和移动旅游提供者的交易活动。中国移动、联通等移动运营商具有强大的资金实力和技术基础，有覆盖面广的网络分布，能对移动电子商务活动提供较好的安全保障和成熟的认证支付体系，已经建立了一套成熟的客服系统，有完整的客户资料管理，最适宜于移动电子商务的开展。

2000 年 11 月中国移动启动了“移动梦网”计划，2001 年 8 月中国联通开始了“联通在线”，2002 年 7 月中国电信推出“互联网星空计划”等，充分说明了移动运营商参与移动电子商务竞争、争夺移动电子商务市场的决心和实力。大型旅游企业可以利用自身专业经验和内容优势，向移动运营商申请成为服务提供商，成为移动运营商的合作伙伴，建立基于移动运营商的移动旅游电子商务平台，开展旅游移动服务。

在这种模式的旅游移动电子商务中，移动运营商的主要工作在于移动网络建设和维护，为移动信息的发送提供信息传输载体。而旅游企业利用其丰富的专业经验，对各个景区、企业提供的信息素材进行全面的加工，完成信息整合的功能。

迄今为止，旅游移动电子商务刚刚处在起步阶段，整个行业还没有形成一套系统的产业链。因此，移动技术在旅游行业的应用并不应该期望在市场上被很快地接受，应该更多地注重旅游者的需求和制约旅游服务方面的瓶颈因素，更多地关注移动技术所特有的及时性和移动性，最大限度地和传统服务结合，不断地丰富基于移动的旅游服务内容，促进旅游移动电子商务的全面发展。

复习思考题

1. 什么是信息化？

2. 什么是旅行社电子商务？它的特性和基本功能有哪些？

3. 旅行社信息化发展的策略有哪些？

4. 旅行社信息化发展的趋势有哪些？

主要参考文献

陈建斌. 旅行社经营与管理[M]. 广州:中山大学出版社,2007.

刘笑诵. 中国旅游电子商务的对策研究[EB/OL]. 无忧会计网,http://www.51kj.com.cn/news/20060622/n63556.shtml.

旅行社电子商务的"革命性作用"[EB/OL]. http://blog.sina.com.cn/s/blog_5d2aa1fe0100b8wc.html.

信息化时代的中国旅游电子商务:评析与展望(二)[EB/OL]. http://www.davost.com/TOPIC/2008/08/19/1654212728.html.

责任编辑：胡志恒
封面设计：王　芳

旅行社业务与管理

Travel Agency Operation and Management

高等院校
旅游管理专业系列教材

- 旅游学概论
- 旅游经济学
- 旅游市场营销学
- 旅游文化
- 旅游情景英语
- 现代饭店运营与管理
- 饭店人力资源管理
- 前厅与客房管理
- 餐饮服务与管理
- 菜肴与酒水制作
- 旅行社业务与管理
- 导游业务

ISBN 978-7-81141-005-1
9 787811 410051 >

定价：36.00 元